本书为国家社科基金一般项目
"西藏档案馆藏蒙古文档案研究"（项目批准号：16BMZ018）的最终成果

本书出版得到中国人民大学西域历史语言研究所
"西域历史语言研究专项资金"支持

古代中国与丝路文明研究丛书

花雨丹书

西藏档案馆所藏
蒙古文书信档案
研究与译注

乌云毕力格　乌兰巴根　著

社会科学文献出版社
SOCIAL SCIENCES ACADEMIC PRESS (CHINA)

目 录

上编　西藏自治区档案馆藏蒙古文书信档案研究

前　言 …………………………………………… 003
一　西藏的蒙古语文背景 ………………………… 005
二　西藏自治区档案馆藏蒙古文档案概述 ……… 009
三　蒙藏交往相关的政策与制度 ………………… 016
四　书信档案中的施主与福田 …………………… 023
五　书信所见清代蒙古人的精神世界 …………… 032
六　宗教文化交流 ………………………………… 047
七　实现"熬茶"祈福的过程 …………………… 062
结　语 …………………………………………… 074

下编　西藏自治区档案馆藏蒙古文书信档案译注

凡　例 …………………………………………… 079
哲里木盟 ………………………………………… 080
卓索图盟 ………………………………………… 118
昭乌达盟 ………………………………………… 181

001

锡林郭勒盟……………………………………………… 212
乌兰察布盟……………………………………………… 256
伊克昭盟………………………………………………… 261
锡哷图库伦……………………………………………… 269
喀尔喀土谢图汗部……………………………………… 273
喀尔喀车臣汗部………………………………………… 288
喀尔喀扎萨克图汗部…………………………………… 293
喀尔喀赛音诺颜部……………………………………… 296
哲布尊丹巴呼图克图…………………………………… 320
额尔德尼班第达呼图克图……………………………… 334
咱雅班第达呼图克图…………………………………… 337
青海厄鲁特……………………………………………… 341
杜尔伯特………………………………………………… 345
科布多和硕特…………………………………………… 348
札哈沁…………………………………………………… 353
察哈尔…………………………………………………… 354
归化城土默特…………………………………………… 398
新疆察哈尔……………………………………………… 399
牧　　厂………………………………………………… 400
北京、热河、西安、五台山等地僧侣………………… 417
清朝官吏个人书信……………………………………… 437
寄信人待考的书信和其他文献………………………… 444
西藏方面给蒙古、满洲个人的文书…………………… 491

上 编
西藏自治区档案馆藏蒙古文书信档案研究

前　言

西藏自治区档案馆于1995年在文物出版社出版了《西藏历史档案荟粹》一书。① 笔者通过该书第一次了解到西藏自治区档案馆藏有自元代以来的珍贵蒙古文档案。2012年，笔者首次赴藏调研，了解到西藏自治区档案馆还有不少清代蒙古文档案。鉴于元、清两个大一统王朝对西藏历史的重要性，笔者开始呼吁对元代和清代的西藏蒙古文和满文档案予以重视并早日整理出版。2014年，在国家档案局、西藏自治区政府及西藏自治区档案馆（局）的部署下，成立了西藏自治区档案馆所藏蒙满文档案整理研究工作领导小组，开展了对该馆满蒙文档案的整理研究工作。作为该工作的倡导者，笔者在项目组中担负起组织专家对蒙古文档案进行整理编目和翻译的主要责任。项目组经过近4年的辛勤工作，在2017年11月终于完成了这项任务。

目前发现的西藏蒙古文档案主要藏在西藏自治区档案馆②。西藏自治区档案馆藏蒙古文档案，主要反映清代中央政府和西藏地方政府的关系以及清代蒙藏等各民族间交往、交流、交融的历史。西藏自治区档案馆藏蒙古文档案几乎全部收录在我们2017年整理的成果《西藏自治区档案馆馆藏蒙满文

---

① 西藏自治区档案馆编《西藏历史档案荟粹》，文物出版社，1995。
② 西藏自治区档案馆建于1956年，坐落在西藏自治区首府拉萨市鲁定中路。西藏自治区档案馆藏历史档案总计136个全宗，300万卷（册、件），包括自元代至20世纪50年代700余年的档案资料。该馆档案以藏文为主，另外还有汉、蒙、满、回、梵、尼、英、俄等多种文字档案，其中的蒙古文档案正是我们整理和研究的部分。

档案精选》里，选录档案共计1394件，除收录4件八思巴字元代皇帝谕旨以外，其余均为以蒙古文和满文为主的清代重要档案，包括皇帝诏书、敕书、上谕，清代有关机构和官员文书，驻藏大臣文书，达赖喇嘛和西藏地方官员文书，蒙满王公贵族呈达赖喇嘛等西藏地方僧俗首领文书信函，有关蒙古地区僧侣赴藏"熬茶"祈福书信等，有八思巴字、蒙古文、满文、藏文、汉文、托忒文等6种文字。其中一小部分是满文、汉文和满蒙藏汉文四体、满蒙藏文三体、满蒙文二体、满汉文二体合璧文书，其他绝大多数是蒙古文档案文书。

在蒙古文档案中，一部分是书信档案。这部分共有800件左右，都是蒙古僧俗信徒呈达赖喇嘛、班禅额尔德尼、摄政、护法神及格隆等西藏地方僧俗首领的书信。档案内容主要包括蒙古王公贵族为谢恩、请安、祈福禳灾、布施献礼、超度死者、求子、起名、搬迁以及延请西藏喇嘛、寻找活佛转世灵童、请赐活佛名号、请佛像佛经、赴藏学经等事致西藏政教首领之书信。文种大多数为呈文，少数为布施清单和布施者名册等。书信书写于各种精美的宣纸，有的带有信封。时间跨度为乾隆年间至民国末年，其中乾隆至光绪年间的居多。档案语种为蒙古语，文字绝大多数是传统蒙古文，有少量的托忒文。

西藏自治区档案馆现存蒙古文书信档案可能主要是布达拉宫所藏甘丹颇章档案，因为档案主要是蒙古信徒致达赖喇嘛及其摄政的信札。哲蚌、色拉、甘丹、扎什伦布等四大寺以及其他名寺应该都有过类似的档案，但现有档案里没发现它们。从时间上看，档案基本上是乾隆朝以后的，和硕特汗廷统治时期（1642~1717）和准噶尔侵扰时期（1717~1720）以及清朝直接统治西藏以后的康雍时期的书信档案都没被发现。这说明西藏自治区档案馆现在整理出来的蒙古文档案是不完整的，以上诸时期的档案或还没被发现，或已损毁，不得而知。总之，现存西藏自治区档案馆藏蒙古文档案是局部的、不完整的。

但无论如何，现有这批档案毫无疑问是弥足珍贵的，具有很高的史料价值。这批档案将为我们开启一扇窗户，通过它们，人们可以窥见清代中后期蒙藏关系实况之一部分。本书试就这些档案资料进行初步探讨。

一
西藏的蒙古语文背景

西藏自治区档案馆为何藏有这么多蒙古文档案呢？话要从历史上西藏的蒙古文化与蒙古语文背景说起。

西藏地区从蒙元时代以来就有使用蒙古语的传统。西藏博物馆和西藏自治区档案馆珍藏着部分元代八思巴蒙古文文书，其中包括元世祖忽必烈颁给绒地拉洁僧格贝的圣旨、泰定帝也孙铁木儿颁给类乌齐寺和扎西丹寺僧人以及斡节儿坚赞的圣旨、元顺帝妥懽帖睦尔颁给贡觉桑布与云丹坚赞等人的圣旨、答吉皇太后颁给古香·札巴坚赞的懿旨、海山怀宁王颁给夏鲁寺的令旨等。[1] 这些正是元代西藏使用蒙古文公牍的实物证据。八思巴喇嘛之弟恰纳多吉六岁时来到蒙古地方，诸王阔端命他穿蒙古服装，将自己的女儿芒噶拉公主嫁给他，忽必烈汗封他为白兰王，委派他治理吐蕃。[2] 恰纳多吉应该是一位谙熟蒙古文化的贵族。元朝时期这样的吐蕃贵族可能不少，只是缺乏相关记载而已。

16世纪中后期藏传佛教第二次传入蒙古以后，蒙藏关系变得空前密切，其最大特点就是蒙古全社会接受了藏传佛教，双方的交往遍及社会各阶层。藏传佛教格鲁派教主索南嘉措被蒙古汗王俺答封为"达赖喇嘛"，这个称号

---

[1] 西藏自治区档案馆编《西藏历史档案荟粹》，第1~6、13~14页。
[2] 达仓宗巴·班觉桑布：《汉藏史集》，陈庆英译，西藏人民出版社，1986，第206页。

是蒙古语（大海之意），他身边的重要人物也都获封各种蒙古称号，①而四世达赖喇嘛云丹嘉措其人是土默特蒙古贵族出身。为了传教需要，很多藏僧学习蒙古语，像俺答汗身边的阿兴喇嘛这样精通蒙古语文的喇嘛不乏其人。②因此，格鲁派上层对蒙古语文不再生疏。当时，土默特、鄂尔多斯、喀尔喀等蒙古部的护法者、修习佛法者、朝圣者不断涌入西藏，③蒙古人的存在在西藏早已司空见惯。17世纪30年代开始，西藏格鲁派和卫拉特蒙古关系趋于紧密，尤其是1642年卫拉特盟主、和硕特部首领固始汗征服西藏后，建立和硕特汗廷，直接统治西藏长达75年，计入其前奏和后续时间相当于四代人的光景。在这期间，蒙古文化因素在西藏的政治和社会生活中发挥了重大的影响和作用。和硕特汗廷的最高统治者是蒙古汗王，在内政外交上蒙古人都起着决定性作用。固始汗早在1640年尚未进藏之时，就从安多地方发给西藏达普寺蒙藏文合璧的铁券文书，命令西藏佛教各派优待该寺，该文书现藏在功德林档案全宗中。④固始汗及其继承者的下属和亲信及其家属生活在西藏，还有以达木（今当雄）草原为根据地的留守西藏的蒙古军队。蒙藏通婚现象普遍，比如固始汗的一个夫人是藏人，她所生的儿子是青海亲王札什巴图尔。⑤札什巴图尔之子唐拉扎布之女嫁给了七世达赖喇嘛之兄丕凌列。⑥格隆康济鼐是固始汗孙、和硕特汗廷最后一位汗拉藏的女婿。清前期西藏重要人物颇罗鼐之子珠尔默特那木扎勒夫人和青海蒙古台吉额尔克什喇妻子曾有指腹婚约。⑦在蒙古汗身

---

① 请参考珠荣嘎译注《阿勒坦汗传》，内蒙古人民出版社，1991，第118~119页。阿勒坦汗即俺答汗。
② 详见乌兰《〈蒙古源流〉研究》，辽宁民族出版社，2000，第419~420页。
③ 关于这些历史事件，《三世达赖喇嘛传》《四世达赖喇嘛传》《五世达赖喇嘛传》《安多政教史》《蒙古源流》等书中有大量的记载。
④ 详见乌云毕力格、道帷·才让加《〈持教法王谕令〉考释》，乌云毕力格主编《满蒙档案与蒙古史研究》，上海古籍出版社，2014，第59~70页。
⑤ 智观巴·贡却乎丹巴绕吉：《安多政教史》，吴均、毛继祖、马世林译，甘肃民族出版社，1989，第44页。
⑥ 季永海等翻译点校《年羹尧满汉奏折译编》，天津古籍出版社，1995，第150页。该书将其名译为陈雷，蒙古语作 perlai，即藏语 phrin las，习惯转写为丕凌列。
⑦ 《乾隆皇帝为下谕青海额尔克什喇按婚约将其长女嫁珠尔默特那木扎勒夫事致郡王珠尔默特那木扎勒上谕》，西藏自治区档案馆编《西藏自治区档案馆馆藏蒙满文档案精选》第4卷，四川民族出版社，2018，第35~36页。

一
西藏的蒙古语文背景

边形成了一批精通蒙古文化和风俗的人士，比如颇罗鼐是和硕特汗扶植起来的新贵，现存的档案证明，他可能懂得蒙古语文。藏僧学蒙古语者不乏其人，大名鼎鼎的格隆班第达就会说蒙古语。有一次，乾隆皇帝接见他的时候，他们用蒙古语进行了交谈。就在那一次，来京师的格隆班第达和同行的玉陀两个人一身藏人打扮，左耳佩戴松耳石耳环，右耳佩戴珍珠耳坠。对此班第达的解释是，戴松耳石耳环是古西藏的风俗，而戴珍珠耳环则是固始汗在西藏当汗时推广的做法。① 当时在藏语中可能夹杂着很多蒙古语词，比如"马车、架子车"，藏语为 ther ge，源自蒙古语 terge；"毛巾"，藏语 a jor，蒙古语 alčiγur；"纽扣"，藏语 thob chi 或 thib chi，蒙古语 tobči；"医生"，藏语 em chi，蒙古语 emči；"毛衣"（或"袜子"），藏语 o mo su，或源自蒙古语 oimosu（袜子），或源自蒙古语"emüs"（意为"穿"，口语发音为 ömös）；藏语特指"袜子"的词为 u sug，源自蒙古语 ösügei（脚跟）；"同岁"，藏语 an da，源自蒙古语 anda（朋友）；等等。藏族贵族的美号、封号有很多使用蒙古语，比如七世达赖喇嘛封康济鼐为"岱青巴图尔"，封其侄子为"诺颜班第达"。颇罗鼐的弟弟们都有蒙古语称号，长弟喇布丹号"诺颜和硕齐"（Noyan qošiγuči），二弟喇布丹端珠布号"车臣哈什哈"（Čečen qašaqa）。② 当时在西藏学佛的蒙古僧人甚多，他们对藏僧学蒙古语可能也产生过影响。这些例子从一个侧面说明，和硕特文化因素在西藏根植很深。

相对而言，在清朝之前，藏族和女真（满洲）两个民族之间缺少历史往来，彼此陌生，语言上也不互通。因此，清朝和西藏地方接触伊始，就利用蒙藏民族关系，通过蒙古人和蒙古语文进行沟通。西藏地方和清朝中央政府正式建立关系是在 1642 年。17 世纪 40 年代初，西藏地方组织了一个由格鲁派高僧、和硕特蒙古人伊拉古克三呼图克图率领的使团赴清朝，访问清

---

① 丹津班珠尔：《多仁班智达传——噶锡世家纪实》，汤池安译，中国藏学出版社，1995，第 413、415 页。
② 《钦定外藩蒙古回部王公表传》卷 93《扎萨克一等台吉诺颜和硕齐列传》，乾隆年间武英殿刻本。

朝首都盛京（今沈阳）。使团于1642年到达盛京，给清太宗皇太极呈上五世达赖喇嘛、四世班禅额尔德尼和当时后藏统治者藏巴汗的信件。清太宗派以察干格隆为首的巴喇衮噶尔格隆、喇克巴格隆、诺木齐格隆、诺莫罕格隆、萨木坦格隆、衮格垂尔扎尔格隆等人回访西藏，给达赖喇嘛、班禅呼图克图、黑帽噶玛巴、大萨斯迦喇嘛、济咙呼图克图、布鲁克巴呼图克图、思达咙呼图克图等不同派别的上师送去信函，并说明遣使奉书之目的是欲从西藏延请高僧大德。① 而西藏方面，除了藏巴汗（1642年已死）和黑帽噶尔玛（1642年失势后被迫流亡）外，又都在1644年和1645年分别向清廷致书回信。顺治皇帝接到西藏各派喇嘛的书信后，于顺治四年（1647）二月十五日向西藏各方回信，遣以侍卫格隆为首的萨木坦格隆、诺尔布、鄂木布等人前往西藏表示问候。② 这是现存清朝给西藏地方的第一批公牍，全部用蒙古文撰写。③ 从使者名字看，往来西藏和清朝之间的使者也大都是蒙古僧人（其中不排除还有会讲蒙古语的藏僧）。这说明，清朝和西藏建立联系伊始，蒙古人、蒙古语和蒙古文便成为两者之间的"金桥"。

不仅如此，清朝在西藏建立和巩固统治的过程中，一直充分发挥蒙古语文在西藏的作用。清朝皇帝、各部院以及相关官员都曾经通过蒙古语文与西藏沟通，而作为常设统治机构的驻藏大臣衙门则更是通过蒙古语文联络西藏上层、传达朝廷旨意。蒙古各地各阶层和西藏的交往理所当然要通过蒙古语文，这是不言而喻的。正因为这样，在西藏形成了大量的蒙古文档案。

---

① 《清太宗实录》卷64，崇德八年五月丁酉。
② 详见乌云毕力格、石岩刚《萨斯迦派与清朝崇德顺治朝廷》，沈卫荣主编《西域历史语言研究集刊》第7辑，科学出版社，2014。
③ 其原件尚未发现，抄件在中国第一历史档案馆。见齐木德道尔吉、吴元丰、萨·那日松主编《清内秘书院蒙古文档案汇编》第1册，内蒙古人民出版社，2003，第372~379页。

二
西藏自治区档案馆藏蒙古文档案概述

下面归纳和介绍西藏自治区档案馆藏蒙古文档案的主要内容和特点。

1. 元代皇帝谕旨

西藏自治区档案馆藏历史档案始于元代，八思巴字元代皇帝颁发的谕旨有4件。其中元泰定帝也孙铁木儿颁发的3件，颁发时间分别为泰定元年（鼠年，1324）三月十三日、泰定元年十月二十三日、致和元年（龙年，1328）三月二十三日；元顺帝妥懽帖睦尔颁发的1件，颁发时间为至正二十二年（虎年，1362）二月三十日。颁发地点均为大都（今北京）。内容主要包括免除朵甘思类乌齐寺僧众、札西丹寺索南坚赞和斡节儿坚赞为首的僧众的一切差税，保护寺院所有产权；任命斡节儿坚赞为地方税务官，为其颁发大牌和玺书，令其主管差役派遣和税款征收工作；任命云丹坚赞为察翁格奔不地方招讨司的招讨使，负责监督完成地方差发和地税、商税的征收工作等。八思巴字档案，是国家珍贵历史档案，均为原件，年代久远，保存完好。

2. 清代皇帝敕书、诏书和上谕

从顺治朝开始，因为固始汗业已建立和硕特汗廷，五世达赖喇嘛登上全藏佛教各派的最高领袖之位，所以此后清朝和西藏地方的往来主要发生在清廷与和硕特汗廷、甘丹颇章①之间。目前，在西藏自治区档案馆整理出来的清朝历代敕书、诏书和上谕共288件，时间上从顺治四年（1647）至宣统元年（1909），前后263年。其具体情况见表1至表3。

表1 敕书简况一览

单位：件

文种	顺治	康熙	雍正	乾隆	嘉庆	道光	咸丰	同治	光绪	宣统	合计
蒙古文	9	3	—	2	—	—	—	—	—	—	14
满 文	—	1*	—	1**	—	—	—	—	2	—	4
藏 文	—	—	—	—	—	—	—	—	—	—	0
汉 文	—	—	—	—	—	—	—	—	—	—	0
满 蒙	1	15	—	1	—	—	—	—	1	—	18
满 藏	—	—	—	1	—	—	—	2	—	—	3
满 汉	—	—	—	1	—	—	—	—	7	—	8
蒙 藏	1	—	—	—	—	1	—	—	—	—	2
满蒙藏	—	7	18	59	35	42	7	11	18	—	197
满汉藏	—	—	—	1	—	—	1	2	—	—	4
满蒙汉	—	—	—	—	—	—	—	—	—	—	0
合 计	11	26	18	66	35	43	8	15	28	—	250

* 残件，原件很可能是满蒙合璧文书。

** 残件，原件疑为合璧文书。

表2 诏书简况

单位：件

文种	顺治	康熙	雍正	乾隆	嘉庆	道光	咸丰	同治	光绪	宣统	合计
蒙古文	—	—	—	2	1	—	4	—	1	1	9
满 文	—	—	—	—	2	—	—	—	—	—	2
藏 文	—	—	—	—	—	—	—	—	—	—	0
汉 文	—	—	—	—	—	—	—	—	—	—	0
满 汉	—	—	—	1	—	2	—	—	1	1	5
满蒙藏	—	1	—	—	—	—	—	—	—	—	1
合 计	0	1	0	3	3	2	4	0	2	2	17

① 甘丹颇章最初仅指五世达赖喇嘛的宫殿，是达赖喇嘛起居和宗教管理场所。在五世达赖喇嘛后期，尤其是在第巴桑结嘉措执政时期，甘丹颇章一度成为西藏地方政教合一政权的所在地，但拉藏汗即位后又收回了政权。和硕特汗廷灭亡，准噶尔占领军被驱逐，清朝平定珠尔默特那木扎勒反叛后，甘丹颇章才成为西藏政教合一的地方政府，一直到1959年。

表 3 上谕简况

单位：件

文种	顺治	康熙	雍正	乾隆	嘉庆	道光	咸丰	同治	光绪	宣统	合计
蒙古文	—	—	—	12	—	—	—	—	1	—	13
满 文	—	—	—	—	—	2	—	—	—	—	2
藏 文	—	—	—	—	—	—	—	—	—	—	0
汉 文	—	—	—	—	—	—	—	—	—	—	0
满 藏	—	—	—	—	—	1	—	1	1	—	3
满 汉	—	—	—	—	—	1	—	—	1	—	2
满蒙藏	—	—	—	1	—	—	—	—	—	—	1
合 计	0	0	0	13	0	4	0	1	3	0	21

敕书、诏书、上谕等以皇帝名义下达的文书具有很高的权威性。敕书是皇帝任官封爵和告诫臣僚的一种专门文书，诏书是清代皇帝将国家大事布告天下臣民的专门文书，而上谕是清代皇帝通过内阁明发命令的一种文书。其所涉及的内容往往都是重大事件，如：清廷向达赖喇嘛、班禅额尔德尼遣使问安；延请达赖喇嘛、班禅额尔德尼进京觐见；敕封达赖喇嘛、班禅额尔德尼及其他高僧大德并授予册印；庆贺达赖喇嘛和班禅额尔德尼转世坐床、受戒；封西藏世俗贵族以王公台吉爵位；敕赐经卷礼物；皇帝为超度皇室亡灵等遣使赴藏布施熬茶，祈福诵经致祭；为皇帝、皇太后等祝寿诵经；颁下前朝皇帝的遗诏；等等。此外还有涉及重大军政事务和制度的，比如：晓谕和硕特汗管束青海蒙古；赴藏厘定边界；确立金瓶掣签制度；撤回驻拉萨官兵，另派兵驻守察木多；等等。

值得注意的是清朝历代皇帝颁发文书的语言种类的变化。顺治朝基本上通过蒙古文向西藏达赖喇嘛、班禅额尔德尼等颁发敕谕，以蒙古文为双方沟通的最主要的媒介。康熙朝时一直用满蒙文合璧文书，应该说强调满文地位的同时，发挥蒙古文的功用，说明康熙朝时期的主要语言媒介仍然是蒙古语文。在现存档案中，有从康熙五十八年（1719）三月开始的满蒙藏文合璧的敕谕。这是和硕特汗廷灭亡，清朝积极准备驱逐准噶尔，统一西藏的特殊时期。1720年清朝护送七世达赖喇嘛入藏，从此清朝在西藏的直接统治得以确立。第二次西藏远征一开始，清廷就特意把藏文纳入敕谕，旨在宣告，从今往后清廷不只是让藏人通过蒙古语了解清廷的旨意，而且要把西藏作为自己直接统治的地域，把藏文纳入清朝多语文政治体系。这是清朝在西藏直接统治最终确立的一个重要标志。此后，有清一代，给西藏下达满蒙藏文合璧的敕谕诏书基本上成为定制。这个现象的存在既有语言因素也有政治考量，但无论如何，直到宣统年间，蒙古语在清朝对藏施政过程中从未或缺。

3. 清代有关机构和官员文书

此部分收录27件档案。大部分是清代有关机构和官员的咨文、奏折、呈文、清单、通告和书信等文种，主要记载康熙年间防范准噶尔残余人众，巩固边防；乾隆年间理藩院等机构关于加强布鲁克巴人等外来人员和赴藏游僧的管理工作，堪布任用等寺院事务工作以及礼部为已逝雍和宫堪布之商卓特巴铸造封号印章、领侍卫内大臣福隆安为格隆班第达讨伐盗贼奋勉效力赏戴顶翎并代征贡赋解藏事、派驻官兵管理三岩地区差役等地方事务、西宁办事大臣为阿旺簇勒提木由藏赴京途经西宁所需牲畜食粮妥善备办事；清廷赏达赖喇嘛、班禅额尔德尼、第穆呼图克图等西藏地方首领的物品清单；清代内阁、军机处和有关人员所拟关于先后迎送五世达赖喇嘛、六世班禅额尔德尼、十三世达赖喇嘛计划安排的礼仪、赏赐物品等事项的蒙文文书译编；等等。文书书写于精美的宣纸上。原档规格尺寸各异，有2米多长的大型档案，亦有不到30厘米的比较小型的档案。原档大部分为蒙古文，少数则为满文和满蒙文合璧。

4. 驻藏大臣文书

此部分收录202件驻藏大臣文书。驻藏大臣文书是清代钦差总理西藏事务大臣在处理西藏地方事务中形成的一种专门文书，通常被称为"文书档案"。西藏自治区档案馆藏驻藏大臣及其下属主事文书大部分为清代中期驻藏办事大臣为西藏地方事务咨知格隆的咨文，其他还有驻藏大臣（包括理藩院）咨知颇罗鼐郡王、珠尔默特那木扎勒、摄政、格隆班第达以及其他格隆的文书。主要内容包括恭请圣安、知照皇帝赏赐物品、照例赏物名目请传谕知、赏赐物品清单、为圣上祝寿筹措钱粮银子；恳请皇帝封赐名号、准许颁赐印册；防范准噶尔人，平定准噶尔叛乱，处置准噶尔属下潜逃人员，追捕捉拿盗贼及杀人逃犯；西藏地方政府有关人事任免；迎请达赖喇嘛、济咙呼图克图等转世灵童坐床；为哲布尊丹巴呼图克图、咱雅班第达呼图克图、锡哷图召扎萨克喇嘛、喀尔喀阿齐图诺门罕东科尔呼图克图等蒙古高僧、边地蒙藏僧俗人等赴藏朝佛、传习佛法、布施熬茶，以及唐古特学学子赴藏学经发路票；雍和宫延请西藏高僧；藏传佛教寺院管理；卡伦防范、加强哨卡防备、巡视哨卡等哨卡管理；冰雹等自然灾害受灾群众赈济事；巴勒布工匠进藏；等等。档案书写于各种精美的宣纸上，保存完好。文书档案形成时间为清代中期。驻藏大臣文书均为蒙古文。

5. 达赖喇嘛和西藏地方官员文书

此部分收录 25 件档案。大部分是达赖喇嘛、摄政、格隆、达赖喇嘛近侍堪布、摄政商卓特巴等地方僧俗官员呈皇帝奏折、致军机处呈文、致驻藏大臣文书及致阿拉善王和额济纳河贝勒书信等文种，主要记载颇罗鼐谢恩乾隆皇帝封名号、抚养寺院赏银两、为噶尔丹策凌使者来藏熬茶期间管理事、阿里克地方驻防人员的安排、为江卡尔地方出兵主管第巴隆宗鼐的胡作非为咨行驻藏大臣文书；第巴法科鲁不得向尼牙木札等五部收取贡赋事致颇罗鼐咨文；达赖喇嘛和郡王珠尔默特那木扎勒为喀木地方松赞林寺事致乾隆皇帝奏文；七世达赖喇嘛为平定珠尔默特那木扎勒骚乱及善后事宜致清朝官员的文书；格隆公班第达为报果洛盗贼所劫夺御赐物品明细、遣送阿咱拉回印度事致驻藏大臣文书；托音喇嘛代第穆呼图克图为筛选西藏工匠制作皇帝所赐匾额事之奏折；第穆呼图克图为迎请转世灵童事致军机处呈文；商卓特巴色旺扎措等为遵照第穆呼图克图遗言将其遗物进献皇帝事致驻藏大臣文书；八世达赖喇嘛奏为颁给金奔巴瓶等事谢恩折；达赖喇嘛近侍堪布等为达赖喇嘛返藏期间的有关安排致阿拉善王和额济纳河贝勒书信；格隆等为禀报前来缴纳赋税之囊素等属下被劫事致札尔固齐、暂住西藏之准噶尔喇嘛罗布藏丹增病故事、班禅额尔德尼属民与达赖喇嘛属民之间因官马及田赋纠纷事致驻藏大臣文书，以及分发家畜的规定；等等。档案形成年代不详，从记载内容分析，大概形成于清乾隆年间至清末。原档有相当程度的残缺，书写于各种宣纸。除 3 件满文档案外，其余均为蒙古文，个别附有藏文内容提要。

6. 蒙满王公贵族和官吏呈西藏地方首领的书信

此部分共收录466件档案，主要是清代蒙古和满洲王公贵族与官吏呈达赖喇嘛、班禅额尔德尼及摄政等西藏地方首领的书信。档案内容主要包括蒙古王公贵族为谢恩、请安、祈福、布施献银寺院、给释迦牟尼佛像镀金、延请西藏喇嘛做法事、超度死者、祈福禳灾、求子、起名、寻找活佛转世灵童、搬迁、赴藏学经、请赐草药、来世祸福等事宜致达赖喇嘛、班禅额尔德尼、白哈尔护法神、摄政、济咙呼图克图、第穆呼图克图、策墨林呼图克图等之书信。文种大多数为呈文，少数为布施清单及布施者名册。还有清朝中央政府各部院官员和驻藏大臣等出于个人关系或代表中央政府致西藏地方首领达赖喇嘛、策墨林呼图克图、济咙呼图克图以及格隆等大小僧俗官员的书信，问安、回礼，增进相互关系等。除少数满文档案以外，多为蒙古文档案。

7. 蒙古地区僧侣呈西藏地方首领的书信

此部分共收录264件档案，主要是蒙古各地区大小藏传佛教寺院及其高僧和普通僧人为赴藏熬茶布施、诵经祈福以及有关佛教事务致甘丹赤巴、达赖喇嘛、班禅额尔德尼等宗教首领及西藏地方政府各大僧俗官员书信。包括大小寺院及寺院活佛、喇嘛、僧众（如，上至哲布尊丹巴、章嘉国师、科尔沁诺颜呼图克图、察罕殿赤呼图克图及各寺院住持等，下至沙弥、比丘等无名僧众）为请安祈福、谢恩祈福、谢恩献礼、布施祈福、请求平安祈福、请求诵经祈愿、请赐灌顶、祈求药物、请求超度亡灵、赴藏学经弟子筹集钱粮、拉萨祈愿法会熬茶献银、请求认定寺院转世灵童、保佑今生和来世、传法迎请喇嘛、逝者超度诵经、给大昭寺和小昭寺释迦牟尼佛像镀金、请明示佛转世系、请佛像、请赐《甘珠尔》经卷、请赐经文全集、请求达赖喇嘛惠赐全集与传记、发放给驻哲蚌寺学经喇嘛薪俸、供奉佛像、请求乌拉马匹、寻认转世灵童、归还所欠银两、为亲人诵经祈愿、请明示喇嘛转世再现之事、迁建寺庙祈福事、禀报寺院事务、请照料驻藏亲朋好友、开列禀报寺内一年法事议程、明示大小众僧布施清单及布施者名册、请赐常诵经文与叩拜佛名、贺新年、所需乌拉数额事、请赐印文等事宜呈甘丹寺法座、达赖喇嘛、班禅额尔德尼、白哈尔护法神、摄政、济咙呼图克图、第穆呼图克图、策墨林呼图克图、格隆等大小活佛、僧俗官员、各大寺院文；请安问好、新年问安、报安、嘱咐、告诉个人的生活状况、盖房选址、鼓励学习等事宜致在藏学经亲朋好友或西藏友人、谢恩、祈福、给释迦牟尼佛像涂金粉、为寺院布施献银、延请西藏高僧做法事、超度逝者亡灵、祈福禳灾、求子、起名、搬迁、赴藏学经、请赐草药、来世祸福等事致达赖喇嘛、班禅额尔德尼、白哈尔护法神、摄政、济咙呼图克图、第穆呼图克图、策墨林呼图克图、格隆等西藏地方僧俗首领的书信。文种大多数为呈文，少数为布施清单和布施者名册等。此类书信书写于各种精美的宣纸，时间跨度为清康熙年间至清末光绪年间。除了个别蒙藏文合璧外，多为蒙古文档案，还包括少数托忒文档案。

8. 其他档案

此部分共收录 59 件档案。主要为不能够归入以上七个部分且难于考证朝年的各类档案。涉及内容广泛，如康熙皇帝册封达赖喇嘛，达赖喇嘛为谢皇帝对其坐床事宜的施恩，达赖喇嘛向皇帝呈请管理寺院的恩敕，以表达皇帝对护佑藏地安全所赐隆恩，达赖喇嘛鼓励署理将军为国秉公操持事务，噶勒丹锡呼图萨玛第巴克什抵藏后向四川总督保宁致函说明宣谕达赖和四格隆的事宜，堪布等为达赖喇嘛下榻蒙古地区事宜致书阿拉善王，土尔扈特贝勒请予照顾途经达赖喇嘛事宜，颇罗鼐向乾隆皇帝谢恩，驻藏官员因病呈请皇帝轮换他人代职处理藏地治安等日常政务事宜，格隆履行职责维护藏地社会治安、分发家畜以扶贫等事项。还有各种清单、书函、奏折、呈文、路票、脚费文等。语种为蒙古文和满文，文种属于奏折和其他公文。

西藏自治区档案馆藏蒙古文档案是蒙藏两个民族长期交往、交流的结晶。蒙藏关系源远流长，蒙古人和蒙古文化在西藏扮演了重要的角色。有清一代，蒙古语文在西藏发挥了重要作用，尤其是在 17~18 世纪的西藏政治和社会中地位很高，有很强的实用性。蒙古语文也是蒙藏民族民间交往的一个重要语言工具，为蒙藏民族直接交流起到了积极作用。

三
蒙藏交往相关的政策与制度

清代,除了特定时期对准噶尔蒙古进行过限制外,朝廷并未限制蒙古人赴藏朝圣,蒙藏之间可自由往来。不过,清朝针对蒙古朝圣者和赴藏学佛的僧人制定了一套行政管理制度。

清朝在治理多民族国家的政策上采取了"同文之治",这一政策对蒙藏关系的发展也产生了重大影响。乾隆皇帝说:"国家威德覃敷,无远弗届,外藩属国,岁时进至,表章率用其国文字,译书以献。各国之书,体不必同,而同我声教,斯诚一统无外之规也。""疆域既殊,风土亦异,各国常用之书,相沿已久,各从其便,正如五方言语嗜欲之不同,所谓修其教不易其俗,齐其政不易其宜也。"[①] 清朝的"同文之治"与先代不同,强调的不是表面上的文字统一,而是不同民族在遵奉清朝政教与道德的前提下,保留各自的风俗习惯、语言文化。清朝的"同文之治"在民族宗教与文化方面的表现就是"因俗而治",对各民族原有的宗教与文化采取兼收并蓄的政策。清朝的"同文之治"要求各族共同承认清朝皇帝统治的正当性,朝廷亦承认治下各族的文化多元性和多样性,平等看待各族及其文化,在政治实践中秉持"修其教不易其俗,齐其政不易其宜"。这样的多民族、多文化和谐共存的治国政策,为蒙古地区的佛教与佛教文化的发展提供了条件。

[①] 弘历:《御制文余集》卷2《题和阗玉笔筒诗识语》,《清高宗(乾隆)御制诗文全集》第10册,中国人民大学出版社,1993,第1011~1012页。

三 蒙藏交往相关的政策与制度

清朝十分关注藏传佛教在蒙古地区的传播。鉴于藏传佛教对蒙古的重大影响，清廷早在入关以前就开始重视藏传佛教，并把它和国家统一与社会安定联系起来，入关后不久就准备和喀尔喀蒙古一道延请五世达赖喇嘛。[①] 顺治九年（1652），清朝成功迎请五世达赖喇嘛来到北京，给予了很高的礼遇，意即争取喀尔喀蒙古之心。五世达赖喇嘛到来后，顺治皇帝的一番言论，充分体现了朝廷的用意："当太宗皇帝（皇太极——引者注，下同）时，尚有喀尔喀一隅未服。以外藩蒙古惟喇嘛之言是听，因往召达赖喇嘛，其使未至，太宗皇帝晏驾。后睿王（多尔衮）摄政时往请，达赖喇嘛许于辰年（顺治九年）前来。及朕亲政后召之，达赖喇嘛即启行前来。……今朕欲亲至边外迎之。……倘不往迎，喇嘛以我既召之来又不往迎，必至中途而返，恐喀尔喀亦因之不来归顺。"满洲大臣也认为，"上若亲往迎之，喀尔喀亦从之来归，大有裨益也。若请而不迎，恐于理未当。我以礼敬喇嘛而不入喇嘛之教，又何妨乎？"[②] 后来，乾隆皇帝在《御制喇嘛说》中说得也很清楚："其达赖喇嘛、班禅额尔德尼之号，不过沿元明之旧，换其袭敕耳。盖中外黄教总司以此二人，各部蒙古一心归之。兴黄教即所以安众蒙古，所系非小，故不可不保护之。"[③]

在清朝"同文之治"和"安众蒙古"的政策指导下，蒙古地区的藏传佛教迅速发展，寺院林立，活佛辈出，僧人成群，蒙古大众的佛教信仰也进一步深化，几乎无人不是佛徒，无事不与佛法相关。清代蒙古各阶层的人心归达赖、班禅，心向大昭、小昭，不断到西藏朝拜和布施。

清朝不限制蒙古人赴西藏熬茶和求学，也允许西藏高僧大德到蒙古弘法，准许西藏大喇嘛和寺院的使者到蒙古活动。但是，不限制是有条件的，虽准许其往来，但也有管理的制度。

对蒙藏之间往来的限制主要是针对一定历史时期内的准噶尔蒙古。准噶

[①] 巴根那：《16~17世纪的喀尔喀与卫拉特关系研究》，博士学位论文，内蒙古大学，2013，第42~59页。
[②] 《清世祖实录》卷67，顺治九年九月庚午朔。
[③] 《清高宗实录》卷1427，乾隆五十八年四月戊寅。

尔是卫拉特蒙古的一支。自藏传佛教传入蒙古以来，卫拉特和西藏关系十分密切，一世内齐托音呼图克图就是卫拉特早期赴藏学成的高僧之一。1616年，卫拉特联盟决定皈依藏传佛教，接受格鲁派教义，各部首领各派一子到西藏学习佛法，其中有人师从达赖喇嘛、班禅额尔德尼学佛达二十余年，成为佛法大成就者，卫拉特盟主拜巴噶斯之义子咱雅班第达·纳姆哈嘉木措（1599~1662）就是一例。咱雅班第达回故乡后，建立"卫拉特大库伦"，广泛传教，使西藏和卫拉特关系空前密切。17世纪二三十年代，西藏格鲁派面临存亡危机时，卫拉特和硕特部首领固始汗（拜巴噶斯之弟）联合准噶尔部首领，进军青藏高原，消灭格鲁派的对立派，建立和硕特汗廷，并把五世达赖喇嘛推上西藏佛教最高法座，从此达赖喇嘛和班禅额尔德尼真正成为藏传佛教的最高领袖。和硕特汗廷统治西藏期间，卫拉特与西藏关系更趋紧密，卫拉特各阶层的香客大量涌入西藏熬茶布施，这在五世达赖喇嘛和四世班禅额尔德尼、五世班禅额尔德尼传记中留下了大量的详细记载。值得一提的是，在那时卫拉特蒙古准噶尔部首领之子噶尔丹（1644~1697）被认定为西藏四世温萨活佛。噶尔丹少年时赴藏深造，在五世达赖、四世班禅身边学佛十年，回准噶尔后因部内事变返俗执政，1678年建立了准噶尔汗国。噶尔丹在位期间，准噶尔的佛教得到了很快的发展。噶尔丹死后，其侄子策妄阿喇布坦成为准噶尔的洪台吉，正是在他统治期间，1717年发生了派兵侵扰西藏事件，准噶尔军摧毁和硕特汗廷，侵占西藏三年之久。1720年，清军驱逐准噶尔，平定西藏，清朝在西藏建立了直接统治。自此到1755年清朝消灭准噶尔汗国，随后建立统治秩序为止，清朝严禁准噶尔人到西藏熬茶，也不允许延请西藏喇嘛，切断了准噶尔和西藏之间的交通。在此期间，策妄阿喇布坦之子噶尔丹策凌接任准噶尔洪台吉后，和清朝修好关系，努力重启西藏和准噶尔之间的交通，获得乾隆皇帝的允准后，在乾隆八年和十二年两次进藏熬茶。但即便是此时，清朝也没有允许恢复朝廷组织的两次熬茶活动之外的卫拉特和西藏之间正常的人员往来和文化交流活动。随着准噶尔汗国的灭亡及清朝在西域统治的确立和巩固，乾隆中期开始，西藏和卫拉特之间的交通得以正常化。

三 蒙藏交往相关的政策与制度

清朝对准噶尔部（一定时期内）外的其余外藩蒙古同西藏的交通一直采取开放、宽松的政策，且形成了一套管理蒙古人进藏交流的制度。下面，我们根据西藏自治区档案馆藏蒙古文档案，对清朝的蒙古人进藏管理制度做一探讨。

第一个例子是喀尔喀蒙古大库伦哲布尊丹巴呼图克图和归化城锡呼图呼图克图等大活佛遣人赴藏申请路票事。

乾隆七年（1742）六月二十七日，驻藏大臣索拜咨知郡王颇罗鼐喀尔喀哲布尊丹巴呼图克图和归化城锡呼图召扎萨克喇嘛等为班禅额尔德尼献"丹书克"（祝寿礼）和熬茶事。全文如下：

> 为执照事。理藩院来文内开，为请旨事。弘扬佛法哲布尊丹巴呼图克图呈文内称：请发给路票事。因去年圣主请班禅额尔德尼坐床，我喀尔喀汗王诸扎萨克共商，为众生计，准我遣人以贺礼向班禅额尔德尼献丹书克。故遣我弟子诺颜绰尔济、罗布桑多尔济、俄尔奇木托音散布为首，与其他各旗喇嘛跟役等共九十人。彼等所用载货骆驼六百五十，乘骑马匹一千二百、骡子二十，炮六十，大刀七十，撒袋八十，六月初出发，由山丹口进边，扁都口出边。请该部转奏，发给路票。等因。
>
> 管理归化城喇嘛扎萨克达喇嘛内齐托音呼图克图等呈文内称：请发给路票事。我归化城锡呼图召扎萨克喇嘛、额墨其达尔罕绰尔济呼必尔罕报称，为我上师原扎萨克达喇嘛锡呼图呼图克图事，欲遣人赴西召布施熬茶。欲遣者有达喇嘛多尼尔教德斯尔格隆、图布丹格隆在内喇嘛十人、俗人二十，所骑马二十、骡子二十，撒袋五，骆驼三十，大刀五，炮二十，经由横城、中卫、三眼井、西宁之镇海堡等口。请转奏该部，发给路票。等因。
>
> 查得一切外藩蒙古、喇嘛等差人赴西召熬茶，禀呈后，我部转奏并发给路票。今弘扬佛法哲布尊丹巴呼图克图、归化城锡呼图召扎萨克喇嘛、额墨其达尔罕绰尔济呼必尔罕等欲遣人赴西召，为达赖喇嘛、班禅额尔德尼献丹书克，布施诵经，请给所遣僧俗人等路票。因此，咨兵部，照例发给路票。为知照事行文西宁办事大臣副都统莽古赉、驻藏大臣副

都统索拜、郡王颇罗鼐等。为此敬奏请旨。等因。谕旨知道了。钦此钦遵，着尔处传谕郡王颇罗鼐知之。为此照会。乾隆七年六月二十七日。①

第二个例子是外藩蒙古各旗个人香客赴藏的例子。

乾隆三十三年至三十八年（1768～1773）驻藏大臣札行众格隆的一份档案有以下内容：

理藩院来文内开：鄂尔多斯贝子喇什色棱（1734～1773年任扎萨克）旗欲遣三等台吉达木林扎布前往西召熬茶。随行台吉达木林扎布之喇嘛四名、俗人十五名，所乘马骡二十四、驮物骆驼十五峰。再，鄂尔多斯贝勒齐旺班珠尔（1754年被封为多罗贝勒，1772年卒）旗欲遣格隆根敦前往西召熬茶。随行格隆根敦之喇嘛五名、俗人十五名，所乘马骡一百四十八匹、驮物骆驼九十九峰。再，敖汉王巴特玛喇什（1768～1773年任扎萨克）旗欲遣阿然巴格隆、纳旺什喇布前往西召熬茶。随行阿然巴格隆、纳旺什喇布之喇嘛十一名、俗人一名，乘驮所用牲畜（下接TH157-00906号档案）二十四匹。再，鄂尔多斯贝子丹巴达尔济（1765～1789年任扎萨克）旗欲遣格隆丹增前往西召熬茶。随行格隆丹增之喇嘛十七名、俗人十七名，乘驮所用（马骡）六十匹、骆驼六十峰。再，克什克腾旗扎萨克台吉齐巴克扎布（1695～1771年任扎萨克）旗欲遣格隆散巴瓦前往西召熬茶。随行散巴瓦之喇嘛二十名、俗人五名，乘驮所用马骡七十匹、骆驼六十峰等情各自呈报到来。已将转呈奏准，颁发路票，等因前来。故此，众格隆等详查，照例办理，并报第穆呼图克图。为此札付。②

---

① 《钦差驻藏大臣为给哲布尊丹巴呼图克图与归化城锡哷图召扎萨克喇嘛、额墨其达尔罕绰尔济呼必尔罕赴西召使者发给路票事致郡王颇罗鼐咨文》，西藏自治区档案馆编《西藏自治区档案馆馆藏蒙满文档案精选》第4卷，第263～268页。
② 《钦差总理西藏事务大臣为通报鄂尔多斯等旗僧俗前往西召熬茶事致格隆等札文》，西藏自治区档案馆编《西藏自治区档案馆馆藏蒙满文档案精选》第5卷，第267～268页。

三 蒙藏交往相关的政策与制度

第三个例子是外藩蒙古旗一般僧人个人赴藏"熬茶"之案例。乾隆十六年（1751）冬十月初五日，驻藏大臣札付管理格隆事务公班第达等乌拉特镇国公达尔玛吉哩第旗僧人赴藏熬茶事。

> 理藩院来文内开：本部奏，为请旨事。乌拉特镇国公达尔玛吉哩第等奏文内称，因自我旗赴西召熬茶之达喇嘛罗卜藏锡喇布等二十四人，驮载物品之骆驼三十、乘骑用马骡五十，炮四，撒袋四，剑四，从三眼井出边，故祈请部发给路票。等因。查得，一切外藩蒙古喇嘛等差人赴西召熬茶，奏报后，臣部奏请，发给路票遣往。今乌拉特镇国公达尔玛吉哩第等奏请，为其旗赴西召熬茶之达喇嘛罗卜藏锡喇布等二十四人发给路票。故此，照会兵部，请照例发给路票。照会西宁办事大臣及驻藏大臣等知之。为此谨奏请旨。等因。谕旨知道了，钦此钦遵。为此咨知。乾隆十六年冬十月初五日。[①]

根据以上各种文件内容，清朝对"一切外藩蒙古喇嘛等差人赴西召熬茶"的总政策是，先要向理藩院奏报，理藩院向皇帝奏请，然后发给其路票。具体办理路票的过程是，无论僧俗，外藩蒙古人进藏，首先要向旗扎萨克报告进藏理由、进藏人数和名单、所带器械物品清单以及入藏路线，扎萨克衙门负责向理藩院提出申请。理藩院将申请转奏皇帝请旨。皇帝允准后向理藩院传谕。理藩院领旨后行文兵部，由兵部具体办理发放路票。与此同时，理藩院还要行文西宁办事大臣和驻藏大臣，驻藏大臣衙门收到来文后要告知总理西藏事务的颇罗鼐郡王（颇罗鼐死后其子珠尔默特那木扎勒叛乱被诛，改为通知噶厦），如关系到达赖喇嘛、班禅额尔德尼，也要咨文达赖喇嘛商上的商卓特巴和班禅额尔德尼的扎萨克喇嘛处（如达赖喇嘛尚未亲政，就咨文摄政）。如果喀尔喀的哲布尊丹巴呼图克图、归化城的锡哷图呼图克图等大喇嘛派人进藏，他们会直接

[①] 《钦差驻藏大臣为乌拉特镇国公达尔玛吉哩第旗赴西召熬茶之达喇嘛罗卜藏锡喇布等二十四人发给路票事致管理格隆事务公班第达等咨文》，西藏自治区档案馆编《西藏自治区档案馆馆藏蒙满文档案精选》第4卷，第335~339页。

向理藩院提出申请，但其后办理路票的手续和扎萨克旗的程序是一样的。

发放路票的程序有时也可以简化，就是委托库伦办事大臣、多伦喇嘛印务处等直接发放路票。根据库伦办事大臣云丹多尔济于嘉庆二十二年（1817）十月十五日给班禅额尔德尼之商卓特巴的一份札文，五世哲布尊丹巴呼图克图在西藏转世，其弟子要入藏探视灵童并给班禅额尔德尼献礼。"奴才（库伦大臣——引者）等伏查，乾隆年间，哲布尊丹巴呼图克图转世，曾奏请得旨，遣人探视。今可否照例遣人之处，奴才等谨奏请旨外，如圣主准奏，因前往人数不多，又出发日期临近，故停止理藩院发给路票，奴才等详察稍减彼等前往人畜数，奴才处出具路票放行，不知可否。"皇帝准奏后，立刻行文驻藏大臣、驻西宁大臣，令驻藏大臣处传谕第穆呼图克图。① 但值得注意的是，简化手续的前提是办理事情时间紧迫，来不及按常规办理，且持路票前往的人数不多，更重要的是即便简化过程，也不能省略向皇帝奏准的环节。

以上是清朝对蒙古多人赴藏时的管理制度。一起赴藏的人数在十人以下则不严格要求办理路票，无票亦可通行。西藏自治区档案馆藏档案里有一份文件残件，其文如下："……（残）查得，此前理藩院来文载，乾隆五十八年冬十月十三日得旨，意欲赴藏叩拜达赖喇嘛、班禅额尔德尼并熬茶学法之人，如十人以上，必颁给路票而遣往。如十人以下，若有意领路票者，可随便颁之，即便遇无路票者，驻藏大臣亦不必深究，令其随意行走，以彰显朕弘扬佛法仁爱众蒙古之心。钦此钦遵，宣告各地。此等已记档备案。"② 可见，清朝对十人以下零星进藏蒙古人管理并不严格，令其随意行走，如有人愿意领票，有关部门也不必走烦琐的行政手续，"可随意颁之"。

在这样的背景下，有清一代蒙藏之间使者、香客、学者、游学者往来不断，他们带到西藏的大量书信形成了书信档案。

---

① 《库伦办事大臣王爵大臣等为喀尔喀绥本喇嘛伊达木扎布等到达后请各相关地方照料换发路票等事致班禅额尔德尼之商卓特巴咨文》，西藏自治区档案馆编《西藏自治区档案馆馆藏蒙满文档案精选》第 7 卷，第 359~364 页。

② 《进藏熬茶者十人以上凭路票十人以下不需路票事》，西藏自治区档案馆编《西藏自治区档案馆馆藏蒙满文档案精选》第 10 卷，第 306 页。

四
书信档案中的施主与福田

西藏自治区档案馆藏蒙古文档案分为两个大的类别：其一是公牍，包括皇帝的敕、诏、谕以及清朝部院、驻藏大臣衙门、外省军政机构和西藏地方政府与宗教上层之间的往来文书；其二是私书，也就是属于私人信函范围的文件，主体是蒙古社会中僧俗各阶层人士和西藏宗教上层之间的信函以及少数满汉官吏的私人信件等。本书译注和研究的是西藏自治区档案馆藏蒙古文档案的第二个种类，即私书。后文将会展示，这批私书性质的文书非常全面和生动地描绘了清代蒙藏民族关系的日常实态。在中国历代留存下来的文献中没有过如此翔实地反映两个民族之间社会往来的资料。因此，限于资料，以往的民族关系史研究也主要着眼于各民族之间的政治关系，研究成果往往主要涉及各民族统治阶层之间的关系。西藏自治区档案馆藏蒙古文档案中的私书部分为我们提供了蒙藏两个民族民间社会文化交往的非常可靠且极其详细的资料，有助于我们将清代蒙藏民族关系研究向前推进一步。从本部分开始笔者将探讨西藏自治区档案馆藏蒙古文档案中蒙藏各阶层之间的往来文书。

（一）致信人群体：各地各阶层蒙古僧俗施主

西藏自治区档案馆藏蒙古文档案的2/3是来自蒙古民间的书信资料，信函的书写人都是各地的蒙古施主。绝大多数的书信内容并不涉及任何历史事件，几乎都是向西藏高僧大德谢恩、请安、供施、祈福和祷告的内容，看起来似乎没有太大的史料价值。但是，如果把这些私书档案作为一个整体去观察，我们就会发现，这其实是一批绝无仅有的珍贵的历史资料：它们是反映清代蒙古僧俗全体社会成员信仰与价值观的历史写真。

我们首先分析一下这批蒙古文私书档案中的写信人，因为他们的相关情况关乎该档案的代表性和权威性。

有清一代，蒙古人主要分为三大类：其一是外藩蒙古扎萨克旗（含喇嘛旗）人，其二是内属蒙古总管（都统、佐领）旗人，其三是少数在京城和其他地区任职的蒙古官员及其家属以及各地寺庙里的出家人。此外，还有蒙古八旗，但他们属于旗人群体，不属于清代蒙古族群，而且这批档案里也没有他们的信函，故本书不涉及这部分人。

在西藏自治区档案馆藏蒙古文私书档案中，清代各地蒙古人的身影均能见到。下面让我们看看这些信函中可以确认的作者及其身份关系。

首先是外藩蒙古。外藩蒙古分内外扎萨克旗。现今除呼伦贝尔和阿拉善以外的内蒙古及东三省部分地区被称为"内扎萨克蒙古"，今天的中国新疆、青海的蒙古族聚居区和内蒙古阿拉善盟以及蒙古国被称为"外扎萨克蒙古"。除阿拉善和硕特与额济纳土尔扈特外，外藩蒙古各地的若干扎萨克旗组成一个盟，形成会盟制度。在清代，盟旗制度下的外藩蒙古人口占蒙古人口的绝大多数。

内扎萨克蒙古。哲里木盟十旗书信有50件，来自科尔沁六旗、扎赉特旗、杜尔伯特旗和郭尔罗斯二旗。昭乌达盟十一旗书信有69件，其中除喀尔喀左翼旗外，巴林左右二旗、扎鲁特左右二旗、翁牛特左右二旗、敖汉旗、奈曼旗、阿鲁科尔沁旗、克什克腾旗均有信件。卓索图盟五旗书信有124件，主要来自喀喇沁三旗，土默特二旗和附土默特贝勒旗的唐古特喀尔喀旗各界人士也写过少量信函。锡林郭勒盟十旗信函共有74件，除乌珠穆沁左旗外，乌珠穆沁右旗、浩齐特左右二旗、苏尼特左右二旗、阿巴噶左右二旗、阿巴哈纳尔左右二旗均有信函。乌兰察布盟六旗信函共有5件，其中只见四子部落旗、喀尔喀右翼扎萨克等上层和乌拉特前旗五当召的信函，不见其余扎萨克旗的信件。伊克昭盟七旗信函共有 7 件，只见达拉特旗、乌审旗和杭锦旗三旗扎萨克及平民信函。在内扎萨克旗里还有一个特殊旗，就是喇嘛旗——库伦旗。现在可以确认的库伦旗信函共 12 件。

外扎萨克蒙古。喀尔喀分为土谢图汗部、扎萨克图汗部、车臣汗部和赛音诺颜部，四部各为一盟，即土谢图汗部汗阿林盟、扎萨克图汗部札克必拉色钦毕都哩雅诺尔盟、车臣汗部喀鲁伦巴尔和屯盟、赛音诺颜部齐齐尔里克盟，共有 86 个旗。喀尔喀境内还有哲布尊丹巴呼图克图等各大活佛沙毕纳尔等。现有蒙古文档案里，来自喀尔喀各盟旗的文件有 79 件。其中，土谢图汗部 14 件，车臣汗部 14 件，扎萨克图汗部 2 件，赛音诺颜部 28 件，哲布尊丹巴呼图克图 14 件，额尔德尼班第达呼图克图 3 件，咱雅班第达呼图克图 4 件。

外蒙古西部的乌兰固木杜尔伯特部赛音济雅哈图盟共 15 旗。在西藏自治区档案馆藏档案中发自杜尔伯特蒙古的信函仅见 4 件。

青海蒙古及套西蒙古。青海厄鲁特部等设二盟二十九旗。套西蒙古即内蒙古河套以西的阿拉善厄鲁特设二旗，额济纳土尔扈特设一旗，均不设盟。现存西藏自治区档案馆藏档案中青海各旗蒙古人致西藏方面的信函有 7 件，而未见阿拉善与额济纳蒙古致西藏的信函，仅见十三世达赖喇嘛近侍堪布等致阿拉善王和额济纳贝勒各一件文书。

新旧土尔扈特与新疆和硕特蒙古。1771 年土尔扈特蒙古从俄国返回新疆后，清朝设旧土尔扈特乌恩苏珠克图盟十旗，分为珠勒都斯南路四旗、和布克赛里北路三旗、库尔喀喇乌苏东路二旗、晶河西路一旗等四路。珠勒都斯和硕特设巴启色特启勒图盟三旗，附于乌恩苏珠克图盟。布勒罕河新土尔扈特设青色特启勒图盟二旗。哈弼察克新和硕特一旗，不设盟。档案中现存旧土尔扈特 7 件信函，珠勒都斯和硕特 2 件，哈弼察克新和硕特 13 件。

其次是内属蒙古都统（总管、佐领）旗。内属总管旗有察哈尔八旗、伊犁察哈尔八旗、伊犁厄鲁特上三旗和下五旗、塔尔巴哈台厄鲁特旗、科布多厄鲁特旗、扎哈沁二旗、热河厄鲁特一旗等。察哈尔八旗在张家口以北的今内蒙古锡林郭勒盟南部游牧。西藏自治区档案馆藏档案中现存察哈尔蒙古113件信函（镶黄旗18件，正白旗8件，镶白旗22件，正红旗7件，正蓝旗56件，镶蓝旗2件）；伊犁察哈尔八旗是乾隆时期清朝统一准噶尔后从察哈尔八旗迁移到新疆戍边的察哈尔人，档案中仅见他们的1件信函；伊犁厄鲁特和扎哈沁的信函分别有3件和1件。

都统旗有归化城土默特二旗。归化城土默特与西藏的往来文书仅存1件。除此之外，还有在上驷院大马群、内务府各牛羊群及太仆寺牧厂从事生产活动的各牧群的蒙古人，仅存他们的40件信函。

最后是居住在北京等蒙古以外地方的蒙古人。主要是北京、热河、西安等地各大寺院的活佛、大喇嘛和僧侣的信函，共有41件。除此之外，还有无法确认作者信息的140件左右信函，都是蒙古各地僧俗群众所写。

这些是目前在西藏发现的清代蒙古文私书情况，但其中一部分档案可能已遗失或尚未被发现。比如，青海和硕特和套西蒙古人同西藏的关系最为密切，不可能只有这几件信函。还有归化城土默特蒙古与西藏的关系由来已久，此处作为内蒙古地区的佛教文化中心之一，和西藏一直保持密切往来，有清一代不可能没有产生文书档案，相关档案应该也是非遗失就是未被整理出来。

根据以上统计，西藏自治区档案馆藏私书档案约800件，作者遍布清代蒙古各个生活区域，覆盖了今天中国内蒙古和新疆、青海、辽宁、吉林、黑龙江等地蒙古族聚居区以及蒙古国全境。

那么，信件的主要作者是什么人呢？首先是蒙古各盟旗的王公贵族及其家属，包括各旗扎萨克、盟长、副盟长、协理台吉、梅勒章京、总管以及其他旗内官吏，各旗闲散王、公、台吉；其次是各旗及北京、热河等地呼图克图、葛根、大喇嘛及其商卓特巴等僧官和一般僧人；再次是各类旗、佐（苏木）和牧厂的平民百姓。

作为例子，这里罗列一下哲里木盟十旗的致信人及其身份：科尔沁土谢图亲王色登端鲁布、科尔沁土谢图亲王母福晋扎西默德克及土谢图亲王

四 书信档案中的施主与福田

业喜海顺、科尔沁土谢图亲王子托音罗布藏图布敦济格木德扎勒森、科尔沁宾图王旗禅师绰尔济贡楚克、科尔沁土谢图亲王诺尔布林沁旗四等台吉巴勒丹、科尔沁扎萨克图郡王乌泰、科尔沁贝子品级镇国公喇什敏珠尔、科尔沁扎萨克达尔罕亲王那木济勒色楞、科尔沁卓哩克图亲王巴图、科尔沁卓哩克图亲王济克登旺库尔、科尔沁达尔罕亲王旗台吉呼尔查默尔根、科尔沁扎萨克贝子济克默特旗护卫恩克巴雅尔、科尔沁扎萨克达尔罕亲王旗巴德玛、科尔沁扎萨克贝子济克默特旗多罗达尔罕贝勒属下僧人济克默特、科尔沁扎萨克贝子旗达尔罕贝勒寺僧人伊其贡楚克、科尔沁扎萨克宾图王林沁扎勒、科尔沁扎萨克宾图王旗尼素海参领辖下小台吉喇嘛呼、科尔沁扎萨克宾图王旗笔帖式色伯克、科尔沁扎萨克郡王索特纳木多布斋、科尔沁扎萨克郡王僧格林沁、科尔沁扎萨克博多勒噶台亲王阿穆尔灵圭、该旗协理台吉鄂勒济、该旗协理四等台吉阿拉玛斯巴图尔与西迪巴拉、科尔沁扎萨克郡王僧格林沁旗梅林浩必图、科尔沁扎萨克郡王索特纳木多布斋旗唐苏克寺僧人阿旺伦丕勒、科尔沁扎萨克郡王索特纳木多布斋旗达喇嘛阿旺林沁、扎赉特扎萨克郡王旺喇克帕勒斋旗署理旗务台吉托多毕力克图、扎赉特扎萨克贝勒旗四等台吉、杜尔伯特扎萨克贝子恭噶绰克丹、杜尔伯特扎萨克贡格丕尔烈、杜尔伯特扎萨克林沁多尔济、郭尔罗斯扎萨克镇国公固鲁扎布、郭尔罗斯扎萨克镇国公杨赞巴拉、郭尔罗斯前旗扎萨克公齐莫特散丕勒、前郭尔罗斯公旗扎萨克喇嘛、前郭尔罗斯盟长公齐莫特散丕勒旗扎萨克喇嘛、科尔沁诺颜呼图克图罗布藏多布丹确济尼玛丹碧扎勒森、科尔沁诺颜呼图克图罗布藏里克西德图布敦扎勒森等。此外，还有以"哲里木盟诸信徒施主、御前行走大臣、盟长、扎萨克王公、闲散王公及内齐托音呼图克图葛根之弟子葛根活佛等僧俗大众以及呼和浩特崇福寺管寺扎萨克达喇嘛喇克巴西喇布为首达喇嘛、办事人员等"全盟十旗大众和呼和浩特崇福寺全体僧人名义写的信。在其他盟旗的信中也有几十个人联名书写的平民的信函。值得特别强调的是，致信人中有大量的僧俗平民百姓，比如有一份布施者名单上就有228人。[①] 这说明，和藏传佛教上层联络的不仅有蒙古的达官贵胄，而且还有大量下层群众。

总之，向西藏方面致信的人包括蒙古社会上下各阶层的人，因此，这些档案无论是在地区还是社会阶层方面都具有相当的代表性，具有全社会史料的权威性。

（二）福田：西藏的收件人

上文讨论了向西藏写信的清代蒙古人群。那么，他们给什么人写信呢？西藏的收信人是谁？

统览书信档案就会发现，西藏的收信人数并不多，而且基本上是西藏佛教顶层人物。

收信人中首推达赖喇嘛和班禅额尔德尼。在蒙古文信函中，达赖喇嘛除被直接尊称"达赖喇嘛"外，还被称作"博克多葛根"（Boγda gegen，圣尊活佛）、"识一切圣尊"、"瓦赤喇怛喇达赖喇嘛"、"教法之主达赖喇嘛"、"佛王怙主瓦赤喇怛喇达赖喇嘛"、"佛王识一切达赖喇嘛"、"瓦赤喇怛喇喇嘛额尔德尼"、"扎勒布仁波切"（Jalbu rinbučai/Rgyal ba rin bo che，尊胜大宝）等。西藏自治区档案馆藏档案中的蒙古文书信几乎80%是呈送达赖喇嘛的。班禅额尔德尼在档案中有"班禅额尔德尼""班禅呼图克图""班禅喇嘛""班禅圣尊"等尊称，致班禅的信函相对较少。

其次是西藏的几位摄政。"摄政"，藏文 rgyal tshab，蒙古文有时音译为 Jalzab，就是达赖喇嘛尚未亲政期间以其名义处理西藏政教事务者。藏传佛教格鲁派首领的产生采取转世制度，即在位的达赖喇嘛圆寂后，通过一整套严格的宗教程序寻找和确认他的转世灵童，并迎请其来坐达赖喇嘛法床，任新的达赖喇嘛。但是，因为新的达赖喇嘛年幼，尚不能亲自问政，故必须有人替他执政，直到年轻的达赖喇嘛成长起来并亲政。这些替达赖喇嘛执政者

[①] 《喀喇沁王旗塔布囊布尔纳巴拉等为拉萨祈愿法会及大昭寺献布施事文》，西藏自治区档案馆编《西藏自治区档案馆藏蒙满文档案精选》第6卷，第338~340页。

就是西藏的摄政。从七世达赖喇嘛圆寂（1757）到十四世达赖喇嘛亲政（1950）的193年，清朝中央政府任命过13任摄政，民国政府委任了2任摄政，西藏历史上前后共有过15任摄政。蒙古文书信档案中出现了第穆呼图克图、济咙呼图克图和噶勒丹锡哷图呼图克图等摄政。

第穆呼图克图（Dimü qutuγtu），即西藏第穆活佛（De mo sprul sku），是西藏一个转世活佛系统的名称。第穆活佛驻锡地在拉萨大昭寺西南的丹杰林寺，丹杰林六世第穆活佛阿旺绛白德勒嘉措（1724~1777）、七世阿旺洛桑图旦晋迈嘉措（1778~1819）和八世阿旺洛桑赤列绕杰（1855~1899）分别为西藏的首任（1757~1777）、第四任（1811~1819）和第十一任（1886~1895）摄政。第穆活佛在蒙古文档案中还被称作第穆葛根（Dimü gegen）。见于蒙古文档案的有六世和七世第穆活佛。

济咙呼图克图（Jirong qutuγtu），藏文为 Skyed grong sprul sku 或 Skyed grong rta tshag sprul sku，也是西藏一个转世活佛系统名称。该活佛驻锡地在拉萨布达拉宫西南角的功德林寺，八世济咙活佛益西罗桑丹贝贡布（1760~1811）和十世阿旺班垫曲吉坚参（1855~1886）分别为第三任（1789~1810）和第十任（1875~1886）摄政。济咙呼图克图在蒙古文档案中又称济咙葛根（Jirong gegen）、济咙额尔德尼（Jirong erdeni）、达察仁波切（Dača rinbučai）等。蒙古文档案中两位摄政济咙呼图克图均有记载。

噶勒丹锡哷图呼图克图（Galdan siregetü qutuγtu），藏语为甘丹赤巴（Dga ldan khri pa），即甘丹寺住持。蒙古文档案里又称萨玛第巴克什（Samadi baγsi）、萨玛第巴克什诺门罕（Samadi baγsi nomun qaγan）、瓦赤喇怛喇堪布诺门罕（Wačira dara kambu nomun qaγan）、卓尼诺门罕（Joni nomun qaγan）、圣尊摄政卓尼诺门罕噶勒丹锡哷图萨玛第巴克什呼图克图、扎勒察布诺门罕（Jalzab nomun qaγan/rgyal tshab chos rgyal）等。西藏自治区档案馆藏蒙古文档案中出现的噶勒丹锡哷图呼图克图，都指西藏地区政府的摄政，即西藏的策墨林活佛。策墨林活佛（Tshe smon gling sprul sku）驻锡地在拉萨小昭西南。一世策墨林活佛阿旺楚臣（1721~1791）、二世阿旺降白楚臣嘉措（1792~1862）和三世阿旺罗桑丹白坚赞（1862~1919）分别任第二任（1777~1780）、第五任（1818~1844）和第十三任（1910~1912）摄政。因为一世和二世策墨林活佛都具有"夏孜法王"（Shar rtse chos rgyal）称号，故蒙古人还称他为"沙尔扎诺门罕"，"沙尔扎"（Šarja，也有写成Šarji"沙尔济"的）就是藏文 Shar rtse 蒙古化的音变。在蒙古文档案中出现的噶勒丹锡哷图呼图克图是一世和二世策墨林活佛。

再次是达赖喇嘛及其摄政属下的高级僧官，比如达赖喇嘛的商卓特巴（强佐）和近侍堪钦索本、班禅额尔德尼的商卓特巴和扎萨克喇嘛、噶勒丹锡哷图呼图克图的商卓特巴（尤其是蒙古人出身的善巴多布丹）、策墨林扎萨克喇嘛等。

此外少数信函是致白哈尔护法神、桑耶寺吹忠（又作吹忠额尔德尼）、哲蚌寺密宗诸圣、拉萨祈愿法会各大活佛及僧众等以及个别人，还有内容涉及公务的若干信件是写给达赖喇嘛商上、噶厦和第巴雄等的。

档案中的白哈尔护法神即哲蚌寺的乃穷护法神（Gnas chung chos skyong），桑耶寺吹忠额尔德尼即桑耶寺护法神（Bsam ye chos skyong），二者是同一个护法神的不同名称。乃穷护法神，全称"大乃穷白哈尔护法神"，原本为桑耶寺的护法神，自二世达赖喇嘛开始供奉该神，五世达赖喇嘛时期从桑耶寺请到哲蚌寺附近的乃穷寺。该护法神被誉为"乃穷法王"（Gnas chung chos rgyal），在诸多护法神中地位最尊。乃穷护法神平时住在哲蚌寺附近的乃穷寺，其人选由甘丹颇章任命，并授予四品职衔、"大喇嘛"称号和其个人的大印。① 在藏传佛教中，护法神具有重要的地位。在甘丹颇章政府中，有多位专门指派的宣谕护法神，他们参政议政，在甘丹颇章的政教事务中发挥着重大作用。

哲蚌寺和甘丹寺、色拉寺一样，是位于拉萨的格鲁派三大寺院之一，也是甘丹颇章所在地，其密宗学院（阿巴扎仓，sngags pa grwa tshang）是修习佛教密宗的最高学府。拉萨祈愿法会始自宗喀巴大师，每年藏历正月在大昭

---

① 关于西藏甘丹颇章的诸护法神，请参考才让加《甘丹颇章时期西藏的政治制度文化研究》，博士学位论文，中央民族大学，2007，第33~39页。

寺广场举行，是一年中西藏规模最大的宗教活动，法会期间来自各地的高僧大德和几千名僧人云集于此。

如此看来，清代蒙古人不分高低贵贱，都尊奉和信仰达赖喇嘛、班禅额尔德尼，视其摄政、护法神师、商卓特巴、扎萨克喇嘛、近侍索本等如同达赖、班禅本人，向他们奉送书信，无私施舍。这批约 800 封信反映的正是蒙古施主对西藏皈依处的精神寄托。

五
书信所见清代蒙古人的精神世界

本部分我们将讨论西藏自治区档案馆藏蒙古文书信档案的内容。这批档案像一扇窗户向世人展示了清代蒙古人精神世界的一面。

（一）蒙古人的礼佛活动

蒙古从 16 世纪后半叶开始全民皈依藏传佛教，精神世界为之发生巨变，其民族心理和社会行为也随之发生了翻天覆地的变化。佛教史家形容说，蒙古社会从"血海"嬗变成了"乳海"，意思是说蒙古民族从连年征战的腥风血雨中走向了一个诵经修佛的禅静世界。但具体到清代蒙古，我们仅仅知道那时寺庙林立，僧人成群，人们笃信佛教，然而人们到底如何"笃信"，在具体生活中的信仰和文化心理到底如何，它又怎样表现出来，我们几乎没有掌握任何相关的具体资料。有幸的是，西藏自治区档案馆中的蒙古文书信档案给我们提供了大量鲜活的例子。

蒙古人给达赖喇嘛及其摄政与下属写信，首先是为了向他们表达内心的虔诚信仰，奉献布施，派人"熬茶"。所谓熬茶是蒙古地区的佛教用语，指的是蒙古香客赴藏做佛事，即向大小二昭寺及三大寺以及其他大小寺庙礼佛，为达赖喇嘛、班禅额尔德尼等西藏宗教领袖和以三大寺为首的西藏寺庙敬献布施，以求达赖喇嘛等高僧大德为他们禳灾造福，保佑其今生与来世，最终帮助他们修成菩提道，从轮回中解脱。蒙古香客在礼佛、布施、求福时，往往在进献白银与礼品之余，还大锅熬茶，分赠各寺僧人喝，所以这样的佛事习称"熬茶"。因此，蒙古信徒为熬茶而写的信不像其他民间世俗文书一样讲述某一件事，而仅仅是诉说写信人对佛祖的虔诚信仰和自己的精神需求，信件篇幅往往很短，甚至只有寥寥数语。

下面选几个例子看看。

（1）锡林郭勒盟苏尼特左旗郡王车凌衮布致达赖喇嘛的信："教众吉祥最上怙主、发布十方安乐千光者、扫除三界愚昧者、圣上无垢足莲前，乾清门行走苏尼特左旗扎萨克多罗郡王车凌衮布启奏。为报慈父慈母祈愿，在拉萨祈愿大会、色拉寺、哲蚌寺、甘丹寺、扎什伦布寺，敬献微薄熬茶之资及公积，以及为寂息本人障缘，祈求诸善大集，派遣近侍囊素阿喇布坦、达尔罕领诵扎木素等人。祈求者：给圣尊活佛献祈愿礼、聆听祝愿礼之外，给拉萨祈愿法会熬茶之资、公积共献三千五百两银，给哲蚌寺熬茶之资、公积共献二百五十两银，色拉寺熬茶之资、公积共献一百八十两银，甘丹寺熬茶之资、公积共献一百二十两银，扎什伦布寺熬茶之资、公积共献一百五十两银，上密院熬茶之资、公积共献三十五两银，下密院祝寿礼共献二百两银，哲蚌寺郭芒扎仓熬茶之资十五两银，为三千颗念珠、两昭镀金及祭祀共献一百两银，甘丹寺灵塔祭祀礼共献三十两银。如果可以如此普行供奉，则在拉萨祈愿法会熬茶一次，散发公积每位一钱五分，在色拉寺、哲蚌寺、甘丹寺、扎什伦布寺、上密院各熬茶一次，给发公积每位五分。这一切是否如数忝附，还请圣尊法台慈照，视其适宜，垂询成就鄙愿。虔诚之门，再三恭请慈鉴。礼物：内库哈达、五十两银、一匹黄缎、四庹黄绸、一把刀、鼻烟壶及荷包。乾隆二十九年四月初二日。"[①]

（2）喀尔喀土谢图汗车登多尔济致达赖喇嘛函："喀尔喀翰齐赉巴图土谢图汗车登多尔济文。向识一切达赖喇嘛仁波切禀报事由。车登多尔济我有个羊年出生的名叫拉姆彻林的女儿，去年八月二十五日去世。为其祈福念

---

① 《苏尼特郡王车凌衮布为请示布施年额事致六世第穆活佛文》，西藏自治区档案馆编《西藏自治区档案馆馆藏蒙满文档案精选》第7卷，第81~82页。

经，敬献三两银制曼荼罗（曼陀罗，即"坛场"）、福字哈达一方、大小珊瑚十六颗、青金石两颗、四庹绣蝴蝶之绸缎。此外，我女曾祈愿遗言：仰赖三宝之加持力，定要转世来见父母。若其祈愿果真能实现，果真有转世回来之命，请识一切之活佛满足末流弟子之愿，降下明白预言，指明其转世投身之氏族姓氏、父母家园之方向、年岁、转生性别等情。呈函之礼，三两银制曼荼罗、福字哈达等。乾隆四十八年十二月二十九日。谨封。"①

（3）哲里木盟小台吉喇嘛呼致达赖喇嘛的信："哲里木盟宾图郡王旗尼素海参领牧户群小台吉喇嘛呼，五十四岁，属兔，信仰圆满、良缘具足的布施者，向三尊一体的达赖喇嘛献上五十四两四钱七分之元宝一，并祈求达赖喇嘛保佑我喇嘛呼，担保今生与后世，使我降生于至圣香巴拉极乐世界。为此，近乎空手，献此薄礼。此外，还献一包十五两银子，想用于大小昭镀金。该两种银两共计六十九两四钱七分，十六年正月初三日交到章嘉活佛之仓。"②

（4）哲里木盟科尔沁一位小僧致达赖喇嘛的信："哲里木盟科尔沁扎萨克贝子济克默特旗多罗达尔罕贝勒属下僧人济克默特为父母及六种芸芸众生的利益，跪献薄礼近乎空手，五两银子并天衣（哈达）于达赖喇嘛足下。敬请护佑我今生与后世！明鉴！明鉴！"③

（5）察哈尔镶白旗平民衮扎勒木致噶勒丹锡哷图函："普世之主全胜怙主恩公根本圣尊上师大乌巴蒂尼额尔德尼诺门罕噶勒丹锡哷图活佛金足前，至诚仰戴祈祷：圣尊足莲万劫永固，广造教众利益。去年惠赐加持药丸、镀银锁子等件寄到，察哈尔镶白旗末小弟子衮扎勒木顶上接受，欣慰感拜。且禀者：末小弟子前曾将我灵魂、财产悉奉圣尊，自身资畜尽为商上所属。虽然如此，年已五十二岁，如果不亲自朝拜圣尊金足，何忍弃世，于是心中忧虑，苟且料理此仆人札穆巴拉及大小一百多只牲口。因此，安居无恙则伏拜

---

① 《喀尔喀土谢图汗车登多尔济为已故女儿祈福念经事致达赖喇嘛文》，西藏自治区档案馆编《西藏自治区档案馆馆藏蒙满文档案精选》第 7 卷，第 277~278 页。
② 《科尔沁扎萨克宾图王旗尼素海参领辖下小台吉喇嘛呼为祈福献银两事致达赖喇嘛文》，西藏自治区档案馆编《西藏自治区档案馆馆藏蒙满文档案精选》第 6 卷，第 111~112 页。
③ 《科尔沁扎萨克贝子济克默特旗多罗达尔罕贝勒属僧济克默特为父母众生祈福事致达赖喇嘛文》，西藏自治区档案馆编《西藏自治区档案馆馆藏蒙满文档案精选》第 6 卷，第 77 页。

五 书信所见清代蒙古人的精神世界

圣尊金足,假如由于孽缘亡故,将此等人畜悉数献给商上,不将遗漏。愿我灵魂得饭善主,为怙主及圣尊所护持不弃,成为依法如意成就聆听、冥想及修行三道之善缘者。请大慈扶持不弃。祈祷之礼,奉献六两银等。"①

(6)"奏报巴彦济鲁和寺大小众僧布施清单及布施者名册:达喇嘛阿旺云丹二钱;达尔罕喇嘛根敦索诺木三钱;格隆根敦喇布斋四钱;格隆格拉桑根敦五钱;格隆诺尔布扎勒森五钱;格隆格拉桑诺尔布一钱七分;格隆阿旺济格默特三钱;格隆衮楚克济格默特三钱;格隆衮楚克忠鼐三钱;格隆衮楚克罗垒一钱;格隆罗布桑根敦三钱;格隆噶勒桑那木济尔三钱;格隆栋罗布罗布桑二钱;格隆益西衮沁二钱;格隆噶勒桑格力克二钱;格隆占巴郎炯一钱;格隆喇什五分;格隆阿喇布坦五分;格隆栋罗布阿喇布坦一钱;格隆衮楚克丹津二钱;格隆噶勒桑达尔吉三钱;格隆衮楚克扎木苏一钱;格隆罗布桑忠鼐一钱;格隆格力克尼玛二钱;格隆丹巴三钱;格隆喇布吉一钱七分;格隆格力克达尔吉一钱七分;格隆占巴那木囊一钱;格隆云丹桑布九分;格隆噶勒桑达瓦一钱七分;格隆栋罗布尼玛一钱七分;沙弥格力克鄂齐尔一钱;沙弥丹吉喇什四钱;沙弥巴勒丹桑布一钱;沙弥格力克鄂齐尔一钱;沙弥益西衮沁一钱七分;沙弥妥克木德一钱;沙弥占巴米济德一钱;沙弥根丕勒一钱六分;沙弥巴勒丹罗垒一钱六分;沙弥索特那木旺济勒五分;沙弥占巴鄂齐尔一钱;沙弥宝音特古斯一钱四分;班迪噶勒桑丹达尔三钱三分;班迪僧格习礼二钱;班迪朋楚克多布旦一钱;班迪多尔济那木济勒五分;班迪拉扎布二钱;班迪索特那木朋楚克二钱;格隆格力克桑珠布二钱七分;格隆衮楚克云丹二钱七分;已故阿穆尔济呼、喇特那什迪等四钱。以上银子合计十两。咸丰八年二月二十八日。"②

(1)显示,苏尼特左旗郡王车凌衮布向色拉、哲蚌、甘丹、扎什伦布等寺院布施了大量的银两,除实物不计外,光是银子一次就捐献了5000两,

---

① 《察哈尔镶白旗衮扎勒木为祈福事致噶勒丹锡呼图文》,西藏自治区档案馆编《西藏自治区档案馆馆藏蒙满文档案精选》第8卷,第197~198页。
② 《巴彦济鲁和寺大小众僧布施清单及布施者名册》,西藏自治区档案馆编《西藏自治区档案馆馆藏蒙满文档案精选》第10卷,第113~118页。

为父母和本人祈福。（2）记载喀尔喀土谢图汗车登多尔济向达赖喇嘛敬献大量的财宝，祈请达赖喇嘛为他已故女儿诵经超度，实现女儿生前的来世回见父母的心愿，祈求达赖喇嘛明示女儿下辈子将投生的父母之姓氏、住所、年岁以及孩子再生后的性别等情。（3）中，哲里木盟小台吉喇嘛呼向达赖喇嘛个人捐献五十余两银子，再献一包十五两银子，为大昭寺和小昭寺供奉的释迦牟尼佛像镀金所用。这么多银两应该是很大的一笔开支，或许是终生的积蓄，但他心甘情愿，为的是请达赖喇嘛担保他的今生与后世，死后让他降生于圣香巴拉极乐世界。（4）的小僧济克默特为他父母及六种芸芸众生的利益及自己的今生与后世，献上布施祷告。（5）记载察哈尔镶白旗一位平民将自己的灵魂和财产悉数奉献于甘丹赤巴（策墨林活佛）。此人五十二岁，在当时已算是暮年，因此忧心忡忡，担心有生之日无法赴藏面见尊者，所以信中表示，如有不测，将其仆人及大小一百多只家畜悉数献给甘丹赤巴的商上。他希望自己的灵魂为怙主（达赖喇嘛）及圣尊（策墨林活佛）所护持不弃，祈祷来世仍做佛徒。（6）是咸丰年间一座蒙古寺庙僧众的布施金额，布施的钱从五分到三钱不等。

  以上是从不同地区挑选的几个例子，但并不是刻意精选的案例。在大约800件档案中，有很多有趣的信件展现了蒙古民众的各种遭遇和祈求。从亲王、郡王到一般台吉，从扎萨克、盟长到一般平民，从世俗平民到僧人、尼姑，清代蒙古人无不信佛教，而他们心中至高无上的信仰和怙主就是达赖喇嘛，他们向达赖喇嘛祷告今生来世得到佛法的护佑，而他们的终极目标是从轮回中解脱，修成菩提道，转生到西方极乐世界。人们为信仰而生活，尽其所能向怙主尊者和西天道场慷慨布施。旗扎萨克、总管、闲散王公和富人生活富裕，就奉献大量布施，如前面提到的例子中一次贡献5000两银子者有之，也有捐献几百两、几十两银子和大量金片、珠宝、绸缎者，但须知他们都是自愿且自费，是信仰使然。一般平民和下层僧侣则量力而行，有捐献几两银子的，也有几钱和几分银子的，甚至有只拿得出一方哈达的，然而都十分虔诚。礼物和布施少的时候，致信人感到很难为情，信中总说"近乎空手"，意思是说只比空手好点而已。

五
书信所见清代蒙古人的精神世界

清代蒙古人往往不只为自己祈祷。扎萨克等执政者为其全旗上下祷告。比如，哲里木盟盟长郭尔罗斯前旗扎萨克公施主齐莫特散丕勒致达赖喇嘛的信中写道："祈求彻底寂止全旗大众一切灾难相违因，使他们永世吉祥安逸。"[①] 喀喇沁王贡桑诺尔布在信中说："愿达赖喇嘛葛根发慈悲，恒常保佑我全旗百姓及家人。"[②] 喀尔喀土谢图汗阿木噶巴扎尔祈求班禅额尔德尼，保佑其家人"及全旗众台吉、属众无相违因，安居乐业"。[③] 青海右翼盟扎萨克头等台吉布彦达赖在致达赖喇嘛的信中请求："愿今后保佑我本人、母亲、妻子等一家五口及邻里全旗贵贱。"[④] 如此等等，不一而足。

一般平民百姓也经常为众生的安乐而祈祷。举几个例子。上驷院大马群平民蒙克俄齐尔在致达赖喇嘛的信中说："祈愿众生得以安乐，尤其祈愿今生有缘父母兄弟之众相违因寂息，安乐度日。"[⑤] 又该大马群属下巴图蒙克、沙克杜尔奉送达赖喇嘛的信中写道："借此善福，祈愿一切众生得以安乐，末小我等今生相违因寂息，得以安逸，尤其祈愿世世随生在圣尊金足前，永远保佑我家，赐福力于顶上。纳于法界，明鉴勿弃。"[⑥] 察哈尔镶黄旗厄鲁特土巴扎布佐领骁骑校齐巴克多尔济向达赖喇嘛敬献礼物，并希望"凭借此福，本人及父母、众生今生所造一切罪孽、过错得以免除"。[⑦]

慷慨解囊奉献布施，为众人甚至是为众生祈求利益，这是一种信仰，是一种精神境界。

[①]《郭尔罗斯前旗扎萨克公齐莫特散丕勒为请安事致达赖喇嘛文》，西藏自治区档案馆编《西藏自治区档案馆馆藏蒙满文档案精选》第6卷，第159~162页。

[②]《喀喇沁王贡桑诺尔布为请安谢恩事致达赖喇嘛文》，西藏自治区档案馆编《西藏自治区档案馆馆藏蒙满文档案精选》第6卷，第297~300页。

[③]《喀尔喀土谢图汗部默尔根王阿木噶巴扎尔为谢恩祈福事致班禅额尔德尼文》，西藏自治区档案馆编《西藏自治区档案馆馆藏蒙满文档案精选》第7卷，第295~298页。

[④]《青海右翼盟扎萨克头等台吉布彦达赖为给全家全旗祈福致达赖喇嘛文》，西藏自治区档案馆编《西藏自治区档案馆馆藏蒙满文档案精选》第8卷，第127~128页。

[⑤]《察哈尔镶黄旗大马群蒙克俄齐尔为献银祈福事致达赖喇嘛文》，西藏自治区档案馆编《西藏自治区档案馆馆藏蒙满文档案精选》第8卷，第149~150页。

[⑥]《大马群属下巴图蒙克等为祈福祈愿事致达赖喇嘛文》，西藏自治区档案馆编《西藏自治区档案馆馆藏蒙满文档案精选》第8卷，第153~154页。

[⑦]《察哈尔镶黄旗厄鲁特土巴布佐领下骁骑校齐巴克多尔济为祈福事致达赖喇嘛文》，西藏自治区档案馆编《西藏自治区档案馆馆藏蒙满文档案精选》第8卷，第141~142页。

（二）蒙古民间的其他精神需求

在书信档案中，可以发现当时蒙古人对达赖喇嘛和西藏诸圣的各种精神需求。可以说，蒙古人在日常生活与生老病死等人生问题上无不寄希望于喇嘛上师的保佑。他们不仅在平日生活中时常为今生和来世祈祷，遇到问题时则更加急切盼望活佛的眷顾。以下归纳一下信中经常出现的一些问题。

为今生与来世祈福。当时的人们念经修佛做布施，从善弃恶信因果，为的都是他们今生和来世的幸福。为此，人们不仅自己付出努力，而且还希望得到世间诸圣活佛的眷顾，寄托于他们的加持力。在西藏自治区档案馆藏档案中蒙古文书信的内容绝大多数是为祈求达赖喇嘛等尊者对个人、家庭、亲友、旗民全体的保佑，除部分确有特别求助内容的信函外，一般只是希冀时刻受到"唯一怙主"圣喇嘛的怙佑，别无特别事由。诸如以下各种寄托："祈愿内外各种相违因寂止，各种顺缘、福寿、富乐，尤其是心想诸事如愿以偿。""若有人与非人之迫害、相违因等，请予以寂止，促成顺缘与夙愿，增益福寿、富乐与后嗣。""愿与我等今生相违之谗言、恶魔、恶语、恶意、纠纷、恶斗、疾病、暴亡、敌魔、祸害等相违因得以寂息，福寿、富乐、威力、权势、名誉等得以圆满，祈求佑助。请开示寂止一切违缘，造就一切顺缘之法。请将需谨防之事毫不隐瞒地明示于我。总之，从今至修得佛果为止，世世结自由人间之善缘，再次与佛教尤其是宗喀巴黄教结缘，作大乘佛法之徒，一切闻、思、修速至尽善，最后，求尽快修得瓦赤喇怛喇之道。祈求时刻保佑，分秒不弃，为此合掌祈拜。""为今世和来世，尤其为父母及妻儿全家祈祷敬献。祈愿寂止今生之灾难、口角，心想诸事如愿以偿，尤其祈求保佑来世能修得天与人之趣。"

求子与赐名。一般而言，一个家族中无子或少子，会直接导致一个家族的衰败甚至灭亡，因此人丁兴旺对家庭的影响甚大。膝下无子、少子或孩子经常夭折的蒙古家庭希望得到佛祖的眷佑，通过活佛的加持求得后代人丁兴旺。为了保证新生儿长寿，他们还特意请佛教高僧起名，虽然大多数人就近求高僧赐名，但在他们看来，如能求得西藏高僧大德为孩子赐名，那将是无

五 书信所见清代蒙古人的精神世界

比幸运的。档案里有不少向达赖喇嘛等藏传佛教领袖人物求子、求名的案例。翁牛特王旗章京确登、商淑与明安图、济兰泰等人向济咙呼图克图陈情，因一直未育男子，祈求圣尊保佑，明示得子妙法。① 阿巴噶左旗台吉济尔噶勒、库伦旗渥勒斋桑和章斯赖、伊犁厄鲁特骁骑校沙津等为求得后嗣，向达赖喇嘛致信祈求。② 库伦旗色尔德穆楚克、扎萨克图汗部扎萨克齐旺扎布旗门都及妻子固鲁姆扎布等向达赖喇嘛求子求孙。③ 察哈尔镶蓝旗第二佐领领催罗布桑多尔济、护军伊西多尔济等向达赖喇嘛请求："末小施主领催罗布桑多尔济，四十八岁，属牛；护军伊西多尔济，四十六岁，属兔。末小我辈禀请永受保佑之外，我兄弟二人虽然先曾有子，均已夭折，故请保佑今后生子成人。所祈各项，均请降谕明示。"④ 这些是无子而求子的例子。少子问题也困扰着蒙古家庭，他们依然祈求达赖喇嘛和西天诸圣的保佑。喀尔喀右翼将军齐旺达什向拉萨祈愿大法会诸圣叩拜祈祷，敬献五十两银，为今世与来世祈福。他在信中提到："仰赖前所保佑之恩，我们安好。今无论好歹，务必赐给一名同我齐旺达什独子为伴之子，以满足心愿。"⑤

经向西藏高僧大德祈求保佑而喜得贵子者，认为这是圣者加持的功德。锡林郭勒盟阿巴噶左旗额尔德尼固什之弟子台吉亦罗尔向摄政噶勒丹锡呼图诺门罕写信致谢，信中说："此前曾向圣尊葛根求子嗣，今已如愿以偿。今

---

① 《翁牛特王旗章京确登为求子祈福事致济咙呼图克图文》《翁牛特王旗商淑夫妇为祈福求子事致圣尊文》《翁牛特王旗济兰泰为求子事致圣尊文》，西藏自治区档案馆编《西藏自治区档案馆馆藏蒙满文档案精选》第6卷，第247~248、240~242、246页。
② 《台吉济尔噶勒为祈福求子事致瓦赤喇怛喇活佛文》，西藏自治区档案馆编《西藏自治区档案馆馆藏蒙满文档案精选》第8卷，第279~280页；《库伦旗阿尔斯兰为祈福布施事文》，西藏自治区档案馆编《西藏自治区档案馆馆藏蒙满文档案精选》第7卷，第57~58页；《伊犁厄鲁特骁骑校沙津为求子事致达赖喇嘛文》（托忒文），西藏自治区档案馆编《西藏自治区档案馆馆藏蒙满文档案精选》第8卷，第289~290页。
③ 《色尔德穆楚克为求子求福布施事致达赖喇嘛文》《扎萨克图汗部扎萨克齐旺扎布旗门都、妻子固鲁姆扎布二人为求孙等事致达赖喇嘛文》，西藏自治区档案馆编《西藏自治区档案馆馆藏蒙满文档案精选》第7卷，第66、343页。
④ 《察哈尔镶蓝旗第二佐领领催罗布桑多尔济等为祈福求子等事致达赖喇嘛文》，西藏自治区档案馆编《西藏自治区档案馆馆藏蒙满文档案精选》第8卷，第220页。
⑤ 《喀尔喀扎萨克镇国公齐旺达什为祈福求子事致拉萨祈愿大法会诸圣文》，西藏自治区档案馆编《西藏自治区档案馆馆藏蒙满文档案精选》第8卷，第49~50页。

再求保佑，敬献天物圣洁哈达、缎子、布匹及（金）线。"①

前文提及的库伦旗色尔德穆楚克请达赖喇嘛为他两岁的孩子赐名，同属库伦旗的诺门达赖、多什、布达什等兄妹三人也向达赖喇嘛祈求，"家内末小妇人衮济德玛诚心跪禀：小人膝下少子。今有一子，四岁，请求赐名，并求寂止该子身命病魔、孽障，增益顺缘相和因，心想事成。祈求圣尊赐予庇佑"。②

免遭病苦。清代，蒙古地方缺医少药，求医治病是一大社会问题。当时蒙古人平均寿命偏低，内扎萨克蒙古有谚语说："鸡鸣后睡不久，五十后活不长。"前文提到，察哈尔镶白旗衮扎勒木52岁时就觉得有生之年已无暇远足，着急安排他身后的家事，这并不奇怪。我们在书信档案中看到，蒙古人写给达赖喇嘛、摄政等的信中无不请求为他们延长寿命，保佑他们无病无灾。此外，也有因为自己或者家人患病事特别致信西藏诸活佛请求保佑的。比如，"察哈尔镶蓝旗阿达哈哈番佐领末小施主达什德勒克谨于今生唯一怙主圣尊达赖喇嘛足莲下胸前合十祷告：末小施主达什德勒克，四十五岁，属虎，时常患上重病，虽然当即病愈，却没有完全康复。祈求镇伏一切厄缘！弟弟僧人罗布桑色楞，属猪，三十六岁；齐巴克扎布，二十一岁，属虎；班第丹碧杨桑，四岁，属羊。为伊等祈求常予保佑之外，子哲布尊扎布先虽几度生子，却未得成人。为此祈求保佑今后得子。又为齐巴克扎布祈求保佑生子。为请一一赐复上述各愿，献五十两银元宝一颗；为请好药，献拉萨祈愿法会十两银及哈达等物。竭诚禀呈。明鉴，明鉴"。③还有，喀尔喀土谢图汗部扎萨克卫征岱青乌尔津扎布致第穆呼图克图的呈文中写道："今乌尔津扎布我由虔诚之门双手合于胸前启禀。小人属龙，今已七十二岁。由于宿命业果之故，自幼身患疾病。祈求使我乌尔津扎布今世脱离病魔，毕生

---

① 《台吉亦罗尔为谢恩及献礼事致噶勒丹锡哷图文》，西藏自治区档案馆编《西藏自治区档案馆馆藏蒙满文档案精选》第8卷，第314页。
② 《色尔德穆楚克为求子求福布施事致达赖喇嘛文》《诺门达赖为祈福求子事致达赖喇嘛文》，西藏自治区档案馆编《西藏自治区档案馆馆藏蒙满文档案精选》第7卷，第66、60页。
③ 《察哈尔镶蓝旗阿达哈哈番佐领达什德勒克为祈福献银事致达赖喇嘛文》，西藏自治区档案馆编《西藏自治区档案馆馆藏蒙满文档案精选》第8卷，第221~222页。

无碍,来世转投善趣。献薄礼近乎空手,哈达一方、银六十两……"①

超度亡者。佛教徒认为,在修成正果成佛前,众生将在"六道"(或称"六趣")中不断轮回。这六道是天道、人道、阿修罗道和畜生道、饿鬼道、地狱道。前三道为"三善道",后三道为"三恶道"。众生因其行为的因果,在六道中不断流转轮回。对佛教徒来说,死后投生三恶趣是最可怕的事情,为了往生三善道,人在有生之年必须从善,不得作恶,死后还要请高僧大德为之超度,以便不在轮回路上迷失而坠入恶趣。因此,超度亡者是人们对逝者应尽的义务,是生活中非常重要的一件事情。

在西藏自治区档案馆藏蒙古文书信档案中有几十份请求达赖喇嘛等为亡者超度的信函。死者家属视其财力献布施,祈请帮助亡者往生善道或解脱轮回。鄂尔多斯达拉特旗盟长贝子永咙多尔济夫妇为长子的亡妻超度,向达赖喇嘛献礼请求。他们写道:"具足圆满福德之身,具足满足无量众生所求之语,具足明示遍知之意,无比怙主足下跪拜。在识一切瓦赤喇怛喇达赖喇嘛额尔德尼无垢足莲金轮前,合手诚心启禀。施主鄂尔多斯达拉特旗盟长贝子永咙多尔济、夫人塔楚克为长子达什多尔济亡妻巴德玛济德超度,敬献纱里蟒袍一件,佛龛饰以绿松石、珊瑚,祈求诵读相应祝词。愿自今而后,耳不闻三恶趣之名,修得齐具八有暇十圆满之天人善趣,在胜者遍知怙主达赖喇嘛足前修十善法,仰赖怙主加持,早日修得瓦赤喇怛喇之福。鉴之,鉴之!为此,在以三学为庄严、以红黄为衣之吉祥圆满众僧侣胜宝前提请,如大海里滴水一般,献熬茶所用薄礼二颗元宝,交付宗本玛静。月初吉日敬献。丁亥年夏初月初一日。"② 这是贵族家庭求超度亲人的例子。

一般家庭所献礼物不重,但从信中可以读到他们对逝者来世的期望。苏尼特右旗一位护卫致达赖喇嘛的信很有代表性:"极乐世界怙主识一切圣尊

---

① 《喀尔喀土谢图汗部扎萨克乌尔津扎布为祈福事致第穆呼图克图文》,西藏自治区档案馆编《西藏自治区档案馆馆藏藏蒙满文档案精选》第7卷,第308~310页。
② 《鄂尔多斯达拉特贝子永咙多尔济为长子达什多尔济亡妻巴德玛济德超度献礼事致达赖喇嘛文》,西藏自治区档案馆编《西藏自治区档案馆馆藏藏蒙满文档案精选》第7卷,第229~230页。

金轮足前,苏尼特右旗护卫孟和博罗特,以三门之虔诚,钦仰祈祷,为给母火猪年十二月十四日过世之家兄布迪扎布施愿,献祈愿供品天神祥物圣洁哈达、绸缎等物,祈给施愿。愿超度已故家兄,免受轮回,尤其免遭三恶趣之苦,使已故家兄为首之一切生灵,二障净除,二资粮毕聚,得到涅槃及识一切至上善趣。祈求明鉴。明鉴眷护,明鉴,明鉴。"①

对僧人的超度也一样,不论大活佛还是小僧侣,都会为其举行超度仪式。当然,如遇高僧大德圆寂,旗扎萨克甚至全盟全旗民众会集体请求达赖喇嘛为之超度,布施的钱财会很多,一般僧人过世则不会有此盛举。光绪十五年(1889)冬,七世内齐托音呼图克图圆寂,哲里木盟诸信徒施主、御前行走大臣、盟长、扎萨克王公、闲散王公及内齐托音呼图克图葛根之弟子葛根活佛等、僧俗大众以及呼和浩特崇福寺管寺扎萨克达喇嘛喇克巴西喇布为首达喇嘛、办事人员等联名向达赖喇嘛呈奏:"我瓦赤喇怛喇内齐托音呼图克图于光绪十五年(1889)冬十月十九日寅时示寂。为其做超度法事,献五百两银子,跪求(达赖喇嘛)保佑,让我们师徒早日相聚,像新月一般彻底驱赶黑暗,增益我们的福分,让我们万事顺心,马到成功。"② 相比之下,为雍和宫噶布主格隆的超度请求就简单得多,其弟子向达赖喇嘛"敬献无垢有色哈达",祈请使"其免遭其三恶趣厄难,来世得到自由人趣,修成菩提道"。③

看风水。有一对夫妇迪瓦兰咱和格格(应该是某额驸和格格),要盖住房,他们请示达赖喇嘛,房子朝什么方向才吉利。迪瓦兰咱本命年为鼠年,他在自己的房子里发现死老鼠后深感不安,于是又恳请达赖喇嘛为他化凶为吉。④ 还有一位叫多布丹多尔济的人,他说他的父辈世居之地为巴音和硕、

---

① 《苏尼特右旗护卫孟和博罗特为超度请安祈福事致达赖喇嘛文》,西藏自治区档案馆编《西藏自治区档案馆馆藏蒙满文档案精选》第7卷,第131页。
② 《哲里木盟僧俗大众为内齐托音呼图克图超度事致达赖喇嘛文》,西藏自治区档案馆编《西藏自治区档案馆馆藏蒙满文档案精选》第6卷,第165~168页。
③ 《雍和宫某僧人为噶布主萨克楚克多尔济超度事致圣尊文》,西藏自治区档案馆编《西藏自治区档案馆馆藏蒙满文档案精选》第10卷,第87页。
④ 《迪瓦兰咱、格格为请安及请示新房屋朝向事致圣尊活佛文》,西藏自治区档案馆编《西藏自治区档案馆馆藏蒙满文档案精选》第8卷,第351~356页。

五
书信所见清代蒙古人的精神世界

古尔班噶逊、扎达盖图、赛因哈尔驼罗盖、么勒黑图等。多布丹多尔济请喇嘛指明，他应该生活在原住地好，还是要向西或西北方向移居古尔班芒达尔山脉好，抑或要移居山阳之地那布达斯台、阔阔乌苏之地为宜。从巴音和硕移向何方才能人畜两旺？① 阿巴噶左旗什喇塔拉寺僧人奉策墨林活佛的旨意，在十八壁架蒙古包举行法会，但因绵羊减少，幪盖帐幕所需毛毡难得，故该寺决定造一座坂升寺庙即土木寺院。因此什喇塔拉寺的达喇嘛、额尔德尼、固什等向策墨林活佛请示："什喇塔拉法会旧址，可否建寺；向东近处草地上有一高处，可否建寺；如可，则请堪舆二地。毡房宜乎，坂升宜乎，请明鉴其所宜者。"②

可见，当时蒙古人只要可能，就希望将重要事项都呈闻喇嘛，以期获得活佛的保佑。整个社会的精神面貌由此可见一斑。

（三）哲里木盟邀请十三世达赖喇嘛

如上所示，清代蒙古社会沉浸在浓厚的佛教文化气氛中。蒙古人认为达赖喇嘛、班禅额尔德尼是救世怙主，有生之年如能一见达赖、班禅真容，那将是九生有幸之事。清朝光绪末年，十三世达赖喇嘛土登嘉措曾离开拉萨前往喀尔喀蒙古，后在青海塔尔寺、山西五台山和北京各停留了一段时间。这期间，内扎萨克蒙古的哲里木盟十旗纷纷派使者到达赖喇嘛那里，邀请十三世达赖喇嘛迅速驾临哲里木盟，"弘扬佛法，满足众生愿望"。在西藏自治区档案馆藏书信档案中有一批档案记录了这个过程。

在历史上，蒙古人成功邀请三世达赖喇嘛到蒙古地方，而且四世达赖喇嘛就转世在蒙古。但17世纪上半叶，喀尔喀蒙古邀请五世达赖喇嘛没有成功，只是在他应顺治皇帝之邀赴京途中，沿路的青海、鄂尔多斯和土默特蒙古得以觐见。哲里木盟十旗邀请十三世达赖喇嘛是漠南蒙古佛教历史上的又

---

① 《关于多布丹多尔济选址一事》，西藏自治区档案馆编《西藏自治区档案馆馆藏蒙满文档案精选》第9卷，第55~56页。
② 《什喇塔拉寺庙仓为请示应否建造土木寺院事致萨玛第圣尊活佛文》，西藏自治区档案馆编《西藏自治区档案馆馆藏蒙满文档案精选》第9卷，第335~340页。

一件大事。

19世纪中后期，清朝国力衰败，西方列强掀起侵略中国的狂潮。19世纪末20世纪初，英俄两国在中亚地区展开"大角逐"，西藏成为其竞争的焦点之一。光绪二十四年（1898）英国发动第一次侵藏战争，二十九年又发动了第二次侵藏战争。西藏抵抗英军失利，尤其是光绪三十年江孜保卫战失败，英军向拉萨进发时，十三世达赖喇嘛为避免自己落入英国侵略者手里，六月离开拉萨，经那曲入青海，再经甘肃，十月进入喀尔喀蒙古境内，到达库伦，在库伦停留了一年有余。光绪三十二年三月底，清廷命达赖喇嘛去青海塔尔寺暂住，再取道青海回藏。五月底，达赖喇嘛奉命离开库伦，秋天到达塔尔寺。次年，达赖喇嘛遣人赴京，请求赴五台山休养。是年十一月底达赖喇嘛从塔尔寺出发前往五台山，光绪三十四年二月中旬到达。六月，光绪皇帝谕令达赖喇嘛进京陛见。九月，达赖喇嘛一行到达北京，谒见光绪皇帝、慈禧太后。十月，清廷封十三世达赖喇嘛为"诚顺赞化西天大善自在佛"。十一月，达赖喇嘛一行离开北京回藏。在这期间，内扎萨克蒙古王公多次谒见达赖喇嘛，而哲里木盟王公更加积极，曾尝试迎请达赖喇嘛到内蒙古东部。

光绪三十一年二月二十四日，哲里木盟科尔沁扎萨克多罗郡王乌泰（1864[①]～1921）和科尔沁最高活佛诺颜呼图克图分别遣普仁寺（qotala nigülsügči süm-e）托音锡哷图夏仲格拉藏禅范图格济尼玛和该旗四等台吉色楞旺布等去库伦，邀请达赖喇嘛。邀请函中写道："僧俗几十万人渴望叩见瓦赤喇怛喇达赖喇嘛像珠宝庄严的山一般坚固光明的贵体之愿望，犹如幼崽求母一样真切。因此，我科尔沁诺颜呼图克图特遣普仁寺托音锡哷图夏仲默尔根绰尔济喇嘛沙弥格拉藏禅范图格济尼玛，本王特派戴孔雀翎四等台吉色楞旺布等，向至尊佛祖教法之主达赖喇嘛您请安，并为延请大慈大悲达赖喇

[①] 光绪三十四年乌泰致达赖喇嘛信中说，"扎萨克王乌泰我四十五岁"（《科尔沁扎萨克图郡王乌泰为祈福布施事致达赖喇嘛文》，西藏自治区档案馆编《西藏自治区档案馆馆藏蒙满文档案精选》第6卷，第105~106页）。按过去蒙古人的习惯，报年龄都是虚岁，也就是1908年乌泰44周岁。可知乌泰生于1864年。

嘛无与伦比的宝贵身躯至我旗诺颜呼图克图所建祝福圣主万寿无疆、弘扬黄教之汇通寺和普仁寺，奉上坛城、哈达、珍贵佛三神物及金币。万望（达赖喇嘛）大慈大悲，以十万日光般的身躯务必驾临我们这里，以满足这里几十万人信仰的愿望。我以至诚的信仰五体投地，再三跪拜，日夜期盼无限喜悦的快速回复。"① 达赖喇嘛很快接受了邀请，他在回信中说："为佛祖瞳睛般黄帽教法的永世昌盛而呕心沥血的王、贝勒、贝子、公、葛根等，如同心同德向大皇帝奏报，并从各自地方（向我）呈报愿意邀请之信，我必将前去。"② 五月，科尔沁诺颜呼图克图罗布藏多布丹确济尼玛丹碧扎勒森派遣汇通寺的托音锡哷图格拉藏禅范图格济尼玛和杜尔伯特旗寺托音锡哷图喇嘛格拉藏丕凌列绰克赖那木济勒等为使者，赴库伦谒见达赖喇嘛，感谢他接受哲里木盟邀请并回了函。③ 七月二十二日，御前行走哲里木盟协办科尔沁扎萨克和硕达尔罕亲王那木济勒色楞（1884~1947年任扎萨克）致信达赖喇嘛说：该年春天达赖喇嘛应允光临后，将此消息通知到哲里木盟十旗王、贝勒、贝子、公以及活佛、喇嘛等处，大家一致决定于七月初一日在扎萨克图郡王旗汇通寺迎接达赖喇嘛，为此各旗出具加盖印章的文书，报到盟长处。在那里加盖盟长印后再奏报清朝皇帝。奏报内容为："我们决议敬请达赖喇嘛暂缓西幸，莅临我们哲里木盟诺颜呼图克图汇通寺，应合达赖喇嘛本意，广兴教法与众生的利益。扎萨克们各盖印章，呈上加盖印章的文书，请求尽早允准（达赖喇嘛）光临。"他在信中还询问了达赖喇嘛几月份从哪条路驾临汇通寺。④

---

① 《哲里木盟科尔沁扎萨克多罗郡王乌泰为延请达赖喇嘛致达赖喇嘛文》，西藏自治区档案馆编《西藏自治区档案馆馆藏蒙满文档案精选》第6卷，第82~86页。
② 《扎赉特扎萨克郡王旺克帕勒斋旗署理旗务台吉托多毕力克图为迎请达赖喇嘛前来哲里木盟诺颜呼图克图汇通寺事致达赖喇嘛文》，西藏自治区档案馆编《西藏自治区档案馆馆藏蒙满文档案精选》第6卷，第142~146页。
③ 《科尔沁诺颜呼图克图罗布藏多布丹确济尼玛丹碧扎勒森向达赖喇嘛请安书》，西藏自治区档案馆编《西藏自治区档案馆馆藏蒙满文档案精选》第9卷，第75~80页。
④ 《御前行走哲里木盟协办科尔沁扎萨克和硕达尔罕亲王那木济勒色楞为确询达赖喇嘛驾临哲里木盟事致达赖喇嘛文》，西藏自治区档案馆编《西藏自治区档案馆馆藏蒙满文档案精选》第6卷，第69~72页。

八月十二日，乌泰郡王再次致信达赖喇嘛，信中确认："五月十九日接到了教法之主达赖喇嘛的大慈大悲的俯允法旨和加盖印玺的文书。我们诺颜呼图克图葛根……将此消息告知哲里木盟王、贝勒、贝子、公、活佛、喇嘛等。于是从盟长齐默特色木丕勒处发出通告，令本盟诺颜、喇嘛等于七月初一日在我旗汇通寺会集，商讨弘扬佛法的大善事。遵照本通告，诺颜、喇嘛等和僧俗大众聚集一处，甘心情愿地一致讨论决定：哲里木盟各旗各出具加盖印章的文书，交到盟长处，盟长据各旗文书另拟写题本，加盖盟长印，将此延请教法之主达赖喇嘛事奏报博克多皇帝，以求施恩。同时，将十旗盖印文书送到教法之主达赖喇嘛手中，以表达全盟僧俗全体同心同德商定延请之意。我们商定，把十万日光般的喇嘛请到哲里木盟汇通寺，为弘扬佛法，使之永存而尽力，保证照办教法之主达赖喇嘛一切旨意。"同时，哲里木盟派出先前谒见达赖喇嘛的托音锡哷图默尔根绰尔济喇嘛、杜尔伯特旗寺台吉托音锡哷图阿寨喇嘛以及协理台吉纳逊德格济勒呼等前去库伦，将陆续送来的盖印文书送达。奉上文书的有扎萨克图郡王、达尔罕亲王、博多勒噶台亲王、宾图郡王、扎赉特郡王、杜尔伯特贝子、土谢公等七旗。所缺另外三个旗的文书一到，再遣人奉送。乌泰建议，"若乘坐俄罗斯铁路则速达，路途也不会遇到阻碍，而且符合众生急切盼望的心意，不过还是听教法之主达赖喇嘛之便"。在时间上，乌泰认为，"今年冬十一月初进京入年班前光临，则对商讨教法之事特别有利"。①

但是，十三世达赖喇嘛一直没有动身前往哲里木盟，其中原因为何，档案并未记载，在其他相关史料中也没有线索，甚至《清德宗实录》对此事件也没有留下任何记载。如前所说，达赖喇嘛于1906年夏天离开库伦前往塔尔寺，1908年再到五台山、北京。这期间，哲里木盟王公贵族和呼图克图以个人名义多次遣使谒见达赖喇嘛，也有人到五台山和北京拜见达赖喇嘛，然而请至内蒙古哲里木盟的计划始终未能实现。

---

① 《乾清门行走哲里木盟科尔沁扎萨克图郡王乌泰为遣使延请达赖喇嘛事致达赖喇嘛文》，西藏自治区档案馆编《西藏自治区档案馆馆藏蒙满文档案精选》第6卷，第87~89页。

六
宗教文化交流

自16世纪以降，直到20世纪三四十年代，佛教一直主导着蒙古的社会文化，寺庙既是蒙古的道场又是其文化中心。故此，蒙藏民族文化交流主要是通过寺庙系统进行的。本章梳理了西藏自治区档案馆藏书信档案记载的文化交流相关的事例。

（一）蒙古宗教文化建设

蒙古地区的佛教是藏传佛教。藏传佛教在蒙古地区传播过程中，把佛经译成了蒙古文（个别寺庙用蒙古语诵经），在蒙古原有的一些传统习俗和仪式中融入了佛教思想和理念，比如祭敖包、祭火时，佛教僧人诵经念佛，但总体上讲在蒙古没有形成本地化的新的教理和教派，即没有出现所谓的"蒙古佛教"。蒙古地方出现了像哲布尊丹巴呼图克图、章嘉呼图克图等地位尊贵的大活佛系统，各地也先后形成了许许多多的大小活佛，但他们都被视作西藏达赖喇嘛和班禅额尔德尼的弟子，在蒙古信徒心目中，至高无上的教法之主还是达赖、班禅，故有"天上日和月，地上达赖和班禅"之说。因此，蒙古地区宗教文化的建设始终离不开西藏格鲁派上层。这个问题在档案中也得到了反映。

活佛转世的确认和迎请。对一个地区的寺庙来说，活佛是一个关键存在。新活佛转世的认定必须符合教规，丝毫不能马虎，这关乎活佛的合法性，因而也关系到社会稳定。蒙古地区要认定活佛转世，往往先派人到西藏，向达赖喇嘛（包括摄政）或班禅额尔德尼呈送可能的转世灵童（有时候是几位候选人）的相关情况，得到他们的"授记"后，方可确认。到乾隆年间清朝制定"金瓶掣签制度"后，清政府承认的具有较大影响的活佛则还要带着达赖喇嘛等人授记的灵童人选，经北京雍和宫金瓶掣签选定，最后由朝廷认可备案后才具有合法性。但小活佛的确认不必经过金瓶掣签。在西藏自治区档案馆藏蒙古文书信档案中保存了一批认定蒙古地区活佛的档案。

扎萨克图汗多罗郡王齐旺巴勒斋（1770~1791年任扎萨克）请达赖喇嘛指明额尔德尼沙布隆呼图克图的转世。喀尔喀原本没有这个活佛转世系统。有一次，扎萨克图汗齐旺巴勒斋带着默尔根班第达呼图克图·诺颜堪布·罗布桑巴勒丹丹津赴藏朝圣，叩拜班禅额尔德尼（六世或七世班禅额尔德尼）时，班禅额尔德尼对默尔根班第达呼图克图说："此前你曾来过此地。"其实，该呼图克图此前未曾到过西藏，而扎萨克图汗的喇嘛额尔德尼沙布隆呼图克图名为罗布桑多尔济者曾在这辈班禅额尔德尼前世之前世时到过西藏，并获得"默尔根班第达呼图克图"称号。于是，扎萨克图汗等认为班禅额尔德尼有此奇妙法旨，故此专门向达赖喇嘛献礼上书，恳请"指明该喇嘛为教法与众生造福已有几世、自始至今之转世次第等"。[①] 这就是喀尔喀默尔根班第达呼图克图的由来。

阿巴哈纳尔左旗贝子达克旦朋素克（1764~1792年任扎萨克）于乾隆五十一年（1786）致信济咙活佛，信中说其次子卫都布纳木扎勒，仰赖众圣一致法谕，被确认为多伦诺尔诺颜绰尔济之转世。但他在1794年致信济咙活佛的商卓特巴善巴多布丹时说："只因爱子诺颜绰尔济进京请安，似乎水土不服，八月二十二日开始生病，后经患病数月。我等竭尽全力，求诸圣贤，倾力作法施救，却在十二月十四日圆寂。故此，为乞祈愿，令报萨玛第巴克什，献银一千两，以为善事用度。此项银两专供乞请达赖喇嘛施愿，色

---

① 《喀尔喀扎萨克图汗齐旺巴勒斋为请指明额尔德尼沙布隆呼图克图转世事致达赖喇嘛文》，西藏自治区档案馆编《西藏自治区档案馆藏蒙满文档案精选》第7卷，第337~342页。

六
宗教文化交流

拉、哲蚌、甘丹、扎什伦布及两院熬茶公积,以及为灵童转世请吹忠降示等事。业已致函圣尊,请爱怜如愿成全。还望商卓特巴喇嘛转告葛根,怜悯我造化浅薄迷于苦难之野,成就已故诺颜绰尔济所愿之事,尤其促成灵童如前尽早出现。敬请转告,缘是致函。"[1] 可知,贝子达克旦朋素克的次子被西藏"诸圣"确认为活佛,但8年后圆寂,贝子希望请西藏护法神(吹忠)寻找他儿子的转世,早日发现灵童。

喀喇沁辅国公玛哈巴拉(1775~1844年任扎萨克)致信济咙呼图克图,请求从西藏迎请转世活佛到喀喇沁旗寺庙坐床。根据信函内容,喀喇沁旗寺庙的活佛是扎什伦布寺属下的医师喇嘛,该活佛圆寂后转世于扎什伦布寺附近,后人扎什伦布寺学经,法名罗布桑多尔济,已从班禅额尔德尼处得到噶沁堪布名号。玛哈巴拉将三百两银作为盘缠交付班禅额尔德尼使臣往送,并请济咙呼图克图转奏班禅额尔德尼,速派转世活佛前来喀喇沁。[2]

阿巴哈纳尔右翼旗贝勒玛哈巴拉(1779~1825年任扎萨克)1810年向济咙呼图克图呈报,他所供奉的宁宗喇嘛圆寂后,转世在卓尼之属地达克咱地方的达木绰、纳木卓玛夫妇家里,属猪,法名丹赞贡桑诺尔布,已八岁。玛哈巴拉请求济咙活佛确认,这位在阿巴哈纳尔当地认定的转世灵童是否为真正的宁宗喇嘛转世。[3]

喀尔喀赛音诺颜部扎萨克达拉扎布(1812~1831年任扎萨克)致信摄政诺门罕称:"我等所请来供奉之阿里布噜勒呼活佛,奉护法师之命,于狗年将返回之际,巴克什喇嘛、商卓特巴二人言其(返回前)应往北京,向皇帝请安。我盟盟长亦令活佛亲向理藩院呈领路票。然而,诸事尚未办妥,

---

[1] 《阿巴哈纳尔左旗贝子达克旦朋素克等人为献礼祈福乞药材事致噶勒丹锡呼图克图文》《阿巴哈纳尔左旗贝子达克旦朋素克为给诺颜绰尔济做法事致商卓特巴善巴多布丹文》,西藏自治区档案馆编《西藏自治区档案馆藏蒙满文档案精选》第7卷,第199~204、205~206页。
[2] 《喀喇沁扎萨克公玛哈巴拉为迎请转世灵童及布施事致济咙呼图克图文》,西藏自治区档案馆编《西藏自治区档案馆藏蒙满文档案精选》第6卷,第369页。信是龙年写的,玛哈巴拉于乾隆五十三年受封辅国公,道光九年赏得贝子衔,其间遇1796年、1808年、1820年三个龙年。
[3] 《阿巴哈纳尔旗贝勒玛哈巴拉为宁宗活佛转世事致济咙呼图克图文》,西藏自治区档案馆编《西藏自治区档案馆藏蒙满文档案精选》第7卷,第191~192页。

活佛先于牛年正月圆寂。将此等情事奏报外，祈求大慈大悲爱怜我等偏域小人，指明阿里布噜勒呼活佛转世何地、为何人之子。"①

喀尔喀赛音诺颜部阿巴尔米特（1833~1885）以他本人、本旗官吏与僧俗全体名义，致信达赖喇嘛称："阿巴尔米特我之先祖扎萨克时，有一位由西方土伯特地方来我旗受我旗供养之名为乌尔卡绰尔济默尔根土伯特之活佛喇嘛，经圣尊等诸圣寻得，初次请来之转世为额尔德尼沙布隆索诺木策凌。此后几经转世，第四转世额尔德尼沙布隆沙津巴拉刚于五年十一月（咸丰五年、同治五年或光绪五年，无法确定）圆寂。末小弟子阿巴尔米特等祈求唯一怙主瓦赤喇怛喇圣尊，将我等所供沙布隆喇嘛在何方转世、其地远近如何、有何特征、何年何月诞生、其父母姓名、家族姓氏及转世灵童名等，明白预示。为此，在足下金轮前诚心笃信祈愿叩拜。"②

道光二十七年（1847），喀尔喀大活佛之一赛音诺颜部的三世额尔德尼班第达呼图克图堪钦诺门罕罗布桑齐旺绰克巴勒桑布圆寂。关于该活佛的转世，班禅额尔德尼谕示：灵童将在堪钦诺门罕所建寺庙之东、东南方近处，塔楚羊巴京以内地方出生。按此，在所示地方发现了数名羊年（1847）出生的男童。道光二十九年八月，堪钦诺门罕的执事商卓特巴达克巴楚勒图穆等将男童们的名字及父母名、年龄、生地、出生月日逐一开列，交付堪布、索本等，遣往济咙呼图克图处报送，祈请济咙活佛转奏达赖喇嘛，谕示孰为转世灵童。③

光绪十五年（1889）十月十九日，七世内齐托音呼图克图圆寂。此后，哲里木盟信徒、施主、御前大臣、盟长、扎萨克王公、闲散王公、内齐托音呼图克图之弟子葛根活佛和僧俗大众以及呼和浩特崇福寺扎萨克喇嘛拉克巴

---

① 《喀尔喀赛音诺颜部达拉扎布为阿里布噜勒呼圣尊圆寂及指明其转世事致诺门罕文》，西藏自治区档案馆编《西藏自治区档案馆馆藏蒙满文档案精选》第8卷，第63~64页。
② 《扎萨克头等台吉阿巴尔米特为诺颜额尔德尼沙布隆转世事致圣尊喇嘛文》，西藏自治区档案馆编《西藏自治区档案馆馆藏蒙满文档案精选》第8卷，第61~62页。
③ 《喀尔喀赛音诺颜部额尔德尼班第达呼图克图堪钦诺门罕执事商卓特巴达克巴楚勒图穆等为寻认转世灵童事致萨玛第巴克什文》，西藏自治区档案馆编《西藏自治区档案馆馆藏蒙满文档案精选》第9卷，第203~208页。

六 宗教文化交流

西喇布等喇嘛、全体办事员等联名致信达赖喇嘛，请求指明内齐托音呼图克图转世。信中说："我们诚心祈求，将转世降生的地方，其具足福气的父母之姓名年龄等，鉴于我们智力，请降下明明白白的法旨，让我们上师与徒弟早日相聚，以便尽我们的信仰。"①

察哈尔正红旗圆安寺戴青绰尔济喇嘛的弟子达喇嘛罗布桑僧格向济咙活佛呈报其住持喇嘛戴青绰尔济喇嘛圆寂的时日，请求护佑喇嘛速显转世，让喇嘛与弟子早日相聚，并请明示何时何地转世及其父母名岁。另外，察哈尔镶白旗博罗托罗盖寺格隆洛瑞巴勒桑向济咙活佛呈报该寺住持喇嘛格隆·达尔罕·乌木匝特罗布藏尼玛圆寂的消息。洛瑞巴勒桑还说，原寺达喇嘛梦见由西北方前来一行陌生僧人搭盖黄伞，下榻衮布扎布家里。次日，达喇嘛听闻正白旗皇家羊群牧长衮布扎布家里生得一男，给他取名噶瓦。男孩噶瓦，属虎，四岁。噶瓦曾几次对别人说他是镶白旗博罗托罗盖寺达尔罕·乌木匝特达喇嘛的转世。因此，特别请济咙活佛确认噶瓦是否真为转世灵童。②

从西藏迎请经师。蒙古地方的寺庙常常从西藏迎请高僧任本寺的住持喇嘛，为僧众讲经说法，加强对当地学徒的佛学培养。

根据道光九年扈从哲布尊丹巴呼图克图经师罗布桑衮楚克前来西藏的斋桑丹德尔等人呈送策墨林活佛的汇报，哲布尊丹巴呼图克图的经师法王罗布桑衮楚克是从西藏迎请的。该经师获皇帝批准后，回西藏探亲。但因年届七十及水土不服，途中患病，走到穆鲁乌苏河，病重圆寂。可见，哲布尊丹巴呼图克图的经师也从西藏聘请。③

青海右翼扎萨克旗一直从扎什伦布寺请喇嘛任旗寺的住持。扎萨克达什

---

① 《哲里木盟僧俗大众为请求指明内齐托音呼图克图转世事致达赖喇嘛文》，西藏自治区档案馆编《西藏自治区档案馆馆藏蒙满文档案精选》第 6 卷，第 169~174 页。
② 《察哈尔正红旗圆安寺达喇嘛罗布桑僧格等为请明示喇嘛转世再现之事致济咙呼图克图文》《察哈尔镶白旗博罗托罗盖寺格隆洛瑞巴勒桑为确认该寺喇嘛转世灵童事致济咙呼图克图文》，西藏自治区档案馆编《西藏自治区档案馆馆藏蒙满文档案精选》第 9 卷，第 263~264、281~282 页。
③ 《斋桑丹德尔等为禀报已安葬罗布桑衮楚克事致萨玛第巴克什文》，西藏自治区档案馆编《西藏自治区档案馆馆藏蒙满文档案精选》第 9 卷，第 227~228 页。

多布济（1828～1883）在同治五年（1866）致达赖喇嘛商卓特巴的信中强调"自古至今自扎什伦布寺请喇嘛住持"的事实的同时，请求商卓特巴将其所请沙弥罗桑丹津喇嘛送回本旗。①

乌里雅苏台参赞大臣喀尔喀扎萨克郡王品级多罗贝勒车登索诺木（1887～1912年任扎萨克）致函班禅额尔德尼的扎萨克达喇嘛，请他关照该多罗贝勒从西藏请的大德喇嘛。该喇嘛名叫噶钦巴克什，他是多罗贝勒车登索诺木向班禅额尔德尼奏请一位大德弘扬佛法后，被派到喀尔喀来的。噶钦巴克什喇嘛来蒙古地方，广作教众利益，近十年后，提出返回故土，拜谒班禅额尔德尼，熬茶做善事后再回蒙古。多罗贝勒为喇嘛备办行李，派出亲族四等台吉纳木扎勒、医学格隆巴特玛巴图等18名蒙古人，同4名藏人一同护送。车登索诺木请求班禅呼图克图的扎萨克达喇嘛协助噶钦喇嘛照料办妥向班禅以下众上师、法会、扎仓敬献供品以及熬茶等事务，速行完成后遣回原旗。②

昭乌达盟巴林右旗南部的洪格尔寺，又名崇禧寺，其达喇嘛瓦喀巴咱尔、管旗章京布胡套克图胡、族长德尔达克、梅林玛西朝克图、达台吉布尔讷巴达喇等人为进一步完善该寺《时轮灌顶经》之诵读，1913～1915年③特向班禅额尔德尼祈祷呈奏，再派一位堪布上师来洪格尔寺。④ 不难看出，该寺此前的堪布喇嘛也是班禅额尔德尼所遣。

请赐喇嘛名号。大小活佛均有一定名号，而名号和主人的宗教影响直接相关。蒙古地方的喇嘛大德以西藏大活佛所赐名号为贵，其中达赖喇嘛、班禅额尔德尼所赏名号尤为珍贵。在档案中，也能看到这类例子。

---

① 《青海右翼扎萨克达什多布济为请安事致商卓特巴文》，西藏自治区档案馆编《西藏自治区档案馆馆藏蒙满文档案精选》第8卷，第129～130页。
② 《喀尔喀郡王品级贝勒车登索诺木为噶钦喇嘛回藏祈福等事致班禅额尔德尼属下扎萨克达喇嘛文》，西藏自治区档案馆编《西藏自治区档案馆馆藏蒙满文档案精选》第8卷，第27～32页。
③ 巴林右旗扎萨克扎噶尔在1912年被北京政府封为和硕亲王，1913～1915年以亲王身份任昭乌达盟盟长。文书中出现的管旗章京布胡套克图胡、族长德尔达克等人是民国年间巴林右旗南部较有名气的人士。据此可以确定，该文书写作时间在1913～1915年。
④ 《巴林崇禧寺达喇嘛瓦喀巴咱尔等为传习时轮王经迎请堪布喇嘛一事致班禅额尔德尼文》，西藏自治区档案馆编《西藏自治区档案馆馆藏蒙满文档案精选》第9卷，第92页。

六 宗教文化交流

光绪三十四年（1908），鄂尔多斯右翼前旗扎萨克察克都尔色楞请求十三世达赖喇嘛赐乌审旗甘珠尔诺门寺活佛名号。文中写道："先前，胜者圣尊达赖喇嘛准照我高祖盟长喇什色棱之请，赐塔尔寺然占巴喇嘛罗布桑多尔济额尔德尼诺木齐堪布号，遣往盟长贝子喇什色棱旗。罗布桑多尔济额尔德尼诺木齐在甲申年到我旗甘珠尔诺门寺，为僧俗众人弘扬教法。其后，二世活佛罗布桑敦多布多尔济经圣尊达赖喇嘛明慧得以确认，己丑年四月至塔尔寺觐见胜者圣尊达赖喇嘛，授达赖喇嘛所赐毕力格图堪布号，戊寅年到我寺，利益众生。后，圣尊达赖喇嘛大悲智慧，确认三世活佛罗布桑敦多布济格米德多尔济，依照前例，虽欲前往觐见叩拜胜者圣尊达赖喇嘛，然因甘肃回匪作乱滋事，未及前往拜谒便已圆寂。故照前例，在戊戌年向胜者圣尊达赖喇嘛呈文禀明此事，圣尊达赖喇嘛以无垢大悲之明，确认四世活佛。四世活佛罗布桑敦多布济格米德多尔济在庚子年前往朝拜圣尊达赖喇嘛。去年十一月二十五日至塔尔寺，为众喇嘛熬茶，朝拜圣尊达赖喇嘛，体受加持。今请仍照前例，给活佛罗布桑敦多布济格米德多尔济赐予称号。献三佛田等吉物禀请，祈求施恩，仍前以大悲十万日光保佑我方僧俗之莲花盛开之例，为此方僧俗众生之利恩赐更多善业……"落款是光绪三十四年正月二十一日。[①]

（二）蒙古僧人游学西藏

蒙古地方在从西藏迎请高僧大德的同时，还往西藏送去大量的学徒在拉萨著名的三大寺和后藏的扎什伦布寺学佛。他们在西藏学习佛教知识，学成后回本寺弘扬佛法。其中也有一些人在学期间得到西藏高僧大德或宗教上层的赏识，继续留居西藏，成为蒙藏之间沟通的重要桥梁。

游学西藏的蒙古僧人。清代有很多蒙古僧人到西藏求学。从西藏自治区档案馆藏蒙古文书信档案看，在拉萨的哲蚌、甘丹、色拉三大寺里形成了蒙

[①] 《鄂尔多斯扎萨克旗贝子察克都尔色楞为请达赖喇嘛赐乌审旗甘珠尔诺门寺活佛罗布桑敦多布济格米德多尔济名号事致达赖喇嘛文》，西藏自治区档案馆编《西藏自治区档案馆馆藏蒙满文档案精选》第7卷，第235~242页。

古僧人聚集学习的康村和蒙古僧人聚居的米村。康村（Khams tshan），本义是同一族类的部落，在寺院里指同一地区的学徒在一起学习的机构；米村（Mi tshan），本义指户口、一户人，在寺院专门指僧人居住地。

甘丹寺有内扎萨克蒙古的米村。据记载，"甘丹寺哈尔东康村乃昔固始葛根汗（即建立和硕特汗廷的固始汗，1582~约1655）所建，特为蒙古众人行法祝寿。该寺喇嘛特为六道众生，尤为蒙古各部诺颜、官吏及属众施法"。民国年间，甘丹寺派人"游行蒙古各部，寻觅施主化缘，以缮寺院"。① 鄂尔多斯扎萨克一等台吉恩克巴雅尔（1838~1858年任扎萨克）于道光年间写给甘丹寺的一封信透露，当时在哈尔东康村有很多蒙古僧人，且不同米村的僧人之间产生了矛盾。据恩克巴雅尔说，哈尔东康村的喀喇沁米康与鄂尔多斯米康结仇，先有喀喇沁僧人将鄂尔多斯的罗桑喇布济、罗桑扎木苏等人从哈尔东康村赶出之事，后又发生了殴打多济德，劫夺其财物，并将其赶出甘丹寺的事情。②

色拉寺有喀尔喀米村。喀尔喀土谢图汗部扎萨克多罗默尔根郡王拉苏隆巴扎尔（1827~1875年任扎萨克）于道光十一年（1831）致摄政噶勒丹锡哷图呼图克图的信中提及，道光九年拉苏隆巴扎尔旗遣协理台吉车都布多尔济前往拉萨熬茶祈福。因所带银两不足，向摄政商上借银三百两，商定将还款交付第二年摄政处派来北京的使者囊素。将此"记入商上档册，又在担保借银之色拉寺喀尔喀米村处作文保结"。该王在信中详细说明，已将银子交给某某带往拉萨等情，请收银后"注销商上记录，并照知担保借银之喀尔喀米村，缴销保结"为盼。③

哲蚌寺也有"土尔扈特米村"，是卫拉特蒙古僧人居住学习的地方。住在乌恩苏珠克图北路和布克赛尔的土尔扈特亲王鄂罗勒默扎布在光绪年间致

---

① 《乌恩苏珠克图旧土尔扈特南路盟长扎萨克卓哩克图汗署理印务协理给甘丹寺文》（托忒文），西藏自治区档案馆编《西藏自治区档案馆馆藏蒙满文档案精选》第8卷，第115~116页。

② 《鄂尔多斯扎萨克台吉恩克巴雅尔为甘丹寺佛塔案等事致西藏扎萨克喇嘛文》，西藏自治区档案馆编《西藏自治区档案馆馆藏蒙满文档案精选》第7卷，第250~252页。

③ 《喀尔喀默尔根王拉苏隆巴扎尔为请安还款事致持教扎勒察布诺门罕文》，西藏自治区档案馆编《西藏自治区档案馆馆藏蒙满文档案精选》第7卷，第287~288页。

六 宗教文化交流

在拉萨的土尔扈特米村拉然巴占巴桑布、格西占巴根敦等的信中提到，土尔扈特米村派人到和布克赛尔，募集维修米村的费用，当地僧俗共捐献了二百两银子。① 土尔扈特米村在哲蚌寺。乌恩苏珠克图南路盟长、卓哩克图汗布彦蒙库之母色里特伯乐克致达赖喇嘛的一封信很有意思，她在信中控告郭芒扎仓堪布等不准其子托音（托音为出家贵族子弟之尊称，这里指后来的五世僧钦活佛）入甘丹寺学法而被抢到哲蚌寺之事。据这位夫人反映，光绪二十九年（1903）六月，色里特伯乐克和托音一行到达拉萨，在哪一个寺院学法事情上，获得达赖喇嘛谕示："若于甘丹寺为经堂群则（chos mdzad，僧职名），布施众僧，则吉利。"当托音要去甘丹寺时，哲蚌寺郭芒堪布来阻止他前往，并和色里特伯乐克发生了争执。郭芒堪布威胁说，如托音不留在哲蚌寺，他将不主持土尔扈特米村。色里特伯乐克未予理睬，让托音去了甘丹寺。而哲蚌寺派三十余名僧人到甘丹寺劫走了托音。后来，经过一番周折，托音还是入了甘丹寺。因此，郭芒堪布说："汗家儿子托音若不住，则其他新学徒无用。"随后又言于米村旧有学徒："毋言需要新学徒，纵有数名米村旧学徒，如不带来托音，不许你等居住。"堪布真的因此驱赶了土尔扈特米村的其他学徒。土尔扈特人认为，从信仰角度考虑，三座寺不分轻重，所以色里特伯乐克夫人还从带来的学徒中选出三名分给哲蚌寺，一名入色拉寺，但哲蚌寺并不满足。② 各寺争夺蒙古汗王家的托音入寺学习，与寺院经济来源相关，正如郭芒堪布所说，"汗家儿子托音若不住，则其他新学徒无用"。从这个案例中可以发现，清代到西藏游学的蒙古僧人非常之多。

清代蒙古僧人到西藏游学，一般有三种情况：一是旗衙门或寺院资助选派僧人到西藏学习；二是蒙古地区的高僧选派弟子到西藏深造，弟子的学费

---

① 《和布克赛尔土尔扈特亲王鄂罗勒默扎布为捐献银两事咨驻西召土尔扈特米村拉然巴占巴桑布等文》（托忒文），西藏自治区档案馆编《西藏自治区档案馆馆藏蒙满文档案精选》第8卷，第122~124页。
② 《乌恩苏珠克图南路盟长扎萨克卓哩克图汗布彦蒙库之母福晋色里特伯乐克等为请惩办劫去托音之事致达赖喇嘛文》（托忒文）、《土尔扈特汗使者福晋色里特伯乐克等为陈明与郭芒堪布争执事由呈大第巴雄转奏达赖喇嘛文》，西藏自治区档案馆编《西藏自治区档案馆馆藏蒙满文档案精选》第8卷，第107~112、113~114页。

由该高僧承担；三是僧人自费到西藏学佛。

比如，乾隆五年（1740），署理喀尔喀副将军印务御前行走世子成衮扎布向理藩院呈奏，喀尔喀赛音诺颜部诸扎萨克为在西藏求学的咱雅班第达呼图克图送口粮等物，欲遣三都克托音、罗布藏喇布坦等六十人赴拉萨，为此特请理藩院为他们提供从三眼井至扁都口的路票。① 这位咱雅班第达呼图克图是二世罗布桑囊达克格力格纳木扎勒，该活佛于雍正元年（1723）坐床，乾隆元年（1736）赴藏学经。锡林郭勒盟乌珠穆沁右旗法轮寺堪布喇嘛到拉萨随法会习经，并拜功德林寺活佛为师。旗扎萨克车臣亲王等致信功德林寺扎萨克喇嘛，请求他对该堪布喇嘛答辩拉仁巴学位的事予以优待关照，以免耽搁延误。② 蒙古地方寺庙选派弟子去西藏学习情形可以乌拉特前旗著名的学问寺五当召为例。五当召有很多僧人在哲蚌寺及西藏其他寺庙学经。档案中有五当召寺方派人为这些学生发放费用的记载。③

某旗高僧色尔济阿旺罗布藏致信"圣尊葛根"（可能是达赖喇嘛），请求圣尊葛根为他的弟子丹巴多尔济和沙布隆图布敦多尔济各借一百两银子，因为该高僧未来得及给其弟子备钱粮，并答应是年十月葛根的使者来蒙古时还借款。色尔济阿旺罗布藏在信中提到，他从"王爷那里"听到葛根安康，收到了圣尊葛根惠赐之礼物与书信，也得知他所呈礼物及祈愿法会食物、郭芒扎仓的饭茶、为召仁波切所献供品、二护法神的礼物均已送达。他还写道，他的弟子与嘉木样沙德巴葛根一同赴藏学习。④ 从这些信息可以看出，这位高僧本人也曾在西藏游学，而且和圣尊葛根建立了非常亲密的关系，保

---

① 《钦差驻藏大臣满洲正红旗副都统为给喀尔喀诸扎萨克赴西召送咱雅班第达呼图克图钱粮之使者发给路票事致郡王颇罗鼐咨文》，西藏自治区档案馆编《西藏自治区档案馆馆藏蒙满文档案精选》第4卷，第261~262页。

② 《乌珠穆沁扎萨克车臣亲王及协理台吉为请关照本旗游学者堪布喇嘛事致功德林寺扎萨克喇嘛等文》，西藏自治区档案馆编《西藏自治区档案馆馆藏蒙满文档案精选》第7卷，第71~72页。

③ 《五当召主持喇嘛等人为请发放薪俸致哲蚌寺喇嘛文》，西藏自治区档案馆编《西藏自治区档案馆馆藏蒙满文档案精选》第9卷，第177~178页。

④ 《阿旺罗布藏为谢恩及为赴藏学经之弟子筹划钱粮事致圣尊活佛文》，西藏自治区档案馆编《西藏自治区档案馆馆藏蒙满文档案精选》第8卷，第361~362页。

持互换书信和礼物。嘉木样沙德巴就是藏文文献所说的嘉木样协巴（1648~1721），也即拉卜楞寺的一世嘉木样活佛。据《第一世嘉木样传》记载，他到西藏求学是猴年（1668）。[①] 可见，这件事发生在康熙初年。

奈曼王巴勒楚克（1803~1819年任扎萨克）资助他弟弟托音喇嘛在哲蚌寺修习。因为路途遥远，沿途也不很安全，所以奈曼王虽三次遣使送学费，却在途中耽搁而未能顺利抵达。经喀喇沁王联络协调，巴勒楚克将弟弟的学费五十两元宝交给西藏使者带往拉萨。[②]

留居西藏的蒙古僧人。西藏自治区档案馆藏蒙古文书信档案记载了五当召寺留在哲蚌寺的一些老弟子如土默特旗的兰占巴噶刺桑、喀尔喀默尔根王旗兰占巴罗布桑刺西、乌拉特西公旗兰占巴萨木坦扎木素等人。[③] 档案里出现的在藏最著名的蒙古喇嘛首推来自锡林郭勒盟阿巴噶左旗的善巴多布丹。档案中有一位名叫喇旺巴勒登的人向善巴多布丹问安的信，其中包含了关于善巴多布丹身世的较多信息。该信全文如下：

> 阿巴噶左旗王爷衮布扎布旗管旗章京弟喇旺巴勒登谨向贵兄商卓特巴善巴多布丹请安。此次，贵兄安康，赐寄书信及诸圣加持吉祥结、加持物一包，班红粗呢一匹，均已收悉，闻贵兄安康如故，犹如相见，不胜喜悦。在此，我等尽皆平安无恙。只因上报父亲年迈，痼疾缠身，不堪职勤，众官举荐，由我承职。今蒙诸圣庇佑、众官仁爱以及贵等之助，方得勉为公务尽力。兹向贵兄请安，礼物近乎空手，捎去圣洁白哈达、金黄色纺丝一匹、蒙古荷包。另有禀请一事：望将俗人制褂所用优质粗呢一匹，棕黑均可，以及优质藏制锁子十把寄送为盼。为此捎寄白银六两。本地不产此类物品，故有所请。莫烦劳驾。愿托怙主三宝之

[①] 第二世嘉木样·久美旺波：《第一世嘉木样传》，杨世宏译注，甘肃民族出版社，1994，第15~16页。

[②] 《奈曼王巴勒楚克为遣使送银于西藏学经之弟并为布施事致咙呼图克图文》，西藏自治区档案馆编《西藏自治区档案馆馆藏蒙满文档案精选》第6卷，第179~184页。

[③] 《五当召住持喇嘛等人为请发放薪俸致哲蚌寺喇嘛文》，西藏自治区档案馆编《西藏自治区档案馆馆藏蒙满文档案精选》第9卷，第177~178页。

福，弟兄二人各得其所，平安无事，祈盼不日欢颜相聚。自锡林郭勒故乡敬呈。猴年正月吉日。①

按：信中所说的"阿巴噶左旗王爷衮布扎布"就是扎萨克郡王衮布扎布（1784~1788年任扎萨克），他在扎萨克任上仅遇一个猴年即戊申年（乾隆五十三年，1788）。信中说喇旺巴勒登是善巴多布丹的弟弟，时任管旗章京一职，他承袭了年迈多病的父亲之职，可见善巴多布丹是阿巴噶左旗管旗章京之子。在乾隆五十年，善巴多布丹任西藏噶勒丹锡哷图（一世策墨林活佛）商上的商卓特巴。西藏自治区档案馆藏蒙古文书信档案中，至少有30封致善巴多布丹的书信，大部分是阿巴噶、阿巴哈纳尔、察哈尔等旗的信徒所写，还有少量是善巴多布丹在西藏时结识的蒙古其他地方的友人所写。从乾隆后期到嘉庆初年，善巴多布丹是内蒙古信徒和西藏噶勒丹锡哷图之间的重要联系人，他不仅为家乡人的熬茶布施求福提供了方便，而且还为西藏佛教上层在内蒙古拓展势力和影响做出了贡献。

（三）在蒙古的西藏属寺

清代蒙藏民族关系非常密切，西藏佛教上层在蒙古的影响也越来越大。为了进一步扩大在蒙古的宗教影响力，一些西藏大活佛在蒙古建立自己的寺院，广收信徒。在西藏自治区档案馆藏蒙古文档案中保留较多记载的这样的寺庙有察哈尔的古尔班塔拉寺、博罗托罗盖寺和阿巴噶左旗的什喇塔拉寺。

在西藏自治区档案馆藏蒙古文书信档案中发现了古尔班塔拉寺相关档案30份、博罗托罗盖寺档案5份。根据其中一份档案，这两个寺都属于西藏策墨林活佛。察哈尔镶白旗僧人罗布桑喇什给策墨林活佛的信中说："今生来世最上怙主瓦赤喇怛喇噶勒丹锡哷图吉祥额尔德尼诺门罕活佛金足莲花前，察哈尔镶白旗噶勒桑佐领下博罗托罗盖寺圣尊属下末小弟子领诵师格隆

---

① 《阿巴噶左旗喇旺巴勒登为问好送礼事致兄长商卓特巴善巴多布丹文》，西藏自治区档案馆编《西藏自治区档案馆馆藏蒙满文档案精选》第7卷，第145~146页。

六 宗教文化交流

罗布桑喇什,合掌顶礼请安。依照己身信仰,末小弟子蛇年六月初十日在圣尊所属古尔班塔拉寺法殿为圣尊祝寿法会常设庙仓置银十两,于众法会贡献饭钱四两,参与法会,祝愿圣尊足莲万劫永固,末徒罗布桑喇什生生世世在圣尊足前不弃,体受圣法甘露。祈求发慈常护末小弟子。明鉴,明鉴。虔诚祈祷,献哈达三方。"① 这封信透露的重要信息是,位于察哈尔镶白旗的博罗托罗盖寺和另外一座古尔班塔拉寺都是噶勒丹锡哷图即策墨林活佛属下的寺院。从"最上怙主瓦赤喇怛喇噶勒丹锡哷图吉祥额尔德尼诺门罕活佛"这个称呼可知,收信人是策墨林活佛,但因信中的蛇年无法确定是哪一年,所以也不能确认收信人是策墨林活佛一世还是二世。

古尔班塔拉寺位于察哈尔正蓝旗境内,该寺的执事喇嘛多次致信策墨林活佛问安、献礼和奉告寺院事宜,信中每每称"察哈尔正蓝旗古尔班塔拉寺某某"。从呈送信函的人员名单中可以发现,古尔班塔拉寺僧侣组织较健全。有一封信的开头写着"古尔班塔拉寺达喇嘛伊希栋罗布、德穆齐喇嘛罗布藏尼玛、副达喇嘛楚勒图穆巴勒丹、二位侍从活佛、夏安居掌堂师杨桑喇什、德穆齐纳木凯希喇布、格布奎津巴札木苏、大领诵衮楚克喇克瓦等为首全体法会",② 可知该寺有达喇嘛、副达喇嘛、二位活佛、夏安居掌堂师、德穆齐、格布奎、大领诵等上层喇嘛。而在另外一封信中还提到涅巴(gnyer pa,执事、管家)一职。

古尔班塔拉寺规模也较大。档案中有若干件关于古尔班塔拉寺迁移事项的信函,其中透露了寺院堂舍规模的信息。达喇嘛伊希栋罗布等向策墨林活佛禀奏:"我寺地方沙土渐多,尤其去岁猴年春季以来愈见紧逼,殊难忍受。未及禀闻圣尊。呈请章嘉活佛,钦奉圣语:寺院迁出沙土之时已到。经再禀问,又奉圣谕:今鸡年开始迁建。故此,我等僧俗众人虽然力薄,却蒙寺院护神及诸圣垂佑,商定自今鸡年开始迁建新址。为此,请瓦赤喇怛喇圣

---

① 《察哈尔镶白旗博罗托罗盖寺领诵师罗布桑喇什为祈福事致噶勒丹锡哷图文》,西藏自治区档案馆编《西藏自治区档案馆馆藏蒙满文档案精选》第 9 卷,第 275~276 页。
② 《察哈尔正蓝旗古尔班塔拉寺达喇嘛伊希栋罗布等为献礼祈福事致萨玛第巴克什文》,西藏自治区档案馆编《西藏自治区档案馆馆藏蒙满文档案精选》第 9 卷,第 315~316 页。

尊保佑我寺事业无碍如意速成，祈求保佑，献圣洁哈达及十两银，仅示不空。"① 过了若干年（年代不详），达喇嘛伊希栋罗布等又呈报："猴年以来，寺院经堂建在无沙之地，现今寺堂、法殿、拉让俱已建成。活佛寝殿拉让内庭，建有二门，殿屋共十九间，用银五百五十两。外院及大门、十五间房屋，原本暂缓，拟于数年之内筹建。然而此间已由商卓特巴喇嘛建成。故此，禀报至上怙主圣尊活佛圣闻。洗耳刮目，坐望至上怙主圣尊活佛勒辔移驾，幸临蒙古地方。"② 根据这份档案，寺院迁移后重新建造，当地花费了550两白银，而包括外院及僧舍15间的费用由策墨林寺商上给付。

古尔班塔拉寺的财产方面也有一条记载。曾担任该寺院涅巴的占巴萨姆丹被免职以后，向策墨林活佛申冤。他说，伊犁达喇嘛所属商卓特巴[可能和伊犁察哈尔八旗有关，情况不详，应即乾隆二十七年所建伊犁普化寺（初名兴教寺）] 拿着策墨林活佛法旨而来，对庙仓一切物品另作档簿，宣称一切事务归该商卓特巴专掌，并"欲依北京章程办理（策墨林活佛在北京也有所属寺院和商上分支机构，此处指按照那里的章程办事），而鄙徒（占巴萨姆丹）以其损害圣尊商上之畜为虑，因而致愆"。最后，占巴萨姆丹罗列了他交给伊犁达喇嘛之商卓特巴的财产数额："圣尊（策墨林活佛）所属古尔班塔拉寺殿内佛像、各种物品及草地牧群马一百九十三匹、牛三百头、骆驼三十二峰、羊三百九十四只。仓房及各种财务，亦按档簿交付。"③

从这里可以看出，古尔班塔拉寺管理人员的赦免权归策墨林商上，庙仓的畜都是"圣尊商上之畜"，房屋和各种财务也都归策墨林商上。该寺上下和察哈尔正蓝旗蒙古民众都是策墨林活佛的信徒，他们从活佛那里得到的是精神财富。有一封信表达了该寺院和正蓝旗蒙古对得知策墨林活佛不能莅临

---

① 《察哈尔正蓝旗古尔班塔拉寺达喇嘛伊希栋罗布为迁建寺院祈福事致噶勒丹锡哷图文》，西藏自治区档案馆编《西藏自治区档案馆馆藏蒙满文档案精选》第9卷，第293~295页。
② 《察哈尔正蓝旗古尔班塔拉寺达喇嘛伊希栋罗布为报寺务及延请事致噶勒丹锡哷图文》，西藏自治区档案馆编《西藏自治区档案馆馆藏蒙满文档案精选》第9卷，第307~308页。
③ 《察哈尔正蓝旗古尔班塔拉寺原涅巴占巴萨姆丹为陈情乞怜事致噶勒丹锡哷图文》，西藏自治区档案馆编《西藏自治区档案馆馆藏蒙满文档案精选》第10卷，第17~23页。

六 宗教文化交流

当地时的沮丧心情："古尔班塔拉寺达喇嘛伊希栋罗布、德穆齐喇嘛罗布藏尼玛、副达喇嘛楚勒图穆巴勒丹、二位侍从活佛、夏安居掌堂师杨桑喇什、德穆齐纳木凯希喇布、格布奎津巴札木苏、大领诵衮楚克喇克瓦等为首全体法会，旗长官、大甲喇章京衮布那木济勒、副甲喇章京索特纳木栋罗布、司法官喇特纳、大章京、佐领喇什巴勒丹、佐领布兑扎布、佐领喇什喇布坦、骁骑校渥巴西、骁骑校喇什、骁骑校索特纳木、骁骑校托郭齐、骁骑校库鲁克、护军校散布、护军校里克苏隆、护军校衮布杨桑、吏员巴彦毕力格、吏员朋楚克、笔帖式恩克、笔帖式绰克图等为首僧俗众人，合掌请佛教及圣宗喀巴黄教之太阳明晓圣尊萨玛第巴克什诺门罕活佛安，敬献圣洁三等哈达。此间，天等众生顶饰无比瓦赤喇怛喇圣尊活佛弘扬西方佛教，西藏地方彪炳戒尺如灯，光照僧俗众生于三毒之昧，硬朗无恙等情，及赐寄末小僧俗众人之礼物书函，获悉拜受，不由欣喜，宛如亲品至上怙主慈悲甘露。末流僧俗众徒仰戴祈祷者：我辈末流众徒施主为三毒魔障所蒙蔽，方祈如意活佛圣尊诺门罕牵引金辔驾幸我地，利济众生。然而本虎儿年使者寄来书函称，新建寺院，筹备法会，不能即往，等语。大小僧俗众徒施主，心中怏怏。我等大小舍身合掌，敢请今生如意圣尊活佛慈鉴鄙徒施主寺院，即时勒辔驾幸，解众生之渴思。顶上奉函，致至上怙主圣尊活佛。祈鉴，祈鉴。"①

什喇塔拉寺是阿巴噶左旗游牧地上所建策墨林活佛所属寺庙。根据档案记载，属寺的法事活动直接由策墨林活佛制定。什喇塔拉寺庙仓致策墨林活佛的信中说："先前，圣尊创建法会，赐给灌顶仪轨经等众多经书，亲临主持法会，赐发坐床、敕书、传记、至尊上师、大黑天等神物，规定每年九次法会，制定法会规程。"②

---

① 《察哈尔正蓝旗古尔班塔拉寺达喇嘛伊希栋罗布等为献礼祈福事致萨玛第巴克什文》，西藏自治区档案馆编《西藏自治区档案馆藏蒙满文档案精选》第9卷，第315~316页。
② 《什喇塔拉寺庙仓为请示应否建造土木寺院事致萨玛第圣尊活佛文》，西藏自治区档案馆编《西藏自治区档案馆藏蒙满文档案精选》第9卷，第335~340页。

七
实现"熬茶"祈福的过程

蒙古僧俗各阶层向西藏宗教首脑和各大寺院"熬茶"布施,尽其经济能力,毫不吝啬。西藏高僧大德给布施者馈赠书信和回礼,信徒们相信通过这一礼仪能与活佛取得直接联系,身心置于佛祖的保佑下,因而在精神上获得幸福感和安全感。那么,这一过程何以实现呢?

(一)蒙藏使者

在清朝和民国时期,有很多蒙古人去西藏熬茶,为达赖喇嘛、班禅额尔德尼、历代摄政等高僧大德以及大小召、拉萨三大寺、扎什伦布寺和其他大小道场布施献礼。因为路途遥远而惊险,往返需花费大量金钱和时间,所以亲到西藏的人毕竟是少数,大部分人都是通过蒙藏之间往返的使者实现他们布施祈福的夙愿。

西藏方面经常有使者来北京和蒙古地方。西藏使者以达赖喇嘛和班禅额尔德尼使者为主,还有达赖喇嘛摄政与达赖、班禅商上的使者。他们的任务是呈送达赖、班禅向皇帝请安、朝贺、祝寿等的奏疏,传达奏报西藏地方各种僧俗事务的奏章。这些使者都是公差使者,目的地是北京。和这些公使一道,达赖、班禅、摄政等高僧大德还会派出其他一些巡行蒙古地方的使者,属于民间性质,目的地是蒙古各地。

蒙古方面的使者也有公私之分。公使主要是由库伦办事大臣、哲布尊丹

七 实现"熬茶"祈福的过程

巴呼图克图商上、多伦诺尔章嘉呼图克图喇嘛印务处等机构派出,主要任务是为圆寂的达赖喇嘛、班禅额尔德尼诵经祈福,向新坐床的达赖喇嘛、班禅额尔德尼献丹书克,为哲布尊丹巴呼图克图的圆寂报丧以及迎请其转世等。这类使者由库伦办事大臣等奉旨安排,以喀尔喀四部四盟和哲布尊丹巴呼图克图商上名义派出。私方使者就是蒙古各地王公贵族出于个人目的派遣的使者。

西藏公使来京办事时,同时捎带达赖喇嘛、班禅额尔德尼和摄政以及其他高僧大德给满蒙官员和蒙古僧俗达人的信札和礼物,蒙古官员及驻京蒙古、北京各寺院的蒙古僧人和因年班进京的各盟旗蒙古王公也经常通过西藏使者向西藏捎信、带礼物。在蒙古地方,蒙藏之间的宗教联系主要还是通过巡行蒙古的西藏使者和蒙古方面的使者完成,大多数蒙古信徒则往往通过西藏巡行使者向西藏大喇嘛祈福献礼和给寺院熬茶。

下面,我们在档案里看一些具体例证。

喀尔喀车臣汗部多罗贝勒丹津(1744~1780年任扎萨克)于乾隆二十九年(1764)九月初十日派出自己的使者岱青囊素·罗布桑向达赖喇嘛献哈达、珠宝、绸缎、器皿等大礼。该贝勒称,"承蒙圣上厚恩,献礼问安已有二十多载,世代不断"。可见丹津家从其父辈以来就和达赖喇嘛保持着密切关系。丹津在信中还请求达赖喇嘛将自己所用冠、钵、法杖和铃印法旨等物赐给他,交付其使臣罗布桑寄来为盼。[①]

乾隆年间,鄂尔多斯扎萨克贝子喇什色棱(1734~1773年任扎萨克)在致公爵班智达等四格隆的信中透露,他曾在铁龙年(1748)遣其使者甲喇章京萨噶扎布敬献银两。水羊年(1751),任索诺木辰布勒、护卫阿玉西为使者,为拉萨大法会及诸寺献银两,向诸圣献祝寿礼。火狗年(1754),遣使者那仁巴西喇布、章京松墩向诸圣献祝寿礼。火猪年(1767),喇什色棱的使者固什格隆丹德尔、梅林浩毕图等和鄂尔多斯王爷栋罗布扎木素

[①] 《喀尔喀车臣汗部多罗贝勒丹津为祈福布施事致达赖喇嘛文》,西藏自治区档案馆编《西藏自治区档案馆馆藏蒙满文档案精选》第7卷,第317~318页。

（1766~1773年拥有郡王品级）使者喇嘛阿邻达剌绰尔济赴藏，向诸圣献银两。这一次他又派遣其二等台吉达木林扎布为使者前往西藏献两千两银子和其他礼物。① 乾隆三十九年（1774），达赖喇嘛的执箭使者来到库伦，给库伦办事大臣桑斋多尔济送来佛像等礼物和所降谕示、仪轨列单。桑斋多尔济以自己及夫人达赖达吉妮央金嘉布、儿子达尔罕诺颜拉姆济特与额尔德尼默尔根珲台吉云丹多尔济的名义向达赖喇嘛献重礼，祈请达赖喇嘛为其过世的祖母超度，于乾隆四十年七月任其叔父额尔德尼托音当苏龙多尔济及差使管旗章京达尔罕台吉章楚布、近侍囊素巴勒珠尔等为使，派往拉萨。②

如前所说，西藏方面经常遣人到蒙古地方巡行，送达赖喇嘛等西藏活佛大喇嘛们的书信和礼物，蒙古人请他们带回礼物和信函。比如，乾隆五十六年，达赖喇嘛使者到蒙古地方，赐给根敦扎木苏、伊西扎木苏二人（所属旗分或寺院不明）问安书信和礼物。二人向西方叩首拜收信函与回礼，并在使者返回时交给他们九件玻璃器皿为礼进献达赖喇嘛。③ 嘉庆十二年（1807），济咙呼图克图遣其堪布为使，给哲布尊丹巴呼图克图带去书信和礼物。次年，使者返回时，哲布尊丹巴呼图克图向济咙活佛奏书，献哈达、蟒缎、白银为礼。④ 道光五年（1825），摄政济咙呼图克图遣使喀喇沁王满珠巴咱尔赐哈达、粗呢等礼物，使臣返回之际，喀喇沁王向济咙活佛献请安礼哈达、绸缎、鼻烟壶等。⑤ 光绪年间，达赖喇嘛特派使者多尼尔喇克巴向昭乌达盟盟长阿鲁科尔沁扎萨克巴咱尔吉里第（1867~？年任扎萨克）问好，

---

① 《鄂尔多斯扎萨克贝子喇什色棱为给达赖喇嘛、班禅喇嘛、格隆等布施事致公爵班智达等四格隆文》，西藏自治区档案编《西藏自治区档案馆馆藏蒙满文档案精选》第7卷，第232~234页。
② 《喀尔喀郡王桑斋多尔济为给祖母祈愿祈福事致达赖喇嘛文》，西藏自治区档案编《西藏自治区档案馆馆藏蒙满文档案精选》第7卷，第253~258页。
③ 《根敦扎木苏、伊西扎木苏二人为谢恩献礼事达赖喇嘛文》，西藏自治区档案编《西藏自治区档案馆馆藏蒙满文档案精选》第8卷，第372~374页。
④ 《哲布尊丹巴呼图克图为请安谢恩事致济咙文》，西藏自治区档案编《西藏自治区档案馆馆藏蒙满文档案精选》第9卷，第213~214页。
⑤ 《喀喇沁王满珠巴咱尔为请安谢恩布施事致圣尊济咙呼图克图文》，西藏自治区档案编《西藏自治区档案馆馆藏蒙满文档案精选》第6卷，第273页。

赐给礼物。巴咱尔吉里第将请安礼哈达等交与回去的使者多尼尔喇克巴奉送。①

有时，达赖喇嘛等遣使到北京时，蒙古王公会通过西藏公使将礼物和信札带给西藏。比如，乾隆五十一年（1786），阿巴哈纳尔左旗贝子达克旦朋素克因年班进京，会见摄政噶勒丹锡呼图呼图克图使者囊素·罗布桑雅木丕勒、索本·垂恩珠尔等人，通过他们捎信带礼。② 在北京的巴林左翼旗台吉巴雅尔济尔噶勒为给全家祈福，"将代表身语意的圣洁哈达、三两白银及书信等"交给使者堪布，带往拉萨敬献达赖喇嘛。③

在档案中像这样的内容还有很多，以上仅是几个例子。

蒙古王公私人使者前往拉萨办事，所需费用和车马要自行解决。但公使则不同，西藏方面有义务为他们提供乌拉（驿马等交通工具）。档案中有一件咸丰元年（1851）四月二十五日喀尔喀诸诺颜、官员等向西藏地方政府噶厦朗孜大衙门控告那曲囊素的文书，该文书记载：库伦及喀尔喀四部使者（为1848年圆寂的六世哲布尊丹巴呼图克图熬茶祈愿的使团——引者）奉圣旨启程赴藏，到达那曲（Nag chu，蒙古文文献中还称作喀喇乌苏，汉文称黑河。那曲在藏北，今色尼区）后，向管理该地的囊素等陈明此行缘由，"请照例给乌拉"，但囊素不仅拒绝提供乌拉，而且还强抬马骡脚价。为此，喀尔喀方面控告那曲囊素道："窃查我喀尔喀众人，向来世代向达赖喇嘛、班禅额尔德尼贡献祝寿礼，向桑耶寺及各地寺院给公积、熬茶。每次来到，由第巴雄处提供乌拉，相沿已久之事。"④

西藏为到达的"喀尔喀众人"都提供乌拉是不可能的，但像哲布尊丹

---

① 《阿鲁科尔沁扎萨克王巴咱尔吉里第为请安谢恩祈福事致达赖喇嘛文》，西藏自治区档案馆编《西藏自治区档案馆藏蒙满文档案精选》第6卷，第233~236页。
② 《阿巴哈纳尔左旗贝子达克旦朋素克等人为献礼祈福乞药材事致噶勒丹锡呼图文》，西藏自治区档案馆编《西藏自治区档案馆藏蒙满文档案精选》第7卷，第199~204页。
③ 《巴林贝子旗台吉巴雅尔济尔噶勒等为祈福事致达赖喇嘛文》，西藏自治区档案馆编《西藏自治区档案馆藏蒙满文档案精选》第6卷，第219~220页。
④ 《喀尔喀众诺颜为控诉那曲囊素强抬马骡脚价事致噶厦朗孜大衙门文》，西藏自治区档案馆编《西藏自治区档案馆藏蒙满文档案精选》第8卷，第69~74页。

巴呼图克图这样的大活佛到达时，在西藏境内都要提供乌拉。有一份哲布丹巴呼图克图属下官员要求西藏地方政府为呼图克图及其随从从拉萨前往后藏扎什伦布寺时提供乌拉的清单，从中可以窥见哲布尊丹巴呼图克图在藏享用乌拉的详情："渡河所需：骑乘、跟役所需马匹二十五，驮运所需马骡二百二十二，其中驮运毡房、帐篷各需驼只三十。呈请两雄。商卓特巴、达喇嘛为首沙毕纳尔僧官、跟班总共三百八十二人，所需马匹二百二十九，骑乘一百五十七，驮畜五百七十三。因正逢雨季，其中包括商卓特巴、达喇嘛等所需打尖所用马匹各二。贝子爷、公爷、两位协理台吉、一位管旗章京及护卫、跟班所需诺颜打尖及马匹总共五十二，骑乘二十四匹，驮畜一百三十九。此项所需乌拉，各经缩减，唯少是报。若再行缩减，一报再报，更嫌麻烦，故不可再减。我等蒙古不通言语习礼，路途遥远，事未可知，需要多尼尔噶达克巴及通言知宾数名。"①

（二）上供物件与回赐礼品

蒙古香客不断赴藏，蒙藏使节络绎不绝，西藏诸圣和蒙古各界人众之间联系密切。那么，蒙古人到西藏熬茶献礼都送什么呢？西藏方面的回赐礼物又包括什么？

按照礼节，蒙古施主向西藏活佛献的首先是哈达。哈达被称作"圣洁天物"，分内库哈达、外库哈达、中库哈达、福字哈达、绣字哈达以及五彩哈达。

其次是白银，也是蒙古布施的最主要的供品。蒙古信徒要向达赖喇嘛、班禅额尔德尼等大喇嘛进献大量的白银，要向大昭、小昭、三大寺以及其他大小寺院进献白银，向三大寺僧人进献银两，因此蒙古上供的首先是白银。据记载，酉年（1650）哲布尊丹巴呼图克图（温都尔葛根·扎那巴扎尔）

---

① 《督理哲布尊丹巴库伦事务贝子等为咨报哲布尊丹巴呼图克图前去扎什伦布寺所需乌拉数额事致格隆等文》，西藏自治区档案馆编《西藏自治区档案馆馆藏蒙满文档案精选》第9卷，第229～230页。

进藏，献银 30 余万两。① 乾隆八年（1743）准噶尔在藏熬茶时，先后向二十座寺庙进献金 436 两、银 175506 两，乾隆十二年献金 400 余两、银 156700 余两。② 在西藏自治区档案馆藏蒙古文书信档案中也有蒙古人捐献白银的大量例子，举不胜举。从王公贵族到平民信徒，根据财力所献银两数额不等，像苏尼特郡王车凌衮布一次献白银 4630 两，另有其他礼品，但也有仅献一钱银子的信徒。白银有大小元宝、内库元宝、碎银多种。此外，还有金刚石、片金、金线、青金石、大小珊瑚等贵重礼品。

绸缎是蒙古布施品的一大宗。蒙古王公台吉经常献各色绸缎，应该都是从中原得来的。档案中提到各种绸缎的名称，可谓五花八门，如金丝缎、锦缎、云缎、闪缎、妆缎、龙缎、哈迪缎、刺绣蟒缎、江西绸缎、扬州缎子、内库锦缎、内府蟒缎、二色锦缎、吉祥绣花缎、吉祥图案绸缎、绣蝴蝶绸缎、嵌金蟒缎、钱文缎、万字纹缎、金丝缎、金花缎、金银花青缎、金花红缎、龙花青缎，还有黄锦、绿锦、红罗金、花纹绫子、星纹绫子、小绫子、大绫子、纺丝、内府纱、宫绸、各色丝绸、细布、宽幅细布、黄色宫素花纹杭布、呢绒、三色纺丝、丝线等原料以及统称的缝制品、缝绣制品、制衣面料等。此外，礼品中还有俄罗斯粗呢，应是蒙古通过和俄罗斯贸易获得的。此外，档案中还有个别目前尚未考证清楚的纺织品名，比如金丝绸（藏文 jus）、Dankama 绸缎、绣花 dajing 缎、绣花 tangbing 缎、红镶 tasiγur 缎、Tutungsw-a 布、Eragra 粗呢、Odungqu 粗呢等。有些礼物是已经缝制好的成衣，如妆缎袍子、缎长袍、法衣、官服、佛冠、水靴等。

修佛念经所用的由金银宝石制成的法器和用品。比如金字经、佛像、银灯、水晶佛灯、银制曼荼罗等各种曼荼罗（坛城），由金、银、珊瑚、翡翠、青金石、玻璃、黄花梨等制成的念珠、鼗鼓装饰、珊瑚佛头、刺绣的鼗鼓垂珠、珊瑚计子、铃垫、鼗鼓等。

各种贵重的生活用品。比如貂皮、花脸狐狸皮、黑色熟皮、毡房、毡子、

---

① 中国第一历史档案馆、中国边疆民族地区历史与地理研究中心合编《军机处满文准噶尔使者档译编》（中），中央民族大学出版社，2009，第 1839 页。

② 赵令志、郭美兰：《准噶尔使者档之比较研究》，中央民族大学出版社，2015，第 600、616 页。

勒勒车、车辆、车轴、上等毯子、黄缎表羊羔皮裘、黄绉绸表羊羔皮裘、泰山绸裖、马甲、羽纱单裖、熟皮靴、纱帽、褡裢儿、青金石装饰之盔、有带无带盔衬、檀香木鞘俄罗斯枪、赞巴拉特枪（察合台文 Zanburak，波斯文 Zamburak）、银饰弯刀、银饰马鞍、镀金马鞍、马鞍、笼头、嚼子、绒杀绳、马褥、鞍鞴、银蹬、金刚剑、矛、刀、剃刀、银镯、如意、表、钟表、挂钟、茶壶、各种宝石制成的鼻烟壶、玻璃碗、银盘、翡翠器、玉碗、银碗、铜勺、黄铜水桶、黄铜盘、黄铜饰链盘子、镀金手柄神手、黄铜锅、黄铜茶壶、洋司壶、洋盒子、双层盒装碟子、黄色水晶碗、槟榔盒、带玻璃盖檀香木盒子、玻璃匣子、千里眼（望远镜）、老花镜、玻璃镜子、两面西湖镜子、乐器、纸盒、坐褥、垫被、垫子、荷包、蒙古荷包、手绢、针、发钗、系带牙签，甚至还有木板、松（房）梁、木柴、草柴等，此外还有不知所指的金玉雕成的 Balusag、Rangkama、Judanbing、Lerjei、Rigui、Gulin 等物件。

此外还有少量的食物和香烟。提到的种类有酸奶、奶豆腐、奶酪、印阿字山楂糕、槟榔、黄花、砖茶、洋烟、土产食物等。

蒙古布施物品的清单宛如一个超级高档的百货商店的进货单，物品高档、稀奇、精美、齐全。

如后文将要叙述，蒙古信徒献布施熬茶后，西藏方面要馈复。信徒所期待的不是活佛的礼物，而是他们的祝福、法力。因此，西藏大喇嘛的回赐物中最重要的是"回文"，也即信札或者口头捎信。回礼则首先是祝福的哈达，然后是各种佛像、佛舍利子、念珠、佛衣、黄帽（藏文 zhwa ser）、加持仙丹（灵丹）、吉祥结（护结、神索）、藏香、加持药丸等神圣物件以及氆氇、粗呢、呢绒、哔叽、花纹粗呢盖布、帽子、宝丸、藏红花、克什米尔红花、猫耳扇、彩箭（藏文 mdav dar）、安息香（藏文 ku ku lu）以及 Shinam、Shanza 等笔者目前尚未搞清楚的礼品。

（三）西藏的馈复："回文"

信仰是一种神圣的力量，也是一种生活方式。蒙古人为了信仰甘愿将大量财富捐献给西召的寺院和喇嘛，因此大量的白银和财宝从蒙古地方源源不

七 实现"熬茶"祈福的过程

断地流入西藏,而作为回报,达赖喇嘛等西藏高僧大德也不断为信徒做法事,满足他们的各种精神需求。值得注意的是,蒙古人不惜财金献布施的同时,也执着地等待喇嘛的馈复,若无馈复,就认为自己的行善积德之举未达到预期目的。因此,在蒙藏施主和福田的物质布施与精神赐予之间还形成了一种礼仪习俗。这种礼仪关乎西藏与蒙古双方交通的维持,所以非常重要。下面对此做一探讨。

让我们先看看乾隆六年（1741）准噶尔第一次入藏熬茶尝试的失败,因为此事直接与"回文"礼仪相关。如前所说,1720年清朝驱逐侵扰西藏的准噶尔以后,全面断绝西藏和准噶尔的关系。这件事情给准噶尔政治社会带来了巨大影响。噶尔丹策凌继任准噶尔统治者以后,积极改善和清朝的关系,寻求恢复同西藏的交通。雍正四年（1726）策妄阿喇布坦去世,噶尔丹策凌继位后,立刻遣使清朝,请求允准准噶尔派人"往西地熬茶"。[①] 但是,雍正以"阿尔布巴事件"后西藏政局不稳定为由,断然拒绝。到了乾隆初年,时局出现转机,清朝和准噶尔关系趋于缓和,双方派使节往返,就议和与划界进行积极磋商。在此背景下,乾隆三年,噶尔丹策凌遣哈柳出使清朝,最终答应和清朝议和定界的同时,请求允许其进藏为前一年刚圆寂的五世班禅额尔德尼做佛事。[②] 乾隆皇帝积极回应,允准准噶尔入藏熬茶。经准噶尔和清朝双方多次交涉,准噶尔香客在乾隆六年四月初一日至初四日先后抵达清政府指定地点——青海的东科尔地方。四月十一日,准噶尔喇嘛多约特、赛桑齐默特等向奉命具体负责这次熬茶事务的凉州将军乌赫图等提出要求,奉噶尔丹策凌之命,要到塔尔寺和拉卜楞寺熬茶。将军乌赫图等予以拒绝。但使者们坚称,因为塔尔寺是宗喀巴大师的诞生地,宗喀巴是众喇嘛之佛祖,而拉卜楞寺则是阿寿、阿旺喇嘛居住地,他们亦为名僧,"我等先

---

① 中国第一历史档案馆译编《雍正朝满文朱批奏折全译》上册,黄山书社,1998,第1565~1566页。
② 《清高宗实录》乾隆三年十二月戊戌:"车臣汗告我使人,班禅额尔德尼已经圆寂。询来使云是实。我额鲁特经典中,载班禅额尔德尼乃掌教大喇嘛也。如果圆寂,当建塔诵经。意欲遣我人赴藏布施,以广黄教,以福群生。"

行去往此二寺熬茶，而后再赴藏熬茶，方可彰显恭敬。倘若不能前往，我等难以返回。等因再三告请"。乌赫图认为，塔尔寺离东科尔只有一日路程，沿途并无蒙古游牧，往返需要两三日时间，拉卜楞寺则路途遥远，而且沿路皆系蒙古游牧，故提出准其到塔尔寺熬茶而不准前往拉卜楞寺。准噶尔使者恳请，可否从西藏回来时顺便前往拉卜楞寺，乌赫图概不应允。清廷批准了乌赫图的提议。五月初三日，乌赫图令准噶尔使者六十余人前往塔尔寺，派副都统巴灵阿带领满洲官兵百人进行监督，并勒令塔尔寺蒙古喇嘛暂行回避，只留藏僧于寺中。五月初五日，使者们在塔尔寺熬茶。等使者们进行布施，喇嘛念完经，巴灵阿检查使者们送给塔尔寺住持喇嘛的包裹，将其中礼品交给住持喇嘛，扣留了其致住持喇嘛的蒙古文书信。使者们当天返回东科尔。[①] 清政府坚决不允许准噶尔使者赴拉卜楞寺并扣留噶尔丹策凌致塔尔寺住持喇嘛的信函。接着，准噶尔使者在东科尔售货时和清朝方面发生分歧和争执，导致既无现银又不得携货进藏变卖，故无法备足熬茶所需银两，最后只得放弃进藏熬茶，从青海东科尔返回了准噶尔。

　　在这次事件中，清朝和准噶尔双方缺乏互信，加之清朝不了解准噶尔的宗教习俗，所以引起了颇多误解。准噶尔使者提出到塔尔寺和拉卜楞寺熬茶时，清朝方面表现出过分的猜忌，担心使者以熬茶为名打探消息，所以准噶尔使者入寺时，清朝方面扣留了噶尔丹策凌致塔尔寺住持等高僧大德的蒙古文书信。但是，按照蒙古人的习俗，向高僧大德进献布施、敬上书信后，必求有所回复（祝福与象征性的回礼），这样才能和喇嘛心灵沟通，喇嘛念经的法力发挥效力，达到熬茶的目的，否则会认为不灵。清朝方面不知道这个习俗，不仅没收了噶尔丹策凌致塔尔寺上层喇嘛的书信，而且还搜出原先准备致拉卜楞寺喇嘛的书信并加以扣留。乾隆八年（1743），噶尔丹策凌的使者吹纳木喀对尚书海望等说："惟我厄鲁特之礼，熬茶修善事，乃为亡灵超度，为生者祈福，而呈文喇嘛等览之，若不得回文，则枉然也。"所以，吹

---

① 以上相关情况记载见中国第一历史档案馆编《清代军机处满文熬茶档》（上），上海古籍出版社，2010，第117、131页。

七 实现"熬茶"祈福的过程

纳木喀向清廷控诉,乾隆六年准噶尔人在塔尔寺熬茶时,"具呈彼处为首喇嘛之文,被大臣夺走,未曾复文"。他强调说,如果清朝怀疑他们的文书,办事大臣可以当着使者的面打开阅览,但不应扣留。① 事后,清朝君臣才认识到此事所系非小,所以大学士鄂尔泰等奏请:"熬茶之礼,必为请喇嘛念经修善事而呈文,喇嘛等亦给回文。若当彼等面取其文,不给回文,未便妥当。相应交付伴送大臣等晓谕颇罗鼐,将接取其呈文、给予回文之处,皆照例办理,取其呈文、回文之底稿呈览。取其文之情形,毋令使臣等知晓。"乾隆皇帝当即依议。② 实际上,这件事情关系到准噶尔熬茶礼佛的根本利益。乾隆六年准噶尔准备赴藏熬茶时,因为其呈文在青海被夺走没有得到回文,准噶尔喇嘛和宰桑们感到即便去了西藏熬茶,结果如仍如此,则无法达到熬茶的目的,因此才决定中断熬茶之旅。可见,"回文"礼仪对蒙古信徒的重要性。

在西藏自治区档案馆藏蒙古文书信档案中,可以见到西藏方面给蒙古施主馈复的事例。前文所举西藏使者巡行蒙古地方时给蒙古人捎来达赖喇嘛和其他大德的信札、礼物的例子都是这一"回文"礼仪的具体表现。接下来,我们举几个例子,如果蒙古信徒布施行善后收不到西藏的馈复会出现什么样的情况。

一般来说,蒙古信徒托人祈福献礼后,对方无论是达赖喇嘛还是其他高僧,不管信徒是富贵还是贫贱,都会回文赐福,因此一般情况下施主不会在他们的信函中提到回文一事。但在档案中还是可以见到部分布施者在信中直接请求福田回文的情况。比如,奈曼旗达喇嘛名叫毕济喇嘛者,为祈请达赖喇嘛保佑其今生与来世,献银一盒,并在信中直书"请求于来年回复"。③ 还有尼姑央济德及僧人索诺木、恩古甭、白拉祐等人向达赖喇嘛献银五两,

---

① 中国第一历史档案馆、中国边疆民族地区历史与地理研究中心合编《军机处满文准噶尔使者档译编》(中),第1786页。
② 中国第一历史档案馆、中国边疆民族地区历史与地理研究中心合编《军机处满文准噶尔使者档译编》(中),第1806页。
③ 《奈曼王旗达喇嘛毕济为保佑今生与为来世事致达赖喇嘛文》,西藏自治区档案馆编《西藏自治区档案馆馆藏蒙满文档案精选》第9卷,第90页。

同样在信函中请达赖喇嘛"明年回复此礼"。①

但是，实际生活中确实存在福田没有回文的情况。

察罕殿赤呼图克图是号称"东藏"的东南蒙古著名佛寺瑞应寺的呼图克图，从达赖喇嘛获得"岱青堪布"称号。第四世察罕殿赤呼图克图罗布桑图布丹格力格于蛇年（1809）②写给摄政济咙呼图克图的信中说："末小我等托您福安在。曾请龙年（1808）返回之囊素捎上外库哈达一方、四庹红缎以敬献。今蛇年（1809）前来之囊素查明没有回复音信，请查明所献礼物收到与否，赐信告知。为请安自噶尔丹达尔扎卜楞寺诵经之地，近乎空手，敬献外库哈达一方、四庹红缎。"③据此，察罕殿赤呼图克图于1808年向摄政请安祈福，但摄政未回文，因此呼图克图追问此事。另外，这里还有锡林郭勒盟苏尼特左旗郡王托迪布木（1858~1879年任扎萨克）于同治元年三月初十日致桑耶吹忠的信："我处呈寄供品，自来交付来京堪布、仆从携往，候其再来之年，收受所赐馈礼加持、灵丹、礼物，满足心愿，重又寄送哈达、银两及供品，如此年时已久。然而，道光二十五年（1845）、二十八年春时所寄及咸丰元年（1851）、三年各以供品书信，寄送不已，却无馈复。六年春时，召地使臣弟子回程之际，陈情遗书追问。然而，九年又未馈复，故而我处仅呈哈达，以示不空。目今同治元年（1862），又未给使者堪布、仆从等馈复。于此，昔时各次所献哈达、礼品及银两，缘何受阻未达贵处，我处并无凭记借以核查。末小我等心中忧虑之至，以致寄否供品，踌躇不定。陈明情由，仅示不空，寄献饰首圣洁哈达二方。祈求慈爱，赐馈捎付前来使节。视其馈复，照例献寄供银哈达等物，成就今生与后世因缘安乐……"④道光

---

① 《尼姑央济德、僧人索诺木、恩古甪、白拉祜等为献礼事致达赖喇嘛文》，西藏自治区档案馆编《西藏自治区档案馆馆藏蒙满文档案精选》第10卷，第164页。
② 写信人自称"土默特扎萨克副盟长贝勒旗岱青堪布察罕殿赤呼图克图罗布桑图布丹格力格"。索诺木巴勒珠尔贝勒在1740~1810年任扎萨克，1779年任副盟长。故该蛇年当为1809年。
③ 《土默特旗察罕殿赤呼图克图为谢恩请安布施事致济咙呼图克图文》，西藏自治区档案馆编《西藏自治区档案馆馆藏蒙满文档案精选》第9卷，第127~128页。
④ 《苏尼特郡王托迪布木等人为献礼事致桑耶吹忠胜宝文》，西藏自治区档案馆编《西藏自治区档案馆馆藏蒙满文档案精选》第7卷，第103~106页。

二十七年科尔沁扎萨克宾图王林沁扎勒参（1814～1857年任扎萨克）致西藏甘丹颇章政府商卓特巴和第巴的文书中说："曾任本王管旗章京之噶噜迪报称，小人年事已高，意欲给西藏诸圣尊喇嘛及护法敬献几种银两共六十两。只因途中多危险，尤其是因为自道光十年以来未曾反馈回礼，故多有疑虑，请求发给盖印文书，将此善事及向圣尊、护法等经常献供事不受阻碍为盼。故此，请主持西藏教法主政之商卓特巴、第巴等，待（使者之）身到达后，接受曾任管旗章京噶噜迪所献六十两白银，按照噶噜迪信中所说，将银两分献呼图克图、喇嘛及拉萨大昭寺等几处，以完结其祈福献供事，并派人送来盖印文书及回礼。此外，回信回礼之际，如能说明自道光十年后未曾回信回礼之缘由，则下面愚众心满意足，今后信徒不至于心灰意冷。已给噶噜迪各书信加盖印章，与盖印文书一并发给商卓特巴与第巴。道光二十七年冬十一月十五日。"① 这是宾图王为其旗下曾任管旗章京的噶噜迪而写的。噶噜迪捎去60两银子分献呼图克图、喇嘛及拉萨大昭寺等，但没有收到回文。噶噜迪连续17年未曾收到西藏方面的回文回礼，他因年事已高，心里非常着急，就请旗扎萨克给他出具盖印官方文书，询问西藏那边是否收到其布施。这样的例子还有很多，但内容大同小异，不再赘述。

西藏诸大喇嘛不馈复"回文"，原因众多，包括施主的信函与礼物未能送达西藏等。但无论何故，一旦发生不回文的情况，蒙古施主就会坐立不安，甚至"心灰意冷"。在此情况下施主会暂停大量布施，等待回音，如一直杳无音讯，最终会停止献寄哈达等物。

---

① 《科尔沁扎萨克宾图王为本旗原管旗章京噶噜迪回信回礼并说明自道光十年以来未见回信回礼事致商卓特巴、第巴文》，西藏自治区档案馆编《西藏自治区档案馆馆藏蒙满文档案精选》第6卷，第107～110页。

结　语

自 16 世纪下半叶到民国末年的近四百年间，蒙藏民族关系以宗教、文化联系为主流。拉萨被蒙古人称作"西昭（召）"，就是得名于他们心目中至圣的大昭（召）和小昭（召），达赖、班禅被誉为人间的日和月，蒙古全民呼达赖喇嘛为"天人众生之顶饰、怙主、佛王、识一切圣尊"。近四百年来，西召是蒙古人向往的圣地，达赖喇嘛是他们的信仰所归。

从藏传佛教格鲁派方面讲，蒙古人是虔诚而富足的护法者和施主。在 16 世纪中叶和 17 世纪二三十年代，格鲁派两次面临生存危机，都是蒙古施主以护法者身份"武力"护法，将达赖喇嘛送上了西藏佛教法王的宝座，并一直以慷慨的布施资助着西藏佛教。毫不夸张地说，没有蒙古施主，就没有西藏格鲁派的辉煌，甚至是存亡未卜，发展不可料想。达赖喇嘛商上的银库因为蒙古施主大量无私的布施而更加殷实，三大寺的庙仓一定程度上也依赖蒙古（故有哲蚌寺和甘丹寺抢夺蒙古王公子弟入寺为僧之争）。

清朝治国政策对蒙藏民族关系的发展产生积极的影响。清朝为多民族统一国家的长治久安而推行的一个很重要的国策是"同文之治"。所谓"同文之治"，其含义远远超出了"同文"的字面意思，它的主要指向是在高度保障清朝政治统治、国家大一统的前提下，给予各民族及其宗教、文化、风俗习惯和语言文字等相对平等的地位，使之在清政府的治理下和平共存，各得其所，最后还是为巩固清朝的社稷服务。这是清朝统治多民族国家的一个基本国策，清朝近三百年的历史经验证明，该政策收到了很好的效果。就蒙藏关系而言，有清一代蒙藏两个民族关系的主流是和平相处，相互交通，发展各自的社会与文化。

拉萨和蒙古地区之间的交流看似是一种简单的赐福与布施的关系，甚至被视为一种教条与白银的不平等的交易，这是严重的误判，完全是错误的。在西藏和蒙古的福田与施主关系的背后是蒙藏社会、文化、宗教的深层次的交流，这一交流造就了蒙藏佛教世界。蒙古施主和他们心目中诸圣的精神沟通，使前者得到灵魂的净化、心灵的安慰，善恶因果的信念让他们产生面对今生的勇气和追求来世的希望。他们为自己、家人和亲戚、全体人类甚至为众生祷告，从善弃恶，因而社会相对安定，出现了清代蒙古地区民众相对安居乐业的局面。大批蒙古僧人在西藏游学，他们当中涌现出大批学者、译师、作家、史家、医师、天文学家和建筑学家等，西藏佛教文化与世俗文化在蒙古得以广泛传播，为明代以来较为单调而沉闷的蒙古文化生活注入了新的血液，蒙藏文化相互交融，使清代蒙古文化空前繁荣。

必须指出，佛教给蒙古人精神状态带来的消极影响也是不可忽视的。我们通过档案可以发现，清代蒙古人过分依赖喇嘛，往往把命运交给神祇，事无巨细悉听活佛的安排和指点，社会中弥漫着一种不积极向上、听天由命、逆来顺受的气氛。这对蒙古民族的发展不能不说产生过非常消极的影响。

总之，西藏自治区档案馆藏蒙古文书信档案让我们看到了蒙藏民族关系发展的轮廓。清代蒙藏关系非常密切，二者之间宗教文化关系的主流符合双方的社会需求，其影响积极而深远。

下 编
西藏自治区档案馆藏蒙古文书信档案译注

凡　例

一、本编译注的书信全部来自西藏自治区档案馆编《西藏自治区档案馆馆藏蒙满文档案精选》（共12卷，四川民族出版社，2018）。《西藏自治区档案馆馆藏蒙满文档案精选》刊布了很多蒙古文文书，包括公文、书信、名册、布施名单、物品清单和财务清单。本编选取其中的书信、名册、布施名单、物品清单和财务清单，其公文部分暂未涉猎。

二、本编的译文未收托忒文文书。

三、本编的译文以《西藏自治区档案馆馆藏蒙满文档案精选》第11卷译文为基础，修改润色而成。除了译文的文字修缮之外，对书信的标题也做了大量的修改，使之更加简洁明了。注释部分涉及书信的写信人、收信人和写信时间的考证。由于很多书信并没有署明写信时间，我们做了大量的考据工作。

四、本编通过历史与文献考据，重新鉴定了若干书信，并按照写信时间和写信人的归属重新归类。这是本编的另一个特点。

五、本编的译注仍有一些未能解决的问题，例如未能识释一些词语。这些问题只能留待日后查考。

六、本编给每一封书信标注了《西藏自治区档案馆馆藏蒙满文档案精选》中的页码，即书信标题下面的数字，例如标题《科尔沁土谢图亲王色登端鲁布为祈福事致达赖喇嘛文》下注"6：053~054"，表示该书信见《西藏自治区档案馆馆藏蒙满文档案精选》第6卷第53~54页。

七、本编的译文保留文献原貌，沿用当时的历史表述。

哲里木盟

科尔沁土谢图王旗

科尔沁土谢图亲王色登端鲁布为祈福事致达赖喇嘛文
6：053~054

  在识一切圣尊达赖喇嘛宝贝光明金足莲花前，御前行走科尔沁和硕土谢图亲王色登端鲁布双手胸前合十跪奏。愿圣尊达赖喇嘛宝贝金光金足莲花像阳光一般普照教法与众生利益，直至百劫永存安康。这里末小色登端鲁布为首全家托圣尊之福照旧安好。
  另外祈奏者：与我结缘的托音喇嘛罗布藏图布敦济格木德扎勒森为首，我色登端鲁布、喇特纳噶尔必、托音喇特纳西迪等我全家大小，愿我们的年月日时之相违因、人与非人之相违因、诅咒、口舌得以寂静，尤其是色登端鲁布、喇特纳噶尔必我二人于满珠习礼圣主御前行走时，诸事如圣意成就，对我们的仇视和嫉恨完全寂止，福寿、富乐、运气像新月一样越发上升盈满。祈求为此将明旨直白地降到我等各自的头顶之上。求奏之礼近乎空手，奉上圣洁天物哈达一方、红色蟒缎一匹。愿永远不被法轮金刚界抛弃，留在护持之下。明鉴，明鉴！心想事成的月初吉日。

【注释】色登端鲁布，科尔沁右翼人，先祖为成吉思汗胞弟哈萨尔（合撒儿），号职始祖为奥巴，爵位始祖为巴达礼。奥巴受努尔哈赤封土谢图汗，天聪三年（1629）被天聪汗立为科尔沁十扎萨克之首。奥巴死后，其子巴达礼受封土谢图济农，崇德元年（1636）改封和硕土谢图亲王。奥巴→巴达礼→巴雅斯呼朗→阿喇善；沙津（阿喇善之弟）；阿喇善→鄂勒齐图→阿喇布坦→垂扎布→纳旺；喇什那木扎勒（纳旺之弟）→诺尔布林沁→色登端鲁布。色登端鲁布是奥巴的第十代孙，第十三任扎萨克，第十三位土谢图称号的主人，第十二位和硕土谢图亲王。色登端鲁布在道光二十年（1840）袭扎萨克和硕土谢图亲王，二十二年受命御前行走，咸丰六年（1856）病故。色登端鲁布在信中自称御前行走，并请保佑"御前行走时，诸事如圣意成就"，表明他受御前行走之命不久，即道光二十二年或次年写了这封信。道光二十二年，十一世达赖喇嘛坐床。

科尔沁土谢图亲王母福晋扎西默德克及土谢图亲王业喜海顺为谢恩祈福事致达赖喇嘛文

6：055~058

哲里木盟科尔沁扎萨克和硕土谢图亲王之母福晋扎西默德克、鄙人施主王业喜海顺谨跪，向瓦赤喇怛喇达赖喇嘛呈奏：为使芸芸众生引向正道，显现大慈大悲之本质，明白开示佛法指令，交付多尼尔罗布藏东鲁克、章京佐佐尔等送来。今年冬天十二月初三日，瓦赤喇怛喇达赖喇嘛所赐佛像及法旨到达我处，鄙人施主等诚心祈祷，崇敬顶礼，尽心叩拜，献近乎空手之薄礼哈达一方，于本月初五日，（让使者）向我盟扎萨克图郡王处出发。祈愿瓦赤喇怛喇达赖喇嘛保佑。明鉴，明鉴！月初吉日。

封面：谨呈达赖喇嘛明鉴。

谨封。

【注释】业喜海顺，科尔沁右翼人，先祖为成吉思汗胞弟哈萨尔（合撒儿），号职始祖为奥巴，爵位始祖为巴达礼。奥巴受努尔哈赤封土谢图汗，天聪三年被天聪汗立为科尔沁十扎萨克之首。奥巴死后，其子巴达礼受封土谢图济农，崇德元年改封和硕土谢图亲王。奥巴→巴达礼→巴雅斯呼朗→阿喇善；沙津（阿喇善之弟）；阿喇善→鄂勒齐图→阿喇布坦→垂扎布→纳旺；喇什那木扎勒（纳旺之弟）→诺尔布林沁→色登端鲁布→巴宝多尔济→色旺诺尔布桑宝；业喜海顺。业喜海顺是奥巴的第十三代孙，第十六任扎萨克，第十六位土谢图称号的主人，第十五位和硕土谢图亲王。业喜海顺在光绪二十七年（1901）承袭扎萨克土谢图亲王。据信中的语气及跟王母联名的情况看，这封信可能是业喜海顺刚袭爵不久写的。

科尔沁土谢图亲王子托音罗布藏图布敦济格木德扎勒森为祈福辟邪消灾事致白哈尔护法神文
6：059~060

佛法的护法者、大威力具足者白哈尔护法神贵友等足下莲花前，御前行走哲里木盟盟长科尔沁扎萨克和硕土谢图亲王之子托音罗布藏图布敦济格木德扎勒森呈奏：仰赖大护法神您的护持与慈悲之力，我们安然无恙。此外，祈求您将迫害我的年月日时的内外相违因，在不顺缘之诸方向完全寂止，愿顺缘之善资粮像新月一样越发上升盈满。如寿命遇到业障，请明白开示如何消除之法。祈求保佑我今生来世的善资粮迅速如愿成熟。明鉴，明鉴！奉献的礼物有无垢圣洁哈达、一小元宝。

科尔沁宾图王旗信仰虔诚的禅师绰尔济贡楚克向班禅额尔德尼敬献享用一顿餐的五两白银。请护持小弟子，今生与来世迅速从轮回恶趣之苦中救度，迅速送达涅槃与遍知一切之道，请圣尊葛根护佑。明鉴，明鉴！

此外，向达赖喇嘛敬献用餐用五两白银，另包一包，交给同一使者奉送。

【注释】这封信包括罗布藏图布敦济格木德扎勒森和绰尔济贡楚克二人的信件。据前文《科尔沁土谢图亲王色登端鲁布为祈福事致达赖喇嘛文》，罗布藏图布敦济格木德扎勒森乃土谢图亲王色登端鲁布之子。罗布藏图布敦济格木德扎勒森自称托音，表明尚未受封任何名号，可能当时尚年幼。他的这封信可能跟《科尔沁土谢图亲王色登端鲁布为祈福事致达赖喇嘛文》一样，写于道光二十二年（1842）或者次年。信函附件的写信人贡楚克禅师，很可能是罗布藏图布敦济格木德扎勒森的经师。

科尔沁土谢图亲王诺尔布林沁旗四等台吉巴勒丹为祈福超度布施事致达赖喇嘛文
6：051~052

哲里木盟科尔沁土谢图亲王诺尔布林沁旗末小四等台吉巴勒丹胸前合掌一心一意祈祷，在识一切达赖喇嘛足下呈奏：慈父二等台吉阿咱喇仙逝。为祈祷他亡灵不致坠入三恶趣，经圆满护持处，尽早得佛果，奉献白银五十两。还有，愿小的我和我全家的疾病、争斗等各种异品得以寂静，福寿、富乐、名誉像新月一般日趋盈满，请保佑。明鉴，明鉴。吉祥。

【注释】 诺尔布林沁，科尔沁右翼人，先祖为成吉思汗胞弟哈萨尔（合撒儿），号职始祖为奥巴，爵位始祖为巴达礼。奥巴受努尔哈赤封土谢图汗，天聪三年立为科尔沁十扎萨克之首。奥巴死后，其子巴达礼受封土谢图济农，崇德元年改封和硕土谢图亲王。奥巴→巴达礼→巴雅斯呼朗→阿喇善；沙津（阿喇善之弟）；阿喇善→鄂勒齐图→阿喇布坦→垂扎布→纳旺；喇什那木扎勒（纳旺之弟）→诺尔布林沁。诺尔布林沁为奥巴第九代孙，第十二任扎萨克，第十二位土谢图称号的主人，第十一位和硕土谢图亲王。诺尔布林沁在乾隆四十七年（1782）袭扎萨克和硕土谢图亲王，道光二十年（1840）去世。根据诺尔布林沁的在位年限，我们初步框定这封信写于乾隆四十七年到道光二十年间。而这期间在世的达赖喇嘛有八世、九世和十世，十世达赖喇嘛在道光十七年圆寂，据此可以再次框定写信时间是乾隆四十七年至道光十七年。

科尔沁扎萨克图王旗

科尔沁扎萨克多罗郡王乌泰为延请达赖喇嘛致达赖喇嘛文
6：082~086

科尔沁哲里木盟科尔沁扎萨克多罗郡王乌泰跪拜，向教法之主西藏可汗达赖喇嘛请安。此间，瓦赤喇怛喇达赖喇嘛十万日光般的法体想必非常安康。本王等在此处从内心深处以诚挚信仰祈祷呈奏：听说（达赖喇嘛）为救度我们东土众生，使之享受安乐，已驾临喀尔喀哲布尊丹巴呼图克图大库伦，于是本王旗科尔沁诺颜呼图克图葛根和我本人及僧俗大众都朝向西北方向叩拜。僧俗几十万人渴望叩见瓦赤喇怛喇达赖喇嘛像珠宝庄严的山一般坚固光明的贵体之愿望，犹如幼崽求母一样真切。因此，我科尔沁诺颜呼图克图特遣普仁寺托音锡哷图夏仲默尔根绰尔济喇嘛沙弥格拉藏禅范图格济尼玛，本王特派戴孔雀翎四等台吉色楞旺布等，向至尊佛祖教法之主达赖喇嘛您请安，并为延请大慈大悲达赖喇嘛无与伦比的宝贵身躯至我旗诺颜呼图克图所建祝福圣主万寿无疆、弘扬黄教之汇通寺和普仁寺，奉上坛城、哈达、珍贵佛三神物及金币。万望（达赖喇嘛）大慈大悲，以十万日光般的身躯务必驾临我们这里，以满足这里几十万人信仰的愿望。我以至诚的信仰五体投地，再三跪拜，日夜期盼无限喜悦的快速回复。光绪三十一年二月二十四吉日。

【注释】乌泰，科尔沁右翼前旗人，先祖为成吉思汗胞弟哈萨尔（合撒儿），旗分始祖为奥巴之弟布塔齐。布塔齐受努尔哈赤封扎萨克图杜棱号，崇德元年受封扎萨克多罗郡王。布塔齐→拜斯噶勒→鄂齐尔→萨祐拉克→沙津德勒格尔→纳旺色布腾→喇什端罗布→敏珠尔多尔济→索特纳木伦布木→达特巴扎木苏；根敦占散（达特巴扎木苏嗣子）；乌泰（根敦占散嗣子）。乌泰是布塔齐的第十二代孙，第十二任扎萨克，第十二代扎萨克图郡王。乌泰在光绪七年（1881）袭扎萨克多罗扎萨克图郡王。光绪三十年，十三世达赖喇嘛出走喀尔喀，乌泰联合哲里木盟十旗王公，遣使赴达赖喇嘛处，邀请达赖喇嘛巡行本旗寺院。

科尔沁扎萨克图郡王乌泰为遣使延请达赖喇嘛事致达赖喇嘛文
6：087~092

乾清门行走哲里木盟科尔沁扎萨克多罗扎萨克图郡王加四级记八次乌泰书。呈教法之主达赖喇嘛。求奏事。扎萨克王我使者托音锡呼图默尔根绰尔济格拉藏禅范图格济尼玛和恩赏孔雀翎台吉色楞旺布等到喀尔喀大库伦，谒见达赖喇嘛您金颜，呈奏心里的一切事由，于五月十九日接到了教法之主达赖喇嘛的大慈大悲的俯允法旨和加盖印玺的文书。我们诺颜呼图克图葛根为首本王等顶礼拜受教法之主达赖喇嘛法旨，领悟文意，不胜崇拜，并遵奉达赖喇嘛您的信函旨意，将此消息告知哲里木盟王、贝勒、贝子、公、活佛、喇嘛等。于是从盟长齐默特色木丕勒处发出通告，令本盟诺颜、喇嘛等于七月初一日在我旗汇通寺汇集，商讨弘扬佛法的大善事。遵照本通告，诺颜、喇嘛等和僧俗大众聚集一处，甘心情愿地一致讨论决定：哲里木盟各旗各出具加盖印章的文书，交到盟长处，盟长据各旗文书另拟写题本，加盖盟长印，将此延请教法之主达赖喇嘛事奏报圣尊皇帝，以求施恩。同时，将十旗盖印文书送到教法之主达赖喇嘛手中，以表达全盟僧俗全体同心同德商定延请之意。我们商定，把十万日光般的喇嘛请到哲里木盟汇通寺，为弘扬佛法，使之永存而尽力，保证照办教法之主达赖喇嘛一切旨意。另外还商定，差遣先前谒见尊容的托音锡呼图默尔根绰尔济喇嘛、杜尔伯特旗寺台吉托音锡呼图阿寨喇嘛以及记名为协理台吉的纳逊德格济勒呼等前去。大家回各自之旗，各旗陆续送来了盖印文书。今将达尔罕亲王、博多勒噶台亲王、宾图郡王、扎赉特郡王、杜尔伯特贝子、镇国公等旗的文书交给上述使者杜尔伯特旗寺托音锡呼图格拉藏丕凌列绰克赖那木济勒、托音锡呼图默尔根绰尔济格拉藏禅范图格济尼玛、记名为协理台吉的纳逊德格济勒呼三人奉送。所缺另外三个旗的文书一到，再遣人奉送。我们僧俗人等一心渴求教法之主达赖喇嘛明鉴，迅速驾临哲里木盟，永远弘扬黄教，使众生享福。为了迅速弘扬佛法，满足众生愿望并快速成行，若乘坐俄罗斯铁路则速达，路途也不会遇到阻碍，而且符合众生急切盼望的心意，不过还是听教法之主达赖喇嘛之便。如果我十旗王、贝勒、贝子、公等今年冬十一月初进京入年班前光临，则对商讨教法之事特别有利。信中未尽之意，差遣的两位喇嘛将面奏，并等待回复法旨。我们哲里木盟王、葛根等僧俗全体齐心迎请喇嘛到我盟，利乐众生之际，各个合掌祈祷教法之主达赖喇嘛延年长寿迅速光临，为此奉上丹书克曼荼罗。我扎萨克王乌泰和僧俗大众一心，从内心深处祈祷，在延请书信上加盖本扎萨克印章，特此呈上。光绪三十一年秋八月十二日。

印文（满蒙）：科尔沁右翼前旗管旗扎萨克之印。

科尔沁扎萨克图郡王乌泰为因故不能前往五台山事致达赖喇嘛文
6：093~098

乾清门行走哲里木盟科尔沁扎萨克多罗扎萨克图郡王加六级记八次乌泰等谨祈祷，向西方极乐世界自在佛、天下释教共主、佛王怙主瓦赤喇怛喇达赖喇嘛请安。

想必怙主心情舒畅，贵体硬朗，为教法与众生利益，足下莲花座极其坚固。祈祷上奏者：从使者口中得到确信，今年春二月十八日，怙主东幸，驾临五台山。本想顷刻动身，谒见怙主叩拜。但因向盟长公爷告假耽搁时日之际，怙主您差遣的多尼尔喇克巴于四月初八日到来，授给怙主恩赐的哈达、吉祥结、仙丹 nabzai 等。听到差遣多尼尔喇克巴所宣大慈大悲的指令，心中无限敬仰和喜悦！尤其是听到让我速来谒见后，自内心深处时常祷告，立刻出发，前去叩见怙主无限明亮肃穆的金颜，以合至意。盟长公爷至此未归，因此请不上公假，耽搁行程。一旦请上公假，不分昼夜，兼程前去叩见。多尼尔喇克巴还说，达赖喇嘛还给奈曼旗公尼玛指令，但尚未送到。为此特遣本旗汇通寺扎萨克商卓特巴堪布罗布藏丹巴喇布斋，向怙主请安，献坛城与哈达。一切内心话扎萨克喇嘛将口奏，请明鉴。特此奉上请安。光绪三十四年夏四月二十五日。

封面：乾清门行走哲里木盟科尔沁扎萨克多罗扎萨克图郡王加六级记八

次乌泰等谨祈祷,向西方极乐世界自在佛、天下释教共主、佛王怙主瓦赤喇怛喇达赖喇嘛请安。

封底:内装一件。光绪三十四年夏四月二十五日。

科尔沁扎萨克图郡王乌泰为祈福布施事致达赖喇嘛文
6:105~106

扎萨克多罗扎萨克图郡王乌泰诚心祈祷,向教法与众生之主、佛陀之尊瓦赤喇怛喇达赖喇嘛怙主呈奏:为祈求扎萨克王乌泰我本人及全家所有事业及性命不遇业障,以及叩见怙主您不遇阻碍二事,敬献哈达一方及三两元宝银。祈求成全此二事。扎萨克王乌泰我四十五岁,携福晋达琳高娃,为祈祷一切事业及性命无业障而献哈达、钱袋子,祈求保佑。女儿巴姆为祈祷一切事业及性命无业障而献哈达、一对银镯,合掌祈祷保佑。女儿巴姆九岁。夏四月二十五日。

封面:向怙主为祈求保佑启奏。

谨封。

【注释】这封信是前文《科尔沁扎萨克图郡王乌泰为因故不能前往五台山事致达赖喇嘛文》的附件,是乌泰为全家礼佛祈福的书信。落款所记"夏四月二十五日"即光绪三十四年四月二十五日。这封信透露了有关乌泰个人及家庭的重要信息,例如,乌泰自称四十五岁,福晋名为达琳高娃,女儿巴姆九岁,等等。据光绪三十四年时四十五岁的事实倒推,乌泰应该生于同治三年(1864),而他的女儿巴姆应生于光绪二十六年(1900)。

科尔沁扎萨克图郡王乌泰为派人至五台山请安
并商讨政教要务致达赖喇嘛近侍堪布文
6:099~104

哲里木盟科尔沁扎萨克多罗郡王乌泰向教法之主佛王瓦赤喇怛喇达赖喇嘛近侍、辅佐成就教法与众生利益之尊贵医生堪布罕钦苏勒宾请安。敬悉福德双全的贵体安康,光临五台山,为众生利乐做法事,心中无限喜悦。再者,您差扎萨克喇嘛送来之书信已收到,内容尽知。理应本扎萨克王立刻起身前往,谒见怙主,奏闻真诚心声,以合至意,并拜见您,陈述心想诸事,以合大意。只因当前在我旗新来汉臣权势膨胀,各种公务增多,因而秋天不能得闲,十分着急。在冬天进京参加年班之际,务必谒见怙主并见您,今正为此事无阻而祈祷。因此,本扎萨克王先遣和自己一样信任的托音锡呼图喇嘛前往拜见,并令于一切公事勤谨的可信赖的翻译恩克济尔噶勒一同前往。等到达后可和他们商讨一切重要公事。恩克济尔噶勒会写蒙满汉文。本王心中设想诸事都告诉了托音锡呼图喇嘛,可向他询问。再要提醒的是,如和蒙古王、贝勒、贝子、公等全体协商之前入京觐见圣主与皇太后,则先将弘扬普遍佛法、修缮蒙古地区寺院、祝福圣主与皇太后万寿无疆等事,视情况上奏,等到获准在蒙古各地寺院弘扬佛法之长假后,才将蒙藏古制与圣主政权越趋巩固等事于远离汉人大臣之地慢慢商讨则似有益于(达赖喇嘛)原意。如此重大事情不能让汉人大臣察觉。本扎萨克王并非自偏远地方以谎话妄奏,而是在内心深处斟酌报闻。本扎萨克王保证,我只要还活着,为怙主所托一切事直到生命的最后无论如何定会诚心尽力。扎萨克王我给同心同德之诸颜、喇嘛等各个写信商议,他们回信表示,都有在北京公务处会商做成之意。将此诚意与呈文交由使者托音锡呼图喇嘛呈上。望合怙主至意,赢得(怙主)明心之喜悦。为此请安奉上。光绪三十四年秋七月十五日。

封面:向教法之主佛王瓦赤喇怛喇达赖喇嘛近侍、辅佐成就教法与众生利益之尊贵医生堪布罕钦苏勒宾请安。

封底:谨封。

科尔沁公旗

科尔沁贝子品级镇国公喇什敏珠尔为迎请事致达赖喇嘛文
6:135~136

御前行走哲里木盟科尔沁贝子品级扎萨克镇国公加三级记八次喇什敏珠

尔书。诸佛之王教法之主达赖喇嘛明鉴。为祈求呈奏事。怙主圣尊葛根智慧之光照耀我们东土，结善缘者闻名向善。奉本盟扎萨克图郡王处所传达之降于有爵位的弟子、官员们的指令，与（您）永恒无别的大慈大悲之护持结缘者、信仰虔诚地方之掌权者扎萨克诺颜我等，一心向您祈求：为了以永恒欢乐事业的十万日光滋长众生利乐之根，尤其是因为生在浊世的这方土地的苦难众生渴望见到您的大慈大悲的明面，信仰无限，因此，敬请光临这方土地，以便令众生诚心信仰之福得以结果。为此呈上。光绪三十一年秋七月二十一日。

【注释】喇什敏珠尔，科尔沁右翼人，先祖为成吉思汗胞弟哈萨尔（合撒儿），本爵职始祖为喇嘛什希。喇嘛什希在崇德元年受封扎萨克镇国公，诏世袭罔替。喇嘛什希→色棱→都什辖尔→图努玛勒→喇嘛扎布→布延德勒格尔→敏珠尔多尔济→萨木丕勒扎木素→色旺多尔济→多布沁旺丹；乌勒济济尔噶勒（多布沁旺丹之弟）→特古斯毕哩克图→喇什敏珠尔。喇什敏珠尔在光绪十五年（1889）袭扎萨克辅国公；二十年赏用紫缰；三十年报效巨款，赏贝子衔；三十一年赏戴双眼花翎；三十三年，以报效巨款，命在紫禁城内骑马，并赏穿戴貂褂。

科尔沁达尔罕王旗

科尔沁达尔罕亲王为谢恩祈福事致达赖喇嘛文
6：067~068

科尔沁达尔罕亲王谨向怙主圣尊达赖喇嘛金足前叩拜请万安。今顶礼拜受对一切众生一视同仁的（达赖喇嘛）所赐佛像、哈达及藏红花、粗呢子两件礼物等重恩。今将圣洁哈达一方及缎一匹自远方祈祷叩拜呈上，望永远保佑。明鉴，明鉴。特此请安。月初吉日。

封面：科尔沁达尔罕亲王谨叩拜圣尊达赖喇嘛奉上。

封底：极善坚固。

【注释】科尔沁达尔罕亲王，清代科尔沁贵族称号与王位。该称号与王位由满珠习礼始。满珠习礼在天聪二年秋受封达尔罕巴图鲁称号，崇德元年受封达尔罕巴图鲁郡王，顺治年间承袭其兄吴克善被免之扎萨克职衔，顺治十六年晋封扎萨克和硕达尔罕巴图鲁亲王。康熙四年，满珠习礼子和塔袭爵，停袭巴图鲁称号，成为扎萨克和硕达尔罕亲王。满珠习礼→和塔→班第→罗卜藏衮布→色布腾巴勒珠尔→色旺诺尔布→旺扎勒多尔济→丹曾旺布→布彦温都尔瑚→索特那木朋素克→衮布旺扎勒→那木济勒色楞。该王位共有一位达尔罕巴图鲁郡王、一位达尔罕巴图鲁亲王、十一位达尔罕亲王。满珠习礼接任扎萨克职衔之后，该王位在绝大多数历史时间里是科尔沁左翼中旗扎萨克职衔的主人，然而，第八次袭爵的布彦温都尔瑚在道光元年（1821）因故被革掉扎萨克，扎萨克职衔转到同旗卓哩克图亲王噶勒桑栋罗布手里。道光六年噶勒桑栋罗布去世，同旗固山贝子济克默特成为扎萨克。布彦温都尔瑚在道光十八年去世，其子索特那木朋素克袭爵。道光二十八年，济克默特病故，这才将扎萨克职衔重新授给达尔罕亲王一系。道光元年至二十八年的这28年里，达尔罕亲王一直没有扎萨克职衔，是科尔沁左翼中旗的一位闲散王爷。这封信的写信人自称达尔罕亲王，不称扎萨克，存在两种可能：一是写信者当时是一位没有扎萨克职衔的达尔罕亲王，即布彦温都尔瑚、索特那木朋素克父子二人中的一位，写信时间为道光元年至道光二十八年；二是写信者虽然是扎萨克达尔罕亲王，但没有写扎萨克职衔。

科尔沁扎萨克和硕达尔罕亲王那木济勒色楞
为确询达赖喇嘛驾临哲里木盟事致达赖喇嘛文
6：069~072

御前行走哲里木盟协办科尔沁扎萨克和硕达尔罕亲王加四级记八次那木济勒色楞之书。

呈达赖喇嘛。奏请事。今年春天，我盟扎萨克多罗扎萨克图郡王以诺颜呼图克图名义，派遣托音锡哷图喇嘛格拉藏禅范图格济尼玛和台吉色楞旺布等，询问达赖喇嘛光临我们哲里木盟各旗增益教法与众生利益之事。幸遇

（达赖喇嘛）降下温旨，将其分发至哲里木盟十旗王、贝勒、贝子、公以及活佛、喇嘛等处，大家产生诚心信仰，一致决定于本年七月初一日在扎萨克图郡王旗汇通寺，迎接达赖喇嘛您的尊胜贵体，为此各旗出具加盖印章的文书，报到盟长处。在那里加盖盟长印后再奏报博克多皇帝。即奏报我们决议敬请达赖喇嘛暂缓西幸，莅临我们哲里木盟诺颜呼图克图汇通寺，应合达赖喇嘛本意，广兴教法与众生的利益。扎萨克们各盖印章，呈上加盖印章的文书，请求尽早允准（达赖喇嘛）光临。请大发慈悲，从速驾临，慈爱众生，哪怕一刹那间也好，使众生从浊世的苦难中解脱。为确询几月份从哪条路驾临，在金足下虔诚奉书。光绪三十一年秋七月二十二日。

【注释】那木济勒色楞，科尔沁左翼人，先祖为成吉思汗胞弟哈萨尔（合撒儿），扎萨克职衔由吴克善始，达尔罕称号与王位由满珠习礼始。吴克善在天聪三年被立为科尔沁十扎萨克之一，崇德元年受封和硕卓哩克图亲王，仍兼任扎萨克。满珠习礼在天聪二年秋受封达尔罕巴图鲁之号，崇德元年受封达尔罕巴图鲁郡王。顺治年间，顺治皇帝借故革去吴克善的扎萨克职衔，以其弟满珠习礼为扎萨克，故有扎萨克达尔罕巴图鲁郡王，顺治十六年晋封和硕亲王，始有扎萨克达尔罕巴图鲁亲王。康熙四年，满珠习礼长子和塔袭爵时去掉巴图鲁一字，成为扎萨克达尔罕亲王。满珠习礼→和塔→班第→罗卜藏衮布→色布腾巴勒珠尔→色旺诺尔布→旺扎勒多尔济→丹曾旺布→布彦温都尔瑚→索特那木朋素克→衮布旺扎勒→那木济勒色楞。那木济勒色楞在光绪十年袭爵，光绪二十四年亲领扎萨克职务。

科尔沁扎萨克达尔罕亲王那木济勒色楞
为谢恩祈福布施事致达赖喇嘛文
6：073~076

哲里木盟副盟长科尔沁扎萨克和硕达尔罕亲王加四级记八次那木济勒色楞之书。向教法之主瓦赤喇怛喇达赖喇嘛呈奏：我以贺正旦之礼来京之际，赛音诺颜汗旗多尼尔喇克巴送来达赖喇嘛所赐五佛像、神丹、亲手哈达、祝福仙丹、吉祥结、书信等，我那木济勒色楞已拜收。今敬献达赖喇嘛您的薄礼近乎空手，有哈达、银两五十二两五钱，托多尼尔喇克巴返回时捎带敬上。祈望达赖喇嘛保佑我本人、母后、格格福晋、阿哥和闺女等府里所有人以及全旗百姓永远和平安康。明鉴，明鉴！光绪三十四年正月二十一吉日。

科尔沁卓哩克图亲王巴图为请安祈福事致达赖喇嘛文
6：063~064

哲里木盟盟长备兵扎萨克和硕卓哩克图亲王加二级巴图诚心祈祷，在雪域之顶饰圣尊达赖喇嘛足下莲花前拜奏：想必圣尊达赖喇嘛之身在雪域之地利乐教法与众生安然无恙。

在此地我和我全家族托达赖喇嘛福安康。

另外，特奏者：为圣宗喀巴为首已逝去佛与菩萨之涅槃，为圣尊达赖喇嘛、圣尊班禅等在世喇嘛上师们的福寿，为黄教兴盛，为圣主万寿无疆，还为父母为首众生的利乐，本王在造贤劫千佛像，每佛像身高为二十四指。为这些佛像装藏用的用品、佛与菩萨的舍利、发髻、衣服、加持物、仙丹以及其他可用的珍奇物品等，祈求达赖喇嘛费心恩赐。献上薄礼一块表、一匹缎。愿达赖喇嘛保佑，造千佛事无业障，如愿以偿，本王与我亲族全家长久吉祥安康。明鉴，明鉴！咸丰元年春二月初八日。

封面：谨封。

【注释】巴图，科尔沁左翼人，先祖为成吉思汗胞弟哈萨尔（合撒儿），号爵始祖为吴克善。吴克善在天聪三年被立为科尔沁十扎萨克之一，崇德元年受封和硕卓哩克图亲王，诏世袭罔替，仍兼扎萨克。顺治年间，顺治皇帝借故革去扎萨克职衔，以其弟满珠习礼为扎萨克。吴克善→毕勒塔噶尔→鄂齐尔；都勒巴（毕勒塔噶尔之弟）→巴特玛→阿勒坦格呼勒→扎木巴勒扎木素→恭格喇布坦→拉旺→噶勒桑栋罗布→巴图。巴图是吴克善的第九代孙，第十一位卓哩克图亲王。巴图在道光六年（1826）袭卓哩克图亲王，二十年授盟长，二十一年补为哲里木盟备兵扎萨克，咸丰十一年（1861）病故。

科尔沁卓哩克图亲王济克登旺库尔为请安事致达赖喇嘛文
6：065~066

哲里木盟副盟长科尔沁和硕卓哩克图亲王末小施主济克登旺库尔，在黄教之主瓦赤喇怛喇达赖喇嘛八瓣莲花坐前下跪，祈祷请安。此间，我全家仰赖达赖喇嘛保佑安然无恙。另，达赖喇嘛赐给我父亲哲里木盟盟长科尔沁和硕卓哩克图亲王巴图名下之礼物佛像、哈达、粗呢子、藏红花、仙丹等，已从宗本保棕济手里拜受。现以薄礼洋盒子一对、哈达等向瓦赤喇怛喇达赖喇嘛请安敬上。光绪八年春三月十八日。

封面：请安。呈文。

封底：封贴。

【注释】济克登旺库尔，科尔沁左翼中旗人，先祖为成吉思汗胞弟哈萨尔（合撒儿），称号爵位始祖为吴克善。吴克善→毕勒塔噶尔→鄂齐尔；都勒巴（毕勒塔噶尔之弟）→巴特玛→阿勒坦格呼勒→扎木巴勒扎木素→恭格喇布坦→拉旺→噶勒桑栋罗布→巴图→济克登旺库尔。济克登旺库尔是吴克善的第十代孙，第十二位卓哩克图亲王。济克登旺库尔在咸丰十一年（1861）袭卓哩克图亲王，同治二年（1863）授哲里木盟帮办盟务，光绪四年之前升为副盟长。

科尔沁达尔罕亲王旗台吉呼尔查默尔根为确认布施九十八两银子是否送达事致色尔斋巴扎仓罕东罕松僧人达玛林宁布信
6：078~081

科尔沁达尔罕亲王旗台吉呼尔查默尔根从遥远僻壤向色尔斋巴扎仓罕东罕松格西僧人达玛林问安。仰赖大小昭与两位圣尊之福，想必在教法中央之学贵体安康。在此我们也托三宝之福全家安康。

另外，趁此想提醒者：光绪二十五年秋九月，贵格西徒弟名叫占巴的藏人前来向我说，我师傅达玛林宁布是你们伊孙格尔所属虎喇呼寺弟子，因家境贫困，疲于法事经费，所以派我前来。我来到这里一筹莫展之际，吉安寺（Öljei Amuɣulangtu Süme）达喇嘛岭赛噶卜主（学位）丹赞吹喇克和商卓特巴喇西扎木苏二人告知，我旗协理都冷的侄子台吉呼尔查默尔根平常是好做善事的人。如你前去跟他讲来意，他必会帮忙。因此，我相信他，也在本旗家乡人的份上，勤于做善事，向施主们化缘，收集到的银两有：我十两，达喇嘛赛音伍尤图六两，梅林布拉克十五两，其妻杨森扎布十五两，僧人鲁布五两，僧人丹碧十两、七两的银砣一对，官吏图门三两，僧人阿玉西二两，僧人萨伊宁布一两，台吉额尔克十两，哈喇出西迪五两，藏人其瓦葛根八两，共计九十七两银子，交给他带去。其后，秋九月，吉安寺达喇嘛丹赞吹喇克和商卓特巴喇西扎木苏还有莫磊寺活佛锡哷图喇嘛等从拉西喇嘛、拉然巴达瓦听说后，让人打听，得知此人为我盟郭尔罗斯公旗弟子色尔斋巴扎仓罕东罕松僧人耶西鄂德斯尔的徒弟，跟随郭尔罗斯公四爷托音前来。得此确切消息后，施主我等心里稍感不安，担心布施随喜之银两是否被交到格西您手中。故此，差遣喇西扎木苏携带书信前去……（残）

【注释】信中追述光绪二十五年九月之事，可知该信写于光绪二十五年九月之后。

科尔沁扎萨克贝子济克默特旗护卫恩克巴雅尔为祈福事致召活佛文
6：061~062

哲里木盟科尔沁扎萨克贝子济克默特旗护卫恩克巴雅尔向召活佛祈祷，为小命呈奏：小的今年三十岁，属马。祈求寂止今生相违因，并消除各种凶灾，保佑永远安详。为此以诚信奉献一整盒子白银，做熬茶费用。道光十九年春正月二十九日。

【注释】科尔沁扎萨克贝子济克默特旗，是科尔沁左翼中旗。济克默特，科尔沁左翼人，先祖为成吉思汗胞弟哈萨尔（合撒儿），爵位始祖为色布腾巴勒珠尔。色布腾巴勒珠尔原为科尔沁扎萨克达尔罕亲王。满珠习礼→和塔→班第→罗卜藏衮布→色布腾巴勒珠尔。色布腾巴勒珠尔在乾隆二十年从征准噶尔有功，然而当年秋阿睦尔撒纳叛逃，色布腾巴勒珠尔与其同行而不察，获罪削爵。二十一年赐公品级，三十三年封和硕亲王，三十七年削爵，四十年复爵，同年去世。长子鄂勒哲特穆尔额尔克巴拜承袭多罗郡王，五十六年八月削爵，九月赐公品级，五十八年去世。五十九年鄂勒哲特穆尔额尔克巴拜嗣子鄂勒哲图袭公品级，后晋封多罗贝勒，嘉庆二十四年去世。嘉庆二十四年，鄂勒哲特穆尔额尔克巴拜侄子济克默特降袭固山贝子，道光六年补为扎萨克，道光二十八年去世。济克默特以固山贝子之爵担任扎萨克长达二十二年，以至于时人称该旗为科尔沁扎萨克贝子旗。

科尔沁扎萨克达尔罕亲王旗巴德玛
为确询所献礼物是否送达致笔帖式信
6：081

科尔沁达尔罕旗巴德玛，狗年所献礼物有有色哈达一方、上等缎子三庹、卡迪缎子三方。牛年时，未见回复。特向笔帖式先生去信报告。明鉴，明鉴！月初吉日上。

科尔沁扎萨克贝子济克默特旗多罗达尔罕贝勒属僧济克默特
为父母众生祈福事致达赖喇嘛文
6：077

哲里木盟科尔沁扎萨克贝子济克默特旗多罗达尔罕贝勒属下僧人济克默特为父母及六种芸芸众生的利益，跪献薄礼近乎空手，五两银子并天衣（哈达）于达赖喇嘛足下。敬请护佑我今生与后世。明鉴，明鉴。

【注释】科尔沁扎萨克贝子济克默特旗，是科尔沁左翼中旗。济克默特自道光六年到道光二十八年担任该旗扎萨克，故这封信应写于这二十二年间。

济克默特当政时期该旗多罗达尔罕贝勒是恭格喇布坦。恭格喇布坦的爵位始祖为绰尔济。绰尔济是满珠习礼的从子，顺治九年封镇国公，十八年晋多罗贝勒。绰尔济→鄂齐尔→巴克什固尔→阿喇布坦→萨木丕勒扎木素→三音察衮→色楞多尔济→恭格喇布坦。恭格喇布坦是绰尔济的第八代孙，第八位多罗贝勒。恭格喇布坦在道光三年袭爵，到道光二十八年济克默特病故，他仍健在。

科尔沁扎萨克贝子旗达尔罕贝勒寺僧人伊其贡楚克
为活佛献熬茶银两及请诵经事致函
9：087

哲里木盟扎萨克贝子旗多罗达尔罕贝勒寺僧人伊其贡楚克献二两九钱银子为葛根熬茶。请诵读经卷为《善行祈愿经》《慈氏祈愿经》《绿度母经》《白度母经》《狮面空行母经》。吉祥如意。

科尔沁宾图王旗

科尔沁扎萨克宾图王为本旗原管旗章京噶噜迪回信回礼
并说明自道光十年以来未见回信回礼事
致商卓特巴、第巴文
6：107~110

乾清门行走科尔沁哲里木盟扎萨克多罗宾图郡王书。致主持西藏教法主政之商卓特巴、第巴。为知会事。曾任本王管旗章京之噶噜迪报称：小人年事已高，意欲给西藏诸圣尊喇嘛及护法敬献几种银两共六十两。只因途中多危险，尤其是因为自道光十年以来未曾反馈回礼，故多有疑虑，请求发给盖印文书，将此善事及向圣尊、护法等经常献供事不受阻碍为盼。故此，请主持西藏教法主政之商卓特巴、第巴等，待（使者之）身到达后，接受曾任管旗章京噶噜迪所献六十两白银，按照噶噜迪信中所说，将银两分献呼图克图、喇嘛及拉萨大昭寺等几处，以完结其祈福献供事，并派人送来盖印文书及回礼。此外，回信回礼之际，如能说明自道光十年后未曾回信回礼之缘由，则下面愚众心满意足，今后信徒不至于心灰意冷。已给噶噜迪各书信加盖印章，与盖印文书一并发给商卓特巴与第巴。道光二十七年冬十一月十五日。

【注释】科尔沁扎萨克多罗宾图郡王，清代科尔沁的职衔、称号及王位，始祖为洪果尔。洪果尔先祖为成吉思汗胞弟哈萨尔（合撒儿）。洪果尔在入清之前拥有宾图称号，天聪三年被立为扎萨克，崇德元年受封多罗郡王，世袭罔替。洪果尔→额森→额济音→达达布→宜什班第→喇特纳扎木素→桑对扎布→罗卜藏占散→［佚名，未袭爵］→林沁扎勒参。林沁扎勒参是洪果尔的第十代孙，第九位扎萨克宾图郡王。林沁扎勒参在嘉庆十九年（1814）袭爵，道光十年命在乾清门行走。这封信写于道光二十七年，按年代推算，写信人是林沁扎勒参。

科尔沁扎萨克宾图王为请安谢恩事致达赖喇嘛文
6：113~114

科尔沁宾图郡王谨在圣尊达赖喇嘛金足莲花下以诚心信仰从远方请万安，献圣洁哈达一方、缎一匹。另，对我等凡夫俗子一视同仁，恩赐佛像、书信、藏红花、粗呢子等，已拜受。但愿怙主今后心中把我们保佑不弃。吉日拜上。

封面：科尔沁宾图郡王谨向圣尊达赖喇嘛叩拜奉上。

封底：牢固封装。

【注释】科尔沁宾图郡王，清代科尔沁的职衔、称号及王位，始祖为洪果尔。参见前文注释。信中没有写明写信时间，也没有相关线索，因此写信时间和写信人待考。

科尔沁扎萨克宾图王旗尼素海参领辖下小台吉喇嘛呼为祈福献银两事致达赖喇嘛文
6：111~112

哲里木盟宾图郡王旗尼素海参领牧户群小台吉喇嘛呼，五十四岁，属兔，信仰圆满、良缘具足的布施者，向三尊一体的达赖喇嘛献上五十四两四钱七分之元宝一，并祈求达赖喇嘛保佑我喇嘛呼，担保今生与来世，使我降生于至圣香巴拉极乐世界。为此，近乎空手，献此薄礼。此外，还献一包十五两银子，想用于大小昭镀金。该两种银两共计六十九两四钱七分，十六年正月初三日交到章嘉活佛之仓。

【注释】写信人喇嘛呼自称台吉，表明他跟宾图王同根同宗。根据此信内容，喇嘛呼在十六年写的这封信，同时自称五十四岁，属兔。查清朝年号，顺治、康熙、乾隆、嘉庆、道光和光绪六个年号曾有过十六年。我们以该六个十六年为基础，分别逆推当年五十四岁者的生年生肖，以所得生肖对勘喇嘛呼的生肖，便可确定喇嘛呼写信的年份。顺治十六年（1659）时五十四岁的人生于丙午年（1606），属马；康熙十六年（1677）时五十四岁的人生于甲子年（1624），属鼠；乾隆十六年（1751）时五十四岁的人生于戊寅年（康熙三十七年，1698），属虎；嘉庆十六年（1811）时五十四岁的人生于戊寅年（乾隆二十三年，1758），属虎；道光十六年（1836）时五十四岁的人生于癸卯年（乾隆四十八年，1783），属兔；光绪十六年（1890）时五十四岁的人生于丁酉年（道光十七年，1837），属鸡。显而易见，只有道光十六年时五十四岁的人才属兔。由此，我们可以确定，写信人喇嘛呼生于癸卯年（乾隆四十八年），属兔，道光十六年五十四岁的他写了这封信。

科尔沁扎萨克宾图王旗笔帖式色伯克为祈福事致达赖喇嘛文
6：115

科尔沁哲里木盟宾图王旗笔帖式色伯克，属鸡，今年三十五岁，以诚心信仰向达赖喇嘛敬献银子四两六钱。祈求发大慈大悲，寂止我色伯克一家全体之一切相违因，让我们今生与来世心想事成。请保佑，明鉴，明鉴！

另，色伯克我为给两尊召仁波切（大昭寺和小昭寺的两尊释迦牟尼等身像——译者注）镀金，敬献五两银子。

【注释】色伯克属鸡，写信时三十五岁，那么写信年应是羊年。而羊年每隔十一年轮到一次，而且信中也没有其他参照点，无法推算具体年代。

科尔沁扎萨克宾图王旗禅师绰尔济贡楚克为献礼及祈祷事致班禅额尔德尼与达赖喇嘛文
9：083

科尔沁宾图王旗信仰虔诚的禅师绰尔济贡楚克向班禅额尔德尼敬献享用一顿餐的五两白银。请护持小弟子，今生与来世迅速从轮回恶趣之苦中救度，迅速送达涅槃与遍知一切之道，请圣尊葛根护佑。明鉴，明鉴！

此外，向达赖喇嘛敬献用餐用五两白银，另包一包，交给同一使者奉送。

【注释】科尔沁宾图郡王，清代科尔沁的职衔、称号及王位，始祖为洪果尔。参见前文注释。据信，只知道写信人是科尔沁宾图王旗（科尔沁左翼前旗）人，却无法确考具体为哪一年代。

科尔沁博多勒噶台王旗

科尔沁扎萨克郡王索特纳木多布斋为祈福布施事致济咙呼图克图文
6：119~120

科尔沁额驸小王索特纳木多布斋向至尊怙主皈依处济咙呼图克图足下请安。我也托您的福安康。兹为向葛根请安并求得保佑，敬献两件僧衣料黄色宫绸、哈达一方及书信。月初。

【注释】科尔沁扎萨克郡王，清代科尔沁职衔、王位，初由栋果尔始。栋果尔，先祖为成吉思汗胞弟哈萨尔（合撒儿），父为明安达尔罕巴图尔诺颜。天聪三年，栋果尔被立为科尔沁十扎萨克之一，崇德元年受封镇国公，八年去世，顺治五年追封多罗贝勒。顺治五年，栋果尔长子章吉伦袭多罗贝勒，八年晋封多罗郡王。栋果尔→章吉伦→布达礼→扎噶尔→岱布→阿喇布坦→罗卜藏喇什→齐默特多尔济；巴勒珠尔（齐默特多尔济之弟）→索特纳木多布斋。索特纳木多布斋是栋果尔的第九代孙，第九位多罗郡王，第十任扎萨克。索特纳木多布斋在乾隆四十八年（1783）袭爵职，嘉庆六年（1801）尚庄敬和硕公主。后来，授御前大臣，赐紫缰。嘉庆二十五年，受顾命。道光五年病故，赐亲王衔。

索特纳木多布斋在信中只报自己爵秩额驸、王爷，并谦称小王，很可能这时候他年纪不大。收信人济咙呼图克图是西藏达察济咙呼图克图，为西藏四大呼图克图之一，也是清代驻京八大呼图克图之一。历辈达察济咙活佛如下：第一世巴索曲吉坚参、第二世翁布拉借、第三世布札昔热、第四世达察济咙呼图克图拉旺曲吉坚参、第五世达察济咙呼图克图阿旺曲吉旺秀、第六世达察济咙呼图克图阿旺工曲尼玛、第七世达察济咙呼图克图罗桑班垫坚参、第八世达察济咙呼图克图益西罗桑丹贝贡布、第九世达察济咙呼图克图阿旺罗桑丹贝坚参、第十世达察济咙呼图克图阿旺班垫曲吉坚参、第十一世达察济咙呼图克图格桑丹贝卓米、第十二世达察济咙呼图克图罗桑土邓晋美坚参。在这十二世转世中，跟索特纳木多布斋同属一个时代的是第八世益西罗桑丹贝贡布和第九世阿旺罗桑丹贝坚参两位活佛。如以索特纳木多布斋年轻时为是，则应该是第八世益西罗桑丹贝贡布。另外一个情况是，该第八世活佛在嘉庆九年至嘉庆十六年（1804~1811）出任西藏摄政，成为西藏实际上的宗教领袖。索特纳木多布斋的这封信应该是写给时任西藏摄政的第八世济咙活佛，所以，我们可以框定写信时间为嘉庆九年至嘉庆十六年。

科尔沁扎萨克郡王索特纳木多布斋为请安谢恩事致济咙呼图克图文
6：121~122

尊上怙主济咙呼图克图足下，科尔沁额驸王索特纳木多布斋请安。惠赐祝福吉祥物、丸子、仙丹、佛龛、三个布鲁克（不丹）氆氇等及书信，悉数完好无损到来。兹为尊者请安，献近乎空手之薄礼圣洁哈达及书信。月初。

【注释】 这封信的产生时间同上一封信相近，即写于第八世济咙呼图克图任摄政时的嘉庆九年至嘉庆十六年。

科尔沁扎萨克郡王索特纳木多布斋为请安与谢恩事致噶勒丹锡呼图文
6：116

科尔沁额驸王索特纳木多布斋向尊圣噶勒丹锡呼图萨玛第巴克什呼图克图诺门罕请安。托您的福，我在此处也很安康。接到所赐书信、哈达与一氆氇，敬悉葛根您为教法与众生利益安然无恙，心中大喜。献上做一件僧衣料宫绸为请安礼。

【注释】 索特纳木多布斋在信中报自己的爵秩为额驸、王爷，且没有了谦称"小王"一词，可能这时候他的年纪已经不小了。收信人噶勒丹锡呼图萨玛第巴克什堪布诺门罕被称作第二胜者，这个美称一般情况下只用以称呼宗喀巴、达赖喇嘛等教主级别的人物，所以该信中的噶勒丹锡呼图萨玛第巴克什肯定是出任西藏摄政的二世策墨林活佛阿旺降白楚臣嘉措。清代满蒙文献一般称二世策墨林活佛为噶勒丹锡呼图萨玛第巴克什，嘉庆二十五年（1820）嘉庆皇帝加封额尔德穆图诺门罕。1804年八世达赖喇嘛圆寂，由第八世济咙呼图克图（达察诺门罕）益西罗桑丹贝贡布出任摄政。济咙呼图克图在嘉庆十六年初圆寂，由第七世第穆呼图克图阿旺洛桑图旦晋迈嘉措继任摄政。第穆呼图克图在嘉庆二十四年圆寂，由二世策墨林活佛阿旺降白楚臣嘉措继任摄政，道光二十四年（1844）因事罢黜。索特纳木多布斋死于道光五年，据此两相勘算，可以初步框定写信时间为收信人出任摄政的嘉庆二十四年到写信人去世的道光五年。然而，后文所载第五封信中索特纳木多布斋称噶勒丹锡呼图萨玛第巴克什为"钦命达赖喇嘛经师"头衔。这是道光二年五月十一日清宣宗加给噶勒丹锡呼图萨玛第巴克什的头衔。现在讨论的这封信中未提这个头衔，可能是当时的噶勒丹锡呼图萨玛第巴克什还没有这个头衔。据此，我们可以进一步框定写信时间为嘉庆二十四年至道光二年（1819~1822）。

科尔沁扎萨克郡王索特纳木多布斋
为请安谢恩布施事致萨玛第巴克什文
6：117~118

科尔沁额驸王索特纳木多布斋在萨玛第巴克什诺门罕足下请安。我也安然如故。尊者贵体安康否？尊者惠赠礼物、书信、仙丹、一整匹氆氇已到，不胜喜悦！另，为祈求尊者一如既往地把我置于三宝保佑下，敬献天之物白色哈达和一匹黄缎。月初吉日。吉祥圆满。

科尔沁额驸王索特纳木多布斋向萨玛第巴克什诺门罕所献礼物。

【注释】这封信里写信人和收信人的称呼跟上一封信大致相同，因此可以框定写信时间为嘉庆二十四年至道光二年（1819~1822）中的某一年。

科尔沁扎萨克郡王索特纳木多布斋为谢恩献礼事
致达赖喇嘛经师萨玛第巴克什文
6：123~125

末小施主御前大臣王额驸索特纳木多布斋，在钦命达赖喇嘛经师萨玛第巴克什堪布诺门罕足下，胸前双手合十呈奏：去年自诺门罕处所赐礼品及书信、哈达、两匹粗呢等已拜收，如同亲自谒见，不胜喜悦。在此，我于圣主足前从事甚合圣意之业，安然无恙。此等完全仰赖圣尊葛根大慈大悲之恩德。祈求寂止小辈之一切相违因，造就一切顺缘。明鉴，明鉴！为此，自京城向堪布之仓敬献蟒缎一匹、银五十两。二月二十一日。

【注释】索特纳木多布斋在信中自称御前大臣,又称萨玛第巴克什为钦命达赖喇嘛经师。据《清仁宗实录》卷370记载,嘉庆二十五年五月初一日(丙辰朔)索特纳木多布斋升任御前大臣,直到道光五年去世为止。查《清宣宗实录》卷35道光二年五月十一日(乙酉)条载:"又谕:文翰等奏请派达赖喇嘛呼毕勒罕之师傅一折,着照所请,准其以噶勒丹锡呼图萨玛第巴克什作为达赖喇嘛呼毕勒罕之正师傅,以噶勒丹旧池巴阿旺念札及荣增班第达嘉木巴勒伊什丹贝嘉木磋二人作为副师傅,俾令传习经典。"索特纳木多布斋所称的"钦命达赖喇嘛经师萨玛第巴克什堪布诺门罕",必由此谕。那么,索特纳木多布斋的这封信肯定是道光二年(1822)五月十一日以后且必在他去世的道光五年(1825)之前所写。

科尔沁扎萨克郡王僧格林沁为谢恩祈福事致达赖喇嘛文
6:127~128

科尔沁微小施主御前行走郡王僧格林沁在达赖喇嘛足下合十祈祷呈奏:从活佛处于道光七年差遣堪布囊素赐我之礼品、书信、加持仙丹、灵丹已顶礼拜受。我在这里在圣主身边从事合上意之业,仰赖三宝护持,安然无恙。愿您寂止鄙人之相违因,造就一切顺缘因,增益福寿、富乐,永远给予保佑。愿活佛仁慈,明鉴,明鉴!谢恩供品有圣洁哈达、一匹缎,从京城奉上。道光八年春二月初六日。

【注释】僧格林沁,科尔沁左翼后旗人,生于嘉庆十五年(1810)六月初五日。初,科尔沁多罗郡王索特纳木多布斋无子,道光皇帝降旨:从家族近支中选嗣子。僧格林沁为同族远亲侄子,经殿前御视,钦定为嗣子。道光五年(1825)十月二十五日袭科尔沁扎萨克多罗郡王,十二月二十六日命在御前行走。十三年,御前大臣上学习行走。十四年,授御前大臣,管上虞备用处事,管理善扑营事,实授正白旗领侍卫内大臣,兼正蓝旗蒙古都统,又任后扈大臣。十五年,署镶黄旗蒙古都统,充总谙达,管虎枪营事,总理行营大臣,任阅兵大臣。十六年,授镶白旗满洲都统。十七年,赏用黄缰。二十一年,署正黄旗满洲都统。二十五年,调镶黄旗领侍卫内大臣。二十六年,调正白旗领侍卫内大臣。二十七年,授右翼监督,署正蓝旗满洲都统。三十年,署镶黄旗蒙古都统,领兵剿清土匪。咸丰元年(1851),授御前大臣,署管銮仪卫掌卫事。三年到五年,领兵抗击、镇压太平军。咸丰五年,晋封博多勒噶台亲王,诏世袭罔替。六年,命充管理沟渠河道并八旗值年大臣,调补正黄旗领侍卫内大臣。七年,署镶红旗汉军都统。八年,英国兵船驶至天津海口,任钦差大臣,督办军务。同年五月,在大沽口战胜英国军队。十一年,率军剿捻军。同治元年(1862),加亲王爵。四年,僧格林沁遭捻军伏击,战死。死后,朝廷命在其生前出师各省均建专祠祭祀,又命配享太庙,绘像于紫光阁。

科尔沁扎萨克郡王僧格林沁为谢恩及祈福事致噶勒丹锡呼图文
6：126

科尔沁卑微施主御前行走郡王僧格林沁下跪,在至尊护法大汗足下胸前双手合掌呈奏:于道光七年自大汗处差遣的堪布囊素所赐礼物、书信、加持灵丹等已顶礼拜受。我在这里在圣主身边从事合上意之业,仰赖三宝护持,安然无恙。愿您寂止鄙人之各种相违因,造就一切顺缘,增益福寿、富乐,永远保佑。愿活佛仁慈,明鉴,明鉴!谢恩供品有圣洁哈达、一匹缎,从京城奉上。道光八年春二月初六。

【注释】收信人护法大汗是时任西藏摄政二世策墨林活佛阿旺降白楚臣嘉措,蒙古人和清廷的称呼是噶勒丹锡呼图萨玛第巴克什。

科尔沁扎萨克博多勒噶台亲王伯彦讷谟祜
为请安谢恩事致达察诺门罕文
6：131~134

御前大臣哲里木盟科尔沁扎萨克和硕博多勒噶台亲王伯彦讷谟祜向尊贵达察诺门罕请安。

呈文。御前大臣哲里木盟科尔沁扎萨克和硕博多勒噶台亲王伯彦讷谟祜向尊贵达察诺门罕请安。想必尊贵诺门罕壮丽的宝体安详，教法与众生的事业时时刻刻顺心吉祥。在这里，我也仰赖您远处的祈祷祝福和圣主的洪恩，于私于公都吉祥如故。此外，自远方奏闻，惠赐礼物佛像、哈达、仙丹、香、氆氇等均已收到，并献圣洁哈达请安。吉日。

封面：向尊贵的达察诺门罕请安。

封底：谨封。

【注释】伯彦讷谟祜，僧格林沁之子，同治四年（1865）袭爵，光绪十七年（1891）去世。伯彦讷谟祜在同治六年正月初一日受封御前大臣，所以这封信应写于同治六年正月初一日以后。收信人达察诺门罕是第十世达察济咙呼图克图阿旺班垫曲吉坚参（1855~1886）。光绪元年（1875），十二世达赖喇嘛圆寂，十世济咙呼图克图出任摄政，光绪十二年圆寂。根据写信人职衔与收信人的圆寂年份，我们框定这封信写于光绪元年至光绪十二年。

科尔沁扎萨克博多勒噶台亲王阿穆尔灵圭旗协理台吉鄂勒济、协理四等台吉阿拉玛斯巴图尔、西迪巴拉文
6：137~140

御前行走哲里木盟科尔沁扎萨克和硕博多勒噶台亲王和硕额驸记四次阿穆尔灵圭旗管扎萨克印旗务协理赏孔雀翎四等台吉加三级鄂勒济、协理四等台吉加三级阿拉玛斯巴图尔、西迪巴拉书。

呈教法之主达赖喇嘛。奏闻延请事。今年春二月，我哲里木盟诸扎萨克派遣汇通寺达赖默尔根绰尔济格拉藏禅范图格济尼玛到喀尔喀大库伦，向教法之主达赖喇嘛您请安，并确询驾临相关诸事。欲延请（达赖喇嘛）至内（扎萨克）盟旗，方便佛法永久弘扬、圣主万寿无疆等大善事，并要满足几十万人众之信仰。教法之主达赖喇嘛非常愉快地接受了我哲里木盟王、贝勒、贝子、公、葛根等僧俗大众之请，降下明确旨意，愿意莅临哲里木盟所请各处，满足寺院和僧俗大众信仰之愿望。看到此信，我盟王、贝勒、贝子、公、协理等及僧俗大众听到佛法弘扬永世昌盛之具体福缘，像阳光照耀

冲破乌云一样，大家诚心皈依，祈祷能够亲自（向您）跪拜。为利乐佛法与众生之无限事业，我全盟商定，奉（达赖喇嘛）旨意促成此事。为确询教法之主达赖喇嘛十万日光般贵体何时将满足我盟僧俗大众，光临所请之地，特呈上盖印文书。光绪三十一年秋八月十七日。

【注释】阿穆尔灵圭，伯彦讷谟祜之长孙，那尔苏贝勒之子。光绪十七年（1891）一月袭科尔沁扎萨克博多勒噶台亲王，二十七年命在御前行走。这封信是科尔沁扎萨克博多勒噶台亲王旗按照哲里木盟十旗会议精神，给十三世达赖喇嘛写的，为了邀请达赖喇嘛驾临科尔沁。当时，十三世达赖喇嘛在喀尔喀。

科尔沁扎萨克郡王僧格林沁旗梅林浩必图
为父母等来世祈福致达赖喇嘛文
6：129~130

科尔沁御前大臣僧格林沁旗梅林浩必图向今生与来世之至尊护持达赖喇嘛谨奏。祈求令我已故父亲杜里萨呼，母亲占巴勒苏勒彻姆、比丘扎勒森三人不受三恶趣之苦，得自在之天与人身，旋即得佛道，请保佑。祈求保佑梅林浩必图我本人之福寿、富乐，尤其是愿心想事成，明鉴，明鉴！为祈福献三两银子。月初吉日。

【注释】写信人浩必图自称科尔沁御前大臣僧格林沁旗梅林。僧格林沁在道光五年（1825）十月二十五日袭科尔沁扎萨克多罗郡王，十四年受封御前大臣，因此浩必图这封信写于道光十四年之后。

科尔沁扎萨克郡王索特纳木多布斋旗唐苏克寺僧人阿旺伦丕勒
为请安祈福事致圣尊诺门罕文
9：084~086

科尔沁额驸王索特纳木多布斋旗唐苏克寺小弟子拉然巴阿旺伦丕勒在识一切圣尊诺门罕足下莲花金轮前以博大信仰呈奏：因我父喇嘛之寺院破旧，

我正在修缮。祈求您寂止我父亲的转世、鄙人、在寺众僧以及本寺施主众人之相违因，增益顺缘，保佑一切善业。另，识一切圣尊诺门罕所赐指令、印章、两个 dadar、两个 bar-a 鞭子、诺木赤堪布称号及吉祥结、灵丹等，小弟子以博大信仰顶礼拜受。为回报圣尊诺门罕之恩，薄礼近乎空手，将鼗鼓装饰、一匹黄绸及圣洁白哈达以博大信仰奉上。

【注释】写信人自称科尔沁扎萨克郡王索特纳木多布斋旗僧人。索特纳木多布斋在乾隆四十八年（1783）袭爵职，嘉庆六年（1801）尚庄敬和硕公主，授御前大臣，赐紫缰，二十五年受顾命，道光五年病故。收信人被称为识一切圣尊诺门罕。根据这个称号，我们可以断定收信人是西藏摄政。在索特纳木多布斋在位时共有三位西藏摄政：嘉庆九年至嘉庆十六年（1804~1811）是八世济咙呼图克图，嘉庆十六年至嘉庆二十四年（1811~1819）是第七世第穆呼图克图洛桑图旦晋迈嘉措，嘉庆二十四年至道光二十四年（1819~1844）是二世策墨林活佛（噶勒丹锡咩图）。三位摄政都有诺门罕称号。根据这个事实，我们确定这封信写于嘉庆九年至道光五年。

科尔沁扎萨克郡王索特纳木多布斋旗达喇嘛阿旺林沁
为今生来世祈福事致噶勒丹锡咩图文
9：081~082

并持胜者王识一切之政教者、与瓦赤喇怛喇达赖喇嘛无异之噶勒丹锡咩图诺门罕足下莲花前禀报。

科尔沁王索特纳木多布斋旗小僧达喇嘛阿旺林沁从（身语意）三门信仰特奏。愿保佑今生、来世与福分。明鉴，明鉴！呈文礼有五两银子、价值一两银子的外库哈达一方，于月初吉日奉上。

【注释】写信人自称科尔沁扎萨克郡王索特纳木多布斋旗僧人。索特纳木多布斋在乾隆四十八年（1783）袭爵职，嘉庆六年（1801）尚庄敬和硕公主，授御前大臣，赐紫缰，二十五年受顾命，道光五年病故。收信人被称为并持胜者王识一切之政教者、与瓦赤喇怛喇达赖喇嘛无异之噶勒丹锡呼图诺门罕，显然是时任摄政的噶勒丹锡呼图。二世策墨林呼图克图（噶勒丹锡呼图）在嘉庆二十四年出任摄政，道光二十四年（1844）卸任。以索特纳木多布斋的在世年限核之，这封信应写于嘉庆二十四年至道光五年。

扎赉特

扎赉特扎萨克郡王旺喇克帕勒斋旗署理旗务台吉托多毕力克图
为迎请达赖喇嘛前来哲里木盟诺颜呼图克图汇通寺事
致达赖喇嘛文
6：142~146

御前行走哲里木盟盟长本盟掌管军务扎萨克原扎赉特扎萨克多罗郡王加六级记八次因军功加一级记两次旺喇克帕勒斋旗暂署旗扎萨克印协办旗务四等台吉托多毕力克图书。呈达赖喇嘛。祈奏事。

先前，遣我哲里木盟扎萨克多罗扎萨克图郡王旗诺颜呼图克图活佛之弟子托音锡呼图喇嘛格拉藏禅范图格济尼玛及台吉色楞旺布，向达赖喇嘛您请安，并确询驾临我哲里木盟各旗，广作利乐教法与众生事。其后，我等遵奉大善法旨，将其传到哲里木盟王、贝勒、贝子、公、协理、呼图克图等处。看到此信后，大家产生诚心信仰，一心一德，决定于七月初一日在扎萨克图王旗汇通寺汇聚，迎请达赖喇嘛身躬。各扎萨克各出具盖印文书，报送盟长处。盟长拟写盖印文书，上奏圣主，暂缓达赖喇嘛西行，延请达赖喇嘛至哲里木盟诺颜呼图克图汇通寺，应合达赖喇嘛本意，利乐教法与众生等因，奏闻皇上。同时，我扎萨克等各奉盖印文书，祈求达赖喇嘛早日驾临。在达赖喇嘛原文中称，为佛祖瞳睛般黄帽教法的永世昌盛而呕心沥血的王、贝勒、贝子、公、葛根等，如同心同德向大皇帝奏报，并从各自地方（向我）呈报愿意邀请之信，我必将前去。对此众人深信不疑，并已奉旨商议遵行。现在叩拜祈求达赖喇嘛发慈悲，迅速驾临我哲里木盟，弘扬佛法如初，利乐众生，迅速消除浊世的苦难。今确询达赖喇嘛从哪条路何时驾临讯息，虔诚奉书于金足下。光绪三十一年秋七月二十八日。

【注释】旺喇克帕勒斋先祖为成吉思汗胞弟哈萨尔（合撒儿），职爵始祖为蒙衮。顺治五年（1648）追封蒙衮为固山贝子，同年其子色棱袭固山贝子。蒙衮→色棱→毕哩克→纳逊→特古斯。特古斯在康熙四十二年（1703）袭爵，雍正五年（1727）晋封多罗贝勒。特古斯→乌察喇勒图→罗卜藏锡喇布→阿穆祐朗→玛什巴图；喇木棍布扎布（玛什巴图族弟）→阿勒坦鄂绰尔→旺喇克帕勒斋。旺喇克帕勒斋在同治十一年（1872）袭爵职，光绪三十一年（1905）去世。托多毕力克图应该是旺喇克帕勒斋的近支族人。

这是扎赉特旗按照哲里木盟十旗会议精神，给达赖喇嘛写的邀请信。之所以由协理台吉托多毕力克图出面写信，是因为当时旗主旺喇克帕勒斋新故，继任者尚未袭爵（或者袭爵但尚未亲领旗务）。

扎赉特扎萨克贝勒旗四等台吉为祈愿超度已故夫人事致达赖喇嘛文
6：141

扎赉特贝勒旗四等台吉为已故夫人巴彦克西克超度事，向圣尊达赖喇嘛敬献圣洁哈达一方及妆缎一匹。

杜尔伯特

杜尔伯特扎萨克贝子恭噶绰克丹为今生来世祈福事致达赖喇嘛文
6：147~148

哲里木盟杜尔伯特扎萨克贝子恭噶绰克丹在有福力达赖喇嘛足下跪奏：恩重如山的父亲大人在世时留遗嘱，令我致力于教法事业，尤其是修缮寺院等善业，我遵奉父命，勉力而为。为完成这等善业，愿内外相违因，人与非人的迫害、口舌、不吉等一切要寂止，我本人和与我有缘分的亲戚朋友在有生之年和睦相处，做善事，以十善度日，不仅此生苦难少，而且还愿来世仍与教法与福力喇嘛上师结缘。为祈福心想诸事速成，奉上圣洁的哈达与八两银子。愿有福之护持处慈爱。五月初十日。

【注释】杜尔伯特扎萨克贝子，清代杜尔伯特职衔和爵位，始祖为色棱。色棱，先祖为成吉思汗胞弟哈萨尔（合撒儿），在崇德元年受封辅国公，顺治五年晋封固山贝子，诏世袭罔替。色棱→诺尔布；沙津（诺尔布从孙）→巴图→班珠尔→色布腾栋罗布；丹珠尔（色布腾栋罗布之弟）→纳木扎勒多尔济；罗布彰（纳木扎勒多尔济叔父）；博第（罗布彰弟）→赛音毕哩克→喇特纳巴拉；鄂绰尔琥雅克图（喇特纳巴拉之弟）→恭噶绰克丹。恭噶绰克丹在道光二十七年（1847）袭扎萨克固山贝子，同治九年（1870）出缺，由其子格里克巴拉珠尔袭爵。恭噶绰克丹在位的道光二十七年至同治九年（1847~1870）共有两世达赖喇嘛出世，即十一世达赖喇嘛凯珠嘉措（1838~1855）和十二世达赖喇嘛成烈嘉措（1856~1875）。然而，恭噶绰克丹在位的最后一年即同治九年，十二世达赖喇嘛仅十五岁，尚未亲理政事，因此这封信的收信人应该是十一世达赖喇嘛。据此可知，这封信应写于恭噶绰克丹袭爵的道光二十七年到十一世达赖喇嘛圆寂的咸丰五年之间。

杜尔伯特扎萨克贡格丕尔烈为请安事致达赖喇嘛文
6：149~152

科尔沁杜尔伯特扎萨克贡格丕尔烈谨跪，在顶饰瓦赤喇怛喇达赖喇嘛金足下叩头请安。今（达赖喇嘛）保佑愚人，施重恩，恩赐佛像、粗呢子等，已顶礼拜受，不胜喜悦。祈求今后也经常保佑，从远方叩拜，敬上哈达一方、绸子一匹。吉祥圆满。十月初吉日。

封面：科尔沁杜尔伯特扎萨克贡格丕尔烈谨跪，在瓦赤喇怛喇达赖喇嘛宝贝金足下请万安奉上。

封底：可靠封装。

杜尔伯特扎萨克林沁多尔济为请安谢恩事致达赖喇嘛文
6：153~154

杜尔伯特扎萨克林沁多尔济在怙主瓦赤喇怛喇达赖喇嘛圣尊喇嘛金足前请万安，以虔诚信仰献上圣洁哈达一方、绸子一匹。本次受到圣尊重恩，将所赐书信、礼物和粗呢已顶礼拜受。今后也请多保佑。明鉴，明鉴。十月初吉日。

封面：杜尔伯特扎萨克林沁多尔济在瓦赤喇怛喇达赖喇嘛圣尊喇嘛金足前请万安奉上。

封底：谨封（满文）。

郭尔罗斯

郭尔罗斯扎萨克镇国公固鲁扎布为请安事致达赖喇嘛文
6：155~158

在佛王识一切达赖喇嘛足下莲花法轮前，御前行走哲里木盟副盟长郭尔罗斯扎萨克镇国公加二级记二次固鲁扎布向圣尊识一切达赖喇嘛请安。

呈文。

在佛王识一切达赖喇嘛足下莲花法轮前，御前行走哲里木盟副盟长郭尔罗斯扎萨克镇国公加二级记二次固鲁扎布在三门祈祷呈奏：小的已将圣尊识一切葛根惠赐的吉祥结、祝福礼物等顶礼拜受。愿我本人和我全家任何时候都不想遭遇的业障被消除，各种不吉祥的相违因完全寂止，福寿、富乐、福缘如同夏天的湖水一般滋长。概言之，愿今生与来世的良缘如愿以偿，请保佑。祈福礼锦缎一匹，从远方敬献。道光四年正月二十六日。

封面：向圣尊识一切达赖喇嘛请安。

【注释】 郭尔罗斯扎萨克镇国公，清代郭尔罗斯的职衔和爵位，初由布木巴始。布木巴的先祖是成吉思汗胞弟哈萨尔（合撒儿）。布木巴在顺治五年（1648）受封扎萨克镇国公，诏世袭罔替。布木巴→扎尔布→安达什哩→巴图→多尔济→索诺木扎木素→锡喇博第→固鲁扎布。这封信的写信人固鲁扎布是布木巴的第八代孙，第八位扎萨克镇国公。固鲁扎布在乾隆四十二年（1777）袭郭尔罗斯扎萨克镇国公，道光元年（1821）六月担任哲里木盟副盟长，二年十月，命在御前行走，九年病故。

据写信年份道光四年来看，这封信的收信人是十世达赖喇嘛楚臣嘉措（1816~1837）。

郭尔罗斯扎萨克镇国公杨赞巴拉为祈福消灾事致达赖喇嘛文
6：163~164

今生与来世之怙主众佛之集圣尊达赖喇嘛坚固金轮莲花足下，乾清门行走哲里木盟协办郭尔罗斯扎萨克镇国公加一级杨赞巴拉从（身语意）三门以莫大的信仰合掌上奏：圣尊达赖喇嘛之圣躬为教法与众生利益永远稳坐金床健康长寿，其意盛大！鄙人仰赖圣尊恩德，身体无恙。满珠习礼大皇帝授予我杨赞巴拉以哲里木盟协办之职。祈求圣尊葛根您今后为让我修得正果，将嫉妒迫害的人和非人的恶意、谗言、迫害、各种异品等寂止，将使我的福寿、富乐、权势、运气像新月一样越发上升盈满的大悲明旨直接降到我头顶上。鄙人属龙，三十五岁。祈福之礼有圣洁的哈达和一匹黄色宫绸，以博大信仰敬献。道光十年正月二十四日。

【注释】 郭尔罗斯扎萨克镇国公，清代郭尔罗斯的职衔和爵位，初由布木巴始。布木巴的先祖是成吉思汗胞弟哈萨尔（合撒儿）。布木巴在顺治五年受封扎萨克镇国公，诏世袭罔替。布木巴→扎尔布→安达什哩→巴图→多尔济→索诺木扎木素→锡喇博第→固鲁扎布→杨赞巴拉。这封信的写信人杨赞巴拉是布木巴的第九代孙，第九位扎萨克镇国公。杨赞巴拉在道光九年（1829）袭郭尔罗斯扎萨克镇国公。

据写信年份道光十年来看，这封信的收信人是十世达赖喇嘛楚臣嘉措。

郭尔罗斯前旗扎萨克公齐莫特散丕勒为请安事致达赖喇嘛文
6：159~162

哲里木盟盟长郭尔罗斯前旗扎萨克公施主齐莫特散丕勒诚心跪拜，向教法之主圣尊达赖喇嘛金足前跪请大安。请问怙主达赖喇嘛宝体安康。想必弘扬神圣佛法于十方，利乐众生吧。从遥远的地方胸前合掌向您祈祷：请延长愚人齐莫特散丕勒寿命，消除疾病，令后嗣繁衍，心想事成，府中全体人员永远安康吉祥。为此敬献哈达一方、大元宝一锭。还祈求彻底寂止全旗大众一切灾难相违因，使他们永世吉祥安逸，敬献哈达一方、大元宝一锭。跪求保佑，明鉴，明鉴！为此请安呈上。

（附有藏文译文）

封面：在教法之主圣尊达赖喇嘛足下莲花前呈上。呈文。

封底：谨封。

【注释】 郭尔罗斯前旗扎萨克公，清代郭尔罗斯职衔和爵位，职衔初由固穆始。固穆先祖为成吉思汗胞弟哈萨尔（合撒儿），崇德元年受封扎萨克辅国公，诏世袭罔替。固穆→桑噶尔齐；昂哈（桑噶尔齐之侄）→莽塞→诺尔布→策旺扎布→额勒登额→恭格喇布坦→绰克温都尔恩克巴拜；恩克托克托琥（绰克温都尔恩克巴拜之弟）→阿勒坦鄂齐尔→图普乌勒济图→［佚名］→齐莫特散丕勒。齐莫特散丕勒在光绪二十三年（1897）袭郭尔罗斯前旗扎萨克辅国公，二十八年补授哲里木盟副盟长，三十一年任哲里木盟盟长兼备兵扎萨克，三十二年赏加镇国公衔。

齐莫特散丕勒在信中自称盟长，可知该信写于光绪三十一年后。收信人是十三世达赖喇嘛。光绪三十一年至光绪三十四年，第十三世达赖喇嘛在喀尔喀、青海、山西、北京等处游走。

前郭尔罗斯公旗扎萨克喇嘛为告知结算借款利息事致拉萨巴尔第哈姆孙寺办事人员文
9：088

前郭尔罗斯盟长公旗扎萨克喇嘛之书。致孟克召（拉萨）地方巴尔第哈姆孙办事人员等。为知会事。现有贵哈姆孙的商卓特巴（管家）丹森确尹普勒、群色特巴（领诵）占巴色楞等前来此处说："贵寺住持喇嘛回家乡时借用我巴尔第哈姆孙之敦多布银两，后来归还了本钱。现在还欠几年利息。"并交来原订立契约书，索要所欠利息。为此，向时在召地的格西喇嘛罗布藏丹济德、商卓特巴喇嘛罗布藏丹济德等询问。他们回答："借此款时，说定先将三年利息六百两银子以优惠价格折算之绸缎物资等抵消，回家后再将本款送来。后来还清了本款，哪里还有未还利息？"因此之故，我寺实难还此债务。但是，当时没有收回原先所立契约书，而且自远方送来了旧契约书，鉴于此，和前来群色特巴、商卓特巴等面议，决议交五十两银子结案。等我们主持喇嘛钱粮到达时，将此文书交给司膳官罗布藏色楞，将五十两银子（从钱粮中）扣除。特此知会。宣统二年元月二十六日。

【注释】前郭尔罗斯盟长公指的是齐莫特散丕勒。

僧侣书信

科尔沁诺颜呼图克图罗布藏多布丹确济尼玛丹碧扎勒森向达赖喇嘛请安书
9：075~080

科尔沁诺颜呼图克图罗布藏多布丹确济尼玛丹碧扎勒森从（身语意）三门祈祷，跪在教法之主达赖喇嘛之无畏狮子法座下，请安奉书。再奏者：上个月，我诺颜呼图克图诚心祈祷，专门派遣托音锡呼图达赖默尔根绰尔济格拉藏禅范图格济尼玛与台吉色楞旺布向教法之主达赖喇嘛请安并确询驾临我们各旗事，并接到大慈大悲的俯允回信。于五月十九日，使者托音格拉藏禅范图格济尼玛和台吉色楞旺布回来之际，大家一心顶礼拜受达赖喇嘛法旨，颂扬其奥义，无限崇拜，发信哲里木盟各旗王、贝勒、贝子、公、活佛、喇嘛等，于是本盟诺颜、喇嘛上师以及僧俗大众悉数到齐，诚信喜悦。今奏闻，大家从内心深处希望，使黄教在本盟永世得以弘扬，让几十万人心满意足地叩拜，并表示本盟僧俗万众一心为弘扬佛法尽心尽力。祈求您大发慈悲，驾临我们诺颜呼图克图的汇通寺，使我诺颜呼图克图各位前世所创黄教事业越发得以弘扬，尤其要弘扬佛法。我们竭尽全力遵行教法之主达赖喇嘛您的教导。一切事情尽写于扎萨克王的书信里，派遣了此前前去延请您的托音锡哷图格拉藏禅范图格济尼玛和杜尔伯特旗寺托音锡哷图喇嘛格拉藏丕凌列绰克赖那木济勒等。万望速速驾临弘扬佛法。再三叩请，并请安。明鉴，明鉴！光绪三十一年秋八月十二吉日。

【注释】当时十三世达赖喇嘛在喀尔喀，托人联络各地蒙古王公。科尔沁王公、喇嘛得知后，立即召开十旗会议，决定各写信邀请达赖喇嘛到科尔沁。

科尔沁诺颜呼图克图罗布藏里克西德图布敦扎勒森为遣人至五台山请安事致达赖喇嘛文
9：073~074

哲里木盟科尔沁诺颜呼图克图罗布藏里克西德图布敦扎勒森向怙主瓦赤喇怛喇达赖喇嘛合十祈祷请安。今闻怙主心情舒畅，贵体硬朗，广作教法与众生利益，驾临五台山，不胜喜悦。值此，特遣汇通寺扎萨克喇嘛商卓特巴堪布罗布藏丹巴喇布斋，为祝愿怙主金足莲花永世稳固献哈达。我诺颜呼图克图罗布藏里克西德图布敦扎勒森本人秋天将前去谒见叩拜。拜求诸事没有孽障，向怙主瓦赤喇怛喇达赖喇嘛请安奉书。夏四月二十五日。

【注释】落款所记"夏四月二十五日"应是光绪三十四年四月二十五日，因为当时十三世达赖喇嘛正在五台山。

十旗公众书信

哲里木盟僧俗大众为内齐托音呼图克图超度事致达赖喇嘛文
6：165~168

在识一切教法之主圣尊达赖喇嘛足莲开瓣前，哲里木盟诸信徒施主、御前行走大臣、盟长、扎萨克王公、闲散王公及内齐托音呼图克图葛根之弟子葛根活佛等、僧俗大众以及呼和浩特崇福寺管寺扎萨克达喇嘛喇克巴西喇布为首达喇嘛、办事人员等，胸前合掌，诚心跪拜呈奏：我瓦赤怛喇内齐托音呼图克图于光绪十五年冬十月十九日寅时示寂。为（内齐托音呼图克图）做超度法事，献五百两银子，跪求（达赖喇嘛）保佑，让我们师徒早日相聚，像新月一般彻底驱赶黑暗，增益我们的福分，让我们万事顺心，马到成功。明鉴，明鉴！

封面：呈教法之主圣尊达赖喇嘛金足前请安。

封底：谨封。

【注释】这是哲里木盟十旗王公、喇嘛及内齐托音徒众为已故呼图克图祈愿的书信。这类书信一般在呼图克图圆寂当天或者圆寂不久由其弟子、施主等人写给其他高僧。信中称内齐托音呼图克图在光绪十五年冬十月十九日寅时示寂，这封信大概是在那时候写的。

哲里木盟僧俗大众为请求指明内齐托音呼图克图
转世事致达赖喇嘛文
6：169~174

在识一切教法之主圣尊达赖喇嘛金足莲花开瓣前，科尔沁哲里木盟信徒、施主、御前大臣、盟长、扎萨克王公、闲散王公、内齐托音呼图克图之弟子葛根活佛和僧俗大众以及呼和浩特崇福寺扎萨克喇嘛喇克巴西喇布等喇嘛、办事员集体，胸前合掌，至诚叩拜启奏：我们瓦赤喇怛喇内齐托音呼图克图转世于光绪十五年冬十月十九日寅时，为我们信永恒的人示无恒，恋法天，示圆寂，此后已过十余年。现在，我们凡夫俗子认不出瓦赤喇怛喇内齐托音之转世，因此，我们诚心祈求，将转世降生的地方，其具足福气的父母之姓名年龄等，鉴于我们智力，请降下明明白白的法旨，让我们上师与徒弟早日相聚，以便尽我们的信仰。为此敬献天之物圣洁白哈达、银子一千两。再三叩拜保佑。明鉴，明鉴。

封面：在教法之主圣尊达赖喇嘛足下莲花边启奏。

谨封。

【注释】这是哲里木盟十旗王公、喇嘛及内齐托音徒众寻找刚圆寂的呼图克图转世灵童的书信。信中称呼图克图圆寂已过十余年，可知该信写于光绪二十五年前后。

卓索图盟

喀喇沁王旗

喀喇沁王喇什为祈福事致达赖喇嘛文
6：265~266

具足照亮三界愚昧昏暗之千日光芒、轮回世界众生之唯一怙主、奇妙至上达赖喇嘛金刚足下，喀喇沁王喇什由此处拜祈。仰赖奇妙至上圣尊慈悲福力，身居边远地方之本人、子女及全旗众人尽皆安好。祈求至上喇嘛保佑，恩赐本人及子孙延年长寿、事业兴盛之具足大法力神物。敬献请安礼绣字大哈达一方、法衣一件、垫子一块、黄色妆缎一匹、绸两匹、茶壶一个价值四十两银、银一百两。吉日自显禧寺（Ilede Bayasqulangtu Süme）奉上。

【**注释**】喇什（又称扎什），喀喇沁人，先祖为成吉思汗四勇之一者勒篾，号由苏布迪递传，爵职初由固噜思奇布始。苏布迪原为喀喇沁塔布囊之首，号杜棱。苏布迪在天聪初年去世，其子固噜思奇布嗣立。天聪九年，固噜思奇布受封扎萨克，崇德元年受封固山贝子，顺治七年晋封多罗杜棱贝勒，顺治十五年卒。同年，固噜思奇布长子图巴色棱袭爵，康熙三年去世。同年，图巴色棱长子班达尔沙袭爵，七年晋封扎萨克多罗杜棱郡王，十一年去世。康熙十一年，图巴色棱弟扎什袭爵，四十三年去世。这封信的写信人扎什自称喀喇沁王，所以应写于其在位期间，即康熙十一年至四十三年。

康熙十一年至四十三年，有五世和六世达赖喇嘛在世。

喀喇沁王满珠巴咱尔为谢恩请安祈福布施事致济咙呼图克图文
6：267

施主喀喇沁王满珠巴咱尔谨请圣尊济咙额尔德尼安。想必圣尊利乐教法与众生而安康。托圣尊加持之福，末小我等安在。恩赐之佛像、神索等拜收。请圣尊慈悲为怀，长久保佑我等。鉴之，鉴之。嘉庆十三年春二月吉日，为请安，敬呈片金一匹、鼻烟壶一个、哈达等。

【注释】喀喇沁爵位世袭：固噜思奇布→图巴色棱→班达尔沙；扎什（图巴色棱之弟）→噶勒藏；色棱（噶勒藏之弟）→伊达木扎布→喇特纳锡第→端珠布色布腾→满珠巴咱尔。满珠巴咱尔是端珠布色布腾的长子，乾隆五十二年（1787）八月袭喀喇沁扎萨克多罗杜棱郡王，道光八年（1828）去世。收信人济咙呼图克图是八世济咙呼图克图。嘉庆九年（1804），八世达赖喇嘛圆寂，八世济咙呼图克图出任西藏摄政，嘉庆十六年初圆寂。

喀喇沁旗王满珠巴咱尔为祈福事致济咙呼图克图文
6：279

施主弟子喀喇沁旗王满珠巴咱尔谨向怙主济咙额尔德尼请安！想必圣尊贵体为教法众生之利益安然无恙！仰赖圣尊慈悲，护佑弟子我一路平安，今年春正月十一日至京城，十二日觐见圣上，将圣尊向圣上请安等诸事均已呈奏。祈求时时保佑，为此，敬献请安之礼哈达、片金、玻璃碗。春二月初吉日。

【注释】满珠巴咱尔在乾隆五十二年（1787）八月袭喀喇沁扎萨克多罗

杜棱郡王，道光八年（1828）去世。嘉庆十三年（1808），九世达赖喇嘛坐床，嘉庆皇帝派理藩院侍郎庆惠、乾清门侍卫隆福和喀喇沁郡王满珠巴咱尔赴藏出席典礼。三人参加完典礼，当年由西藏启程，次年返回北京。这里满珠巴咱尔自陈"今年春正月"到京城，表明这是回北京后写给济咙呼图克图的信，因此信尾落款所示春二月应该是嘉庆十四年春二月。这里的济咙呼图克图（达察诺门罕）是第八世济咙呼图克图益西罗桑丹贝贡布，是当时的西藏摄政。嘉庆九年（第十三绕迥木鼠年七月），八世达赖喇嘛圆寂，第八世济咙呼图克图益西罗桑丹贝贡布出任摄政，嘉庆十六年初圆寂。

喀喇沁王满珠巴咱尔为谢恩及献礼事致噶勒丹锡哷图文
6：271~272

喀喇沁王满珠巴咱尔谨向噶勒丹锡哷图萨玛第巴克什堪布诺门罕呈奏请安。噶勒丹锡哷图萨玛第巴克什诺门罕贵体曼荼罗安然坚固，惠赠我礼物及书信，已拜收。在此我安好。现敬献诺门罕萨玛第巴克什圣洁哈达、绸缎、鼻烟壶等物。此外，遵照诺门罕嘱咐，理应为善业多做施舍为宜。然而，边外之地年景不好，收成差。我今在衙门办公，故为随喜善业，敬献二十两银。道光五年二月初吉日。

【注释】收信人噶勒丹锡哷图萨玛第巴克什堪布诺门罕是二世策墨林活佛阿旺降白楚臣嘉措，是当时的西藏摄政。嘉庆九年（1804，第十三绕迥木鼠年七月），八世达赖喇嘛圆寂，由第八世济咙呼图克图（达察诺门罕）益西罗桑丹贝贡布出任摄政。济咙呼图克图在嘉庆十六年初圆寂，由第七世第穆呼图克图洛桑图旦晋迈嘉措继任摄政。第穆呼图克图在嘉庆二十四年圆寂，由二世策墨林活佛阿旺降白楚臣嘉措继任摄政。满蒙文献称二世策墨林活佛为噶勒丹锡哷图萨玛第巴克什，嘉庆二十五年嘉庆皇帝加封其为额尔德穆图诺门罕。道光五年是噶勒丹锡哷图萨玛第巴克什继任摄政的第五个年头。

喀喇沁王满珠巴咱尔为请安谢恩布施事致圣尊济咙呼图克图文

6：273

末小施主弟子喀喇沁王满珠巴咱尔谨向圣尊济咙额尔德尼请安呈奏。圣尊贵体曼荼罗为教法与众生之利益安然无恙，给弟子满珠巴咱尔所赐礼物哈达、粗呢等，已拜收。在此，我等安好。今使臣返回之际，向圣尊敬献请安礼圣洁哈达、绸缎、鼻烟壶等。道光五年二月初吉日。

【注释】这里的济咙呼图克图是第九世济咙呼图克图阿旺罗桑丹贝坚参。第九世济咙呼图克图嘉庆十六年（1811）出生，咸丰三年（1854）圆寂。

喀喇沁王满珠巴咱尔为请安事致卓尼诺门罕文

6：274~276

施主弟子喀喇沁王满珠巴咱尔谨向圣尊卓尼诺门罕请安。圣尊贵体健康，利益众生。惠赐哈达、粗呢等物，我已拜收。小弟子我在此安好，向圣尊顶礼拜献圣洁白哈达、黄绸缎等。祈求以慈悲之心时常保佑。明鉴，明鉴。道光八年二月初吉日。

【注释】收信人卓尼诺门罕是时任摄政的噶勒丹锡呼图萨玛第巴克什，即二世策墨林活佛阿旺降白楚臣嘉措。

喀喇沁王满珠巴咱尔为请安献物事致达赖喇嘛文

6：277

末小施主喀喇沁王满珠巴咱尔谨于圣尊达赖喇嘛胜宝足莲前奏祈。喇嘛明宝金体硬朗无恙，以利乐教法与众生之至意，恒常殊胜增广善业资粮。爱赐鄙徒满珠巴咱尔之礼物、护结、佛像及红花等件，已顶礼拜收。在此，鄙徒满珠巴咱尔仰赖圣尊护慈福力，安好无恙。为请圣尊贵安，敬献近乎空手之薄礼圣洁哈达、绸缎一匹、玻璃匣子一个等件。祈求常鉴眷护鄙徒我辈全体，平息一切相违因缘，广兴相和因缘，增益殊善十福功业。明鉴。

喀喇沁王满珠巴咱尔为请安布施事致噶勒丹锡哷图文
6：278

施主喀喇沁王满珠巴咱尔，谨向噶勒丹锡哷图萨玛第巴克什诺门罕请安。请问噶勒丹锡哷图萨玛第巴克什诺门罕安康。在此，我等仰赖圣尊喇嘛之福安在。使者返回之际，为请安敬献小礼小盒子一对。

喀喇沁王布呢雅巴拉为请安布施事致噶勒丹锡哷图文
6：284

末小喀喇沁王布呢雅巴拉向圣尊摄政卓尼诺门罕噶勒丹锡哷图萨玛第巴克什呼图克图请安！如今，为无与伦比之胜教与众生之利，圣尊贵体曼荼罗安康。今拜收由彼处恩赐我之书信、两匹粗呢，甚是欢悦。得知前年布呢雅巴拉父王去世后所献绸缎、银两等如数送达，为其指解脱轮回佛道，心生仰慕之至。此外，还得知将布施给色拉寺大经堂、南杰扎仓、桑耶寺、大昭、昌珠副之银两均已送交，崇拜不已。今奎罗克巴返回之际，将请安之礼哈达一方、绸缎一匹，置于头顶敬献，祈求永世保佑。道光十一辛卯年春二月初吉日。

【注释】 喀喇沁爵位世袭：固噜思奇布→图巴色棱→班达尔沙；扎什（图巴色棱之弟）→噶勒藏；色棱（噶勒藏之弟）→伊达木扎布→喇特纳锡第→端珠布色布腾→满珠巴咱尔→布呢雅巴拉。布呢雅巴拉是满珠巴咱尔之子，道光八年（1828）袭喀喇沁右旗亲王品级扎萨克多罗杜棱郡王，十六年去世。收信人卓尼诺门罕是时任摄政的噶勒丹锡哷图萨玛第巴克什，即西藏史料里的二世策墨林活佛阿旺降白楚臣嘉措。

喀喇沁王布呢雅巴拉为请安事致第穆呼图克图文
6：280~282

向圣尊第穆请安。想必圣尊身躬曼荼罗为教法与众生之利益安然无恙。在此，鄙徒布呢雅巴拉托圣尊护持安好。圣尊所惠赐哈达、神索三根等顶礼拜收。这回使臣返回时，为给圣尊请安，献上白哈达、金丝红缎等。恳请恒常保佑，特此谨上。道光十四年春中月吉日。

喀喇沁王布呢雅巴拉为谢恩布施事致卓尼诺门罕文
6：283

施主弟子喀喇沁王布呢雅巴拉，谨呈圣尊卓尼诺门罕请安。想必圣尊贵体利乐教法于众生而安康。今弟子布呢雅巴拉，托圣尊之福安在。这次使者来时，收到圣尊惠赐之礼物与书信。信中提及粗呢两件尚未收到。使者返回之际，为请安敬献圣洁哈达、诸多绸缎等。请保佑。鉴之，鉴之。道光十五年二月吉日。

【注释】收信人卓尼诺门罕是时任摄政的噶勒丹锡呼图萨玛第巴克什，即西藏史料中的二世策墨林活佛阿旺降白楚臣嘉措。因为一世、二世噶勒丹锡呼图都出生于甘肃卓尼县，所以一般称为卓尼诺门罕。

喀喇沁王色伯克多尔济为请安事致达赖喇嘛文
6：285~288

喀喇沁盟长王色伯克多尔济谨在皈依怙主圣尊达赖喇嘛额尔德尼金刚足下莲花之前请安。

呈奏事：喀喇沁盟长王色伯克多尔济谨在皈依怙主圣尊达赖喇嘛额尔德尼金刚足莲前请安。此时，圣尊额尔德尼仁慈贵体曼荼罗，广作利益教法与众生事业而安康硬朗。葛根通过使者堪布惠赐之五寸释迦牟尼像、克什米尔红花、神索等顶礼拜收。在此，鄙徒我呈奏，仰赖圣尊额尔德尼仁慈保佑而安在。另外，请求圣尊额尔德尼以慈悲为怀，增益我与身边诸亲戚朋友和属众之福寿富乐，平息相违之因，时常保佑。因此，确吉译师图都布那木济勒去西藏之际，以虔诚之心，敬献近乎空手之薄礼圣洁哈达、红色蟒缎一匹、缝制品四件等。咸丰三年四月初吉日。

【注释】喀喇沁爵位世袭：固噜思奇布→图巴色棱→班达尔沙；扎什（图巴色棱之弟）→噶勒藏；色棱（噶勒藏之弟）→伊达木扎布→喇特纳锡第→端珠布色布腾→满珠巴咱尔→布呢雅巴拉→色伯克多尔济。色伯克多尔济是布呢雅巴拉之子，道光十六年（1836）袭喀喇沁右翼亲王品级扎萨克杜棱郡王，咸丰二年（1852）担任卓索图盟盟长，同治七年（1868）去世。

喀喇沁王色伯克多尔济为请安事致达赖喇嘛文
6：289~290

封面：为瓦赤喇怛喇达赖喇嘛请安呈奏。

施主喀喇沁王色伯克多尔济谨在皈依怙主圣尊达赖喇嘛额尔德尼金刚足莲前请安。咸丰五年十月，我们郭芒喇嘛呼毕勒罕回故乡，捎来惠寄书信，得知圣尊额尔德尼贵体安康，并顶礼拜收惠赐神物、吉祥结、仙丹、佛陀舍利子、佛像、克什米尔红花十五两、神索三根等，不胜欣喜。今呈奏，托圣尊额尔德尼保佑，色伯克多尔济我安在以外，因为封我祖父郭芒堪布之呼毕勒罕为班第达堪布，荣升为东方众生之顶饰，实有大恩。色伯克多尔济自游牧地遥拜施礼。现今，使者堪布回程之便，为请圣尊额尔德尼安，敬献圣洁哈达、天蓝蟒缎一匹、缝绣制品四件等物。祈求圣尊额尔德尼由大悲之门，恒常眷佑本王色伯克多尔济为首之全旗大众。吉日。

封底：恭封。

封面：皈依怙主圣尊达赖喇嘛宝贝金刚足莲前请安。

施主喀喇沁王色伯克多尔济谨于皈依怙主圣尊达赖喇嘛额尔德尼金刚足

莲前请安。

封底：谨封。

【注释】信中提到咸丰五年十月，表明这封信写于该年之后。

喀喇沁王色伯克多尔济为请安祈福布施事致达赖喇嘛文
6：291~292

喀喇沁盟长王色伯克多尔济谨于怙主圣尊达赖喇嘛额尔德尼金刚足莲前请安！此时，想必圣尊额尔德尼仁慈贵体曼荼罗，广作利益教法与众生事业而安康硬朗。在此，色伯克多尔济我仰赖圣尊保佑加持，一切安好。请求圣尊额尔德尼您以慈悲为怀，增益我与身边诸亲戚朋友和属众之福寿富乐，平息相违因，时常保佑。为此，薄礼近乎空手，以虔诚之心敬献圣洁白色哈达一方、蟒缎一匹。吉日。

【注释】色伯克多尔济在咸丰二年（1852）出任卓索图盟盟长，所以这封信应写于咸丰二年之后。收信人达赖喇嘛是第十一世达赖喇嘛凯珠嘉措。凯珠嘉措道光十八年（1838）出生，道光二十二年坐床，咸丰五年（1855）圆寂。将写信人和收信人的相关年份相互对勘发现，这封信写于咸丰二年至咸丰五年。

喀喇沁亲王旺都特那木济勒为请安事致圣尊喇嘛文
6：293~296

红签：信徒喀喇沁王旺都特那木济勒请至上怙主圣尊安。

封面：为至上怙主圣尊请安呈函。

信徒喀喇沁王旺都特那木济勒谨于至上怙主圣尊额尔德尼足莲前请安。此间，想必圣尊额尔德尼之金坛贵体，利乐众生，振兴政教，慈护救度一切有缘众徒，而硬朗无恙。在此，弟子旺都特那木济勒祈仰护佑，安好无恙。且说，辛巳年九月赐寄之佛像、加持药丸、红花及神索等件，俯祈收受，西向叩拜。祈求恒常眷护，请圣尊安，敬献圣洁哈达、平锦荷包等物四件、黄缎衣表一袭、西洋鼻烟一瓶等件，举顶谨呈。光绪七年辛巳十月初一吉日。

背面：恭封。

【注释】喀喇沁爵位世袭：固噜思奇布→图巴色棱→班达尔沙；扎什（图巴色棱之弟）→噶勒藏；色棱（噶勒藏之弟）→伊达木扎布→喇特纳锡第→端珠布色布腾→满珠巴咱尔→布呢雅巴拉→色伯克多尔济→旺都特那木济勒。旺都特那木济勒是色伯克多尔济之子，生于道光二十四年（1844），同治七年（1868）袭王爵，并兼任内蒙古卓索图盟盟长。收信人被称为至上怙主圣尊额尔德尼，又被说振兴政教，可知他是当时的西藏摄政。当时的摄政是第十世达察济咙呼图克图阿旺班垫曲吉坚参（1855~1886），他在光绪元年（1875）出任摄政，光绪十二年圆寂。

喀喇沁王贡桑诺尔布为请安谢恩事致达赖喇嘛文
6：297~300

弟子喀喇沁王贡桑诺尔布谨在瓦赤喇怛喇额尔德尼莲台前请安。此时，想必达赖喇嘛额尔德尼贵体，广作利益教法与众生事业而安康。弟子贡桑诺尔布我，去年冬天为年班来京后，裁剪蓝靛纸，谨书请安书信之际，达赖喇嘛所派弟子到来，并交给惠赐书信、礼物，弟子谨收拜读得知，达赖喇嘛贵体安康，不胜欣喜。拜收所赐吉祥结、仙丹、带手记护身符，不胜感激。此外，达赖喇嘛葛根信中言及，西藏政教多遇危机。弟子读完后深感震惊忧虑。果然，因今世之势多有变革，故此，达赖喇嘛葛根予以恒常保佑，必在您的护持里。弟子我等不分僧俗，力所能及地在勉力。因达赖喇嘛葛根从彼处明鉴赐福，故此向您祈愿，愿达赖喇嘛葛根发慈悲，恒常保佑我全旗百姓及家人。所遣弟子返回之际，以虔诚之心敬献哈达等小礼物及简短汇报。为向达赖喇嘛葛根请安而敬献。吉日。

封面：为瓦赤喇怛喇额尔德尼请安敬献。喀喇沁王谨封。

附藏文

【注释】喀喇沁爵位世袭：固噜思奇布→图巴色棱→班达尔沙；扎什（图巴色棱之弟）→噶勒藏；色棱（噶勒藏之弟）→伊达木扎布→喇特纳锡第→端珠布色布腾→满珠巴咱尔→布呢雅巴拉→色伯克多尔济→旺都特那木济勒→贡桑诺尔布。贡桑诺尔布是旺都特那木济勒之子，号乐亭，十六岁时与肃亲王第三女善坤结婚，授多罗额驸，光绪二十四年（1898）袭扎萨克多罗杜棱郡王。三十四年，敬陈管见八条。宣统二年（1910），清廷设立资政院，贡桑诺尔布为议员。民国成立后，任蒙藏院总裁。这封信很可能是光绪三十一年前后写给十三世达赖喇嘛的回信。

喀喇沁镇国公丹津达尔扎为谢恩及祈福事致诺门罕文
6：301~302

喀喇沁镇国公丹津达尔扎向诺门罕请安呈奏。葛根您所赏赐之佛尊、仙丹、神索等至，在此欢喜拜收。作为请安之礼，敬献圣洁哈达、绸缎一庹等礼。马年二月初日。

【注释】喀喇沁镇国公，清代喀喇沁的爵位，初由敏珠尔喇布坦始。敏珠尔喇布坦为杜棱郡王噶勒藏次子，乾隆八年（1743）封辅国公，二十四年晋封固山贝子，二十五年去世。敏珠尔喇布坦长子丹津达尔扎在乾隆二十五年降袭镇国公，五十八年去世。丹津达尔扎在马年写了这封信。查丹津达尔扎在位的乾隆二十五年到五十八年的33年间共有三个马年，即乾隆二十七年（1762）、三十九年和五十一年，所以写信之年必是这三个年份之一。这里的收信人诺门罕应该是西藏的摄政。达尔扎在位时期是第穆呼图克图摄政。第穆呼图克图在乾隆二十二年至乾隆四十二年间任摄政。综合写信的马年和收信人的名号看，达尔扎的这封信应写于乾隆二十七年或乾隆三十九年，收信人是第穆呼图克图。

喀喇沁公永库尔忠为谢恩事致圣尊文
6：303

喀喇沁鄙徒公永库尔忠，请圣尊安。圣尊惠赐的神索、仙丹、吉祥结已拜收。为祈求怜悯鄙徒，时常保佑，敬献红色蟒缎、哈达等。吉日。

【注释】永库尔忠，丹津达尔扎之长子，乾隆五十八年（1793）降袭辅国公，道光五年（1825）去世。

喀喇沁公永库尔忠为谢恩事致圣尊文
6：304

鄙徒公永库尔忠向圣尊请安。圣尊惠赐之加持物、礼品及书信已顶礼拜收。愿将小弟子恒常保佑。我今年已四十八岁。向圣尊请安之礼有金丝蟒缎。吉日。

喀喇沁公永库尔忠为请安事致圣尊活佛文
6：305

鄙徒公永库尔忠向圣尊请安。想必圣尊身体硬朗。在此弟子等托圣尊之福也安好。圣尊惠赐之佛像、加持物、氆氇、吉祥结等顶礼拜收。愿圣尊恒常护持弟子等。为迅速谒见圣尊金颜，敬献圣洁哈达一方、蟒缎一匹。吉日。

喀喇沁公永库尔忠为请安献礼祈福事致圣尊活佛文
6：306

鄙徒公永库尔忠恭请圣尊安。圣尊贵体想必硬朗。所赐加持护结、神索等件，业经拜收。请圣尊安，敬献圣洁哈达、黄蟒缎等件。祈求圣尊恒常保佑。吉日。

喀喇沁王旗公爵拉扎布子玛哈达尔玛为祈福事致济咙呼图克图文
6：308

喀喇沁王旗公拉（扎布）之子玛哈达尔玛公，在今生与来世之怙主圆满圣尊济咙额尔德尼金足下莲花前请安呈奏。合手敬献蓝色绸缎。为祈求永世保佑，自远方叩拜。吉祥。

【注释】喀喇沁镇国公，清代喀喇沁的爵位，初由罗卜藏车布登始。罗卜藏车布登是杜棱郡王色棱长子，雍正九年封辅国公，乾隆九年去世。罗卜藏车布登→阿喇布坦→拉扎布→玛哈达尔玛。玛哈达尔玛是拉扎布之长子，嘉庆二年（1797）袭喀喇沁右旗辅国公。在这封信里，玛哈达尔玛自称公爵拉扎布之子，表明写信时他还未袭爵。可以肯定，这封信写于嘉庆二年之前。

罗布桑却珠尔、阿尤勒贵为达赖喇嘛进京一事致多里瓦医师绥本堪布文

6：313~314

大臣罗布桑却珠尔、阿尤勒贵谨请多里瓦医师绥本堪布之安。驰奏事：大臣阿尤勒贵乘坐十六日第二班火车，平安到达北京。了解圣尊达赖喇嘛指令及堪布传谕之吩咐，呈报了相关当权者。（今）希望堪布等速从彼处来北京。关于圣尊达赖喇嘛驾临北京一事，也许山西巡抚处已差使商定启程日期。只是这期间报刊上说，由西藏迎请班禅额尔德尼，以英国方向水路迎驾到北京。因此，贵堪布喇嘛等速来北京，协商一切秘事，乘达赖喇嘛立刻来京之机，来到北京，在班禅额尔德尼驾临北京之前办理一切事情，才不能节外生枝。倘若这期间不及早办理，耽误时机，不防范造成事端，则不仅有失大体，而被剥夺一切权力。自己拖延时间，耽误这等重要事情，则后悔莫及。贵堪布等即时驰来北京，在此协商制定，并一面呈报山西巡抚差使，如果（达赖喇嘛）延迟驾临北京日期，则于事无益。今将圣尊达赖喇嘛驾临北京一事，依照过去档案和旧制，制作新单子，以汉字抄写一份，一并呈报，以后翻译成蒙古文，（再）呈报。再将关于迎驾、欢送（达赖喇嘛）、修缮黄寺、班禅额尔德尼驾临北京一事等报道，由报刊上抄录并译成（蒙古文），一并呈奏并请安。禅法（梵语）。吉日。

呈奏圣尊达赖喇嘛之书信未封口，请堪布喇嘛看完后谨封上奏。请勿遗失。

【注释】这是光绪三十四年（1908）十三世达赖喇嘛从五台山启程进京之前，钦差大臣罗布桑却珠尔等人与达赖喇嘛近侍堪布等人商议进京事宜的信件。据信中提到山西巡抚一事，可知此时达赖喇嘛在山西境内，即在五台山。

喀喇沁扎萨克王旗罗布桑却珠尔等人为妥善备办达赖喇嘛进京诸事致驻五台山堪布文

6：315~316

喀喇沁扎萨克王旗官员罗布桑却珠尔、济克默特谨受扎萨克诺颜差遣，来到五台山，敬献书信后，拜见圣尊达赖喇嘛，并奏来意。圣尊指令，你等回京后，务必妥善考虑我是否进京一事。赐予我王亲笔信，令（王爷）深思熟虑，妥善解决。我等官员驰回北京以来，日夜奔波，不仅求情诸方，我王爷亲自向雍和宫相继寄送书信，嘱托各方合力协作，协调圣尊达赖喇嘛驾临北京及接送等事。然而，无经费不成。为此，我等官员亲自来到五台山，向堪布喇嘛呈报所需经费事。亲自拜见圣尊喇嘛尊容，呈报所需经费之事。圣尊指令，与堪布等协商解决。依照圣尊指令，与堪布等见面协商时，堪布等嘱咐：虽说圣尊若不亲临北京，则无益于安顿藏蒙大事，但无经费亦很难促成此事。然而，因第巴雄毫无现有经费，故此先以第巴雄名义从外国铺子当出一些钱，事成之后，对内外诸蒙旗王公传达圣尊恩德，让诸蒙旗力所能及捐钱促成还钱一事。特意用可信之人借贷之后，以各自所需转交以外，若承蒙（圣尊）酌情俯允，则各方不将背毁约定。为此，我等接受堪布喇嘛印书指令，为促成此事，勤勉效力。自迎驾圣尊来京至出驾，我等官员依然效力，为此致堪布。六月十五日。

【注释】这是1908年十三世达赖喇嘛从五台山启程进京之前，钦差大臣罗布桑却珠尔等人与达赖喇嘛近侍堪布等人商议进京事宜的信件。此时达赖喇嘛在五台山逗留。

罗布桑却珠尔、济克默特为请安及传达报纸等事致堪布喇嘛文
6：317~318

向仁慈堪布喇嘛请安奉上。呈报事：遵嘱花费几天时光，备好一切文书。然后询问贤者，答曰：刊载此文，于各方都不利，且嫌多余。告诉前去人等今天之一万零三之数，再将自己所用物品之约数告知，则在该报上重新刊登云云。这些似乎有道理。此外，问告示之时。告示者，在外省可以贴。但是在这里，在衙门盖章后方可张贴告示。告示文已拟好，今却不用。今将蒙古文报纸包好，一同报送，请圣尊阅视，告知有无其他新闻。罗布桑却珠尔、济克默特谨请安。

封面：谨向仁慈堪布喇嘛耶请安奉上。

【注释】这是光绪三十四年（1908）十三世达赖喇嘛从五台山启程进京之前，钦差大臣罗布桑却珠尔等人给达赖喇嘛提供京城报刊新闻的信件。

喀喇沁右旗镇国公罗布桑却珠尔为禀报财产被日军抢掠及祈求保佑事致达赖喇嘛文
6：309~310

卓索图盟喀喇沁右旗镇国公小弟子罗布桑却珠尔，在佛王圣尊达赖喇嘛狮子座前叩拜请万安。谨呈报事。我虔诚祈祷，圣尊达赖喇嘛造福芸芸众生之教法事业一尘不染，贵体安然无恙。鄙徒全家仰赖圣尊达赖喇嘛慈悲护佑，向来向三宝膜拜祈祷。不料热河战役，小弟子家财悉为日军所掠。前圣尊西幸，弟子自潼关返回之际，曾蒙慈旨："你的今生与来世包在我身上。"自离别至今，时时崇拜祷祝。然今年七十岁，竟遭此难。祈求大发慈悲，惠赐书信，明白开示如何是好。此前请占巴多格密德敬呈之书信，想必已查阅。鄙徒现今在南京任职，故未能盖上圣尊所赐之印，将此一并呈奏。三月十日。

封面：弟子罗布桑却珠尔在达赖喇嘛法座前谨呈。（此处影印缺页）

【注释】信中提到的热河战役指的是 1933 年 2 月 21 日~3 月 10 日发生的抗日战役,此战的结果是热河为日军所侵占。据这封信,在热河战役中,罗布桑却珠尔的家产被日军掠夺,无奈之下年已七十的他向达赖喇嘛写信祈愿。

这封信原来是完整的,但《西藏自治区档案馆馆藏蒙满文档案精选》第 6 卷遗漏了后半部分。

罗布桑却珠尔等为禀告寄送信件、请安等事致堪布喇嘛文
6:311~312

恭请仁公堪布喇嘛福安呈函。径禀者:都统岳善老爷乃为敦请圣驾幸京师返回。除禀明此情外,此有俄函一封,是为高老爷所写,欲致波特诺颜。请转居于察罕苏布尔嘎之布里亚特波特诺颜。顺便请安谨呈。弟子罗布桑却珠尔、吉格米德等谨。

封面:由京城禀请仁公堪布喇嘛之安。

封底:恭封。

书函。

喀喇沁王弟德沁喇布斋、格格为请安布施致济咙呼图克图文
6:323

喀喇沁王弟阿哥德沁喇布斋及格格在圣尊济咙葛根无垢足莲前请安。想必圣尊贵体曼荼罗广造众生利乐,安然无恙。再,所赐礼物书信、加持吉祥结、神索已拜收。愿圣尊大悲怙佑。明鉴,明鉴!请安薄礼近乎空手,献混金发钗。月初吉日。

喀喇沁王旗额驸端耀特多尔济为谢恩布施事致圣尊活佛文
6:356

喀喇沁王旗鄙徒额驸端耀特多尔济向圣尊跪拜请安。拜收圣尊所赐加持吉祥结、书信、粗呢等,得知安康,甚是欢悦。仰赖圣尊之福,弟子我等在

此安好！愿圣尊大发慈悲，永世怙佑。愿早日觐见圣尊，敬献圣洁哈达、金丝蟒缎等礼。吉日。

【注释】据杜家骥《清朝满蒙联姻研究》（故宫出版社，2013），端耀特多尔济在乾隆四十五年十二月娶了怡亲王永琅第一女郡主，可知端耀特多尔济是乾隆后期至嘉庆年间的人物。从端耀特多尔济的另一封信是写给济咙呼图克图的情况看，这里的收信人圣尊也可能是济咙呼图克图。

喀喇沁王旗额驸端耀特多尔济为请安谢恩事致圣尊喇嘛文
6：359

鄙徒端耀特多尔济谨向圣尊跪拜请安！叩首拜收所赐仙丹、吉祥结、神索、书信等。仰赖圣尊保佑，愿早日觐见圣尊，敬献圣洁哈达、蟒缎等礼。十四年二月吉日。

【注释】端耀特多尔济是乾隆后期至嘉庆年间的人物，所以我们推断该书信落款所记十四年是嘉庆十四年或者道光十四年。从端耀特多尔济的另一封信是写给济咙呼图克图的情况看，这里的收信人圣尊也可能是济咙呼图克图。

喀喇沁王旗额附端耀特多尔济为请安事致济咙呼图克图文
6：361

鄙徒端耀特多尔济谨向济咙葛根跪拜请安。圣尊惠赐之仙丹、吉祥结等已拜收。托圣尊之保佑，为尽快谒见，敬献蟒缎一匹、哈达一方。

喀喇沁王旗额驸端耀特多尔济为谢恩及祈福事致圣尊喇嘛文
6：362

鄙徒和硕额驸端耀特多尔济向圣尊请安。圣尊贵体硬朗吗？弟子我等在此托圣尊之福都安好。圣尊所赐佛像、加持物、吉祥结、书信、粗呢等已拜收。祈求圣尊始终保佑弟子我们。为尽快谒见圣尊,敬献圣洁的哈达、一整匹红色云缎等。月初吉日。

【注释】端耀特多尔济是乾隆后期至嘉庆年间的人物。从端耀特多尔济的另一封信是写给济咙呼图克图的情况看,这里的收信人圣尊也可能是济咙呼图克图。

喀喇沁旗固山额驸扎兰达喇为请安布施事致圣尊文
6:353

鄙徒喀喇沁旗固山额驸扎兰达喇请圣尊安康。由惠赐之仙丹、吉祥结、书信、粗呢等得知,圣尊安康,礼物已拜收。今我等弟子,托圣尊之福,亦皆安好。祈求圣尊恒常保佑我等弟子。为速速拜见圣尊,敬献圣洁的哈达、锦缎等。月初吉日。

【注释】据杜家骥《清朝满蒙联姻研究》,喀喇沁额驸端耀特多尔济之子萨尔达拉在嘉庆八年十二月娶了和郡王绵循第三女县君。萨尔达拉应该是扎兰达喇的异译。这封信应写于嘉庆八年十二月之后。

喀喇沁旗固山额驸扎兰达喇为请安事致圣尊文
6:356

额驸扎兰达喇谨叩请圣尊万安。惠赐的仙丹、吉祥结、神索等皆拜收。为请圣尊保佑末小的我等,我等即将叩拜圣尊金足,敬献圣洁的哈达、金丝缎等礼物。吉日。

喀喇沁王旗额驸端耀特多尔济二子额驸布达什哩
为请安布施事致圣尊喇嘛文
6:357

额驸端耀特多尔济二子鄙徒额驸布达什哩跪请圣尊万安!为早日觐见圣

尊，敬献圣洁哈达、金丝绸缎等礼。愿时常保佑！吉日。

【注释】 据杜家骥《清朝满蒙联姻研究》，端耀特多尔济之子布达什哩在嘉庆十二年十二月娶了庄亲王绵课第四女郡主。可知这封信写于嘉庆十二年十二月之后。

喀喇沁王旗额驸端耀特多尔济二子布达什哩
为请安祈福事致圣尊喇嘛文
6：358

鄙徒和硕额驸端耀特多尔济二子和硕额驸布达什哩谨向圣尊请安！恳请圣尊保佑我们。仰赖圣尊保佑，愿能早日觐见。为此，敬献圣洁哈达一方、金丝绸缎一匹。

喀喇沁王旗塔布囊布尔纳巴拉为给拉萨祈愿法会、大昭、
郭芒扎仓等捐献银两事致圣尊文
6：327~328

弟子布尔纳巴拉谨向圣尊呈奏。以布尔纳巴拉我为首，夫人、孩子、属众等，为崇敬三宝，献五十余两之元宝两颗，我寺格隆达瓦西努敬献五十一两之元宝一颗。现达瓦西努一颗元宝上加我一颗元宝，用此一百余两银子为拉萨祈愿法会熬茶。固什达瓦西努希望为他诵祈愿经。剩余五十余两之一颗元宝，愿为大昭鎏金，献一方哈达与一百供养。再向郭芒扎仓之六臂玛哈嘎拉敬献食子躲玛，以祈诵献供经。以我以下亲朋为实现原先圣者宗喀巴初衷及圣尊如今心愿，献供随喜，请圣尊保佑。愿令弟子等如愿以偿，请保佑。明鉴，明鉴。再有固什达瓦西努敬献白银有一两五钱。

【注释】 据杜家骥《清朝满蒙联姻研究》，布尔纳巴拉在乾隆三十八年正月娶了宁郡王弘晈第二女乡君，可知布尔纳巴拉是乾隆到嘉庆年间人物。

喀喇沁王旗塔布囊布尔纳巴拉为父母及全家祈福事致诺门罕文
6：329~330

以慈悲佛心护佑凡夫众生如同独子般之怙主至尊诺门罕锡呼图足莲前，喀喇沁王旗笃诚末小信徒塔布囊布尔纳巴拉献近乎空手之薄礼蟒缎一匹，以请大安！末小信徒我为今世和来世，尤其为父母及妻儿全家祈祷敬献。祈愿寂止今生之灾难、口角，心想诸事如愿以偿，尤其祈求保佑来世能修得天与人之趣。明鉴，明鉴。乾隆五十一年春三月初吉日。

【注释】收信人怙主至尊诺门罕锡呼图应该是噶勒丹锡呼图（一世策墨林活佛，1721~1791）。一世策墨林活佛阿旺楚臣嘉措曾在乾隆四十三年（1778）出任第六十一任甘丹赤巴（噶勒丹锡呼图），所以蒙古人称为锡呼图。

喀喇沁王旗塔布囊布尔纳巴拉为谢恩及祈福事致圣尊文
6：331

弟子布尔纳巴拉谨向圣尊请安。由圣尊来信得知，贵体安康，不胜欣喜。弟子及全家托圣尊之福安康。请圣尊保佑。为请安，敬献圣洁哈达、蟒缎等。吉日。

喀喇沁王旗塔布囊布尔纳巴拉为呈报情况
并请惠赐良药事致圣尊文
6：332

弟子布尔纳巴拉谨向圣尊请安。此时，想必圣尊身体安康。在此，弟子我及全家托葛根之福安详。今呈奏之事：那年，弟子布尔纳巴拉呈奏，请求赐给一尊完美喇嘛像，并在像内装藏各种加持供品、陀罗尼等煨桑。该佛像在我暗地里将（时间）分四段后正在为供养喇嘛而诵大悲咒时送过来。我读到佛像内煨桑之文，便萌生一种不可改变的崇拜，尽力祷祝，不胜欣喜。如今，府内僧俗男女仍在转拜供奉。此外，去年松大臣所带书信礼物等，

（松大臣）巡边回来后即已寄来书信告知。在此请求圣尊保佑，将由松大臣送来之礼物，托另外一个人交给我。再有，请求依照弟子布尔纳巴拉我所写书信内容赐给一些药物，尤其多赐依照六臂玛哈嘎拉仪轨制作的药方。为此合掌祈祷，请慈准。明鉴，明鉴。

【注释】如上文所示，写信人布尔纳巴拉是乾隆后期到嘉庆年间的人物。这里布尔纳巴拉提到给他带来礼物的松大臣。查乾隆末年到嘉庆初年到过西藏且拥有大臣头衔的人物，只有驻藏大臣松筠。松筠，蒙古正蓝旗人，翻译生员出身。乾隆五十九年（1794）出任驻藏大臣，嘉庆四年（1799）离任。信中所称"松大臣巡边回来"，应该指的是松筠从西藏离任回京一事。据称，松筠颇能任事，为乾隆皇帝所赏识。然而，乾隆晚期和珅掌权，松筠不向其屈服，因而被排挤在外，久任边疆。嘉庆四年和珅倒台，嘉庆皇帝召松筠回京。可能松筠回京时受西藏某高僧委托，为布尔纳巴拉带了礼物。布尔纳巴拉收到松筠带来的礼物后，第二年给西藏方面写了这封信。可知，这封信写于松筠回京后的第二年即嘉庆五年。

喀喇沁王旗塔布囊布尔纳巴拉为谢恩及请赐等事致圣尊活佛文
6：335~336

弟子布尔纳巴拉，谨向圣尊活佛请安。其间，想必圣尊活佛身体安康。在此弟子我托圣尊活佛之福全家安康。今呈奏之事：牛年让堪布囊索带来的文殊愤怒像，直到当年回馈礼物，都未能收到。回馈礼物后，凭借圣尊活佛赐我之藏文书信，才好容易拿到那尊文殊愤怒像。今请求多赐名为"普天之下"的高档黄色藏香，并请求惠赐物品，皆打一包，如此弟子容易收齐。今请安礼有圣洁哈达、木制佛珠、蟒缎一匹。吉日。

【注释】布尔纳巴拉的这封信提到"牛年"，并说明信件是写于牛年之后的某一年。如上所述，布尔纳巴拉的一封信明记乾隆五十一年（1786），我们又考证他的另一封信写于嘉庆五年（1800）。这两封已经考证的信证明布尔纳巴拉是在乾隆后半期到嘉庆初年在世的人物，因此这里的牛年必然也是这一时期的某一个牛年。这一时期的牛年有乾隆三十四年、四十六年、五十八年，嘉庆五年等，因此这封信肯定写于这几个牛年中某一年之后的某一年，例如乾隆三十四年之后的某一年，或者乾隆四十六年之后的某一年，依此类推。布尔纳巴拉又提到收信人让堪布囊索带来佛像云云。堪布囊索是达赖喇嘛派往北京的使者。达赖喇嘛亲政之前，堪布囊索自然由摄政指派。我们怀疑信中提到的牛年是嘉庆十年（乙丑），收信人是济咙呼图克图，因为嘉庆九年八世达赖喇嘛圆寂后济咙呼图克图出任摄政。嘉庆十年，济咙呼图克图在指派使团之际，顺便给布尔纳巴拉寄礼物，亦在情理之中。

喀喇沁王旗塔布囊布尔纳巴拉为求赐佛经事致圣尊活佛文
6：337

弟子布尔纳巴拉谨请圣尊安。由赐我信中得知，圣尊安康，不胜欣喜。托圣尊救度，我家人健康无恙。再奏者，使弟子所求大祈愿圆满完结，在此拜谢。再有合掌求愿一事，请赐给圣者 Kacisijaza 所著 Yeke Kölgen-ü Oyun Sudulqu Lubsangshalung 和 Aγui Šitügen-ü Cedig 两种经文。敬献请安之圣洁哈达、江西绸缎一匹。吉日。

喀喇沁王旗塔布囊布尔纳巴拉等为拉萨祈愿法会
及大昭寺献布施事文
6：338~340

为在拉萨祈愿法会熬茶给召佛（释迦牟尼佛像）涂金粉、献哈达、百供、向大黑天施食子等事进献两颗元宝的人员名单：信徒布尔纳巴拉、萨尔图、夫人松花儿、儿子布延绰克图、阿勒巴图莫台、护卫古勒浑；妥克多奈、乌尼巴图、妥克多勒、赛音胡毕图、南楚克、额尔德木闻达来、堪布、曼珠利、那沁、敖云图、巴达利、达伯喜索、赛济拉夫、那木达尔、萨噶拉、赛济拉夫、昭彻、拉什扎布、布尔古德、土布新、布迪、哈尔查盖、岱青、特古斯、玉穆沁、多勒岱、套海、占巴、六十六、布尼雅、毛奇塔特、钦达莫尼、萨莫雅、赛济拉呼、阿尔毕吉夫、巴勒桑、拉康、乌努根、巴尔扎巴、旺齐尔、桑杰扎布、多勒巴、格索勒、桑巴、旺布、巴勒珠尔、布尔古德、毕奇克图、诺木奇、伊尔贵、萨巴丹、多拉勒、莽古泰、阿穆尔、甘珠尔、妥克多勒、桑杰扎布、绰勒图、丹珠尔、陶齐勒、松赖、锡兰泰、丹巴、巴音桑、吉兰泰、卓哩克图、锡古尔泰、布勒怛克沁、查干呼、哈尔查盖、噶噜迪、斡义图、斡查拉勒图、杜旺济勒、麦拉索、海嘎勒、赛音绰克图、锡克图、格瓦巴拉、妥古勒、索克达玛勒、拉布奇、阿克拉克、青巴图、蒙克、克什克巴图、奥穆克图、浩济格尔、全、佛三宝、赛音绰克图、锡勒莫、穆样、妥果奇、迪德、达拉玛、福斯尔、诺木图、噶锡瓦、巴岱、蒙克、济穆格尔、拉克扎布、馒头、绰勒图、阿拉嘎图、绰济扎布、赛音绰克图、奇伦、那沁、桑杰扎布、宫古、色扎布、萨兰台、绰喇拜、章锡来、朝呼尔、衮济玛、巴古尔济、张、硕翁和尔、图力奇、昌堆、丹津、巴岱、绰勒图、延丕勒、阿尔毕珠勒、阿齐图、土布新、古穆普勒、呼伯呀、塔布盖、斡色尔、桑杰扎布、达尔玛、曼吉扎布、旺珠尔、乌勒穆济、卓哩克图、索伊克图、海青、额木克图、拜呼、德力格楞贵、老席、诺门桑、达穆丕勒、额森门都、都桑、毛夫、纯德勒、额布图、那穆彦、古济勒克、岳素图、呼和台、都古楞、噶当、巴勒齐尔、奇达拉图、海青、海青、妥伊莫克、明安图、公桑、朝伯泰、栋珠尔、杨扎布、妥克多勒、衮奇扎布、巴勒珠尔札木苏、岱青、妥克多勒、妥克多尼、达鲁尔、哈伦、乌尔图、朝克珠尔、达克布、班达、明安图、萨穆珠尔、布尔古德、卓奇斯图、都楞、多布克、巴达拉夫、拜奇嘎、奇喇木巴勒、章锡来、桑都、布延策凌、珠尔噶泰、济尔嘎郎；僧侣们：西喇布札木苏、索特巴、喇什札木苏、伊喜喇克巴、诺凌丕勒、雅穆扎布、巴勒珠尔、玉穆、丹毕札木苏、玛哈嘎拉、浩布喇克、占那利、巴达利、布尔布克、充库尔、栋勒喇呼、栋库尔、卜图格穆济、乌尔古勒济、额也图、巴勒丹扎布、奇门、布延图、乌尔济穆、锡迪巴拉、阿旺西喇布、齐木德多尔济。

喀喇沁额驸嘉木央多布丹为请安布施事致圣尊活佛文
6：344

喀喇沁鄙徒额驸嘉木央多布丹向圣尊活佛请安！圣尊活佛所赐神索、加持吉祥结、药物、书信等，已叩首拜收。祈求圣尊葛根永世保佑，从此处敬献金丝绸缎、哈达等。吉日。

【注释】据杜家骥《清朝满蒙联姻研究》，嘉木央多布丹（扎穆扬多普丹）在乾隆四十四年十月娶了诚郡王弘畅第四女郡主（格格）。可知这封信写于乾隆四十四年十月之后。

嘉木央多布丹、格格察干拉拜为请安求药之事致圣尊活佛文
6：345~346

末小弟子嘉木央多布丹、格格察干拉拜，在圣尊足下请安。想必圣尊贵体硬朗。惠赐书信及礼物两个神索、加持吉祥结等均收到。由喀喇沁王听到圣尊贵体硬朗，不胜欣喜。末小弟子嘉木央多布丹想拜见圣尊，念念祷祝，圣尊保佑，祈求明示如何才能谒见。末小弟子嘉木央多布丹向圣尊请求，请惠赐巴勒布红花、克什米尔红花、金礞石、石榴、酸枣、白刀豆、木棉花、乐吉（以上药材名原文均为藏文，而且多为错别字——译者注）等几种药。末小弟子嘉木央多布丹，为速速拜见圣尊尊容，敬献圣洁哈达、片金一匹。吉日。

【注释】据杜家骥《清朝满蒙联姻研究》，嘉木央多布丹（扎穆扬多普丹）在乾隆四十四年十月娶了诚郡王弘畅第四女郡主（格格）。可知这封信写于乾隆四十四年十月之后。据这封信，格格的名字叫察干拉拜。察干拉拜是蒙古语白海螺的意思。这个名字不像满洲格格的本名，更像是蒙藏喇嘛起的名字。想必这位格格笃信佛教。

嘉木央多布丹、格格察干拉拜为请安事致圣尊活佛文
6：347~348

嘉木央多布丹、格格察干拉拜谨在圣尊足前请安呈奏。圣尊贵体安康，所赐书信、仙丹、吉祥结二十五个、神索等礼物，已拜收。尤其圣尊应我所求，惠赐了圣尊像，现已收到，犹如拜见圣尊尊容，不胜欣喜。末小弟子嘉木央多布丹现已四十七岁，蛇年为四十九岁本命年。所以，如承蒙圣尊慈悲，恳请圣尊保佑，惠赐并设法捎给有益经咒。再者，如圣尊慈爱鄙徒嘉木央多布丹，敬请恒常保佑。鄙徒嘉木央多布丹，为即将拜见圣尊尊容，敬献书信、圣洁哈达、片金一匹、纸盒等礼物。吉日。

【注释】这里嘉木央多布丹自称四十七岁，蛇年为四十九岁本命年，表明他是蛇年出生，写信的这年是兔年。据杜家骥《清朝满蒙联姻研究》，嘉木央多布丹（扎穆扬多普丹）在乾隆四十四年（己亥，1779）十月娶了诚郡王弘畅第四女郡主。乾隆四十四年以前的蛇年有乾隆二十六年辛巳（1761）和乾隆三十八年癸巳（1773）。按一般人的婚龄推算，嘉木央多布丹应该生于辛巳年，在19岁的己亥年结婚。辛巳年出生的人四十七岁时是丁卯年（嘉庆十二年，1807），按蒙古的生肖是红母兔年（ulaγčin taulai jil）。我们可以推断这封信写于红母兔年即嘉庆十二年。这是一封为本命年的年关祈愿的书信。这封信也透露了嘉木央多布丹额驸的生年。

嘉木央多布丹、格格察干拉拜为谢恩请安事致圣尊活佛文
6：349~350

鄙徒嘉木央多布丹、格格察（干拉拜，原件残缺，据其他文书复原——译者注）向圣尊足下请安。想必圣尊贵体安康。在此小弟子嘉木央多布丹和全家托圣尊之福都安好。圣尊发慈悲，仁爱保佑我嘉木央多布丹，所惠赐之礼物书信、亲手绘制加持之白度母像、灵丹、护身结、两根神索等已到，心想犹如亲见圣尊明颜，甚感欣喜，顶礼拜收。小弟子嘉木央多布丹

意欲立刻谒见圣尊，请圣尊明鉴，明鉴。小弟子嘉木央多布丹为立刻谒见圣尊贵颜，敬献圣洁哈达一、吉祥（直译：口子朝上——译者注）荷包一、片金一匹。吉日奉上。

喀喇沁额驸格力克喇布斋为请安布施事致圣尊活佛文
6：341

喀喇沁鄙徒额驸格力克喇布斋向圣尊请安。已拜收圣尊所赐哗叽、加持吉祥结等。祈求永世保佑鄙徒，敬献金丝蟒缎、哈达等礼。吉日。

【注释】据杜家骥《清朝满蒙联姻研究》，喀喇沁和硕额驸嘉木央多布丹之子格力克喇布斋（吉领拉布齐）在嘉庆九年十二月娶了庄亲王绵课第二女郡主。可知这封信写于嘉庆九年之后。

喀喇沁额驸格力克喇布斋为请安事致圣尊活佛文
6：342

末小弟子格力克喇布斋、格格谨向圣尊足下请安。

圣尊身体安康吧？在此小弟子我全家托圣尊之福，都安好。祈求抚爱末小弟子，长久保佑。明鉴，明鉴。愿立刻谒见圣尊明颜，敬献圣洁哈达一方、黄色片金一匹。吉日。

喀喇沁额驸格力克喇布斋为请安事致圣尊活佛文
6：343

弟子格力克喇布斋、格格谨，在圣尊活佛足前请安呈奏。圣尊活佛依然安康。已叩受惠赐的仙丹、吉祥结、神索等礼物和书信。如蒙圣尊活佛慈悲，请将末小沙毕格力克喇布斋纳入法界，时常护佑。沙毕格力克喇布斋为即将拜见圣尊活佛尊容，作为见面礼，敬献书信、圣洁的哈达、一匹片金等。吉日。

喀喇沁王旗哈番阿尔宾为报所做善事及祈福事致圣尊活佛文
6：323~324

喀喇沁王旗哈番阿尔宾在圣尊无垢足莲前，以虔诚之心叩拜之由：本人阿尔宾，属马，五十岁。愚徒自始至今，不知犯下多少十恶之孽。今世所做善业则有：如，随大家喜。累年所做布施善事有：诵《甘珠尔经》三次；为《甘珠尔经》献两次经套；嘛呢诵一千篇，依靠众信徒之力炼成嘛呢灵丹。这一切都为自己修菩提道，请保佑我今生与来世。为此敬献四两银子。祈求保佑。明鉴，明鉴。

【注释】写信人阿尔宾自称属马，五十岁，那么写信年应是羊年。

喀喇沁王旗领催阿尔宾、坤达为父母超度及为自己祈福事致圣尊活佛文
6：325

喀喇沁王旗领催阿尔宾以虔诚之心在怙主圣尊无垢足下呈奏。阿尔宾我父亲喀尔喀、母亲僧色尔去世已有数年。献银二两，为父母诵经超度。此外，我坤达今年四十二岁，属牛。敬献银二两，向圣尊祈求今生之福。为此，一并敬献银四两。明鉴，明鉴。月初吉日。

【注释】这是一封两人合写的信，其中第二写信人坤达自称属牛，四十二岁，那么写信年是马年。坤达应该是阿尔宾的妻子。

喀喇沁公永库尔忠属下甲喇章京济阑泰
为请安献礼祈福事致圣尊活佛文
6：307

公爵永库尔忠属下末小信徒甲喇章京济阑泰跪请圣尊贵安。赐寄加持护结、神索等物，悉已拜受。敬献请安礼圣洁哈达、金线缎等。请圣尊垂仁眷佑。吉日。

喀喇沁喇什王旗毕力克图佐领下别齐为献礼事致达赖喇嘛文
6：320

向识一切者瓦赤喇怛喇喀喇沁喇什王旗毕力克图佐领下别齐敬献一两白银和绣字哈达。

喀喇沁扎萨克喇什王旗毕力克图佐领多尔济色凌
为献礼事致达赖喇嘛文
6：321

喀喇沁扎萨克喇什王旗毕力克图佐领多尔济色凌，向喇嘛额尔德尼敬献一座三钱曼荼罗及哈达一方。

喀喇沁额驸端耀特多尔济属民套布乃为谢恩
及请安事致济咙呼图克图文
6：360

额驸端耀特多尔济属民喀喇沁弟子格隆套布乃谨请济咙呼图克图安。圣尊呼图克图惠赐之佛像、仙丹、吉祥结等已拜收。托圣尊呼图克图之保佑，为尽快谒见，敬献圣洁白色哈达、白银等。

喀喇沁王喇什扎萨克喇嘛温布莫勒穆
为已故喇嘛等诵经事致达赖喇嘛文
9：109

喀喇沁王喇什扎萨克喇嘛温布莫勒穆祈求至上圣尊喇嘛额尔德尼，为我已故根本上师罗布桑素勒其莫及扎木素格隆诵经。祈求诵经之礼，绣字大哈达一方、二两银制成之坛城一、大黄绸缎一匹、花纹绫子一匹等。吉日敬献。

喀喇沁王旗甘珠尔寺夏仲札木杨丹德尔为谢恩及请安事致圣尊喇嘛文

9：115

喀喇沁王旗甘珠尔寺夏仲札木杨丹德尔谨呈。托圣尊之福，我等弟子皆安在。惠赐仙丹、吉祥结、哔叽等顶礼拜收。为祈愿保佑今生与来世请圣尊安，顶礼敬献近乎空手之礼四捆外库哈达。

阿旺罗布藏因眼疾事致圣尊活佛文

8：357~358

弟子色尔济阿旺罗布藏向圣尊活佛请安。来信及惠赐礼物中得知，圣尊活佛为众生造化如日月，甚感欣喜。小弟子也托圣尊活佛护持与仁慈，安好。呈奏者：小弟子眼中生肉，难以阅读经卷，多次服药治疗均无效。因此之故，祈求圣尊活佛护佑，赐予有益之一切。明鉴，明鉴。敬献请安礼圣洁彩色哈达一方、纸夹一、荷包一、缎一匹。简言之，祈求护佑今生与来世。明鉴，明鉴。

【注释】据后文推论，写信人阿旺罗布藏可能是喀喇沁王满珠巴咱尔旗的僧人，收信人圣尊喇嘛是八世济咙呼图克图益西罗桑丹贝贡布。

阿旺罗布藏为布施祈福事致圣尊活佛文

8：359~360

弟子阿旺罗布藏向圣尊活佛启禀：为拉萨祈愿法会熬茶费献元宝二、哈达一，为郭芒扎仓春季辩法会献茶与饭费元宝一、银三十两，如不敷用，付一顿美餐。为召仁波切鎏金并供五百佛灯，献十两银子。所有这些用途悉听圣尊活佛尊便。请活佛明鉴。简言之，为今生与来世没有第二护持处，祈求圣尊活佛保佑。明鉴，明鉴！月初吉日奏。

【注释】据后文推论，写信人阿旺罗布藏可能是喀喇沁王满珠巴咱尔旗的僧人，收信人圣尊喇嘛是八世济咙呼图克图益西罗桑丹贝贡布。

阿旺罗布藏为谢恩及为赴藏学经之弟子筹划钱粮事致圣尊活佛文
8：361~362

弟子色尔济阿旺罗布藏请圣尊活佛之安。自王爷那里确知活佛安康，非常高兴。末小弟子托活佛之福，安好。圣尊活佛问候我的话，王爷已转告。圣尊活佛惠赐之礼物书信均已到达。据信得知，弟子所献礼物及祈愿法会食物、郭芒扎仓饭茶、为召仁波切所献供品、二护法神的礼物均已送达。为圣尊活佛祝寿之礼不明一事亦写在信里了。

还有一件事：曾遣我弟子丹巴多尔济到郭芒寺学佛。现来信告知，将与嘉木样沙德巴活佛一同赴藏学习。因时间紧迫且该堪布使者立刻返回，未来得及给弟子备钱粮。如承蒙厚爱，跪求圣尊活佛为我弟子丹巴多尔济和另一名弟子沙布隆图布敦多尔济各赐一百两银子。该银两将由今年十月东来之道贺使者带回。弟子一定奉还，不会有差错。为此呈奏。祈求圣尊活佛爱怜我弟了，保佑沙布隆图布敦多尔济与丹巴多尔济二人。明鉴，明鉴！奉书于圣尊活佛足下，礼物有哈达等。吉日奉上。祈求活佛保佑我。明鉴，明鉴。

【注释】写信人阿旺罗布藏说"圣尊活佛问候我的话，王爷已转告"。既然王爷转告了圣尊活佛的问候，那么王爷肯定面见了那位圣尊。写信人又说其弟子丹巴多尔济赴藏学习，并请圣尊给赴藏弟子借银，同时表示将通过东来道贺使者偿还。这一切表明那位圣尊当时在西藏。反过来看，王爷面见在西藏的圣尊一事只有清朝皇帝派遣入藏时才能发生。综合这些因素看，这里的王爷应该是喀喇沁多罗郡王满珠巴咱尔。满珠巴咱尔嘉庆九年（1804）入藏，出席九世达赖喇嘛的坐床典礼，自然有机会面见圣尊喇嘛。以当时西藏的情况看，这里的圣尊应该是时任西藏摄政的济咙呼图克图。喀喇沁王满珠巴咱尔在西藏见了济咙呼图克图，而济咙呼图克图让满珠巴咱尔捎话，问候写信人阿旺罗布藏。

满珠巴咱尔嘉庆九年入藏，次年正月回到北京，那么这封信应该写于嘉庆十年。

达喇嘛阿旺罗布藏为请安献礼祈福事致圣尊活佛文
10：259~260

末徒色尔济达喇嘛阿旺罗布藏请圣尊活佛安。圣尊活佛贵体硬朗，执领利济众生大业，由所赐书函礼物获知，不胜欢忭之至。蒙圣尊护佑，末弟安好无恙。且径禀者：末徒愿谒圣尊金颜，万望不已。然而，弟子现在祝愿圣尊长寿，敬谨造作经忏。前往贵处，并无身心语之苦。又，喇多得喇嘛谕言：不时有前来此地之福。故兹来到此地，感戴寺恩，只因乡俗不合，实在怨恨。此等缘由，圣尊想亦明鉴。因此，简而言之，祈保佑今生来世一切逆缘寂息，所造事业归入善轨。请圣尊安礼，仅示不空，献圣洁哈达、鏒鼓之饰、nangbu外套、荷包及如意等物。月初吉日。吉祥。

【注释】 据上文推论，写信人阿旺罗布藏可能是喀喇沁王满珠巴咱尔旗的僧人，收信人圣尊喇嘛是八世济咙呼图克图益西罗桑丹贝贡布。

阿旺罗布藏为请安事致圣尊活佛文
8：363~364

弟子色尔济阿旺罗布藏请圣尊活佛安。想必圣尊活佛太阳般地广作教法众生利益，安康如故。末小弟子仰赖圣尊活佛保佑，安好如故。呈祈之事：兔年敬献礼物，尚未收到馈复。现为今年请安，献圣洁哈达、玉壶、纸制荷包等，祈求保佑。再为庆贺来年圣尊五十大寿，敬献天物、供坛哈达、三尊神物、褥垫所需十两白银、鏒鼓饰物一对、酸奶奶豆腐一盒、一颗元宝等。祈愿今生速与圣尊相见。请圣尊务必保佑，明谕回复。明鉴，鉴之。月初吉日。

【注释】 如上文推论，写信人阿旺罗布藏是喀喇沁王满珠巴咱尔旗的喇嘛，收信人圣尊喇嘛是时任西藏摄政的八世济咙呼图克图。在这封信里，阿旺罗布藏说"为庆贺来年圣尊五十大寿"，表明来年是八世济咙呼图克图的五十大寿。按，八世济咙呼图克图益西罗桑丹贝贡布生于乾隆二十五年（1760），他的五十大寿就是嘉庆十五年（1810）。可以肯定，这封信写于嘉庆十四年。

驻雍和宫达喇嘛多尔济为报接收所赐喀喇沁王满珠巴咱尔礼物事致达赖喇嘛文
10：089~090

驻雍和宫达喇嘛多尔济谨，一俟藏地前来之贺喜堪布到来，由堪布处领取达赖喇嘛惠赐喀喇沁王满珠巴咱尔之礼物，并转呈喀喇沁王之手。此间，因王爷身体欠佳以致延误，直到堪布启程返回为止，仍未见喀喇沁王回礼送到。兹将书信一封交给堪布以呈报。吉日。

自堪布处领取礼物件数：纸包一、佛一尊、香包一、护结包一，合计四包。

【注释】多尔济是喀喇沁王旗派驻雍和宫的喇嘛，他的寺籍不是雍和宫，而是喀喇沁的某寺。

喀喇沁王旗格隆垂恩丕勒为祈福献礼事致济咙呼图克图文
9：116

今生后世怙主圣尊济咙活佛无垢足莲前，喀喇沁王旗哈迪克地方之末小医生格隆垂恩丕勒由三门虔诚祈祷：祈求今生一切魔障寂息，相和因、长寿、吉祥更加厚积，来世随生圣尊活佛，不离不弃，献薄礼五两银。吉日呈奉。吉善。

【注释】《西藏自治区档案馆馆藏蒙满文档案精选》第9卷第116页加题由为"土默特旗驻哲蚌寺领诵师扎西达瓦为献银祈福事致济咙葛根呈文"，误。

喀喇沁王旗格隆扎那噶尔迪为祈福布施事致圣尊喇嘛文
9：113~114

喀喇沁王旗末小格隆扎那噶尔迪以虔诚之心向圣尊呈奏。扎那噶尔迪今年四十九岁，属龙。为今生和来世祈福，敬献一两五钱银子。愿圣尊保佑。明鉴，明鉴！月初吉日。

喀喇沁喇什王旗春丕勒格隆之温布罗布藏班第呈达赖喇嘛礼物清单
6：319

喀喇沁喇什王旗春丕勒格隆之温布罗布藏班第，向至上佛首、识一切者、广相佛圣尊喇嘛额尔德尼献礼：绣字大哈达一方、价值十五两银之曼荼罗、绣字小哈达一方、五钱金曼荼罗一个、二十两白银、大黄缎一匹、黄色闪缎四庹，还有……（残）……黄缎四庹、以刺绣黄蟒缎……（残）……蓝蟒镶边垫子……（残）……等。

喀喇沁扎萨克旗

喀喇沁扎萨克喇特纳吉尔第为请安事致济咙呼图克图文
6：326

喀喇沁扎萨克额驸喇特纳吉尔第谨呈。以三门虔诚跪在圣尊济咙额尔德尼足莲前，顶礼敬献圣洁哈达、荷包两双、鼻烟一盒请安。圣尊平安无事。弟子我等家里大小、旗里众人，托葛根保佑皆安在。跪祈圣尊慈悲弟子我等救度一切灾难，并保佑政教平安、永久相存。

【注释】喀喇沁扎萨克额附，清代喀喇沁的职衔、爵位，职衔初由色棱始。色棱是杜棱郡王固噜思奇布的族祖，天聪九年受封扎萨克，顺治五年封镇国公，诏世袭罔替。色棱→奇塔特→乌特巴拉→善巴喇什。善巴喇什在康熙三十年袭扎萨克镇国公，五十五年晋封扎萨克固山贝子，五十六年去世。善巴喇什长子僧衮扎布在康熙五十六年袭扎萨克固山贝子，雍正五年晋封多罗贝勒，乾隆七年去世。僧衮扎布长子瑚图灵阿在乾隆七年袭扎萨克固山贝子，四十四年去世。同年，瑚图灵阿长子济克济特扎布袭爵，四十五年以罪削爵职，将扎萨克职衔授予僧衮扎布次子扎拉丰阿。乾隆四十八年，扎拉丰阿病卒，其子丹巴多尔济袭扎萨克镇国公。丹巴多尔济在乾隆五十四年以罪削职，由济克济特扎布长子喇特纳吉尔第袭扎萨克一等塔布囊。

喀喇沁克扎萨克旗参领诺尔京为告知收取达赖喇嘛、班禅呼图克图拉萨祈愿法会赐物事致达赖喇嘛商上文
7：018~020

喀喇沁克扎萨克旗参领诺尔京的三年春虔布施之回礼，达赖喇嘛商上之加持吉祥结，班禅商上之加持吉祥结，拉萨祈愿法会之粗呢二匹、藏红花三两等礼，六年春到来。本人已由使臣手中接收。为告知写信回复。吉日。

封面：向顶饰瓦赤喇怛喇达赖喇嘛商上供奉之礼。喀喇沁扎萨克旗布罗达艾力参领诺尔京所敬献之回礼。

【注释】信中的"克扎萨克"是喀喇沁左翼旗扎萨克一等塔布囊克星额。克星额是喇特纳吉尔第之子，嘉庆二十三年袭扎萨克一等塔布囊，道光二十七年去世。写信人称三年春布施之回礼六年春到来云云，若将克星额的在位年代和清朝年号两相对照，可以发现信中所说的三年和六年是道光三年和道光六年。据此可以确定，这封信写于道光六年或七年。

喀喇沁塔布囊喇扎勒多尔济及妻子为请安谢恩事致济咙呼图克图文
6：352

末小施主喀喇沁塔布囊喇扎勒多尔济及妻子幸赛玛谨在圣尊济咙无垢足莲前请安。今由所赐礼物、书信中得知，圣尊为教法与众生广作利益而安康。在此，末小我等托圣尊保佑安在。为请安敬献石钩、护身结、哈达等。时常保佑，鉴之，鉴之。

喀喇沁扎萨克喇特纳吉尔第旗囊素桑扎布、掌堂师海鲁布等人为给大小昭镀金及拉萨祈愿法会献银事致函
9：110~112

喀喇沁扎萨克喇特纳吉尔第旗浩莱图河六间房之囊素桑扎布、三间房之掌堂师海鲁布、领经师色布勒为首，随喜善业者囊素海鲁布一两，格隆僧格一两，掌堂师罗勒丹二两，格隆布尔古德一两四钱五分，管家桑鲁布一两三钱，管家达尔罕三两三钱五分，索德诺木巴勒两钱六分，格隆喇布斋六分，阿尔宾、素瓦楚勒、讷木呼、浓吉德等八钱二分，占鲁布两钱，喇什一钱三分，齐木德多尔济一钱三分，桑布四钱，固什敦多布一两零六分五厘，格隆赛因章图五钱三分，色尔布两钱，德木齐诺木布勒五钱三分，喇什扎布一钱四分，扎木扬达勒占喇嘛两钱六分，布颜图六分，禅师罗勒丹一钱，丹巴尼玛一钱，格隆丹丕勒一两，尼姑衮楚格桑布一两，绰克图一两，陶浩齐一钱四分，哈喇勒岱一钱三分，套什两钱六分，孟克三钱，哈屯敖伦巴两钱，姑娘玛尔麦一钱，幺鲁九钱四分，扎尔穆德一钱三分，迈巴德勒格六分半，gingguwa 六分半，固什索诺木一两三钱，托因敖因布勒一钱三分，巴布扎布两钱六分，阿优尔一钱三分，雍鲁布一钱三分等，为父母一切有情，向两昭葛根佛像镀金及献祭诵经而敬献十两银。为佛法弘扬于十方，圣尊足下莲花得以坚固，父母、众生各自解脱苦难及修得菩提之道而为祈愿法会作熬茶费，敬献两个元宝等礼。

喀喇沁公旗

喀喇沁扎萨克公玛哈巴拉为请求面见活佛及祈福事致济咙呼图克图文
6：363~364

喀喇沁扎萨克公亲近弟子玛哈巴拉以三门信仰叩拜，在圣尊济咙额尔德尼无垢足莲前呈奏：得知圣尊身体安康，不胜欣喜。（弟子）日夜渴望见到

圣尊金颜，享受教法甘露。只因圣尊奉圣主之命，扶持佛教。虽不能如意，然而因前缘之故，必有与圣尊见面享受教法甘露之时。今敬赠土产食品四盒子。祈愿依仗圣尊庇护，我家大小等在此处亦安康且诸事顺利。祈求大发慈悲。鉴之，鉴之。嘉庆三年戊午吉日。

封面：敬赠活佛。封底：谨封。

喀喇沁扎萨克公玛哈巴拉为谢恩及祈福事致济咙呼图克图文
6：366

喀喇沁扎萨克公鄙徒玛哈巴拉以三门信仰叩拜。在顶饰救度者瓦赤喇圣尊济咙额尔德尼奇妙无垢足莲前呈奏：圣尊龙年所赐佛像及书信悉数到齐，已顶礼拜收，得知圣尊贵体安康如故，如日光般照耀藏地政教二道，如亲见贵容般高兴。敬献圣尊薄礼，近乎空手，天物圣洁哈达、浅红色大锦缎一匹、黄绸一匹、黄红纺丝两匹，以作曼荼罗供上。年例所献五十两银子今交与商卓特巴外，祈求以慈悲之心保佑我今生与来世。明鉴，明鉴。此前，我兄弟之事曾呈奏过，故不再赘言。圣尊明鉴，明鉴。嘉庆三年戊午春三月。

喀喇沁扎萨克公玛哈巴拉为谢恩请安布施事致商卓特巴文
6：365

喀喇沁扎萨克公玛哈巴拉，得知协助济咙额尔德尼政教二道者、博学通达之商卓特巴喇嘛身体依然安康而不胜欣喜。更有甚者，惠赐礼物、书信、仙丹等悉数到来，感知葛根于明里暗里一视善待施主弟子，更加欣喜。今为请安从远处敬献近乎空手之薄礼黄缎袍一，敬请留下。每年敬献五十两银子交到商卓特巴桑扎布。嘉庆三年戊午三月。

喀喇沁扎萨克公玛哈巴拉为请安谢恩布施事致济咙呼图克图文
6：370

喀喇沁扎萨克公亲近弟子玛哈巴拉以虔诚之心在顶饰瓦赤喇怛喇圣尊济

咙额尔德尼无垢足莲前请安。兔年遣使所赐礼物书信等已悉数拜收，并得知圣尊安康如故，护佑一切事业，如同亲自觐见圣尊金颜，不胜喜悦。今敬献请安薄礼天物哈达一方、绿锦缎一匹、红缎一件长袍料。愿大发慈悲，护佑今生与来世。明鉴，明鉴。龙年春一月吉日。

【注释】 齐齐克子玛哈巴拉在乾隆四十年（1775）袭扎萨克公品级一等塔布囊，五十三年封辅国公，道光九年（1829）赏给贝子衔，十七年赏给贝勒衔，二十四年去世。玛哈巴拉在位长达69年，其间遇六个龙年，分别为乾隆四十九年，嘉庆元年（1796）、十三年、二十五年，道光十二年、二十四年，若以任辅国公时期为准，也有嘉庆元年、十三年、二十五年三个龙年。

喀喇沁扎萨克公玛哈巴拉为迎请转世灵童
及布施事致济咙呼图克图文
6：369

末小亲近弟子施主喀喇沁扎萨克公玛哈巴拉，以虔诚之心在顶饰怙主瓦赤喇怛喇圣尊济咙额尔德尼无垢足莲前叩拜呈奏。末小施主我等信奉喇嘛三宝，祈愿圣尊教法广兴如同新月，迎请扎什伦布寺属下医师喇嘛至我旗寺院坐床。今该喇嘛活佛转世于扎什伦布寺附近，圣尊班禅额尔德尼已赐噶沁堪布名号，即今在扎什伦布寺学经之名为罗布桑达尔济者。我欲迎请转世活佛前来我寺，今将三百两盘缠银交付班禅额尔德尼使臣往送。愿圣尊发慈悲心保佑末小施主我等，向圣尊班禅额尔德尼转奏，速速派转世活佛前来。为此以虔诚之心再三祈求敬献。明鉴，明鉴！龙年春一月吉日。

喀喇沁扎萨克公玛哈巴拉为谢恩及请安事
致济咙呼图克图之商卓特巴喇嘛文
6：383

喀喇沁扎萨克公玛哈巴拉向圣尊济咙额尔德尼之商卓特巴喇嘛请安。收到兔年使者带来之礼物及书信，得知您贵体安好如故，协助诸业，不胜喜悦。现敬献请安礼哈达一方、官绸一匹、一件衣面料。龙年一月初吉日。

【注释】这封信是《喀喇沁扎萨克公玛哈巴拉为请安谢恩布施事致济咙呼图克图文》姐妹篇。《喀喇沁扎萨克公玛哈巴拉为请安谢恩布施事致济咙呼图克图文》是写给济咙呼图克图的，而这封信是写给济咙呼图克图的商卓特巴的，两封信同时寄发，因此这封信落款所记龙年是戊辰年，即嘉庆十三年（1808）。

喀喇沁扎萨克公玛哈巴拉为请安布施事致济咙呼图克图文
6：371~372

喀喇沁扎萨克公玛哈巴拉虔诚叩拜，在圣尊济咙额尔德尼金轮足下跪拜请安！猴年所赐礼物哈达、吉祥结、两匹粗呢、三幅唐卡等至，已拜收。今敬献哈达一方、红片金一匹、红锦缎一匹。祈求保佑今生及来世一切事业，明鉴！鸡年春吉日。

【注释】齐齐克子玛哈巴拉在乾隆四十年（1775）袭扎萨克公品级一等塔布囊，五十三年封辅国公，道光九年（1829）赏给贝子衔，十七年赏给贝勒衔，二十四年去世。玛哈巴拉在位长达69年，其间遇六个鸡年，分别为乾隆四十二年、五十四年，嘉庆六年（1801）、十八年，道光五年、十七年，若以任辅国公时期为准，也有乾隆五十四年，嘉庆六年、十八年，道光五年四个鸡年。

喀喇沁扎萨克公玛哈巴拉为请安及谢恩事致萨玛第巴克什堪布诺门罕文
6：373~374

喀喇沁扎萨克公玛哈巴拉于萨玛第巴克什额尔德尼诺门罕圣尊足下跪拜，请安呈奏。猴年所赐哈达、仙丹、粗呢等已拜收，如同亲自谒见，不胜喜悦。今为请安，献近乎空手之薄礼哈达一方、红蟒缎一匹。祈求保佑一切！明鉴。鸡年春吉日。

【注释】 玛哈巴拉在乾隆四十年（1775）袭扎萨克公品级一等塔布囊，五十三年封辅国公，道光九年（1829）赏给贝子衔，十七年赏给贝勒衔，二十四年去世。这封信中玛哈巴拉自称公爵，表明这封信写于乾隆五十三年之后。又称收信人萨玛第巴克什为额尔德尼诺门罕，表明收信人是一世萨玛第巴克什，即西藏的一世策墨林活佛。一世策墨林活佛在乾隆五十五年圆寂，所以此信应写于该年之前。两相勘核，可以确定这封信写于乾隆五十四年，即乾隆五十四年。

喀喇沁扎萨克公玛哈巴拉为祈福事致达赖喇嘛文
6：375

喀喇沁扎萨克公玛哈巴拉以三门信仰叩拜，在胜自在达赖喇嘛无垢金轮足莲前跪呈：猪年惠赐的仙丹、吉祥结、粗呢、克什米尔红花、书信等已到，已向圣尊叩拜手下。现敬献哈达一方、红色蟒缎一匹、红色云缎一匹。祈求保佑今生与来世。鉴之。鼠年春吉日。

【注释】 玛哈巴拉在乾隆四十年（1775）袭扎萨克公品级一等塔布囊，五十三年封辅国公，道光九年（1829）赏给贝子衔，十七年赏给贝勒衔，二十四年去世。玛哈巴拉在位长达69年，其间遇六个鼠年，分别为乾隆四十五年、五十七年，嘉庆九年（1804）、二十一年，道光八年、二十年，若以任辅国公时期为准，也有乾隆五十七年，嘉庆九年、二十一年三个鼠年。

喀喇沁扎萨克公玛哈巴拉为亡兄济格密德尼玛
及府上贵妇萨木坦超度布施事致济咙呼图克图文
6：368

喀喇沁扎萨克公玛哈巴拉在圣尊济咙足前呈奏。呈奏之事：我兄长托音济格密德尼玛于今兔年一月二十七日去世，为其诵经熬茶所献银两共计一百七十五两，其中，敬献圣尊之银十两，敬献圣尊达赖喇嘛之银十两，敬献圣尊济咙银三十两，敬献拉萨祈愿大法会银一百零五两，共布施银两一百七十

155

五。此外，为我府上已故贵妇人萨木坦诵经超度，敬献拉萨祈愿大法会银五两，祈愿圣尊为之诵经之银五两，祈愿圣尊达赖喇嘛为之诵经之银五两，祈愿圣尊济咙为之诵经之银五两。请将此等银两特为亡兄济格密德尼玛等人熬茶、诵经所需用之。愿圣尊保佑，明鉴，明鉴。嘉庆十二年春三月吉日。

【注释】喀喇沁扎萨克公，清代喀喇沁的爵职，爵位初由茂秀始，职衔由格呼尔起。茂秀是固噜思奇布贝勒的族侄，受封一等塔布囊。格呼尔是茂秀子，康熙四十四年（1705）受封扎萨克。格呼尔在康熙五十八年去世，次年由其从子喀宁阿袭扎萨克一等塔布囊。喀宁阿→齐齐克。乾隆十九年（1754），齐齐克受赐公品级。齐齐克子玛哈巴拉在乾隆四十年袭扎萨克公品级一等塔布囊，五十三年封辅国公，道光九年（1829）赏给贝子衔，十七年赏给贝勒衔，二十四年去世。

喀喇沁扎萨克公玛哈巴拉为谢恩及请安事致济咙呼图克图文
6：384~385

喀喇沁扎萨克公弟子玛哈巴拉以三门信仰叩拜。在顶饰救度者瓦赤喇怛喇圣尊济咙额尔德尼奇妙无垢足莲前呈奏：龙年，圣尊惠寄书信及礼物悉数到来，已顶礼拜收，得知圣尊贵体安康如故，日光般照耀藏地政教二道，如亲见圣尊活佛贵容搬喜悦。献请安礼黄锦一匹、绿锦一匹。以慈悲之心保佑我今生与来世，明鉴，明鉴。己巳年一月初吉日。

【注释】玛哈巴拉在乾隆四十年（1775）袭扎萨克公品级一等塔布囊，五十三年封辅国公，道光九年（1829）赏给贝子衔，十七年赏给贝勒衔，二十四年去世。他在位期间的己巳年是嘉庆十四年（1809）。

喀喇沁扎萨克公玛哈巴拉为谢恩请安布施事致商卓特巴喇嘛文
6：376

喀喇沁扎萨克公玛哈巴拉为协助济咙额尔德尼诸事业之商卓特巴喇嘛请安。

龙年使者所带来之礼物、书信悉数到达,从中得知喇嘛身体健康,不胜欣喜。今献上请安礼做一袍子布料大黄缎一件,望以悦色收纳。己巳年一月吉日。

【注释】玛哈巴拉在乾隆四十年(1775)袭扎萨克公品级一等塔布囊,五十三年封辅国公,道光九年(1829)赏给贝子衔,十七年赏给贝勒衔,二十四年去世。他在位期间的己巳年是嘉庆十四年(1809)。

喀喇沁扎萨克公玛哈巴拉为谢恩请安布施事致萨玛第巴克什诺门罕文
6:377

喀喇沁扎萨克公玛哈巴拉在萨玛第巴克什诺门罕足下叩请安康。猪年所赐仙丹、吉祥结、粗呢、书信等拜收,犹如见到您尊容,不胜欣喜。今为请安敬献圣洁哈达一方、蓝色蟒缎一匹。请保佑一切。鉴之。鼠年春吉日。

喀喇沁公玛哈巴拉为请安布施事致萨玛第巴克什诺门罕文
6:381

喀喇沁扎萨克公玛哈巴拉以无比信仰在萨玛第巴克什诺门罕足下敬献。牛年冬天使者带来之哈达、克什米尔粗呢等礼物悉数顶礼拜收,并得知广作教法与众生利益,护佑我等而不胜欣喜。渴望尽快见到尊容。请安之礼近乎空手,敬献彩色的哈达、锦缎等。请保佑,鉴之,鉴之。虎年春吉日。

喀喇沁扎萨克公玛哈巴拉为请安布施事
致萨玛第巴克什堪布诺门罕文
6:382

施主喀喇沁扎萨克公玛哈巴拉在萨玛第巴克什堪布诺门罕活佛足下请安。得到惠赐的礼物书信,得知贵体安康如故,仍为教法勤勉,不胜欣喜。今为请安敬献近乎空手之礼圣洁白色哈达、锦缎、蟒缎四丈等,请以喜悦之心收下。鉴之。丙子年吉日。

【注释】玛哈巴拉在乾隆四十年（1775）袭扎萨克公品级一等塔布囊，五十三年封辅国公，道光九年（1829）赏给贝子衔，十七年赏给贝勒衔，二十四年去世。他在位期间的丙子年是嘉庆二十一年（1816）。

喀喇沁扎萨克公玛哈巴拉为谢恩请安布施事
致济咙活佛商卓特巴喇嘛文
6：379

喀喇沁扎萨克公玛哈巴拉向协助济咙额尔德尼一切事业之商卓特巴喇嘛请安。由虎年使者所带礼物、书信得知贵体安康如故，不胜欣喜。今为请安近乎空手，敬献彩色哈达一方、红缎等。望以悦色收纳。己卯年二月吉日。

【注释】玛哈巴拉在乾隆四十年（1775）袭扎萨克公品级一等塔布囊，五十三年封辅国公，道光九年（1829）赏给贝子衔，十七年赏给贝勒衔，二十四年去世。他在位期间的己卯年是嘉庆二十四年（1819）。

喀喇沁扎萨克贝子玛哈巴拉为请安布施事
致萨玛第巴克什诺门罕文
6：378

喀喇沁扎萨克贝子玛哈巴拉向萨玛第巴克什诺门罕活佛请安。虎年惠赐的开光的吉祥结、粗呢已拜收。再拜献圣洁的哈达一方、紫色蟒缎一匹。为今生与来世保佑，鉴之。兔年春吉日。

【注释】玛哈巴拉在乾隆四十年（1775）袭扎萨克公品级一等塔布囊，五十三年封辅国公，道光九年（1829）赏给贝子衔，十七年赏给贝勒衔，二十四年去世。玛哈巴拉在信中自称贝子，可知这封信写于他晋封贝子衔的道光九年到晋封贝勒衔的道光十七年之间。这期间的兔年是道光十一年（1831）辛卯年，故这封信应写于道光十一年。

喀喇沁扎萨克贝子玛哈巴拉为请安布施事致萨玛第巴克什诺门罕文
6：380

喀喇沁扎萨克贝子玛哈巴拉祷祝叩拜，在萨玛第巴克什额尔德尼诺门罕足下叩呈：马年惠赐礼物，据说途中被抢而未到，但以虔诚信仰进献哈达一方、红色蟒缎一匹。请保佑今生与来世。羊年二月吉日。

【注释】玛哈巴拉在乾隆四十年（1775）袭扎萨克公品级一等塔布囊，五十三年封辅国公，道光九年（1829）赏给贝子衔，十七年赏给贝勒衔，二十四年去世。玛哈巴拉晋封贝子衔的道光七年到晋封贝勒衔的道光十七年之间的羊年是道光十五年，可知这封信写于道光十五年。然而，据清朝官方文献记载，一世策墨林活佛拥有额尔德尼诺门罕封号，二世策墨林则拥有额尔德穆图诺门罕封号。这封信是玛哈巴拉写给二世策墨林活佛的，但不知为何玛哈巴拉仍称其为额尔德尼诺门罕。

喀喇沁中旗扎萨克公汉噜扎布为请安事致达赖喇嘛文
7：001~004

乾清门行走、赏用紫缰、赏戴孔雀翎、以军功加四级卓索图盟喀喇沁中旗之扎萨克公、奴仆弟子汉噜扎布谨跪，在至尊圣尊达赖喇嘛足莲前请安。呈奏事：早前虽听说圣尊喇嘛要驾临，但未得到可靠的消息，以致耽误迎驾请安事。今听说圣尊达赖喇嘛要驾临清凉五台山，差遣入京差使梅林阿勒坦额尔德尼急驰前往，向圣尊喇嘛请安外，如有需要奴仆弟子汉噜扎布，情愿效劳。还有，差使梅林阿勒坦额尔德尼精通汉、满、蒙古文，在京舅舅庆亲王与理藩院熟悉，若有所需之事，为效劳犬马之力而急驰前往。待得圣尊达赖喇嘛何月何日驾临五台山，反馈信息。为请圣尊达赖喇嘛安，敬献圣洁哈达等。吉日。

【注释】喀喇沁扎萨克公，清代喀喇沁的爵职，爵位初由茂秀始，职衔由格呼尔起。茂秀是固噜思奇布贝勒的族侄，受封一等塔布囊。格呼尔是茂秀之子，康熙四十四年（1705）受封扎萨克。格呼尔在康熙五十八年去世，次年由其从子喀宁阿袭扎萨克一等塔布囊。喀宁阿→齐齐克。乾隆十九年（1754），齐齐克受赐公品级。齐齐克子玛哈巴拉在乾隆四十年袭扎萨克公品级一等塔布囊，五十三年封辅国公，道光九年（1829）赏给贝子衔，十七年赏给贝勒衔，二十四年去世。齐齐克→玛哈巴拉→德勒格尔→阿育尔扎那→汉噜扎布。汉噜扎布是阿育尔扎那之嗣子，光绪十七年（1891）袭辅国公衔头等塔布囊，二十七年赏戴花翎，三十年命在乾清门行走。汉噜扎布在信中提到达赖喇嘛驾临五台山之事，所以这封信写于光绪三十四年无疑，因为十三世达赖喇嘛驾临五台山是该年之事。

汉噜扎布为迎请达赖喇嘛进京事宜致驻五台山达赖喇嘛文
7：005~008

弟子汉噜扎布谨叩，请瓦赤喇怛喇圣尊达赖喇嘛万安。此时，想必圣尊贵体在五台山安然无恙，天时炎热，水土服宜，随从众徒平安无碍。弟子蒙圣尊保佑，安然无恙。另外，上月二十五日拜见圣尊，禀报得假返回，五月初一回到北京。向理藩院与亲朋好友探听圣尊前来之消息，得知除在维修东黄寺以外，没有迎请圣尊谕旨。弟子对理藩院与亲朋好友传达圣尊来京拜见圣主之意，似乎有成功之可能。只想圣尊派遣译师堪布或索本堪布来京，与我商讨，则能早成此事。再有，因情面所需，弟子铭记圣尊旨意，为以最少费用促成此事而在奔波。今特意派人前往禀报。请圣尊明鉴，选派译师堪布或索本堪布之一，同伊西扎木苏和顶戴吏员恩赫日夫一同返回，以便一切商讨无碍。为圣尊请安，敬献圣洁哈达等。吉日。

为请瓦赤喇怛喇圣尊达赖喇嘛万般安康而敬献。谨封。

【注释】见上文注释。

喀喇沁扎萨克公旗塔布囊济克默特丹布为谢恩
请安布施等事致济咙呼图克图文
6：351

喀喇沁扎萨克公旗塔布囊济克默特丹布，以三宝信仰叩拜，在顶饰救度者瓦赤喇怛喇圣尊济咙额尔德尼足莲前呈奏：蛇年使者惠赐之礼物与书信已顶礼拜收。今为请安敬献金字绸缎等。祈求发大慈大悲，保佑今生与来世。请鉴之。嘉庆三年戊午三月。

喀喇沁扎萨克公旗二等塔布囊济克默特丹布
为请安祈福事致济咙呼图克图文
6：355

喀喇沁扎萨克公旗二等塔布囊济克默特丹布虔心叩拜，在顶饰瓦赤喇怛喇圣尊济咙额尔德尼无垢足莲前请安呈奏。兔年遣使所赐礼物及书信已拜收，得知圣尊安康如故，护持一切功业，如同亲自觐见圣尊金颜，不胜喜悦。今献上请安之礼天物哈达一方、红罗金一匹。圣尊慈悲明鉴，保佑今生与来世。明鉴，明鉴！龙年春一月吉日。

喀喇沁扎萨克公玛哈巴拉旗管旗章京桑济扎布
为谢恩祈福事致济咙呼图克图文
6：367

喀喇沁扎萨克公旗鄙徒管旗章京桑济扎布及全家以三门信仰叩拜，在顶饰瓦赤喇怛喇圣尊济咙无垢足莲前呈奏。悉数拜收圣尊所赐礼物及书信，得知圣尊法体安康如故，不胜喜悦！鄙徒仰赖圣尊保佑，安好！今献请安礼物黄色宁绸一件袍子料、哈达一方。愿大发慈悲，保佑我等今生与来世。嘉庆三年戊午年春三月。

喀喇沁公旗管旗章京桑济扎布为谢恩及祈福事
致济咙呼图克图之商卓特巴文
7：011

喀喇沁公旗管旗章京桑济扎布谨呈。切实扶持济咙额尔德尼之（政教）二道、见多识广，事业自善之商卓特巴贵体安康如故，保佑施主弟子于明处和暗地一如既往。所赐礼物、书信、舍利等如数到来，不胜欣喜。自远方敬献近乎空手之请安薄礼天物圣洁哈达、橘红色纺丝两匹，敬请笑纳。嘉庆三年戊午春三月。

喀喇沁扎萨克公旗管旗章京拉桑满珠尔等为谢恩
及为全家祈福事致济咙呼图克图文
7：010

喀喇沁扎萨克公旗管旗章京鄙徒拉桑满珠尔、母亲锡玛纳咱为首全家合掌叩拜。在一切众生之怙主瓦赤喇怛喇圣尊济咙奇妙无垢足莲前请安。我顶礼拜收圣尊于兔年所赐礼物书信，得知圣尊在藏地弘扬教政二道，不胜欢喜。现敬献请安礼天物哈达、扬州缎一匹。以大慈大悲之心明鉴，保佑我年迈母亲、我本人、妻子、子女无障孽、无病、安康。圣尊以慈悲之心保佑我今生与来世。龙年一月初吉日。

喀喇沁扎萨克旗梅林僧格为请安及谢恩事致济咙呼图克图文
7：013

喀喇沁扎萨克旗梅林鄙徒僧格诚心叩拜。在顶饰瓦赤喇怛喇博克多济咙额尔德尼活佛奇妙无垢足下莲花前奏：龙年使者所送礼物及书信已悉数到来，已顶礼拜收。得知圣尊活佛在藏地弘扬教政二业，不胜喜悦。敬献请安礼两种茶两包。祈求以大慈大悲保佑我今生与来世。明鉴，明鉴。己巳年正月初吉日。

喀喇沁扎萨克公旗梅林僧格为请安布施事致济咙呼图克图文
7：012

喀喇沁扎萨克公旗儿弟子梅林僧格以三门虔诚之心在顶饰怙主瓦赤喇怛喇圣尊济咙额尔德尼无垢足莲前呈奏：蛇年遣使所赐礼物与书信等顶礼拜收。今敬献请安礼红纺丝一匹。愿大发慈悲，怙佑今生与来世。明鉴。

喀喇沁公属下参领济兰泰为请安及谢恩事致圣尊喇嘛文
7：014

喀喇沁公所属鄙徒参领济兰泰向圣尊请安。圣尊所惠赐加持吉祥结、神索等，已顶礼拜收。求圣尊永世保佑。为此敬献金缎、哈达等。吉日。

喀喇沁护卫都噶尔为谢恩及祈福事致圣尊喇嘛文
7：015

喀喇沁鄙徒护卫都噶尔谨跪，向圣尊请安。圣尊所赐金刚铃、红花、加持吉祥结等，已顶礼拜收。仰赖圣尊保佑，愿尽快朝见尊容。为此敬献圣洁哈达、片金等。

喀喇沁护卫都噶尔为谢恩祈福事致达赖喇嘛文
7：016

喀喇沁鄙徒护卫都噶尔跪拜，向圣尊请安。圣尊以硬朗之躬所赐加持物、吉祥结、书信、哔叽等物到，顶礼拜收。我等弟子仰赖圣尊保佑而安好。祈求圣尊时刻保佑我们。为尽快谒见圣尊贵容，聆听佛语，拜受贵足灌顶，献上圣洁的哈达、双层盒装碟子十二口等。月初吉日。

喀喇沁护卫都噶尔为谢恩及请安事致圣尊活佛文
7：017

鄙徒护卫都噶尔跪请圣尊万安。惠赐加持物、护身结、礼物与书信等至，已顶礼拜收。祝愿迅速拜见圣尊金足。敬献礼物圣洁哈达、片金等。吉日。

喀喇沁扎萨克公玛哈巴拉旗领催多布沁及喀喇沁扎萨克旗八沟七家子博绍为祈愿法会献银事呈函
6：386

喀喇沁扎萨克公玛哈巴拉旗领催多布沁以三门信仰叩拜。为众佛菩萨汇集之所，众圣贤辈出之处，众活佛及僧众齐集的拉萨祈愿法会献上熬茶礼，积年累月量力祈祷积攒，准备青蟒缎一匹、浅黑色蟒缎一匹、红闪缎一匹、红妆缎一匹、红色金字妆缎一匹、浅黑色金字闪缎一匹、红绸三庹，以三世所积福泽，祷告而奉献。以我此福业，仰赖无量众佛之化身、活佛众僧之愿力以及大祈愿法会之法力，愿佛法永昌，诸圣长寿。愿鄙人累世所积罪孽消除，芸芸六众生灭灾弘福，最终愿累世不离佛法，永远作佛徒，为普度众生速结菩提缘。祈求以慈悲之心赐予保佑。为此大善业，乐献此微礼者，喀喇沁扎萨克旗八沟七家子博绍、妻子章鲁玛二人虔诚叩拜，献银五钱。乾隆五十九年甲寅二月吉日。

喀喇沁扎萨克贝子旗额布德勒什贵为已故之子理什宝超度等事致达赖喇嘛文
7：009

喀喇沁中旗扎萨克贝子旗家住浩特艾拉之鄙人额布德勒什贵在圣尊达赖喇嘛足前下跪，再三叩拜呈奏：十三年即去年八月十一日，我三十六岁儿子理什宝患腿病去世。不时之死，甚是悲哀。圣尊保佑已故儿子灵魂，向善趣引领，直到其修得菩提道。作为微薄谢恩之礼，敬献哈达一方、白银十两。祈求复文告知已故之子诸事及来世命运如何等情。十四年正月初吉日献。

【注释】写信人自称喀喇沁中旗扎萨克贝子旗人。查喀喇沁中旗一直是扎萨克一等塔布囊旗，只有玛哈巴拉在位时曾受封贝子衔，玛哈巴拉之后又恢复了一等塔布囊的爵位。玛哈巴拉在乾隆四十年（1775）袭扎萨克一等塔布囊，乾隆五十三年晋封为扎萨克辅国公。道光九年（1829）加贝子衔，十七年赏贝勒衔，二十四年去世。写信人所谓扎萨克贝子旗，是道光九年到十七年之间的称呼，所以落款所说的十四年应是道光十四年。道光十四年时在世的是十世达赖喇嘛楚臣嘉措（1816~1837）。

喀喇沁扎萨克公玛哈巴拉旗白塔寺格隆喇什却德尔等人为拉萨祈愿法会布施祈福事致济咙呼图克图文
9：117~118

喀喇沁扎萨克公玛哈巴拉旗老哈河白塔寺格隆喇什却德尔、格隆喇什垂音丕勒，在今生与来世之护持处圣尊济咙额尔德尼足莲前，以三门虔诚之心呈奏。敬献为拉萨祈愿大法会噶勒丹锡哷图为首之七万僧侣熬茶之两个元宝和一百零二两白银。此外，祈愿生母般六道众生之福，愿保佑我今生之父桑布、母亲却伊桑、格隆喇什却德尔、格隆喇什垂音丕勒、固什朋素克等亲人，从此时此刻起直至修得佛果为止，不为内外相违因所阻，累世与圣尊宗喀巴无垢教法，与诸圣尊喇嘛不离不弃，享用佛法甘露，早日觐见诸圣金颜。为此，我们曾请炼嘛呢灵丹，造佛像，诵甘珠尔经。为修得佛果，祈求保佑引向菩提道。明鉴，明鉴。月初吉日。

喀喇沁扎萨克公玛哈巴拉旗白塔寺格隆喇什却德尔等人为祈福布施事致济咙呼图克图文
9：119

吉祥安康！

喀喇沁扎萨克公玛哈巴拉旗老哈河白塔寺格隆喇什却德尔及喇什垂音丕勒于圣尊济咙额尔德尼足莲前，为祈愿今生及来世，以虔诚之心敬献三两银。明鉴，明鉴。

扎萨克公玛哈巴拉旗喇嘛伊什扎木素
为请安布施事致善巴多布丹文
9: 120~122

　　学识渊博之挚友商卓特巴额尔德尼善巴多布丹，身体安康，并不忘记扎萨克公玛哈巴拉旗人、曾任布达拉宫达喇嘛之鄙人伊什扎木素，赏赐信函、加持物包、细哔叽、书信、礼品等，今均收到，如同面见般，甚是欢喜。仰赖诸圣尊活佛的保佑，我在故地安好。今年正月来北京叩拜锡哷图呼图克图。惠捎之书信中称：本想赏赐圣尊十三世画像，然而没有来得及，日后再赏赐。等语。故来年使臣前来之时，请务必捎来为盼，为此再三启奏。日后，我们无论在何地，仰赖怙主保佑，能够安居乐业，早日相见。敬献圣洁彩色哈达、香味洋烟一盒。月初吉日。

　　【注释】这是伊什扎木素给当时仍在拉萨供职的商卓特巴善巴多布丹写的一封信。写信人伊什扎木素自称曾任布达拉宫达喇嘛，可知他曾与善巴多布丹同时在拉萨任过僧职。如后文推论，善巴多布丹是阿巴噶旗人，乾隆后期到嘉庆初年任西藏甘丹赤巴商上的商卓特巴，与锡林郭勒、察哈尔的僧俗上层多有书信往来。可知伊什扎木素也是乾隆后期到嘉庆初年的人物，这跟信中出现的喀喇沁扎萨克公玛哈巴拉的在位年代相符。伊什扎木素又说自己"今年来北京叩拜锡哷图呼图克图"，这里的锡哷图呼图克图应该是噶勒丹锡哷图呼图克图，即藏文传记所载四世赛赤呼图克图。该呼图克图在乾隆五十五年（1790）应邀前来祝贺乾隆皇帝八十大寿，在避暑山庄跟哲布尊丹巴呼图克图及其他蒙古王公出席祝寿宴会，继而出任北京扎萨克喇嘛。我们可以复原当时的历史情景：写信人伊什扎木素是喀喇沁喇嘛，曾任布达拉宫达喇嘛。在拉萨期间，他跟甘丹赤巴商上的商卓特巴即同是蒙古人的善巴多布丹有交情。后来伊什扎木素离任，返回故乡喀喇沁居住，其后收到善巴多布丹从拉萨寄来的礼物。乾隆五十五年噶勒丹锡哷图呼图克图来京，伊什扎木素前来拜谒，自北京给善巴多布丹写信。基于以上复原，我们断定这封信写于乾隆五十六年正月。

喀喇沁扎萨克公旗禅师格隆阿旺锡喇布为祈福事致济咙呼图克图文
9：123

喀喇沁扎萨克公旗禅师格隆阿旺锡喇布以三门信仰叩拜，向圣尊济咙额尔德尼足莲前，以虔诚之心敬献黄色纺丝一匹。请加持为广大曼荼罗，累世不令往生三恶趣，享用佛法甘露，尽早修得佛果，请保佑。明鉴。

蒙古贞

土默特达尔罕贝勒索诺木巴勒珠尔为祈福事致济咙呼图克图文
7：021

天等众生之顶饰瓦赤喇怛喇圣尊济咙额尔德尼足下，末小信徒蒙古贞贝勒索诺木巴勒珠尔呈奏。祈求保佑我及夫人、子孙之今生与来世。为此，敬献哈迪哈达等礼物。

【注释】土默特达尔罕贝勒，是清代土默特的称号和爵位，爵位初由善巴始。善巴是成吉思汗四勇之一者勒篾的后裔，土默特的塔布囊，天聪九年被立为扎萨克，崇德元年受封达尔罕镇国公，诏世袭罔替，顺治十四年去世。同年，长子卓哩克图袭爵，康熙元年晋封达尔罕贝勒。善巴→卓哩克图→兆图→额尔德穆图→玛尼→阿喇布坦→［佚名，未袭爵］→索诺木巴勒珠尔。索诺木巴勒珠尔在乾隆五年（1740）袭扎萨克多罗达尔罕贝勒，四十四年授卓索图盟副盟长，嘉庆十五年（1810）去世。

土默特左旗郡王级多罗达尔罕贝勒色楞那木济勒旺宝为请安谢恩求福事致达赖喇嘛文
7：023~028

御前行走授三眼孔雀翎及黄辔卓索图盟盟长掌管全盟官兵扎萨克土默特左翼扎萨克郡王级加六级加军功七级多罗达尔罕贝勒弟子色楞那木济勒旺宝

谨跪，向法主圣佛西藏雪域之主圣尊达赖喇嘛金足莲花下请安叩拜。弟子色楞那木济勒旺宝时常向胜者圣尊慈悲玉体驻锡并利乐教法众生之方虔诚祷祝。谨呈之事：今夏圣尊一行驾临五台山之际，召见弟子所遣使臣，赏赐弟子王爵色楞那木济勒旺宝以书信、礼品等，业已拜收。叩受慈悲保佑之命，遵嘱完成诸仪轨。今弟子为首全家及全旗大众安康吉祥！尤受慈悲护佑，今八月初五日弟子喜得一子。今弟子王爵色楞那木济勒旺宝听闻，怙主仪驾将临京城，觐见皇帝，令众人惊叹不已。即刻先遣使臣，敬献圣洁哈达于仪仗前，请万安！欲于今冬年班进京后，亲至慈悲之坛，觐见叩拜，聆听教导，躬行效力。叩请护持，保佑我后续幼子福寿，保佑全家老小及全旗大众吉祥安康。为此，合手祷祝，遣使臣一等护卫达哈撒坤，请安呈文。光绪三十四年。

封面：御前行走赏三眼孔雀翎及黄䌷卓索图盟盟长原统领全盟官兵扎萨克土默特左翼扎萨克郡王级加六级加军功七级多罗达尔罕贝勒色楞那木济勒旺宝之文，呈教主西藏雪域之主圣尊达赖喇嘛仁波切。

封底：光绪三十四年春三月二十九日。

【注释】土默特左旗郡王级多罗达尔罕贝勒，清代土默特的爵位、称号，初由善巴始。善巴→卓哩克图→兆图→额尔德穆图→玛尼→阿喇布坦→[佚名，未袭爵]→索诺木巴勒珠尔→贡楚克巴勒桑→济克默特扎布→那逊鄂勒哲依→散巴勒诺尔赞→色楞那木济勒旺宝。色楞那木济勒旺宝是散巴勒诺尔赞之长子，光绪十四年（1888）袭土默特左旗扎萨克多罗贝勒，赏戴双眼花翎。宣统二年（1910），郡王衔多罗贝勒色楞那木济勒旺宝为理藩院额外侍郎。这是色楞那木济勒旺宝给当时住在五台山的十三世达赖喇嘛写的信。

土默特达尔罕贝勒索诺木巴勒珠尔旗协理塔布囊散丕勒为诵经事致第穆呼图克图文

7：022

怙主第穆呼图克图明鉴。为土默特达尔罕贝勒索诺木巴勒珠尔旗协理塔布囊散丕勒诵经，敬献五两银、哈达等礼。

土默特旗察罕殿赤呼图克图为谢恩请安布施事致济咙呼图克图文
9：127~128

卓索图盟盟长土默特扎萨克达尔罕贝勒索诺木巴勒珠尔旗末小岱青堪布察罕殿赤呼图克图罗布桑图布丹格力格，由三门信仰，向共主瓦赤喇怛喇识一切济咙额尔德尼金轮足莲前祈求保佑。由今生来世富足二资粮中诞生，至尊化身之吉善光芒照耀十方，修炼人间众生根基者，安然无恙。惠赐礼物、书信，已降到我顶，犹如见到金颜而不胜欣喜。末小我等众弟子，仰仗大慈大悲，安好如故。祈求直至修得无比菩提道，以大慈大悲保佑我等。鉴之，鉴之。所献礼物天物二等哈达、一匹绿色卡迪缎等，自噶尔丹达尔扎拉卜楞寺经堂，月初吉日敬呈。

土默特左旗瑞应寺扎萨克达喇嘛察罕殿赤呼图克图呼必尔罕业什达尔扎为请安事致达赖喇嘛文
9：134~140

卓索图盟盟长土默特左旗瑞应寺扎萨克达喇嘛察罕殿赤呼图克图呼必尔罕鄙徒业什达尔扎谨在手持白莲、自在、识一切大达赖喇嘛额尔德尼足下金轮前合掌叩拜敬献。内有两种书信（蒙藏文合璧——译者注）。光绪三十四年五月十二日。

谨呈。卓索图盟盟长土默特左翼扎萨克王旗钦赐寺名瑞应寺扎萨克达喇嘛察罕殿赤呼图克图呼必尔罕鄙徒业什达尔扎，谨跪在手持白莲、自在、皈依怙主、遍知一切大达赖喇嘛额尔德尼足下金轮前合掌叩拜，请贵体安康。当圣尊佛王达赖喇嘛由无限光明太平宫殿启程，路途劳顿，驾临圣地五台山，为教法众生造福之际，鄙徒我理应亲自驰赴，请圣上万安，受享教法甘露。然而，弟子年少，未得圣主之旨而不能离开寺院。鄙徒谨祷祝圣尊佛王喇嘛万寿无疆，为教法众生大造福祉，特遣弟子扎萨克商卓特巴、绰尔济嘉木央西喇布、拉章商卓特巴绰尔济巴图敖斯尔请安。同时，敬献圣洁哈达及膳食盘费元宝两颗。如蒙俞允，祈求常持保佑鄙徒为首寺院众弟子、属众及众施主。在在明鉴。为此，缮写书信，铃盖扎萨克达喇嘛呼图克图印记敬献。光绪三十四年五月十二日。

【注释】这是一函两封书信，即这封书信和下一封书信。这封书信是为了瑞应寺察罕殿赤呼图克图因为不能亲迎向达赖喇嘛谢罪并请安献礼，下一封书信是为了瑞应寺全体僧众向达赖喇嘛请安献礼祈福。写信的光绪三十四年五月，十三世达赖喇嘛从喀尔喀行至塔尔寺，又从塔尔寺驾临五台山，等候清廷接应入京。当时蒙古各部纷纷派人写信，向达赖喇嘛问安献礼。

土默特左旗瑞应寺扎萨克达喇嘛为请安事致达赖喇嘛文
9：130~133

谨呈。卓索图盟盟长左翼土默特扎萨克王旗钦赐寺名之瑞应寺扎萨克达喇嘛察罕殿赤呼图克图为首大小末等官吏及寺院众弟子等，谨在手持白莲、自在、皈依怙主、识一切大达赖喇嘛额尔德尼足下金轮前合掌叩拜。谨祈求护佑：末小我等众徒以三门虔诚，为圣尊达赖喇嘛万寿无疆及利益教法与众生，也为如母芸芸众生之安乐幸福，具写书信，加盖扎萨克达喇嘛印记，特遣扎萨克商卓特巴绰尔济嘉木央西喇布、拉章商卓特巴绰尔济巴图敖斯尔等，敬献银元宝一颗。明鉴，明鉴。光绪三十四年五月十二日。

【注释】参见上文注释。

唐古特喀尔喀贝勒衮布多尔济旗迈达哩呼图克图伊西丹津桑布为请明示自释迦牟尼佛至占巴嘉措之迈达哩活佛转世系谱并造历代转世之像祷祝文等事致达赖喇嘛文
9：141~146

附卓索图盟盟长土默特扎萨克多罗达尔罕贝勒索诺木巴勒珠尔旗唐古特喀尔喀贝勒衮布多尔济旗小弟子迈达哩呼图克图伊西丹津桑布以三门虔诚心

呈奏：欢乐二资粮乳海中诞生的圣幻化身全体之佛王，断除普天下平民百姓之苦难，为之造福，像日光般照耀宝贝教法，像宝树一样硬朗健康，其德无限！从内心合掌祷祝您宇宙破灭前贵体永远健康！再呈奏者：鄙人自多辈前世至我身吉祥有福，完全仰赖怙主恩德。在此再请求您仁爱如故，寂止一切相违因，令善缘如新月越趋盈满，心想事成。愿从大悲神轮上不弃，永世保佑。明鉴，明鉴！

另外，小弟子永瓒噶卜主巴勒丹喇克巴、达喇嘛伊西卓特巴、第巴绰尔济伊西衮格、顾什丕尔烈、噶卜主罗布桑多尔济、托音里克必西喇布、领诵师丹赞罗布藏、铁棒喇嘛伊西绰克朗、商卓特巴佐特巴、多尼尔礼鲁巴、绥本贡楚克、得墨齐确丹丕勒、得墨齐库克、涅巴奥德斯尔、商卓特巴达纳巴拉尔等众弟子，以及小施主达尔罕贝勒衮布多尔济、其弟阿哥车凌纳木扎勒、三阿哥延丕勒、额驸齐舒等，均为迈达哩呼图克图之弟子和施主。我们迈达哩呼图克图历代活佛的转世传承之祷祝，在前世活佛们的全集中未曾收入，似不很出名。我们心中渴望经常诵读上师们的传承之祷祝。据咱雅班第达、甘珠尔巴诺门罕开示，（迈达哩呼图克图为）甘丹寺二十四代住持占巴嘉措转世，此说在本地广为人知。在此以前，在佛陀时代、阿底峡时代以及胜者宗喀巴时代有多少次转世，其事迹如何等，并不清楚。听父老传言，在佛陀时代为比丘萨哩扎迥巴，但不知确否。占巴嘉措以降在传记里有详细记载：他的转世迈达哩呼图克图根敦巴勒桑嘉措，为替代四世达赖喇嘛云丹嘉措初次来到蒙古地方。他的转世罗布藏丹巴为圣尊班禅苏麻第达尔玛杜瓦杂（即罗藏确吉坚赞——译者注）的真实弟子，他的转世为咱雅班第达的弟子罗布藏丹津嘉措，他的转世为甘珠尔巴的弟子阿旺罗布藏丹巴尼玛，他的转世阿旺伊西垂音丕勒，他的转世就是当今的这位葛根伊西丹津桑布，是章嘉（呼图克图）若必多吉的弟子。自佛陀以下到占巴嘉措之间，转世多少次，其事迹如何，只会在识一切葛根之明慧法镜中明白体现。因此，我们异口同声地合掌祈求，愿您慈悲保佑我们这里的信徒，明白确认（我们呼图克图）历代转世，接续前后，为历代转世造韵体祷祝与丹书克，并造他们的像，连同造像的规制恩赐于我们。望以大慈大悲之心保佑不弃。明鉴，明鉴！祷祝之礼洁白天物及五十两白银，自唐古特喀尔喀贝勒衮布多尔济旗 nasun-i undusulugci（tshe brgyud gling）寺于月初吉日奉上。

唐古特喀尔喀贝勒旗寺默尔根堪布噶卜主巴勒丹喇克巴
为请五世达赖喇嘛全集与传记事致护持处佛王识一切者文
9：147~148

  天等众生之护持处、佛王、识一切葛根之至尊化身宝贝双足下金轮前，唐古特喀尔喀贝勒旗寺浪荡弟子以默尔根堪布著称者噶卜主巴勒丹喇克巴以三门信仰合十呈奏：葛根光明身躯以虚空中摩尼宝驱逐不散尘雾，以照射十方的慈悲之光照耀教法与众生幸福田，硬朗安康。向他祷告启奏请命。

  此处小的我等仰赖至尊怙主之恒福，安然无恙。还祈求您从现在直到菩提界，于大慈大悲之心中永世保佑不弃！明鉴，明鉴。再奏求者：因此方信徒之闻思大大需要加持力，祈求赐予五世达赖喇嘛著作全集及内传与外传全部，作为加持供养。简言之，愿于大慈大悲之心中永远保佑不弃。明鉴，明鉴！敬献无垢哈达、足银子五十两。月初吉日献上。

唐古特喀尔喀尼姑郭楚罗勒玛为囊朱德超度献布施事文
9：129

  附于卓索图盟土默特多罗达尔罕贝勒旗的喀尔喀尼姑郭楚罗勒玛为过世的弟子囊朱德超度，敬献圣洁的白哈达、银（……原文残缺）一、银钗一。

土默特

土默特旗台吉朋素克嶙亲为叩谢眷佑并祈福事致达赖喇嘛文
7：029~030

  具足十方诸佛慈悲本性，大慈大悲威力齐全，快速引领众生于涅槃道之至上怙主观世音菩萨化身识一切瓦赤喇怛喇达赖喇嘛金足莲花前，东北边境土默特旗台吉朋素克嶙亲胸前合手祈祷呈奏。想必圣尊至上怙主幻化身安康！仰赖怙主圣尊慈悲之光，鄙人为首全家无灾难，均安好！祈祷呈奏之事。去年十一月，我四子土默特扎萨克贝子玛呢巴达喇、五子扎勒瓦多尔济，以年班及指定额驸事来京。十二月十六日圣主召见我二子，于十七日为四子玛呢巴达喇指婚，将四公主指给他，为固伦额驸，赏两眼孔雀翎及紫禁城内所骑之马，赏赐扎萨克印章。还为第五子扎勒瓦多尔济指婚，将十七王爷大格格许配于他，赏赐末小施主我三等台吉之爵位，令与我子固伦额驸一并于京城居住。受满珠习礼圣主如此大恩，乃因识一切圣尊所慈悲加持之力。祈愿让鄙人朋素克嶙亲、贝子固伦额驸玛呢巴达喇、额驸扎勒瓦多尔济之所有相违因寂止，顺缘及诸事将如愿以偿，来世得尊贵众生之身，与怙主圣尊葛根永不分离。祈求指明我三人各自应供奉之本尊、念诵之经卷和供奉之护法神。还祈求恩赐我等各自应供奉之本尊像、造本尊像所需响铜、随身所带护持刀枪不入法力惊奇之神物、佛舍利、圣尊葛根亲用法器等物。祈愿仰赖怙主圣尊葛根之眷佑，时常诸事如愿以偿，在净土结善缘，尽情享用佛法甘露，为众生利乐尽早修得佛道。为此，末小施主我等自远方以一封书信祈祷呈奏。呈文之礼无垢圣洁哈达一方、外库哈达一方、锦缎两匹、妆缎三匹、白银四锭、钟表一双。请使鄙人等祈愿事得以圆满，降下金刚宝贝指令于我们头顶之上。明鉴，明鉴！

【注释】朋素克嶙亲，原土默特右旗扎萨克固山贝子。土默特右旗扎萨克固山贝子是清代土默特的职衔和爵位，初由固穆始。固穆先祖为成吉思汗，中兴之祖为达延汗。固穆在顺治五年受封扎萨克镇国公，康熙二年晋封固山贝子，世袭罔替。固穆→衮济斯扎布；拉斯扎布（衮济斯扎布之兄）→班第→哈穆噶巴雅斯呼朗图→垂扎布→色布腾栋罗布；色布腾喇什（色布腾栋罗布之弟）；朋素克嶙亲（垂扎布之弟）→玛呢巴达喇。朋素克嶙亲在乾隆五十七年（1792）袭土默特右旗扎萨克固山贝子，嘉庆四年（1799）以罪削爵，道光元年（1821）去世。据《清仁宗实录》卷92，玛呢巴达喇成婚是在嘉庆六年十二月己未日。写信人朋素克嶙亲说他去年成婚，可见这封信写于成婚的次年，即嘉庆七年。

土默特右旗朋素克嶙亲为祈福事致济咙呼图克图文
7：031~032

慈悲俱全……怙主葛根济咙（……原文残缺），听到怙主您将识一切之利益教法与众生之业弘扬十方，念此无比功德，祷祝叩拜。小人托（……原文残缺）福，今安在。（……原文残缺）惠赐之佛像三个、吉祥结、仙丹、氆氇等，已叩首拜收。祈愿此后我等延年益寿，毫无灾难，祈愿从现在到修得无比菩提道止，常留在护佑的金刚界中。明鉴，明鉴！奉上奏礼哈达一方、黄锦缎一匹、红锦缎一匹、白银三十两。

土默特台吉朋素克嶙亲及扎萨克贝子玛呢巴达喇
为请安布施事致济咙呼图克图文
7：034~036

今生与来世之唯一护持处，弘扬佛法于十方、以慈悲之心引导众生、降下各种教法甘露、广作众生利益者圣尊济咙额尔德尼足莲金座前，土默特台吉朋素克嶙亲及扎萨克贝子多罗额驸玛呢巴达喇以虔诚之心祈祷呈奏。如今，自远古开创之二资粮海中诞生之怙主圣尊身语意之神极其安康，为教法与众生广作利益。去年自贵处遣使所赐加持吉祥结、仙丹、佛像、粗呢等已拜收，甚是欢悦。在此，鄙人与全家仰赖圣尊慈悲之力，没有灾难，均安好！祈愿我等内外各种相违因寂止，各种顺缘、福寿、富乐，尤其是心想诸事如愿以偿。祈愿来世转生为位尊福高之人，世代朝见圣尊圣颜，享用佛法甘露，尽早修得佛果。为此敬献圣洁内库哈达一方、内地锦缎两匹、银十两等。祈愿保佑我等祈福如愿以偿，降下指令于我们头顶之上。明鉴，明鉴！

扎萨克贝子玛呢巴达喇为谢恩事致噶勒丹锡哷图文
7：037~040

敬呈书信。固伦额驸扎萨克贝子玛呢巴达喇向卓尼诺门罕噶勒丹锡哷图萨玛第巴克什请安。去年冬天，由使者堪布所带书信得知，身体安康，广作利益教法与众生事业，不胜欣喜。惠赐哈达、黄红花色粗呢及哔叽等礼物也已收齐。本人托三宝保佑及圣主之威依然安康，现使者堪布返回之际为您请安，敬呈圣洁白色哈达及元宝一颗、五十四两四钱白银。道光五年鸡年二月二十日吉日。

土默特扎萨克贝子玛呢巴达喇为请安求福布施事致达赖喇嘛文
7：041~044

在十方佛、具足众生之慈悲本性、大悲威力齐全、引领众生于菩提道之无上怙主观世音菩萨化身识一切瓦赤喇怛喇达赖喇嘛金足下莲花前，土默特扎萨克贝子固伦额驸玛呢巴达喇以至诚信仰胸前合掌呈奏：去年冬遣使臣堪布惠赐之礼品及书信已收到，从中获悉，圣尊至尊怙主玉体安康，身语意之至善福德如日月照耀，一直勤于增益教法及众生利乐之业，如同亲自觐见怙主圣尊叩拜般欢悦。另外，怙主圣尊保佑我，用我为熬茶所献两颗元宝于神算吉辰给祈愿法会僧众熬茶，做有益法事，十分感激。鄙人诚心敬仰，拜收所赐仙丹、吉祥结、藏制相框、藏红花等物，深得安逸。在此，鄙扎萨克贝子固伦额驸玛呢巴达喇全家，仰赖怙主圣尊之威，没有业障灾祸，平安无事。日后，愿怙主圣尊仍将我等鄙人容在大悲之心，若有人与非人之迫害、相违因等，请予以寂止，促成顺缘与夙愿，增益福寿、富乐与后嗣。更祈望来世能投生人趣，同怙主圣尊金足莲花不离不弃，享用佛法甘露，最终修得佛道。愿怙主圣尊以慈悲怜悯，自此刻起，直至修得佛道，永世不弃，时刻保佑。为此，敬献圣洁哈达、内库元宝一锭五十三两五钱六分、黄色水晶碗一对。祈求保佑鄙人等，将对治理有益之力不时恩赐头顶之上。明鉴，明鉴！同时，敬献两面西湖镜子。幸运吉日。

固伦额驸土默特扎萨克贝子玛呢巴达喇向圣尊达赖喇嘛请安谨呈。

土默特玛呢巴达喇为请派喇然巴贝珠、玛图克唐堪布二人之一随使者一同前来事致呼毕勒罕文
7：045~046

吉祥如意。土默特固伦额附玛呢巴达喇致函上师呼毕勒罕。贵体想必硬朗如故。在此，仰蒙至上圣者眷护，吾人无恙。献教法之资哈达、银两等

物。且说，为明年请人东来之事，献礼绫子。祈由喇然巴贝珠、玛图克唐堪布二人中，择一遣来。满喜之缘。

扎萨克王玛呢巴达喇为谢恩事致噶勒丹锡哷图文
7：147~150

呈文。御前大臣固伦额驸扎萨克王玛呢巴达喇向卓尼诺门罕噶勒丹锡哷图萨玛第巴克什呼图克图请安。此间想必呼图克图贵体硬朗。今年正月，拜收呼图克图惠赐信礼，得知贵体硬朗，广作利益众生之业，不胜喜悦。拜收惠赠礼物哈达、粗呢三匹，甚是欢喜。在此，受三宝保佑，仰仗圣主威德，我安然如故。在使者返回之际，敬献请安礼哈达、内库锦缎三匹。吉日。

封面：向诺门罕请安事。封底：谨封。

【注释】据《清宣宗实录》卷132，道光八年（1828）正月授玛呢巴达喇郡王衔。这里玛呢巴达喇自称扎萨克王，指的是郡王衔，可知这封信写于道光八年之后。

扎萨克王玛呢巴达喇为请安事致噶勒丹锡哷图文
7：151~152

信函。御前大臣固伦额驸扎萨克王玛呢巴达喇，请卓尼诺门罕噶勒丹锡哷图萨玛第巴克什呼图克图安。今呼图克图贵体安康。收得惠赐礼物、书信，得知呼图克图贵体安康，广作利益教众事业，勉力执教达赖喇嘛，不胜欣喜。拜收佛像、哈达、粗呢两匹、哔叽两匹等，谨谢。在此，托三宝护佑及圣主德威，我安然无恙。敬献请安礼彩色哈达、内库妙华佛、绿白二色锦缎三匹、黄缎一匹。吉日。

【注释】据《清宣宗实录》卷132，道光八年（1828）正月授玛呢巴达喇郡王衔。这里玛呢巴达喇自称扎萨克王，指的是郡王衔，可知这封信写于道光八年之后。

土默特扎萨克贝子索特那木车凌为请安事致达赖喇嘛文
7：047~050

喀喇沁土默特扎萨克贝子索特那木车凌谨跪，在瓦赤喇怛喇圣尊达赖喇嘛额尔德尼金足下虔诚叩拜，敬献圣洁的哈达一方、绸子一匹外，祈求保佑愚人心想事成，终身无碍，旗民百姓皆安好，请恒常保佑。此次，顶礼拜收瓦赤喇怛喇圣尊所赐藏红花一包、粗呢一捆等重赏。自远方僻壤虔诚叩拜敬献。十月初吉日。

喀喇沁土默特扎萨克贝子索特那木车凌谨跪，在瓦赤喇怛喇圣尊达赖喇嘛金色足下叩拜，请万安而敬献。

封底：严封。

【注释】 土默特右旗扎萨克固山贝子是清代土默特的职衔和爵位，初由固穆始。固穆先祖为成吉思汗，中兴之祖为达延汗。固穆在顺治五年受封扎萨克镇国公，康熙二年晋封固山贝子，诏世袭罔替。固穆→衮济斯扎布；拉斯扎布（衮济斯扎布之兄）→班第→哈穆噶巴雅斯呼朗图→垂扎布→色布腾栋罗布；色布腾喇什（色布腾栋罗布之弟）；朋素克麟亲（垂扎布之弟）→玛呢巴达喇→德勒克色楞→索特那木色登。索特那木车凌是索特那木色登的异写字。索特那木色登在咸丰七年袭爵，光绪六年其子棍布扎布袭爵。这封信的写信人自称扎萨克贝子，因此其写信时间应在咸丰七年到光绪六年之间。

土默特右旗扎萨克贝子棍布扎布为拜年礼请安及祈福事致达赖喇嘛文
7：051~054

土默特右旗扎萨克贝子弟子棍布扎布谨向光芒万丈之圣尊巴克什请安呈奏。

禀明之事：今年一月初二日，圣尊葛根巴克什遣弟子前来，给愚人贝子爵赐福，特为消除孽障，赏赐护结及加持仙丹等物。虽欲遣人请安，但我旗游牧广阔，未能晓谕，只备薄礼，敬献哈达。贝子爵弟子为首老少众人一同合手叩拜禀明之际，圣尊葛根巴克什喇嘛驾临五台山，发扬教法与众生之利乐，巩固根基，贝子爵甚是欢喜。理应弟子亲自前往，觐见叩拜，消除孽障，然公务在身，须前往圣主处。为此，请安呈文。万喜毕聚。

封面：土默特右旗扎萨克贝子弟子向光芒万丈之圣尊巴克什跪拜谨呈。

封底：谨封。

【注释】土默特右旗扎萨克固山贝子是清代土默特的职衔和爵位，初由固穆始。固穆→衮济斯扎布；拉斯扎布（衮济斯扎布之兄）→班第→哈穆噶巴雅斯呼朗图→垂扎布→色布腾栋罗布；色布腾喇什（色布腾栋罗布之弟）；朋素克嶙亲（垂扎布之弟）→玛呢巴达喇→德勒克色楞→索特那木色登→棍布扎布。棍布扎布是索特那木色登之子，光绪六年（1880）袭爵。

土默特贝子朋素克嶙亲旗台吉那木济勒等为已故色布腾巴勒珠尔超度给拉萨祈愿法会敬献银两事致圣尊活佛文
7：033

今生与来世至上怙主圣尊葛根为首众僧足莲前合掌叩拜之由：喀喇沁土默特贝子朋素克嶙亲旗末小台吉那木济勒为首，为正月十五日在拉萨大昭寺举行之祈愿法会献熬茶银一百零二两五钱。凭借此番造福，愿第二佛陀宗喀巴之教弘扬至天边，愿土默特贝子朋素克嶙亲、台吉那木济勒、多古鲁玛、赛因斡勒、济鲁撒纳、博彦阿剌必都呼、扎木苏、衮楚克、霍巴等家里老小全部延年长寿、没有疾病、心想事成，终获佛果。另，请保佑死者色布腾巴勒珠尔、扎剌朗、巴达里、锡喇布鄂德斯尔、额尔克木、索特纳木。请明鉴，明鉴。

【注释】写信人自称土默特贝子朋素克嶙亲旗台吉，表明写信时的旗主为朋素克嶙亲。如前文所述，朋素克嶙亲在乾隆五十七年（1792）袭土默特右旗扎萨克固山贝子，嘉庆四年（1799）以罪削爵，因此这封信应写于1792~1799年。写信人开列的祈愿人当中也包括朋素克嶙亲，所以写信人以及其他人可能都是朋素克嶙亲的兄弟或者近族兄弟。

土默特贝子旗旺达村固什却扎木苏为祈福事致济咙呼图克图文
10：005

土默特贝子旗旺达村鄙徒固什却扎木苏，在圣尊济咙葛根无垢足下，为祈福今生与来世，敬献五两白银。

【注释】 土默特贝子旗是土默特扎萨克固山贝子旗，又称土默特右旗。

土默特贝子旗松苏密为祈福事致达赖喇嘛文
7：055

天等众生顶饰圣尊达赖喇嘛足下，土默特贝子旗末小夫人松苏密由三门信仰，向达赖喇嘛敬呈白银四两五钱。祈求在小人修得无上菩提道前予以保佑。明鉴，明鉴。吉祥。

土默特贝子庙拉然巴达喇嘛业什顿罗布为请安布施事致济咙呼图克图文
9：149~150

土默特贝子庙拉然巴达喇嘛业什顿罗布，在天等众生之怙主圣尊济咙额尔德尼足前请安。闻葛根在藏地将教法与众生利益如同新月普照如故，不胜欣喜。鄙徒自藏地来此地，如今游离世间八法，在贝子庙谨从教业，安然无恙。尤其是，托活佛保佑，身体安康。在此，为今生之业如愿以偿，来世投生善趣，进而速速修得佛果，薄礼近乎空手，将圣洁哈达、六庹黄色绸子、黄花等从土默特贝子庙于吉日敬献。明鉴，明鉴。

土默特贝子旗绰尔济格隆喇什达瓦为布施祈祷事致济咙呼图克图文
9：151

今生与来世皈依处圣尊济咙额尔德尼活佛足下金轮之前，土默特贝子旗驻哲蚌寺郭芒扎仓群则绰尔济格隆喇什达瓦，为祈福敬献圣尊葛根十五两白银、内库哈达等。请保佑我等鄙人。明鉴，明鉴。

土默特旗尼姑喇什丹济德为死者超度及祈福布施事致济咙呼图克图文
7：056

在天等众生之顶饰济咙额尔德尼足下盛开莲花前，喀喇沁土默特贝子旗末小尼姑喇什丹济德，为已故丈夫台吉嘎日迪、姐姐福晋乌济斯古楞、儿子台吉推巴嘎等三人祈福，敬献白银九两四钱，以祈祷他们免遭恶趣之苦，易得投生天与人趣之福，每每转世永随圣尊不离，易得菩提之道。请保佑。鉴之，鉴之，以慈悲鉴之。

昭乌达盟

敖汉

敖汉扎萨克王达尔玛吉尔底旗格隆噶勒丹达尔扎等为熬茶献银事致拉萨祈愿法会文

9：089

敖汉扎萨克王达尔玛吉尔底旗末小施主格隆噶勒丹达尔扎、参领玛哈莫尼等祷祝心想事成，为拉萨祈愿大法会敬献近乎空手之薄礼元宝二锭，其重量为一百零六两，作为熬茶费。将此银子分包两包，交与使者囊素喇嘛，于祥瑞年初正月吉祥日跪献。望第巴商上处将此在法会中公布为盼。明鉴，明鉴。

【注释】敖汉扎萨克王，是清代敖汉的职衔和爵位，初由班第始。班第先祖为成吉思汗，中兴之主为达延汗。班第在崇德元年（1636）受封扎萨克多罗郡王，诏世袭罔替。班第→温布→扎木素→垂木丕勒→垂济喇什→巴特玛喇什→巴勒丹→德亲→德济特；达尔玛吉尔底。达尔玛吉尔底是德济特族弟，嘉庆十八年（1813）袭爵，道光二十九年（1849）去世。

敖汉旗丹毕达济勒等为祈福布施事致达赖喇嘛文
6：175

敖汉旗哈西雅图末小施主丹毕达济勒及夫人桑吉特玛，在圣尊达赖喇嘛足下金莲金轮前呈奏：我们急切祈愿生得男孩，可此愿望总是难以如愿。于是祈求（圣尊达赖喇嘛）赐佑，施某种法力满足我们生得男孩之愿。敬献银钗一对。

奈曼

奈曼王巴勒楚克为请安布施事致济咙呼图克图文
6：176

奈曼王末小信徒巴勒楚克谨向众生之怙主、一切佛陀之本源、扶持政教二道之济咙呼图克图请安。想必此间您德海澎湃的至上宝体如须弥山般更加稳固长寿，指导教法与政治平行！您的近侍诸弟子都安好吧！我们在此仰赖您的慈佑都安好。再者，送上新春佳节小礼物天物圣洁白哈达一方、鼗鼓饰物一件、铃垫一张等，从京师敬献。请以慈悲之心收纳。明鉴，明鉴。月初吉日。

【注释】奈曼王是奈曼扎萨克郡王，是清代奈曼职衔与爵位，初由衮楚克始。衮楚克先祖为成吉思汗，中兴之主为达延汗。衮楚克在崇德元年受封扎萨克多罗达尔罕郡王，诏世袭罔替。衮楚克→阿罕→扎木三；鄂齐尔（扎木三侄子）→班第→吹忠→阿咱拉→拉旺喇布坦→巴勒楚克。巴勒楚克是拉旺喇布坦次子，嘉庆八年（1803）袭爵，二十四年去世。

收信人济咙活佛是时任西藏摄政的八世济咙呼图克图（达察诺门罕）益西罗桑丹贝贡布。嘉庆九年八世达赖喇嘛圆寂，由第八世济咙呼图克图（达察诺门罕）益西罗桑丹贝贡布出任摄政。济咙呼图克图在嘉庆十六年初圆寂。这封信应写于嘉庆十年至嘉庆十六年中的某一年。

昭乌达盟

奈曼王巴勒楚克为谢恩及祈福事致济咙呼图克图文
6：177~178

奈曼王末小信徒巴勒楚克，谨向一切众生之怙主、众佛陀之本源、善持政教二道之济咙呼图克图请安。想必此间您德海澎湃的至上宝体如须弥山般更加稳固长寿，指导教法与政治平行！随从众徒弟们都安好吗？在此，我在呼图克图葛根慈悲保佑下安好。这次，顶礼拜收呼图克图葛根从远方惠赠的哈达、陀罗尼瓶、吉祥结、二十瓣克什米尔红花等礼物，不胜欢喜。再者，从这儿敬献近乎空手之薄礼天物圣洁白哈达，Qadi 缎一匹。请以慈悲之心收下。明鉴，明鉴！月初吉日。

奈曼王巴勒楚克为遣使送银两于西藏学经之弟并为布施事致济咙呼图克图文
6：179~184

呈奏：一切众生之怙主、具足至尊三宝真性、永识一切瓦赤喇怛喇顶饰、呼图克图济咙活佛足下莲花前，奈曼王巴勒楚克自远方谨跪请安。呈奏：此间，想必呼图克图济咙活佛无垢宝体犹如如意宝树枝叶繁盛般健康，近侍众弟子皆安康。我亦在此托喇嘛三宝护佑，蒙圣主之威，尤其是托圣尊活佛大德福力，每日公务无误，安好无恙。圣尊活佛您所赐如须弥山般高大、如乳海般深奥之妙语甘露，所依哈达、咒语、吉祥结、佛像、粗呢等物，皆已拜收，喜不自胜，犹如亲自叩拜。另，自此处京城敬献近乎空手之薄礼圣洁白哈达、有色绸缎一匹。另言，卑微施主巴勒楚克心生敬畏，为圣尊活佛大慈大悲所倾倒。呈奏者：小人弟弟托音喇嘛，于至尊雪域教法胜地之众生皈依处，为学经而费心，现于哲蚌寺在众呼图克图与高僧大德前修习。虽已从我处接连遣使携少许学经银两递往三次，却在途中耽搁而未能顺利抵达。因此，一直束手无策。若不送往银两，我弟弟托音便不能得以学经而困窘。将此困苦与喀喇沁王磋商，时喀喇沁王言：圣尊活佛之书信在我手

183

中，可将（你）银子同我之银子交付使者呈交圣尊活佛，并向圣尊活佛诉说你的难处。时鄙人我喜不自胜，从千里之外拜祷，倾倒于圣尊活佛大慈大悲。照（我）和喀喇沁王商议，给弟弟托音送往之物即用白布缠包的盒子，上附书信、元宝五十两，一并交付使者。又欲略表心意，便当熬茶薄礼，令使者随携银一百五十两送往，将此禀明圣尊活佛。祈求（圣尊活佛）大发慈悲，赐予庇护。祈托（书信、物品）递交与鄙人弟弟托音。发慈发悲，鉴之，鉴之。

奈曼王阿宛都瓦第扎布为祈福事致达赖喇嘛文
6：185~186

识一切者、今生来世之怙主、顶饰胜者、圣尊达赖喇嘛无垢金足千叶莲花台前，卑微施主昭乌达盟盟长奈曼王阿宛都瓦第扎布，持三门之信仰拜祷，请大慈大悲者万安。另有珍品礼物大红龙缎一匹，交付给卑微施主我六弟托音顿罗布达尔津递往敬献。祈求瓦赤喇怛喇庇佑，消除小人及儿子、夫人等一切相违因，延年益寿，富乐永旺。祈求将此等顺缘容纳于您大慈大悲怀中，恒常护持。跪呈。

【注释】奈曼王位世袭：衮楚克→阿罕→扎木三；鄂齐尔（扎木三侄子）→班第→吹忠→阿咱拉→拉旺喇布坦→巴勒楚克→阿宛都瓦第扎布。阿宛都瓦第扎布是巴勒楚克之子，嘉庆二十四年（1819）袭奈曼爵，道光元年（1821）任昭乌达盟帮办盟长，七年授昭乌达盟盟长，二十八年病故。阿宛都瓦第扎布在信中自称盟长，故可以确定写信时间为道光七年至道光二十八年。

奈曼达尔罕王德穆楚克扎布为祈福布施事致达赖喇嘛文
6：187~188

呈奏：御前大臣固伦额驸奈曼旗扎萨克多罗达尔罕郡王鄙徒德穆楚克扎布跪拜呈奏，在轮回与涅槃之顶饰、诸众生之永恒皈依圣尊达赖喇嘛您睡莲盛开的月台之下致书，向您请安。大慈大悲之光普照天空，一切众生利乐安康之源，至上胜法法幢之护持者，智慧圆满的怙主您的贵体安好吧！在此小弟子德穆楚克扎布在满珠习礼圣主处任御前大臣。愿在您的慈佑下安康任职外，尤其祈望能够时刻侍奉圣主并效力，一切相和之因顺利无阻，所有善业如新月般上升盈满，请保佑。明鉴，明鉴！以虔诚之心祈祷之余，愿您的大慈大悲之光与日月同盛，饶益众生之教法遍及世界，怙主您的金刚之身与世同在。为问候您永远安康，敬献圣洁的白哈达一方、黄缎一匹、乐器等物。吉祥日。

【注释】奈曼王位世袭：衮楚克→阿罕→扎木三；鄂齐尔（扎木三侄子）→班第→吹忠→阿咱拉→拉旺喇布坦→巴勒楚克→阿宛都瓦第扎布→德穆楚克扎布。德穆楚克扎布是阿宛都瓦第扎布之子，道光二十一年（1841）尚寿安固伦公主，二十八年袭奈曼扎萨克多罗达尔罕郡王，咸丰元年（1851）授为御前大臣，同治四年（1865）病故。德穆楚克扎布自称御前大臣，因此可以推断这封信写于咸丰元年到同治四年之间。

奈曼扎萨克王为知会礼物收发等事
致第穆呼图克图属下商卓特巴文
6：189~192

御前大臣固伦额驸扎萨克王（据藏文旁题，王名德穆楚克扎布——译者注）致圣尊第穆活佛管家商卓特巴与官员等。知会事。此次贵处使者堪布罗卜藏锡喇布所带来之礼物等悉数收到外，为圣尊活佛献沐浴之一盒银子交予堪布罗卜藏锡喇布带去。为此知会尊贵的商卓特巴与官员等。吉日。（附有藏文）

【注释】奈曼王位世袭：衮楚克→阿罕→扎木三；鄂齐尔（扎木三侄子）→班第→吹忠→阿咱拉→拉旺喇布坦→巴勒楚克→阿宛都瓦第扎布→

德穆楚克扎布。德穆楚克扎布是阿宛都瓦第扎布之子，道光二十一年（1841）尚寿安固伦公主，二十八年袭奈曼扎萨克多罗达尔罕郡王，咸丰元年（1851）授为御前大臣，同治四年（1865）病故。德穆楚克扎布自称御前大臣，可以推断这封信写于咸丰元年到同治四年之间。

奈曼扎萨克达尔罕郡王苏珠克图巴图尔为谢恩请安事致达赖喇嘛文
6：193~196

在京师任职昭乌达盟奈曼扎萨克多罗达尔罕郡王苏珠克图巴图尔谨向怙主圣尊喇嘛请安。圣尊喇嘛惠赐之加持仙丹等已拜收，以虔诚之心祷祝饶益教法与众生。敬献向圣尊喇嘛献请安礼圣洁哈达。良辰吉日。

封面：昭乌达盟奈曼扎萨克苏珠克图巴图尔谨呈。向圣尊葛根请安。

封底：内一件。

【注释】奈曼王位世袭：衮楚克→阿罕→扎木三；鄂齐尔（扎木三侄子）→班第→吹忠→阿咱拉→拉旺喇布坦→巴勒楚克→阿宛都瓦第扎布→德穆楚克扎布→萨嘎拉→玛什巴图尔→苏珠克图巴图尔。苏珠克图巴图尔是玛什巴图尔之子，光绪三十一年（1905）袭爵，三十四年受命在御前行走。

奈曼盟长王旗台吉乌冷呼为拉萨祈愿法会献银事
6：197

奈曼盟长王旗台吉乌冷呼为拉萨祈愿法会熬茶，将银十两交给商卓特巴等。请求回复。

奈曼盟长王旗台吉索诺木达尔扎为亡弟超度事致达赖喇嘛文
6：198

愿吉祥！在达赖喇嘛足下奈曼盟长王旗台吉索诺木达尔扎谨呈：为亡弟图门满都呼超度，敬献银二十五两。请求于来年给予回复。

奈曼王旗达喇嘛毕济为保佑今生与来世事致达赖喇嘛文
9：090

奈曼盟长王旗达喇嘛名叫毕济喇嘛者，为保佑今生与来世，向达赖喇嘛献银一盒，请求（达赖喇嘛）于来年回复。良缘。

巴林王旗

巴林王巴图为已故子祈佛超度事致济咙呼图克图文
6：199~200

教法与众生唯一怙主济咙额尔德尼双足下，末小施主十一扎萨克之盟长巴林王巴图，以虔诚之心合掌祈拜，为我去世之次子公赛尚阿超度，献哈达、珊瑚念珠及五十两银子。祈求您以大慈大悲之心消除我这位过世的儿子赛尚阿公他前世所积三恶趣之孽障，令其往生自由人趣。望从永恒的教法之刹不断赐予祝福。以虔诚之心向您叩拜。请将明白福力之法旨降赐于我头顶。

【注释】巴林王是巴林右翼旗扎萨克郡王，清代巴林的职衔和爵位，初由色布腾始。色布腾先祖为成吉思汗，中兴之祖为达延汗。色布腾在顺治五年（1648）受封扎萨克辅国公，七年晋封多罗郡王，世袭罔替。色布腾→鄂齐尔→那木达克；乌尔衮（那木达克之弟）→璘布；桑哩达→林沁→巴图。巴图是林沁之次子，乾隆二十一年（1756）袭爵，四十八年扈驾幸盛京，赐亲王品级，嘉庆四年（1799）病故。起初，巴图兄德勒克尚和硕和婉公主，成为和硕额附，长居京城参与清文大藏经的翻译。乾隆二十一年林沁病故，乾隆皇帝以巴图善骑射，命袭父爵，而封德勒克为辅国公。乾隆五十九年，德勒克病故。《清高宗实录》卷1139乾隆四十六年八月己亥条载："谕曰：德勒克无嗣，着以巴林郡王巴图次子赛尚阿承继。"

《蒙古回部王公表传》卷28本传载德勒克嗣子赛尚阿袭辅国公。嗣子一词表明赛尚阿非德勒克亲出。巴图在这封信中称赛尚阿为次子,表明所谓德勒克嗣子实际上是巴图的次子。据《清史稿》,赛尚阿死于嘉庆三年,可以肯定,这份为死者赛尚阿祈愿的书信是在嘉庆三年写的。嘉庆四年,写信人巴图也去世。

巴林王索特纳木多尔济为请求关照赴藏朝拜之子事致济咙呼图克图文
6: 201~202

巴林王施主索特纳木多尔济谨在济咙额尔德尼足前请安。从使者处得知,瓦赤喇怛喇您身体安康,不胜欣喜。再有,噶勒丹锡哷图萨玛第巴克什呼图克图所恩赐书信、加持物、吉祥结等物均已拜收,并由此知圣尊贵体安康,我从内心祷祝,感到欣慰。在此,施主索特纳木多尔济我、全旗及家族仰赖您的保佑,安然无恙。施主我次子托音罗布藏尼玛欲西行叩拜圣尊您,于圣地习经。到达之日,祈求您护佑他,并多指教,为此再三拜求。敬献请安礼圣洁白哈达一方、缎一匹,交使者送去。愿圣尊怙主保佑施主我们,明鉴,明鉴。为此蛇年二月自京师送献。

【注释】巴林王是巴林右翼旗扎萨克郡王,清代巴林的职衔和爵位,初由色布腾始。色布腾→鄂齐尔→那木达克;乌尔衮(那木达克之弟)→璘布;桑哩达→林沁→巴图→索特纳木多尔济。索特纳木多尔济是巴图长子,嘉庆四年(1799)袭爵,十四年赐亲王品级,道光七年(1827)病故。在索特纳木多尔济在位的28年期间蛇年有两次,分别是嘉庆十四年和道光元年,这封信应该写于该两年其中一年。如果是写于嘉庆十四年,则收信人济咙呼图克图为第八世达察济咙呼图克图益西罗桑丹贝贡布;如果是写于道光元年,则收信人为第九世达察济咙呼图克图阿旺罗桑丹贝坚参。

巴林王索特纳木多尔济为请安事致济咙呼图克图文
6：203~204

呈文。巴林王施主索特纳木多尔济谨向圣尊济咙额尔德尼请安。想必您金刚之身安然无恙,众徒弟健康平安。在此,施主我们仰赖上三宝与您的护佑平安,祈求今后也多保佑。敬献请安礼圣洁的哈达及盒子一双。五月十八日。

巴林王那木济勒旺楚克为祈福布施事致达赖喇嘛文
6：205~206

在圣尊达赖喇嘛金足莲花悦容前,巴林王末小施主那木济勒旺楚克谨跪请安。此间,想必圣尊您及近侍弟子们利益众生,积福积德,安康如故。在此,末小施主那木济勒旺楚克及旗属之众仰赖圣尊您大慈大悲,安康无恙。另外,祈求使末小施主那木济勒旺楚克及旗属之一切是非口舌、相违之因得以寂止,永世保佑。请圣尊达赖喇嘛大安,敬献圣洁白哈达、红色蟒缎一匹。

【注释】巴林王是巴林右翼旗扎萨克郡王,清代巴林的职衔和爵位,初由色布腾始。色布腾→鄂齐尔→那木达克;乌尔衮(那木达克之弟)→璘布;桑哩达→林沁→巴图→索特纳木多尔济→[佚名,未袭爵]→那木济勒旺楚克。那木济勒旺楚克是索特纳木多尔济之孙,道光七年(1827)袭爵,同治九年(1870)病故。

巴林王为请安布施事致济咙呼图克图文
6：207

巴林王施主谨在圣尊济咙额尔德尼葛根足前请安。来信中得知,圣尊贵体安康,不胜欣喜。惠赐佛像、吉祥结、加持物等已顶礼拜收。在此,我和我们旗、家族所有人依仗您的护持，都安好。敬献圣洁的哈达、一匹红色锦缎，于鸡年奉上，求保佑。

【注释】巴林王是巴林右翼旗扎萨克郡王，清代巴林的职衔和爵位，初由色布腾始。这封信的写信人只说自己是巴林王，没报名字，落款为鸡年，未提供其他信息，很难确定究竟是哪一位巴林王。

巴林贝子德勒克桑布为谢恩及请安事致噶勒丹锡呼图文
6：215~216

呈文。鄙徒巴林贝子和硕额驸德勒克桑布向大锡呼图诺门罕额尔德尼请安。您以硬朗之身，从造化众生之中，以慈悲之心保佑鄙徒，惠赠加持物与书信等奇妙礼物，小的顶礼拜收，不胜欢喜。鄙人在此仰赖您的保佑安康。再，祈求您大发慈悲，任何时候任何事情上坚决保佑。敬请明鉴，明鉴！愿您足下莲花坐台更加坚固，您诸善业四面八方每时每刻弘扬广大。愿我们大家永远做教法之主至尊上师您的弟子，与教法相和之业心想事成，永世享受教政两道之喜宴。敬献吉祥哈达、rangkama、呢绒等。吉祥。

【注释】巴林贝子和硕额驸，是巴林右旗的爵位。德勒克桑布应该是巴林郡王林沁长子德勒克，乾隆二十一年（1756）封辅国公，四十八年恩封固山贝子，五十九年去世。《蒙古回部王公表传》和《清史稿》都作德勒克，今据这封信得知，其全名为德勒克桑布。锡呼图诺门罕额尔德尼是噶勒丹锡呼图额尔德尼诺门罕，即一世策墨林活佛。额尔德尼诺门罕在乾隆五十二年前后到北京，乾隆五十五年八月奉命赴藏，出任摄政，五十六年在拉萨圆寂。对照德勒克桑布和噶勒丹锡呼图二人晚年的活动轨迹，发现在京城的德勒克桑布在乾隆四十八年至乾隆五十一年的三年间能写这封信，另外还有乾隆五十六年能写这封信，在其他时间里，要么德勒克桑布未封贝子爵位，要么噶勒丹锡呼图不在拉萨，都不具备这封信体现出来的条件。

巴林贝子德勒克桑布为报两济咙事致达赖喇嘛文
6：217~218

呈文。一切教法与众生之至上怙主瓦赤喇怛喇喇嘛额尔德尼足下，鄙徒巴林贝子额驸德勒克桑布合掌进呈：喇嘛以硬朗之身，由利乐教法众生之台，以慈悲之心保佑我。所赐信物，亲手所做吉祥结、书信、具足福力之度母铜像及吉祥哈达等，已顶礼拜收，书信已阅知。今满珠习礼圣主推崇佛教，尤其对喇嘛自始至终，圣主恩惠甚重。唯两济咙之事，诸大臣详细奏报当地民众疾苦。上命须遵国法，并要稳定人心，故召其前来。然上念达赖喇嘛，未治大罪。今后也小济咙将安居乐业并无危险。再过几年，事情淡漠，圣主或许更加施恩。为此，请不必劳心。喇嘛常做圣主喜乐之善事，圣主明察。愚以为不必过多在意。由此处所派噶勒丹锡呼图萨玛第巴克什谙于政教二道，皈依崇拜喇嘛，故应使其悦心，此处诸事同他商议为宜。末小蒙古愚徒深受圣主隆恩，唯知遵奉旨意。然而，深知我法恩无比持金刚章嘉额尔德尼崇拜喇嘛，时刻挂念信仰。如今又蒙惠赐亲笔信，鄙人推心置腹，以一切所思奉告。再者，祈求诸方常佑弟子，加持为后嗣。愿至上怙主足下莲花坚固如同金刚须弥山，诸般善业四面八方时常恒久弘扬。小弟子愿仰赖慈悲加持，安然无恙，政教事业心想事成。为喜谒尊容，尽享福力教法甘露，敬献吉祥哈达、吉祥绣花缎。吉祥永存。

【注释】巴林贝子和硕额驸，是巴林右旗的爵位。德勒克桑布应该是巴林郡王林沁长子德勒克，早年尚和硕和婉公主，成为和硕额附，乾隆二十一年（1756）封辅国公，四十八年恩封固山贝子，五十九年去世。乾隆五十五年前后，达赖喇嘛属下商卓特巴（实为达赖喇嘛兄弟）贪财致怨，为此乾隆皇帝撤回之前派遣赴藏的济咙呼图克图，改派在京的噶勒丹锡呼图禅师入藏出任摄政，同时勒令驻藏大臣将涉事商卓特巴七人解送北京。德勒克桑布这封信所说的"由此处所派噶勒丹锡呼图"可能跟此事有关。信中提到的"两济咙"应该不是济咙呼图克图，而是西藏济咙地方的涉案人员。乾隆五十五年或者五十六年，驻藏大臣解送涉案人员到北京。之后达赖喇嘛给在北京（德勒克桑布常年驻京翻译清文大藏经）的德勒克桑布写信询问情况，因而德勒克桑布写这封信报告"两济咙"的情况，并安抚达赖喇嘛。根据写信人德勒克桑布的封爵时间和清廷派遣噶勒丹锡哷图等事实，我们认为这封信写于乾隆五十六年或者五十七年。

巴林王旗哈番萨炳阿为全家祈福事致达赖喇嘛文
6：209

巴林王旗末小施主哈番萨炳阿祈祷下跪，于皈依处顶饰识一切圣尊达赖喇嘛宝足莲花前祈祷俯首。呈奏：祈求保佑末小萨炳阿我父亲桑斋、哥哥、弟弟及妻儿、我等，免遭相违之难而得以度涉，世代永世皈依宗喀巴教法，不离不弃。为此祈愿祝祷，献圣洁白哈达、银子一两。猴年正月初一吉日。

巴林王旗梅林博伊勒图为祈福布施事致达赖喇嘛文
6：208

巴林王旗末小施主梅林博伊勒图在皈依处识一切达赖喇嘛金足下合掌跪拜。愿世世代代时时刻刻护佑我和我夫人、孩子、孙子等所有亲戚，直到修得菩提道。尤其祈求保佑我们大家今生消除违缘，延年益寿，明示度过通向来世的迷津之方向。为此献白银五十两。愿保佑！明鉴，明鉴。

巴林王旗王府长史百灵阿为祈福布施事致达赖喇嘛文
6：213~214

巴林王旗长史百灵阿于圣尊达赖喇嘛足前下跪祈祷呈奏：现我母亲、我自己、夫人、儿子皆祈求得受圣尊庇佑，永保太平。为此敬献圣洁白哈达、水晶佛灯四盏。鼠年二月初二。

【注释】写信人百灵阿是巴林王旗（巴林右翼）的官员，生卒年不详。这里百灵阿的书信共有三封，分别自称长史、官员和管旗章京。按照一般官员升迁的经历看，先任低级官职，然后逐步升迁，所以百灵阿出任长史在先，然后加官成为管旗章京，因此自称长史的信件写得早。其余两封信里，一封自报泛称巴林王旗官员，没有写明具体官职，但在信中提到孙子那木萨赖扎布、博和乌查喇刺图二人；另一封信里自报官职为管旗章京，但信中未提大孙子那木萨赖扎布，只提及二孙子博和乌查喇刺图一人。大致情况应该是，大孙子那木萨赖扎布业已夭折。根据这般梳理，我们认为在百灵阿的其余两封信中，泛称巴林王旗官员的信《巴林王旗百灵阿为全家祈福事致达赖喇嘛文》在先，署名官职管旗章京的信《巴林王旗管旗章京百灵阿为祈福布施事致达赖喇嘛文》在后。

巴林王旗百灵阿为全家祈福事致达赖喇嘛文
6：210

在皈依处顶饰识一切圣尊达赖喇嘛金足莲花前，巴林王旗末小施主百灵阿跪祷呈奏：末小（弟子）百灵阿我年迈之母亲、自己、夫人土伯特、儿子巴彦巴雅拉呼和锡勒木、孙子那木萨赖扎布和博和乌查喇刺图我等诚心祈祷，祈求您让我等免遭障难，今生与来世得以解脱厄难。敬献圣洁的白哈达、银子三两。

巴林王旗管旗章京百灵阿为祈福布施事致达赖喇嘛文
6：211~212

在皈依处顶饰识一切圣尊达赖喇嘛足下宝莲悦容下，巴林王旗末小施主管旗章京百灵阿谨祷俯首呈奏：此间，想必圣尊额尔德尼您法身仍在饶益我等世间教法众生。另，跪祷祈求（达赖喇嘛）永世保佑，让（我）度涉十恶，每每轮回，永不脱离圣尊宗喀巴教法。特奏呈者：为卑微百灵阿我年迈母亲尼姑其姆克图、我自己、我夫人土伯特、儿子巴彦巴雅拉呼和锡勒木、孙子博和乌查喇刺图等及全体，下及畜群，以诚心祈祷，相违之因得以消除，免遭不时之死、疾病、仇恨、谗言和毒害。祈求让我等度涉今生与来世之厄难。敬献圣洁白哈达、银子五两。猴年正月初吉日。明鉴，明鉴。

巴林王旗伊克旺德勒克为拉萨祈愿法会布施和为死者超度事所呈文
6：225

巴林王旗弟子伊克旺德勒克为拉萨祈愿法会献银子五两，祈求为过世的格隆巴勒珠尔、格隆确木散、格隆萨尔桑、乌尔图、苏隆、萨穆彦等诵经超度。

巴林王旗格隆济克默特以布施祈福事致达赖喇嘛文
9：091

巴林副盟长旗 Qotala Ibegeltü 寺格隆济克默特、母尼姑斯沁扎布，弟阿穆尔齐呼、萨姆卡、巴德玛噶尔布、子色勒济特、达穆林巴咱尔、丹巴喇巴斋、色特尔巴德尔、丹必琴达格、斡勤白等，向达赖喇嘛敬献银五两及哈达，祈愿消除今生违缘，度过通向来世的迷津，送往极乐世界。另外，我子达穆林巴咱尔欲出家为僧。应为僧为俗，请喇嘛明示。并献银一两，为过世父亲巴勒珠尔、格隆哈穆丕勒、囊萨勒超度。

巴林崇禧寺达喇嘛瓦喀巴咱尔等为传习时轮王经迎请堪布喇嘛一事致班禅额尔德尼文
9：092

昭乌达盟长巴林右旗扎萨克和硕亲王旗名为洪格尔寺即崇禧寺之达喇嘛瓦喀巴咱尔、夏仲玛克索尔、绰尔济玛克索尔扎布、格布奎里墨德、德木齐尼玛宁布、嘎尔巴僧格、施主管旗章京布胡套克图胡、族长德尔达克、梅林玛西朝克图、达台吉布尔讷巴达喇、恭楚克松雷、喇斯隆、扎兰胡必图、额尔德尼巴雅尔等为进一步完善《时轮灌顶经》之诵读，以诚心特向圣尊班禅额尔德尼祈祷呈奏，再请堪布上师（前来）。

【注释】巴林王是巴林右翼旗扎萨克郡王，清代巴林的职衔和爵位，初

194

由色布腾始。色布腾→鄂齐尔→那木达克；乌尔衮（那木达克之弟）→璘布；桑哩达→林沁→巴图→索特纳木多尔济→［佚名，未袭爵］→那木济勒旺楚克→额勒莫斯巴咱尔→额勒奇木巴雅尔→扎噶尔。查历代巴林郡王，林沁在乾隆十八年（1753）任盟长，二十一年去世；其子巴图继任盟长，乾隆四十八年受封亲王品级，嘉庆四年（1799）去世；巴图子索特纳木多尔济在嘉庆十四年受封亲王品级，其后子孙均系和硕亲王品级。

巴林王旗沙弥喇什为献熬茶银两事致拉萨祈愿法会文
9：093

巴林王旗末小弟子沙弥喇什为拉萨祈愿法会熬茶，献银一两五钱，为逝去沙弥确穆桑、父亲达尔扎、母亲昂噶超度。保佑我喇什等今生与来世。道光十五年。

巴林贝子旗

巴林贝子旗台吉巴雅尔济尔噶勒等为祈福事致达赖喇嘛文
6：219~220

巴林贝子旗台吉巴雅尔济尔噶勒为首施主全家祈求达赖喇嘛保佑，愿让（我们）来世听不到三恶趣，投胎为善生，再度与佛教结缘。为此，将代表身语意的圣洁哈达、三两白银及书信等，羊年十二月在北京交给使者堪布，带往敬献。吉祥毕聚。

【注释】巴林贝子旗是巴林扎萨克贝子旗，又称巴林左翼旗。巴林扎萨克贝子是清代巴林左翼旗的职衔和巴林部的爵位，初由满珠习礼始。满珠习礼先祖为成吉思汗，中兴之祖为达延汗。满珠习礼在顺治五年（1648）受封扎萨克固山贝子，诏世袭罔替。满珠习礼→乌尔衮→鄂齐尔桑→巴特玛→诺扪额尔赫图；达色（诺扪额尔赫图之弟）→萨木丕勒多尔济→多尔济帕拉木→噶尔玛什底；多尔济萨木鲁布（噶尔玛什底之弟）→毕齐那逊→堆英尔扎布→邑丹那木济勒。写信人巴雅尔济尔噶勒自称台吉，可能是满珠习礼某一支系的后裔。

巴林贝子旗达尔玛巴咱尔为祈愿超度亡父沙津巴里克其事致达赖喇嘛文
6：221~222

在众生顶饰胜者之王达赖喇嘛足莲下，巴林贝子旗鄙徒达尔玛巴咱尔为超度已故恩父沙津巴里克其，献白银三两及圣洁白哈达，祈求勿令亡父遭受轮回及三恶趣厄难，消除一切恶孽障难，尽早获得识一切胜者之道。明鉴。祈祷。

巴林贝子旗噶勒桑群丕勒为祈福布施事致达赖喇嘛文
6：223~224

在一切众生之顶饰胜者之王达赖喇嘛无垢足下，巴林贝子旗鄙徒格楚勒噶勒桑群丕勒献圣洁白哈达。呈奏者：祈求让我于今生决胜业果烦恼，笃信喇嘛三宝，消除一切智障。祈求喇嘛直白赐教获得与佛法相和、心想事成之法，来世尽早获得识一切胜者之道。祈求大发慈悲，自此直至得到菩提道，慈悲护佑。鉴之，鉴之。祈祷。

巴林旗赛音毕力克图为给逝者巴达玛宁布超度事致达赖喇嘛文
6：226

巴林旗赛音毕力克图为诵经祈福，呈圣尊达赖喇嘛葛根银子一两。以已故巴达玛宁布之名（敬献）。

巴林贝子旗格隆罗布藏噶勒丹等为请安祈福事致达赖喇嘛文
9：094~096

今生与来世永恒皈依处胜者达赖喇嘛光明金足下。巴林贝子旗鄙徒格隆罗布藏噶勒丹与兰占巴罗布藏尼玛、格隆扎木杨罗雷、沙弥噶勒桑确音丕勒、衮楚克扎布、施主那木济勒扎布、音德尔、都格尔扎布、杨济玛、巴德玛苏、恩克济呼、达木仁扎布等全家敬献白银五两及天物圣洁哈达，呈求：愿与我等今生相违之谗言、恶魔、恶语、恶意、纠纷、恶斗、疾病、暴亡、敌魔、祸害等相违因得以寂息，福寿、富乐、威力、权势、名誉等得以圆满，祈求佑助。请开示寂止一切违缘，造就一切顺缘之法。请将需谨防之事毫不隐瞒地明示于我。总之，从今至修得佛果为止，世世结自由人间之善缘，再次与佛教尤其是宗喀巴黄教结缘，做大乘佛法之徒，一切闻、思、修速至尽善，最后，求尽快修得瓦赤喇怛喇之道。祈求时刻保佑，分秒不弃，为此合掌祈拜。明鉴，明鉴。

一切众生之怙主达赖喇嘛光明足下莲花前。鄙徒音德尔、都格尔扎布等二人，为已故罗布桑其米德和萨木巴超度，献圣洁的白哈达，祈求为其消除恶业、孽障，请保佑他们尽快获得无上菩提道。明鉴，明鉴。

巴林贝子旗格隆车凌扎木苏为祈愿超度
已故弟弟囊嘉特事致达赖喇嘛文
9：097

在大福大德千手千眼观世音化身胜者之王圣尊达赖喇嘛足莲前，巴林贝子旗末小格隆车凌扎木苏持三门之信仰跪祷，为超度已故弟弟囊嘉特诵经祈福，献银二两。祈求达赖喇嘛为其每每轮回，大慈大悲赐予庇护。鉴之，鉴之。

扎鲁特

扎鲁特左旗贝勒旗阿尔宾等为其亡叔格隆巴苏泰
超度事致达赖喇嘛文
6：230

扎鲁特左旗贝勒旗阿尔宾、巴呼拉玛二人在圣尊达赖喇嘛金足莲花前谨呈。因我叔父格隆巴苏泰过世，为其超度，敬献银二十五两。

【注释】扎鲁特左旗是扎鲁特扎萨克贝勒旗。扎鲁特扎萨克贝勒是清代扎鲁特的职衔和爵位，初由内齐始。内齐先祖为成吉思汗，中兴之祖为达延汗。内齐在顺治五年（1648）被追封扎萨克多罗贝勒。内齐→尚嘉布→奇塔特→扎木布→毕鲁瓦→索诺木→锡勒塔喇→衮布扎布→德沁→布木色楞；[佚名，未袭爵]→三音济尔噶勒；达木林旺扎勒（三音济尔噶勒之弟）→林沁洛依鲁布。

扎鲁特左旗巴达郎贵为今世消灾祈福事致达赖喇嘛文
6：227~228

在瓦赤喇怛喇达赖喇嘛光明足下莲花金轮前，扎鲁特左旗鄙徒巴达郎贵为求寂止今生一切相违因、增益诸善业，献银一两，以求保佑。明鉴，明鉴。

扎鲁特贝勒旗护卫德勒格尔为其亡子超度
及等候回信等事致达赖喇嘛文
6：229

扎鲁特贝勒旗护卫德勒格尔儿子博彦朝克图去世，为让他在达赖喇嘛足莲前超度，敬献诵经超度银子四十两，祈求已故儿子孽障得以消除，免受三恶趣厄难，并在世父母平安无恙。祈盼复信。

阿鲁科尔沁

阿鲁科尔沁王巴咱尔吉里第为请安献银事致达赖喇嘛文
6：231~232

昭乌达盟盟长阿鲁科尔沁王末小施主巴咱尔吉里第顶礼膜拜，在十方佛陀本性之集、弘扬照耀永恒佛法之唯一至上太阳、一切众生今生与来世之怙主恩公圣尊达赖喇嘛双金脚莲花下，谨请万安。此间，想必瓦赤喇怛喇圣尊贵体硬朗安详，像十万日光照耀教法众生之利。在此，以末小施主为首全体王府人等，在彼处则仰赖喇嘛三宝护佑，在此地则依仗圣主威德，安康如故。再者，庸人施主我全旗民众以虔诚之心，为瓦赤喇怛喇圣尊教法大业进献银三千两，亲自交与巴尔达布尔勒拜，忝附数行书信，以求优佑，连同天物哈达敬献。月初吉日。

【注释】阿鲁科尔沁王是阿鲁科尔沁扎萨克郡王，是清代阿鲁科尔沁的职衔和爵位，初由穆彰始。穆彰先祖为成吉思汗胞弟哈萨尔（合撒儿）。穆彰在顺治元年（1644）受封扎萨克固山贝子，四年去世，五年追封多罗贝勒，世袭罔替。穆彰子珠勒扎干在顺治五年袭扎萨克多罗贝勒，八年晋封多罗郡王，康熙十七年（1678）去世。珠勒扎干长子色棱在康熙十七年袭扎萨克多罗郡王，二十七年以耽酒削爵。色棱弟楚侬在康熙二十七年袭多罗贝勒，三十年晋封多罗郡王，四十三年去世。同年，楚侬长子穆宁袭扎萨克多罗贝勒。穆彰→珠勒扎干→色棱；楚侬（色棱之弟）→穆宁；旺扎勒（色棱次子）→达克旦→阿尔达什第→多尔济帕拉木→丹锦巴勒桑；扎木杨旺舒克（丹锦巴勒桑之弟）→拉什仲鼐→巴咱尔吉里第。巴咱尔吉里第是拉什仲鼐之子，同治六年（1867）袭爵，光绪二十三年（1897）补放副盟长，二十七年时已为盟长。根据巴咱尔吉里第自称盟长，可知该信写于光绪二十七年之后。

阿鲁科尔沁扎萨克王巴咱尔吉里第
为请安谢恩祈福事致达赖喇嘛文
6：233~236

昭乌达盟盟长阿鲁科尔沁扎萨克王小施主巴咱尔吉里第虔心顶礼膜拜。在十方诸佛之集、一切众生教法之怙主、众生所赖大慈大悲圆愿者、至上怙主瓦赤喇怛喇圣尊达赖喇嘛双足千辐金轮前，请万安。此间，想必须弥山般贵体在教法中心像十万日光般在四面八方每时每刻照耀着教法众生之利。瓦赤喇怛喇以大慈大悲庇佑我等施主，特派使者多尼尔喇克巴问好，惠赐加持吉祥结、宝丸、佛像、shanza、香、粗呢等，已顶礼拜收，不胜欣喜。在此，末小施主全家仰赖无限日光慈悲佛法之福力，吉祥安康。今呈文祈求，为施主年迈祖母、本王及全家以及全旗民众寂止一切相违因，让一切善业循佛法而成，全然消除一切不顺之因，保佑全家安康吉祥。明鉴，明鉴！敬献请安礼圣洁白哈达，交与回去的使者多尼尔喇克巴奉送。

封面：达王末小施主巴咱尔吉里第合掌跪拜，瓦赤喇圣尊喇嘛葛根足下莲花前请万安。

封底：月初吉日。

藏文：赛音诺颜请安献礼。（此处藏文恐误——译者注）

【注释】巴咱尔吉里第在同治六年（1867）袭爵，光绪二十三年（1897）补放副盟长，二十七年时已为盟长。根据巴咱尔吉里第自称盟长，可知该信写于光绪二十七年之后。

翁牛特王旗

翁牛特旗王喇特纳济尔第为祈福事致圣尊呼图克图文
6：237

十方佛陀之本性、天等众生一切之皈依处圣尊金足莲花下，翁牛特王喇特纳济尔第以虔诚之心祈求保佑今生与来世。献蟒缎、妆缎两匹，彩色哈达等物。嘉庆十二年春月初吉日。

【注释】翁牛特王位世袭：逊杜棱→［佚名，未袭爵］→博多和→毕里衮达赖→仓津；鄂齐尔（毕里衮达赖之弟）→罗卜藏→齐王→布达扎布→旺舒克→包多尔济→喇特纳济尔第。喇特纳济尔第在嘉庆十一年（1806）袭爵。

翁牛特王母及小王喇特纳济尔第为预防痘疹事致达赖喇嘛文
6：268~270

敬呈。王母与小王喇特纳济尔第敬呈，以请瓦赤喇怛喇圣主万安。此时，在皈依处，圣尊以下师徒尽皆安康。托圣尊之福，我等也皆安在。为业障所困之鄙徒喇特纳锡第叩拜请求，因我尚未出痘，请赐安然免遭此难之法于我母子二人顶上。向皈依主敬献彩色哈达、黄色蟒缎一匹及书信。鉴之，鉴之。嘉庆十四年春二月初吉日。

【注释】这是一封翁牛特王夫人与其子年幼的王爷喇特纳济尔第的书信。翁牛特王位世袭：逊杜棱→［佚名，未袭爵］→博多和→毕里衮达赖→仓津；鄂齐尔（毕里衮达赖之弟）→罗卜藏→齐王→布达扎布→旺舒克→包多尔济→喇特纳济尔第。喇特纳济尔第在嘉庆十一年袭爵。这里的王母应该是包多尔济的夫人。据这封信透露，喇特纳济尔第袭爵时尚年幼。

这封信在《西藏自治区档案馆馆藏蒙满文档案精选》第6卷里被归入喀喇沁右旗的书信，大概跟喀喇沁郡王喇特纳锡第相混，因为蒙古文喇特纳锡第和喇特纳济尔第字形相近。

翁牛特王喇特纳济尔第为谢恩及祈福事致瓦赤喇怛喇圣尊文
6∶238

翁牛特王喇特纳济尔第在识一切瓦赤喇怛喇圣尊金足莲开瓣下谨呈：末小施主我尚未出痘，此事托上次前来之使者堪布奏闻后，蒙赐法事秘诀，一直在做。今后为鄙徒寂止今生与来世相违因。也祈求圣尊保佑我。为请护佑，献礼洁白哈达、蟒缎和绸缎等物。

翁牛特王旗公爵乌呢济尔噶勒属寺喇什达瓦为祈福事致达赖喇嘛文
6∶239

在天等众生之顶饰至尊千手千眼佛真化身无比众生之普度者圣尊达赖喇嘛足莲前，由翁牛特王旗公爵乌呢济尔噶勒属寺四十人会，使喇什达瓦敬献银二两，祈求保佑。明鉴，明鉴。

【注释】翁牛特王旗公爵是翁牛特右旗的镇国公。该爵位初由噶尔玛始。噶尔玛是翁牛特王爵始祖逊杜棱从子，初为喀喇车哩克台吉，崇德八年（1643）封镇国公，世袭罔替。噶尔玛→察罕泰→齐塔特→齐旺多尔济→索诺木→恭格喇布坦→达瓦什哩→乌呢济尔噶勒。乌呢济尔噶勒是达瓦什哩之子，嘉庆十九年（1814）袭镇国公，道光十四年（1834）正月二十八日去世。这封信写于乌呢济尔噶勒在位的嘉庆十九年至道光十四年。

翁牛特王旗公爵乌呢济尔噶勒寺僧人罗布藏萨木坦
为献礼事致达赖喇嘛文
9：101

在天等一切众生之顶饰至尊千手千眼观音佛陀真化身无比众生之普度者圣尊达赖喇嘛足莲前，翁牛特王旗公爵乌呢济尔噶勒属寺僧人格隆罗布藏萨木坦，敬献毵鼓饰物。祈求大发慈悲，庇佑今生与来世。鉴之，鉴之。

【注释】参见上文注释。

翁牛特王旗台吉扎雅图为祈福事致圣尊文
6：249

皈依处集圣尊足下金莲前，翁牛特王旗末小台吉扎雅图以三门皈依拜呈：祈求明白开示寂止一切违缘、造就一切顺缘之法，将法旨降于我头顶，祈求佑护。明鉴，明鉴。为此敬献白银十两。

翁牛特王旗章京确登为求子祈福事致济咙呼图克图文
6：247~248

皈依处圣尊济咙足下金莲前，翁牛特王旗章京确登以三门信仰合掌祈求：鄙人因无男子，祈求圣尊保佑。请将如何得子之法明确开示，降于顶上。祈求保佑，明鉴，明鉴。献祈福银五两。

翁牛特王旗商淑夫妇等为祈福求子事致圣尊文
6：240~242

在圣尊足下，翁牛特王旗鄙徒商淑和我明安图二人合掌祈祷禀告：我等鄙人膝下无子，祈求圣尊将如何得子之妙法降赐于我等顶上。请保佑。鉴之，鉴之。献白银十两。

在怙主至尊足下，翁牛特王旗鄙徒伊德力克合掌祈祷禀告：膝下无子，祈求大发慈悲，降赐妙法，赐予保佑。鉴之，鉴之。敬献银子二两。

在护持处足下，翁牛特王旗鄙徒阿尔斌桑祈祷：向护持处祈求，请指明得子之法，望怙主庇佑。拜献银子二两。

翁牛特王旗济兰泰为求子事致圣尊文
6：246

在怙主足下，翁牛特王旗末小济兰泰合掌拜祈：小人一直未育男子，祈求圣尊保佑，敬请明示得子妙法。请明鉴，明鉴。敬献银子一两。

翁牛特公爵桑噶巴拉寺达喇嘛罗布藏萨木坦
为布施事致达赖喇嘛文
9：102

在天等一切众生顶饰之最千手千眼观音之真化身无比众生之普度者圣尊达赖喇嘛足莲前，翁牛特王旗公桑噶巴拉之属寺达喇嘛罗布藏萨木坦为首僧俗八十余人，呈银四两。祈求庇佑。明鉴，明鉴。

【注释】翁牛特公爵桑噶巴拉是翁牛特王旗的镇国公桑噶巴拉。噶尔玛→察罕泰→齐塔特→齐旺多尔济→索诺木→恭格喇布坦→达瓦什哩→乌呢济尔噶勒→桑噶巴拉。桑噶巴拉是乌呢济尔噶勒之子，道光十四年（1834）正月二十八日袭爵，十八年八月初一缘事革爵。根据桑噶巴拉在位年限，我们断定这封信写于道光十四年到道光十八年。

翁牛特格里克多尔济等为请安及超度等事致圣尊喇嘛文
6：245

在怙主圣尊足下，翁牛特鄙徒格里克多尔济，持三门之信仰祈祷。祈求寂止鄙徒一切相违之因，请将成就相和因之一切妙法及所依佛语降至鄙徒顶上，永赐庇护。明鉴，明鉴。敬献物品、银子二两。

在圣尊足下，翁牛特鄙徒满都呼为超度亡父阿毕达、母亲塔纳，向怙主祈求庇佑，敬献银子二两。

在怙主足下，翁牛特旗鄙徒格隆苏尔古木、拉鲁哈等向圣尊祈求保佑我们今生与来世，敬献怙主银子五两。

翁牛特旗噶布珠阿旺喇什等为祈福事致额尔德尼文
9：103

在无上佛陀普遍本性护持处至尊呼毕勒罕额尔德尼足下金轮前，翁牛特王旗末小噶布珠阿旺喇什、格隆喇什散丕勒、格隆益西宁布持三门之信仰祈祷呈奏：祈求消除我等在内一切身病、在外相违因，增益相和因及福缘。简言之，祈求大慈大悲，常在赐佑，鉴之，鉴之。以敬仰之心敬献佛像及银子二十五两。

翁牛特旗噶布珠阿旺喇什为请安事致圣尊喇嘛文
9：104

在护持处圣尊足下，翁牛特旗噶布珠阿旺喇什祈祷呈奏：为已故哥哥台吉达什祈求洗刷其在无垠世界所涉孽障及三恶趣，使其往生利乐之土，终获四身之福。为已故哥哥超度，诵经祈福，献白银五两。

翁牛特贝勒旗

翁牛特贝勒旗台吉玛哈巴拉为祈福布施事致达赖喇嘛文
6：245~246

在天等众生之顶饰普度众生者圣尊识一切者足下金莲花前，翁牛特贝勒旗小民台吉玛哈巴拉持三门之信仰祝祷呈奏：小人侄子名旺楚克策凌，属虎，六岁，拜求寂止其寿命障碍与病苦，保佑其长寿，福禄、富乐、饮食、牲畜与日俱增，请圣尊庇佑，开示佛语。再三祈祷呈奏者：小人我兄长长子确桑，属羊，十三岁，甚祈寂止其寿命障碍，使其健康长寿，生子续嗣，平安永相随。其弟弟毕玛凌卡尔迪，属龙，四岁，祈求永保其太平无事，全家无殃，健康长寿，福禄、富乐、饮食、牲畜与日俱增。祈求圣尊识一切者以法旨之十万日光驱逐我等之愚智，降赐利济一切之佛语。简言之，请庇佑我等，直至修得菩提正果。鉴之，鉴之。跪祷敬献圣洁白色哈达、银子二两五钱。

【注释】翁牛特贝勒旗是翁牛特左翼旗，旗主职爵为扎萨克多罗达尔罕岱青贝勒。该职该号初由栋岱青始，爵位初由叟塞始。栋岱青是翁牛特王爵始祖逊杜棱之弟，崇德元年（1636）袭扎萨克，赐号多罗达尔罕岱青，世袭罔替，顺治五年（1648）去世。同年，长子肯特尔袭扎萨克达尔罕岱青，十一年去世。同年，栋岱青次子叟塞袭扎萨克达尔罕岱青，同年封固山贝子，八年晋封扎萨克多罗达尔罕岱青贝勒。栋岱青→肯特尔；叟塞（肯特尔之弟）→额璘臣→额勒德布鄂齐尔→朋素克→诺尔布扎木素→济克济扎布→达玛林扎布→孟克济雅→宝拜→德穆楚克→花莲。

写信人玛哈巴拉自称台吉，可能是栋岱青某一支系的后裔。

翁牛特左翼贝勒旗达喇嘛兰占巴扎木素
为欲准备牲畜事致济咙呼图克图文
9：099~100

呈文。在今生与来世唯一皈依处瓦赤喇怛喇济咙额尔德尼金足莲花前，翁牛特左翼贝勒旗小弟子达喇嘛兰占巴扎木素以虔诚之心合掌祈拜，请达赖喇嘛万安。鄙徒愿累世始终受教，浴身佛法甘露。为此请求赐诗三首。此外，祈求不吝赐我粗呢、哔叽等物。鄙徒闻圣师将于龙年东幸，故已由畜群挑出马二十五匹、牛二十五头，共五十头，备圣用。然而，此处三喇嘛误报牛五十头。三喇嘛居地游离不定，未将所献牲畜交给三喇嘛，放在乡里，交付专人看管。此项牲畜是否应交给商上，或应如何处理，请圣尊明示。献内库哈达一方、无量寿佛哈达一方。祈求保佑。鉴之，鉴之。月初吉日。

克什克腾

克什克腾旗扎萨克齐巴克扎布为请安布施事
致第穆呼图克图属下商卓特巴文
6：250

在第穆呼图克图属下商卓特巴案前，克什克腾旗扎萨克齐巴克扎布向商卓特巴请安，敬献缎四庹。为呼图克图舍利献上哈达一方。自克什克腾进献。

【注释】克什克腾旗扎萨克是克什克腾扎萨克头等台吉，是该旗旗主，其职爵初由索诺木始。索诺木先祖为成吉思汗，中兴之祖为达延汗。索诺木在顺治九年（1652）受封扎萨克头等台吉。索诺木→玛纳瑚→阿玉什→齐巴克扎布。齐巴克扎布是阿玉什的长子，康熙三十四年（1695）袭爵，乾隆三十六年（1771）以罪削爵。

克什克腾扎萨克根敦达尔扎、夫人乌巴什为谢恩
及请安事致噶勒丹锡哷图文
6：251

克什克腾扎萨克根敦达尔扎、夫人乌巴什，向怙主噶勒丹锡哷图诺门罕沙尔济堪布请安。所赠加持礼物及书信已拜收，不胜欣喜。托呼图克图保佑，我等全体安康。为速速安康相见，敬献中库哈达一方、呢绒一匹。月初吉日。祈求保佑，明鉴，明鉴。

【注释】克什克腾职爵世袭：索诺木→玛纳瑚→阿玉什→齐巴克扎布→囊济特扎布→根敦达尔扎。根敦达尔扎是囊济特扎布之长子，乾隆四十六年

（1781）袭爵，五十七年削爵。这封信写于根敦达尔扎在位的乾隆四十六年到五十七年。

克什克腾旗原扎萨克根敦达尔扎等
为请安祈福布施事致济咙呼图克图文
6：252

克什克腾旗原扎萨克根敦达尔扎，儿子扎萨克旺楚克阿喇布坦，夫人密多克班，托音丹津多尔济，三子玛哈室利、巴德玛喇嘎、其穆德多尔济等，在护持处圣尊济咙额尔德尼足莲前一同合掌祈祷，跪拜请安。祈求庇佑，使我等身命福乐顺缘，一切政教事业得以兴盛，相违因得以寂息，造就一切相和因，万事如意。祈求庇佑今生与来世。鉴之，鉴之。为请安，献圣洁白色哈达即内库哈达二方、外库哈达二方、有色哈达二方、呢绒一匹。

【注释】克什克腾职爵世袭：索诺木→玛纳瑚→阿玉什→齐巴克扎布→囊济特扎布→根敦达尔扎→旺楚克阿喇布坦。根敦达尔扎在乾隆五十七年削爵，由其子旺楚克阿喇布坦袭扎萨克头等台吉。因此，这封信写于乾隆五十七年之后。

克什克腾旗扎萨克旺楚克阿喇布坦全家
为祈福布施事致济咙呼图克图文
6：253

克什克腾旗扎萨克旺楚克阿喇布坦，夫人密多克班，子其穆德多尔济、玛哈室利、巴德玛喇嘎等，在皈依处圣尊济咙额尔德尼足莲前，合掌跪拜请安。愿我等福寿、富乐长久圆满，政教事业昌盛，相违因寂息，相和因增益，心想事成。祈求佑护我等今生与来世诸业。明鉴，明鉴。敬献请安礼圣洁彩色哈达五方、呢绒一匹。月初吉日。

【注释】克什克腾职爵世袭：索诺木→玛纳瑚→阿玉什→齐巴克扎布→

囊济特扎布→根敦达尔扎→旺楚克阿喇布坦。旺楚克阿喇布坦在乾隆五十八年（1793）袭爵，道光二年（1822）去世。

克什克腾扎萨克旗夫人确噜拉玛为祈福布施事致噶勒丹锡哷图文
6：254

识一切天等众生唯一皈依处噶勒丹锡哷图吉祥喇嘛额尔德尼诺门罕足莲金轮前，克什克腾扎萨克旗夫人确噜拉玛合掌叩拜：祈求噶勒丹锡哷图吉祥额尔德尼诺门罕保佑确噜拉玛延年益寿，心想事成。请以慈悲为怀，将一切有益法旨如甘露般灌降顶上。明鉴，明鉴。自克什克腾献内库哈达一方、呢绒一匹、鼗鼓饰件及 judanbing 等物。月初吉日。

【注释】克什克腾扎萨克旗夫人是该旗旗主扎萨克头等台吉的夫人。收信人噶勒丹锡哷图吉祥喇嘛额尔德尼诺门罕是西藏所说的二世策墨林活佛。清代满蒙文献一般称二世策墨林活佛为噶勒丹锡哷图萨玛第巴克什。

克什克腾旗阿哥巴达喇呼为献礼祈福事致噶勒丹锡哷图文
6：260

识一切天等众生唯一怙主噶勒丹锡哷图吉祥额尔德尼诺门罕光明足莲金轮前，克什克腾扎萨克旗阿哥巴达喇呼合掌叩拜，向噶勒丹锡哷图吉祥额尔德尼诺门罕呈请贵安。请求保佑巴达喇呼安康长寿，诸愿遂成。请大发慈悲，赐利乐佛语甘露灌于顶上。明鉴，明鉴。自克什克腾送献天物哈达一方、银一两。月初吉日。

克什克腾旗阿哥巴达喇呼夫人罗勒玛吉德
为祈福事致噶勒丹锡哷图文
6：261

在天等一切众生唯一怙主识一切之足莲金轮前，克什克腾扎萨克旗阿哥巴达喇呼夫人罗勒玛吉德合掌叩拜，向噶勒丹锡哷图噶勒丹额尔德尼诺门罕请安。祈求保佑延年益寿，心想事成，大发慈悲。请赐利济一切之法旨甘露于顶上。鉴之，鉴之。献礼天物圣洁白色哈达等。自克什克腾。月初吉日。

克什克腾旗阿哥巴达喇呼之子图布斋为祈福事致噶勒丹锡哷图文
6：262

识一切天等众生唯一皈依处噶勒丹锡哷图巴勒丹诺门罕足莲金轮前，克什克腾扎萨克旗阿哥巴达喇呼之子图布斋，属龙，三岁，合掌叩拜，向噶勒丹锡哷图吉祥额尔德尼诺门罕请安，祈求：请保佑图布斋长寿安康、诸愿遂成。请以慈悲为怀，赐利济一切之法旨于顶上。敬请明鉴，明鉴。自克什克腾敬献礼物天物圣洁哈达。月初吉日。

克什克腾旗阿哥巴达喇呼之女察罕达喇
为请安祈福事致噶勒丹锡哷图文
6：259

识一切天等众生唯一怙主噶勒丹锡哷图吉祥额尔德尼诺门罕光明足莲金轮前，克什克腾扎萨克旗阿哥巴达喇呼之女察罕达喇合掌叩拜，向噶勒丹锡哷图吉祥额尔德尼诺门罕请安。请保佑察罕达喇延年益寿，心想事成。祈求以慈悲为怀，赐有益法旨甘露灌于头顶。明鉴，明鉴。自克什克腾献上天物圣洁白色哈达。月初吉日。

克什克腾旗侍卫台吉罗布桑扎木素
为请安布施祈福事致噶勒丹锡哷图文
6：256

噶勒丹锡哷图吉祥额尔德尼诺门罕莲花前，克什克腾扎萨克旗阿齐图额尔德尼额尔克木台吉罗布桑扎木素合掌叩拜，请圣尊万安。圣尊持达赖喇嘛教法，坐在圣尊宗喀巴之甘丹法位，弘扬佛法，持教政二道。保佑小施主弟子罗布桑扎木素，惠赐天降甘露般书信及佛像一尊、粗呢一匹、上品香五把、加持吉祥结等，我已顶礼拜收，犹如在圣尊噶勒丹锡哷图金莲前亲拜，不胜欣喜。小施主罗布桑扎木素为请圣尊万安，自克什克腾敬献天物内库哈达和整匹金刚缎。月初吉日。

克什克腾旗侍卫台吉罗布桑扎木素夫人乌德巴勒
为请安事致噶勒丹锡哷图文
6：258

噶勒丹锡哷图吉祥额尔德尼诺门罕足莲前，克什克腾扎萨克旗阿齐图额尔德尼额尔克木侍卫台吉罗布桑扎木素夫人乌德巴勒合掌叩拜，请圣尊万安。自克什克腾敬献天物圣洁哈达、铃垫、饰物等。月初吉日。

克什克腾旗侍卫台吉罗布桑扎木素长子密西克多尔济
为请安布施事致噶勒丹锡哷图文
6：257

在噶勒丹锡哷图吉祥额尔德尼诺门罕足莲前，克什克腾扎萨克旗阿齐图额尔德尼额尔克木侍卫台吉罗布桑扎木素长子密西克多尔济合掌叩拜，请圣尊安。自克什克腾敬献礼物圣洁白色哈达与呢绒一匹。月初吉日。

克什克腾旗侍卫台吉罗布桑扎木素次子达格丹多尔济
之夫人布达怛里为请安事致噶勒丹锡哷图文
6：255

噶勒丹锡哷图吉祥额尔德尼诺门罕足莲前，克什克腾旗阿齐图额尔德尼额尔克木侍卫台吉罗布桑扎木素次子达格丹多尔济夫人布达怛里合掌叩拜，请圣尊万安。敬献天物圣洁哈达、金粉字金刚经等。月初。

克什克腾旗披甲德勒格尔桑为亡兄超度
及献上亡兄所供佛像等事致噶勒丹锡哷图文
6：263~264

天人众生怙主圣尊噶勒丹锡哷图额尔德尼诺门罕足下金轮前，克什克腾扎萨克旗披甲德勒格尔桑合掌，以三门信仰呈奏：我兄属猪，五十五岁，沙弥齐呼拉囊素津巴扎木苏，去年蛇年六月十八日过世。祈求圣尊保佑我兄囊素津巴扎木苏来世往生安乐之域。明鉴，明鉴。弟子囊素津巴扎木苏所奉六臂玛哈嘎拉佛像三寸一高，还有铃铛一把，将其连同圣洁哈达，自克什克腾敬献，以求诵经超度。

【注释】信中提到"去年蛇年"，表明写信的这年为马年。收信人为噶勒丹锡呼图额尔德尼诺门罕，即西藏的第二世策墨林活佛阿旺降白楚臣嘉措。二世策墨林活佛在嘉庆二十四年（1819）出任摄政，道光二十四年（1844）因事罢黜。在其任摄政期间，只有道光二年和道光十四年是马年，所以德勒格尔桑的这封信应写于道光二年或道光十四年。

克什克腾旗托音纳旺津巴为请安及祈福事致噶勒丹锡呼图文

9：105~106

识一切天等众生唯一皈依处噶勒丹锡呼图吉祥额尔德尼诺门罕足莲金轮前，克什克腾旗托音纳旺津巴合掌叩拜，向噶勒丹锡呼图吉祥额尔德尼诺门罕请安。保佑纳旺津巴延年益寿，诸愿遂成。祈求以慈悲为怀，赐利济一切之法旨于顶上。敬请明鉴，明鉴。自克什克腾敬献天物圣洁哈达、鼓饰等物。月初吉日。

克什克腾旗喇嘛鼎津达尔扎为祈福布施事致第穆呼图克图文

9：107~108

愿积福呈祥。在诺门罕第穆呼图克图足莲前，克什克腾扎萨克旗僧人弟子格楚勒德木齐鼎津达尔扎合掌，以三门信仰祷祝。祈求今生延年益寿，富乐广增，里里外外不生是非口舌，障碍得以消除，来世能往生善趣。敬献礼品天物圣洁白色哈达等。月初吉日。

锡林郭勒盟

乌珠穆沁

乌珠穆沁车臣亲王朋素克喇布坦及夫人色楞拉姆
为献物事致第穆呼图克图文
7：068

至上怙主第穆呼图克图贵体前，乌珠穆沁和硕车臣亲王朋素克喇布坦、夫人色楞拉姆二人，由雍和宫敬献开光哈达、黄纱一匹。年初吉日。

【注释】乌珠穆沁和硕车臣亲王是乌珠穆沁扎萨克和硕车臣亲王，该职号爵初由多尔济始。多尔济先祖为成吉思汗，中兴之祖为达延汗。多尔济原有车臣济农爵位，崇德六年（1641）受封扎萨克和硕车臣亲王。多尔济→察罕巴拜→苏达尼→色登敦多布→阿喇布坦那木扎勒→朋素克喇布坦。朋素克喇布坦是阿喇布坦那木扎勒长子，乾隆十三年（1748）袭爵，四十四年去世。

乌珠穆沁亲王为献供品事致达赖喇嘛文
7：069~070

封面：施主乌珠穆沁亲王谨跪于怙主瓦赤喇怛喇圣尊达赖喇嘛金足前请

万安呈函启禀。

施主乌珠穆沁亲王谨跪，在怙主瓦赤喇怛喇圣尊达赖喇嘛金足前，请万安膜拜。不弃末小我等，常鉴眷护，降赐鸿恩，所寄佛像一尊、红花一包、呢绒二匹，祈拜顶上触受。为祈今后眷护，虔诚膜拜，敬献圣洁哈达一方、缎一匹等件。福祉圆满。十月初一吉日。

背面（满文）：大喜。

【注释】乌珠穆沁亲王是乌珠穆沁扎萨克和硕车臣亲王，该王位世袭情况：多尔济→察罕巴拜→苏达尼→色登敦多布→阿喇布坦那木扎勒→朋素克喇布坦→玛哈索哈→巴勒珠尔喇布斋→多尔济济克默特那木扎勒→朋素克那木扎勒→[佚名，未袭爵]→阿勒坦呼雅克图→索特那木喇布坦。

乌珠穆沁扎萨克车臣亲王及协理台吉为请关照本旗游学者堪布喇嘛事致功德林寺扎萨克喇嘛等文
7：071~072

锡林郭勒盟副盟长乌珠穆沁右旗扎萨克和硕车臣亲王、协理台吉、众官僚文，致功德林寺扎萨克喇嘛以下商上各执事官。为请协助关照事。今闻该旗转大乘法轮寺堪布喇嘛已到召地随法会习经，并拜圣尊为师，又蒙贵扎萨克喇嘛以下各执事官于该堪布喇嘛一切事务常给予照料，殊感欣悦，直表诚谢。今请为堪布喇嘛答辩拉仁巴学位之法事及直到回乡为止，仍予优待关照，以免耽搁延误。写信表达吁请，自远隔山水之外，请安敬献圣洁哈达。

【注释】乌珠穆沁扎萨克和硕车臣亲王世袭情况：多尔济→察罕巴拜→苏达尼→色登敦多布→阿喇布坦那木扎勒→朋素克喇布坦→玛哈索哈→巴勒珠尔喇布斋→多尔济济克默特那木扎勒→朋素克那木扎勒→[佚名，未袭爵]→阿勒坦呼雅克图→索特那木喇布坦。

乌珠穆沁亲王旗公爵桑噶扎布为请安事致达赖喇嘛文
7：073~074

　　乌珠穆沁亲王旗公爵桑噶扎布谨跪在皈依处瓦赤喇怛喇圣尊达赖喇嘛额尔德尼金足前，为请万安而呈奏。吉缘。

　　乌珠穆沁亲王旗公爵桑噶扎布谨跪在皈依处瓦赤喇怛喇圣尊达赖喇嘛额尔德尼金足前，为请万安，敬献圣洁哈达一方、绸丝一卷等。现已拜收书信、粗呢等圣尊重赏。祈祷永远保佑。明鉴。十月初吉日。

　　【注释】乌珠穆沁亲王旗公爵是乌珠穆沁镇国公爵位，在乌珠穆沁右旗，爵位初由塔旺扎木素始。塔旺扎木素是车臣亲王苏达尼次子，雍正元年以军功追封镇国公。塔旺扎木素→朋素克喇布坦→喇什丕勒→都格尔扎布→桑噶扎布→堆代扎布→达木林。桑噶扎布是都格尔扎布之子，道光十八年（1838）袭爵，同治元年（1862）出缺。

　　这封信的收信人是达赖喇嘛。桑噶扎布在位期间在世的达赖喇嘛是第十一世达赖喇嘛凯珠嘉措（1838~1855）和第十二世达赖喇嘛成烈嘉措（1856~1875），其中第十一世达赖喇嘛在桑噶扎布袭爵那年圆寂，所以这封信很可能是写给第十二世达赖喇嘛的，即写于咸丰六年至同治元年。

乌珠穆沁旗扎萨克公济克默特为请安事致达赖喇嘛文
7：075~076

　　封面：乌珠穆沁亲王旗公爵济克默特于大悲瓦赤喇怛喇达赖喇嘛胜宝金足前请万安呈启。

　　乌珠穆沁亲王旗扎萨克公济克默特谨于大悲瓦赤喇怛喇圣尊达赖喇嘛胜宝金足前请万安，拜献圣洁哈达一方、绸子一匹之外，眷护愚辈，爱赐重礼书函、呢绒等件，顶上触受，感仰欣喜。请恒常鉴护，仰拜呈献。福祉圆满。十月初一吉日。另有鼻烟一盒。

　　背面：仰戴加封。

乌珠穆沁右旗堪布为请顺利通过本寺呼图克图学位及报闻王爷妹妹痊愈战事平息等事致达克咱仁波切管事喇嘛文

9：159~162

乌珠穆沁右翼王旗堪布忝膺葛根庙达喇嘛职衔者、仓库管家商卓特巴、寺院众弟子谨致。借此向达克咱仁波切、管家喇嘛等请安，献礼圣洁白绫子及花纹吉祥哈达。另，呈请事宜：我寺葛根喇嘛自年幼便驾临于此，已驻锡十余载。今祈求喇嘛学位之事能够顺利过关。再求事宜：祈盼我喇嘛返回故乡寺院驻锡。再者，多伦诺尔寺（汇宗寺）济咙活佛之堪布青喇拉巴格拉桑于乙卯年六月十四日驾临我寺驻锡。其后同年九月二十四日，我旗境内双方士兵交火，几近招致祸殃。仰赖达克咱仁波切与二位圣尊庇佑及该堪布喇嘛细心回遮之恩，寺院仓储及我等众弟子方得平安脱险。此外，寺院所属马匹牲畜遭受灾疫。此事又经堪布喇嘛施法破障、驱除灾疫，牲畜方得恢复生机。此后，将堪布喇嘛请至王爷府，为王爷亡妹超度祈福，诵《宝积经》，举行仪轨。王爷曾降旨堪布喇嘛，盼其长久驻锡我寺。又，其后丙辰年春季，堪布喇嘛同我寺数位弟子诵经祝祷王爷长寿，大献供施。其后，为我寺众弟子整饬戒律，两次大献供品，延请堪布喇嘛来，接受灌顶。此后，王爷妹妹患病，请来堪布喇嘛上供布施、祭品，作法祝祷，仰赖施恩，得以康复。其后同年秋季，堪布喇嘛返回多伦诺尔寺（汇宗寺）。同年冬季，众汉军前来我寺，自众弟子食粮、柴火到寺院经堂用具、祥麟法轮，皆被夺去。此外，正值寺院众弟子担心在春夏秋冬季节轮回中如何躲过敌军时，承蒙大慈大悲二位圣尊庇护，堪布喇嘛于丁巳年夏季驾临我寺。此后，我等众弟子方得欢乐安住于寺院。同年秋季，堪布喇嘛返回西方。尽管堪布喇嘛驾临我寺，慈悲已甚，然而大抵情形，随从数名弟子无人愿意留寺，于是堪布喇嘛返回了西方。时我等众弟子抱憾留寺。为此敬呈。丁巳年十月十一日。万事吉祥。

【注释】信中提到的乙卯、丙辰和丁巳三个年份分别是1915年、1916年和1917年。

为已故喇嘛云丹超度事致达赖喇嘛文
7：077

为给乌珠穆沁王旗已故喇嘛医学格隆云丹善福祈愿,在瓦赤喇怛喇圣尊葛根达赖喇嘛御前献供银,以二两秤称,有五两一分。

浩齐特

浩齐特郡王为请安谢恩祈福事致达赖喇嘛文
7：078~080

封面：浩齐特左旗王谨跪于瓦赤喇怛喇达赖喇嘛金足前请万安奉函。

浩齐特左旗王爷谨跪,在怙主圣尊瓦赤喇怛喇达赖喇嘛胜宝金足前,虔诚膜拜,奏请万安,献圣洁哈达一方、绸缎一匹。此次,惠赐佛像一尊、红花一包、呢绒二匹,顶上拜受。今后仍祈明鉴护爱。十月初吉日。

背面（满文）：谨封。

【注释】浩齐特左旗王是浩齐特左旗扎萨克多罗额尔德尼郡王,该职衔、称号和爵位初由博罗特始。博罗特先祖为成吉思汗,中兴之祖为达延汗。博罗特原有号额尔德尼诺木齐,顺治三年（1646）受封多罗贝勒,七年晋封多罗额尔德尼郡王,诏世袭罔替。博罗特→阿赖充→达尔玛吉哩第→阿嘎巴斯达→车凌喇布坦→车布登巴勒珠尔→齐苏咙多尔济→敦多布多尔济→额琳沁诺尔布；吹精札布（额琳沁诺尔布之弟）→喇特那巴咱尔→都昂多克僧格→色隆托济勒→松津旺楚克。

苏尼特左旗

苏尼特郡王车凌衮布为请示布施年额事致六世第穆活佛文
7：081~082

教众吉祥最上怙主、发布十方安乐千光者、扫除三界愚昧者、圣上无垢足莲前，乾清门行走苏尼特左旗扎萨克多罗郡王车凌衮布启奏。为报慈父慈母祈愿，在拉萨祈愿大会、色拉寺、哲蚌寺、甘丹寺、扎什伦布寺，敬献微薄熬茶之资及公积，以及为寂息本人障缘，祈求诸善大集，派遣近侍囊素阿喇布坦、达尔罕领诵扎木素等人。祈求者：给圣尊活佛献祈愿礼、聆听祝愿礼之外，给拉萨祈愿法会熬茶之资、公积共献三千五百两银，给哲蚌寺熬茶之资、公积共献二百五十两银，色拉寺熬茶之资、公积共献一百八十两银，甘丹寺熬茶之资、公积共献一百二十两银，扎什伦布寺熬茶之资、公积共献一百五十两银，上密院熬茶之资、公积共献三十五两银，下密院祝寿礼共献二百两银，哲蚌寺郭芒扎仓熬茶之资十五两银，为三千颗念珠子、两昭镀金及祭祀共献一百两银，甘丹寺灵塔祭祀礼共献三十两银。如果可以如此普行供奉，则在拉萨祈愿法会熬茶一次，散发公积每位一钱五分，在色拉寺、哲蚌寺、甘丹寺、扎什伦布寺、上密院各熬茶一次，给发公积每位五分。这一切是否如数忝附，还请圣尊法台慈照，视其适宜，垂询成就鄙愿。虔诚之门，再三恭请慈鉴。礼物：内库哈达、五十两银、一匹黄缎、四庹黄绸、一把刀、鼻烟壶及荷包。乾隆二十九年四月初二日。

【注释】 苏尼特左扎萨克多罗郡王职爵世袭：腾机思；腾机特；萨穆扎（腾机思第四子）→垂济恭苏咙→旺辰→车凌衮布→阿尔达什第；额呼克津→巴勒珠尔雅喇木丕勒→齐旺扎布→托迪布木→绰克苏伦→棍布车林→玛克苏尔札布。

写信人车凌衮布是腾机思的第五代孙，第六任扎萨克，第六位多罗郡王。车凌衮布在乾隆二十八年（1763）袭爵，三十二年去世。他在袭爵的第二年派人到拉萨大做佛事，为亡父祈愿。

七世达赖喇嘛格桑嘉措（1708~1757）在1757年圆寂，第八世达赖喇嘛强白嘉措（1758~1804）在1758年降生。七世达赖喇嘛圆寂后，清廷委派六世第穆活佛德勒嘉措出任摄政，管理西藏事务。因此这封信中所说的收信人"圣上"指的是六世第穆活佛。六世第穆活佛自乾隆二十二年担任摄政，到乾隆四十二年圆寂，摄政20年。

苏尼特郡王巴勒珠尔雅喇木丕勒为献礼祈福事致达赖喇嘛文
7：083~084

　　施主王巴勒珠尔雅喇木丕勒、家母夫人及全家为给已故王爷额呼克津祈愿，奏表虔诚之礼，敬献圣尊葛根十相自在哈达一方、珊瑚记数琥珀佛珠一串。又，奏请达赖喇嘛降赐庇护圣语之礼，敬献有色哈达一方、四庹片金一匹；祈愿所献有色哈达一方、银质记数珊瑚佛珠一串。拉萨祈愿法会熬茶，王爵、禅师噶布珠罗布桑忠萧、格隆罗布桑什喇布等人献十相自在哈达一方、碎银一百两。向祈愿法会奏请庇护施主王爵巴勒珠尔雅喇木丕勒等人。又，祈求拉穆吹忠庇护，献十相自在哈达一方、银三两。祈求哲蚌吹忠庇护，献十相自在哈达、银三两。五十一年正月初八广善吉日。

　　【注释】 苏尼特左扎萨克多罗郡王职爵世袭：腾机思；腾机特；萨穆扎（腾机思第四子）→垂济恭苏咙→旺辰→车凌衮布→阿尔达什第；额呼克津→巴勒珠尔雅喇木丕勒→齐旺扎布→托迪布木→绰克苏伦→棍布车林→玛克苏尔札布。

　　写信人巴勒珠尔雅喇木丕勒是腾机思第七代孙，第九任扎萨克，第九位多罗郡王。巴勒珠尔雅喇木丕勒是额呼克津之次子，乾隆五十年（1785）袭爵，嘉庆二十五年（1820）去世，可知书信落款所记五十一年是乾隆五十一年。这封信是巴勒珠尔雅喇木丕勒在其袭爵的第二年写给西藏摄政的祈愿信，希望为亡父做祈愿佛事。

苏尼特郡王巴勒珠尔雅喇木丕勒为报晋爵
及祈福事致噶勒丹锡呼图文
7：085~086

　　施主苏尼特左旗王爵巴勒珠尔雅喇木丕勒、母夫人德济德多勒济德及托音根敦达尔济等人，在顶饰普照圣尊噶勒丹锡呼图吉祥额尔德尼诺门罕足莲恒在五佛冠金座前，由衷竭诚，合掌跪拜，请万安。至上硬朗无恙否。在此，施主我等仰赖圣尊福力，安好无恙。本人父王在蛇年三月升天，圣主垂爱微臣，封为多罗郡王。圣尊所赐加持神物一件、呢绒一匹及香五把等物，一并收悉欣慰。此次，再为请安至上圣尊，祈降常在护持示语，敬献二等哈达一方、十相自在哈达三方、四庹片金等件，仅胜于无。五十一年正月初八广善吉日。

【注释】这封信跟前一封信《苏尼特郡王巴勒珠尔雅喇木丕勒为献礼祈福事致达赖喇嘛文》一样都是在乾隆五十一年正月初八日写的。

收信人诺门罕是噶勒丹锡哷图萨玛第巴克什，是西藏的一世策墨林活佛阿旺楚臣（1721~1791）。

苏尼特郡王巴勒珠尔雅喇木丕勒为请安祈福布施事
致噶勒丹锡哷图文
7：087~088

苏尼特左旗王爵末小施主巴勒珠尔雅喇木丕勒敬谨，在噶勒丹锡哷图额尔德尼诺门罕萨玛第巴克什足莲金轮前请安。此间，贵体以下众徒想必尽皆安好。今由贵处赐寄本王之书信、加持物、护结及呢绒等件，按时收悉外，今以请安礼，充数大供，仅胜于无，圣洁哈达一方、银五两，交付阿巴拉仁巴噶勒桑札木杨以献。祈鉴眷护。明鉴。嘉庆二十一年二月初一日。

【注释】收信人噶勒丹锡哷图萨玛第巴克什是西藏的二世策墨林活佛阿旺降白楚臣嘉措。

苏尼特郡王巴勒珠尔雅喇木丕勒为请安祈福布施事
致噶勒丹锡哷图文
7：089~090

呈文。苏尼特左旗王爵末小施主巴勒珠尔雅喇木丕勒谨，在怙主诺门罕葛根金足莲花前，永持虔诚信仰奉书请安。想必怙主三身佛体，时刻利益教众，硬朗安详。不忘我等净心守誓之众弟子，不远千里，惠赐无上法旨、加持护结、呢绒一匹等件，悉数到来。犹如在广阔大地般心中笑开一切政教福泽之鲜花一样，不胜喜悦。借此向怙主请安，献珍品天物圣洁绫缎哈达一方、供品白银等。月初吉日呈。祈求延长寿命，终究修得自在金刚佛道，请保佑。鉴之，鉴之。嘉庆二十三年一月初十日。

时刻供奉度母四曼荼罗供仪轨、诸度母、加持本尊，造平安曼荼罗，为来世良缘，造三十五佛、念诵《药师佛经》为佳。

【注释】收信人诺门罕是噶勒丹锡呼图萨玛第巴克什，即西藏的二世策墨林活佛阿旺降白楚臣嘉措。

苏尼特郡王夫人布迪琪琪克等人为已故王爷超度事致拉萨祈愿法会众僧文
7：091~092

呈文。东苏尼特王夫人布迪琪琪克，子齐旺扎布、托音济克默特噶勒桑，儿媳满德尔娃，孙子托迪布木等合掌跪下，在佛教中柱拉萨祈愿法会众僧万足金尘前奉函。前番所献，今得馈赐明谕、加持、护结及上乘呢绒一匹，寄到收悉之外，今启禀众僧者：王爷于二十五年春正月薨逝，为善事献供圣洁哈达六方、银二百两等。年初吉日敬献。亡者，使其得菩提道；在者，鉴赐眷护。明鉴，明鉴。嘉庆二十五年春正月二十日。

【注释】信中提到死者王爷是巴勒珠尔雅喇木丕勒。《蒙古回部王公表传》等文献记载巴勒珠尔雅喇木丕勒死于嘉庆二十五年，然而具体月份不明。据这封信，可知巴勒珠尔雅喇木丕勒死于嘉庆二十五年正月。这封信是为死者巴勒珠尔雅喇木丕勒祈愿的书信。

苏尼特旗齐旺扎布等为祈福事致达赖喇嘛文
7：093~094

苏尼特郡王施主齐旺扎布、母亲夫人布迪琪琪克、济克默特伊西噶勒桑，谨在天等众生顶饰识一切圣尊达赖喇嘛足莲无垢金轮前，恭请万安奉函。此间，上师贵处，慈爱我等施主，赐寄加持、护结、佛像、克什米尔红花八两、呢绒二匹等物，寄到收悉拜受。今再祈求庇护自今直至成佛，尤其今生长寿、富乐、荣誉及各种相和因一切善业如新月般愈益增盈，敬献天物圣洁哈达、银十五两、铃垫等物。吉祥正月吉日敬献。爱纳鉴护。明鉴，其明鉴。道光八年正月二十五日。

【注释】苏尼特左扎萨克多罗郡王职爵世袭：腾机思；腾机特；萨穆扎（腾机思第四子）→垂济恭苏咙→旺辰→车凌衮布→阿尔达什第；额呼克津→巴勒珠尔雅喇木丕勒→齐旺扎布→托迪布木→绰克苏伦→棍布车林→玛克苏尔札布。齐旺扎布是巴勒珠尔雅喇木丕勒之子，嘉庆二十五年（1820）袭爵，道光九年（1829）命在乾清门行走，咸丰十一年（1861）去世。

收信人达赖喇嘛是十世达赖喇嘛楚臣嘉措（1816~1837）。

苏尼特郡王齐旺扎布及弟托音喇嘛济克默特伊西噶勒桑为布施事致达赖喇嘛文

7：095~096

呈文。东苏尼特盟长王爵末小施主齐旺扎布、弟托音济克默特伊西噶勒桑、夫人满德尔娃、台吉托迪布木等谨呈于至上怙主圣尊达赖喇嘛无垢金轮前。前十四年所献得馈赠：护结一、加持、呢绒一匹及常持眷护之语，已蒙寄到，拜受福力，欣喜感戴。陈明愉情之外，今再由本王处向至上怙主敬献天物圣洁哈达四方、银二十五两，聊胜于无，充数大供。年初祥瑞吉日敬献。为我今后各世，眷护赐福。明鉴，明鉴，其明鉴。道光十六年春正月初十日。

【注释】收信人达赖喇嘛是十世达赖喇嘛楚臣嘉措（1816~1837）。

苏尼特郡王齐旺扎布及其弟托音喇嘛济克默特伊西噶勒桑
为谢回赐及再行布施事致拉萨祈愿法会众僧文
7：097~098

呈文。东苏尼特盟长王爵末小施主齐旺扎布、弟托音济克默特伊西噶勒桑、夫人满德尔娃、托音杜勒玛、阿哥台吉托迪布木、夫人特古斯绰克图等，谨在至上怙主拉萨祈愿法会众僧明光宝足前奉函。道光十六年为祈今来各世福资所献供物，今来馈赐：护结三、加持四包、呢绒二匹，收悉欣乐。今本王在至上福田数万众僧宝御前，号称供坛，仅免空手，献百两银元宝两颗，饰以天物圣洁哈达六方。凭借此番造福，净除往世以来所积一切业障及病魔障碍，终究修成菩提道。祈众僧收纳法台，明鉴。祷告祈愿，寄望敬献。道光十八年春正月十日。

苏尼特郡王齐旺扎布为请安事致达赖喇嘛文
7：099~100

眉注：锡林郭勒盟苏尼特左旗盟长王。

呈文。末小施主齐旺扎布、子台吉托迪布木、女杜勒玛、儿媳特古斯绰克图、孙朝克苏隆、卫鲁布达克丹、达什敦多布、孙媳泽克靖衮济特、孙女甘沁珥、泽克靖巴姆等人，敬谨仰戴，奉书至上怙主圣尊达赖喇嘛金莲法轮跟前及拉萨各大祈愿法会。咸丰六年春时收到神物礼品各项：护结、加持神物多份，佛像一尊，香十五盒，呢绒三匹等件，业经敬收，尽情欣喜。陈情之际径启者：圣尊班禅额尔德尼以下，哲蚌护法神、桑耶护法神、（？）护法神、哲蚌阿巴扎仓，此等法宝，道光二十八年照例上供，然而经过数班，未见馈复。故此，欲献供品，未得便利之外，福业将断，本王爵辈心愿未能满足，特表原委。例应每回必颁神物等件，故此奏白圣尊达赖喇嘛。今由本王处冒充大供，献圣尊达赖喇嘛足前至上庄严圣洁哈达十方、银二十五两，拉萨各大祈愿法会哈达十方、银元宝二颗价值二百两等物。虔诚奉供。所祈者：鉴纳法台，发慈护佑今来各世安乐，善福资粮在在坚固。明鉴，其明鉴。咸丰六年春正月初六日。

【注释】 收信人达赖喇嘛是十一世达赖喇嘛凯珠嘉措（1838~1855）。实际上，咸丰六年时，十一世达赖喇嘛已经圆寂，但是写信人可能还不知道，所以这封信里提到的达赖喇嘛仍然是十一世达赖喇嘛。

苏尼特郡王齐旺扎布为谢恩及祈福事致达赖喇嘛文
7：101~102

东苏尼特王末小施主齐旺扎布，在生于大悲与空性双双所自出二资粮大海中之无比美丽白莲花蕾、修成慈悲菩提心正果、众生所依上师日亲如意宝树自在者足莲金轮前，请万安。此时，我辈顶饰、具有善业禀赋者、圣尊上师，为护教众利益，想必硬朗无恙。在此，本王末小施主齐旺扎布阖家，仰赖至尊眷护，安好无恙。前献礼物，蒙获回赠，神物、加持、护结，哔叽二匹、呢绒二匹、书函等寄到，今已悉。今又特呈请安书函连同天物圣洁哈达。猴年正月初吉日献。垂爱收纳，明鉴护佑。明鉴，明鉴。万吉永驻，月初吉日。

文末小字：达赖喇嘛的。

【注释】 苏尼特左扎萨克多罗郡王职爵世袭：腾机思；腾机特；萨穆扎→垂济恭苏咙→旺辰→车凌衮布→阿尔达什第；额呼克津→巴勒珠尔雅喇木丕勒→齐旺扎布→托迪布木→绰克苏伦→棍布车林→玛克苏尔札布。齐旺扎布是巴勒珠尔雅喇木丕勒之子，嘉庆二十五年（1820）袭爵，道光九年（1829）命在乾清门行走，咸丰十一年（1861）去世。齐旺扎布在位期间共有道光四年、十六年、二十八年，咸丰十年四个猴年。

苏尼特郡王托迪布木等人为献礼事致桑耶吹忠胜宝文
7：103~106

苏尼特左翼王爵末小施主托迪布木、子台吉绰克苏伦等敬谨钦仰，在至上怙主守持佛教桑耶吹忠胜宝御前，献圣洁哈达二方、书函一封。月初吉日。

苏尼特郡王托迪布木为询供品送达与否事致哲蚌寺密宗诸圣文
7：107~108

呈文。锡林郭勒盟末小施主苏尼特左旗王爵托迪布木、子台吉绰克苏伦恭仰，在至上怙主哲蚌阿巴扎仓各大法会足前启禀。我处咸丰九年所献诸物，同治元年未见寄来回赠。前献供品果否到达怙主之所，至今不明，心中担忧，踌躇疑虑，拟视回馈降到，再寄供银礼品如旧。陈明缘由，献饰首圣洁哈达二方，以示不空。我等施主尽皆仰戴祈祷。请发慈悲，在在垂爱提升来世一切安利善福资粮。纳于慈悲心中，赐予眷护。明鉴，其明鉴。同治元年三月十日。

苏尼特左旗王爵末小施主托迪布木、子台吉绰克苏伦恭仰，在至上怙主哲蚌阿巴扎仓各大法会前，献圣洁哈达二方、书信一函。月初吉日献。

苏尼特郡王绰克苏伦为请安事致达赖喇嘛文
7：109~110

封面：苏尼特左旗郡王鄙人绰克苏伦谨跪于怙主瓦赤喇怛喇达赖喇嘛胜宝金足前请万安奉书。

末小苏尼特左旗郡王绰克苏伦谨跪，在怙主瓦赤喇怛喇圣尊达赖喇嘛胜宝金足前叩拜，请万安，献圣洁哈达一方、绸缎一匹。此次赐发鸿恩，寄到佛像一尊、红花一包及呢绒二匹，顶礼拜受。殊仰祈祷，祈求常鉴护佑。明鉴，其明鉴。十月初一吉日。

背面：谨封。

【注释】苏尼特左扎萨克多罗郡王职爵世袭：腾机思；腾机特；萨穆扎→垂济恭苏咙→旺辰→车凌衮布→阿尔达什第；额呼克津→巴勒珠尔雅喇木丕勒→齐旺扎布→托迪布木→绰克苏伦→棍布车林→玛克苏尔札布。绰克苏伦

224

是托迪布木子，光绪五年（1879）袭爵，十四年去世。根据绰克苏伦的在位年代，这封信应写于光绪五年到十四年之间。

苏尼特郡王弟托音济克默特纳木扎勒、夫人德济德为请安事致噶勒丹锡哷图文
7：111~112

苏尼特左旗王爷之弟托音济克默特纳木扎勒、夫人德济德等，请噶勒丹锡哷图诺门罕万安，敬献哈达二方、黄缎四庹。末小我等仰赖圣尊护佑，安好如故。拜受所赐加持、护结、神物、呢绒及香等件，欣喜如亲往拜谒。愿速得拜谒。月初吉日。

【**注释**】这里的苏尼特郡王是齐旺扎布，参见前信《苏尼特郡王齐旺扎布及弟托音喇嘛济克默特伊西噶勒桑为布施事致达赖喇嘛文》。

苏尼特左旗多罗贝勒恭桑扎勒为谢恩及祈福事致噶勒丹锡哷图文
7：115~116

苏尼特左旗施主多罗贝勒恭桑扎勒请噶勒丹锡哷图额尔德尼诺门罕安奉书。圣尊在无比法殿广造众生利益，硬朗安逸否。仰赖圣尊慈悲，末小鄙徒安好。且说，贵处慈赐香包、神物、加持护结及书信等件，顶上祷受。为向圣尊请安，献天物圣洁哈达、内府蟒缎一匹及书函等件。祈求明鉴眷护今后各世。明鉴。

【**注释**】苏尼特左旗多罗贝勒是指该旗闲散贝勒，该爵位初由萨穆扎始。萨穆扎；博木布→素岱→［佚名，未袭爵］→西哩→齐旺多尔济→甘珠尔→恭桑扎勒。恭桑扎勒是甘珠尔之长子，乾隆三十三年（1768）袭多罗贝勒，嘉庆十二年（1807）去世。

收信人噶勒丹锡哷图额尔德尼诺门罕是西藏策墨林活佛。一世策墨林活

佛在康熙六十年（1721）出生，乾隆五十六年圆寂，二世策墨林活佛在乾隆五十七年出生，同治元年（1862）圆寂。据写信人在嘉庆十二年去世的时间推算，这里的策墨林活佛可能是一世策墨林活佛。因此，这封信可能写于1791年之前。

苏尼特左旗协理台吉班第为谢恩及祈福事致噶勒丹锡哷图文
7：119~120

苏尼特左旗协理台吉班第谨于至上怙主噶勒丹锡哷图额尔德尼诺门罕金足莲花前请安奉书。收悉圣尊所寄加持、护结及礼物香三包。闻圣尊硬朗无恙，不胜欣喜如亲受摸顶。我等末小施主仰赖圣尊慈悲护佑，尽皆安好无恙。且说，敬献请安大哈达一方、银三两。正月初五大吉日。

苏尼特左旗台吉恭桑顿多布为祈福事致噶勒丹锡哷图文
7：127~128

苏尼特左旗老诺颜子台吉恭桑顿多布，在瓦赤喇怛喇噶勒丹锡哷图金足前恭请万安，献三等哈达一方。所赐加持结、呢绒等件，业已收悉。明鉴眷护。愿速得拜见。明鉴，明鉴。

苏尼特左旗台吉喇布杰为请安谢恩祈福事致噶勒丹锡哷图文
7：113~114

苏尼特左旗多罗贝勒恭桑扎勒叔父台吉喇布杰请噶勒丹锡哷图额尔德尼诺门罕安奉书。圣尊无恙硬朗否。仰赖慈悲，我等末小施主众徒无恙。且说，贵处慈赐书函、呢绒、加持护结等件，寄到我处，业经悉收。再献请安礼，同妻子一起献哈达二方、银五两及书函等件。祈求明鉴眷护今后各世。明鉴，明鉴。

【注释】恭桑扎勒是甘珠尔之长子，乾隆三十三年（1768）袭多罗贝勒，嘉庆十二年（1807）去世。可知，喇布杰的这封信应该是写于乾隆三十三年至嘉庆十二年。

苏尼特左旗台吉永钦为祈福事致噶勒丹锡呼图文
7：117

苏尼特左旗老管旗章京孙台吉永钦于噶勒丹锡呼图金足前请万安，敬献圣洁一等哈达一方、银二十两。鉴纳眷护。为我三岁孙名旺津达喇者，鉴佑一切长命福寿。明鉴，明鉴。所奏祈者，鉴赐忏诵经名二道。愿速速拜受手记。月初吉日。

苏尼特左旗台吉额尔克图等为已故托音巴拉姆超度事致达赖喇嘛文
7：118

苏尼特左旗台吉额尔克图、管旗章京桑松二人，为给已故舅父托音巴拉姆祈愿，在达赖喇嘛金足前献碎银一百零三两五钱。明鉴眷护，使得安乐轮回。明鉴，明鉴。

苏尼特左旗台吉额尔克图等为已故托音巴拉姆超度事致班禅呼图克图文
7：122

苏尼特左旗台吉额尔克图及管旗章京桑松二人，为物故家兄托音巴拉姆奉请祈愿，在班禅圣尊金足前，献一百零三两碎银。明鉴眷护，使其投生极乐轮回。明鉴，明鉴。

苏尼特左旗台吉额尔克图为请安布施事致噶勒丹锡呼图文
7：121

苏尼特左旗台吉额尔克图、管旗章京桑松二人为给已故家兄托音巴拉姆祈愿事，献噶勒丹锡呼图八十二两银。祈求眷护，转生极乐轮回。明鉴。此银悉付商上转献，一并奉函。

苏尼特左旗台吉额尔克图、管旗章京桑松二人为祈福事致噶勒丹锡哷图萨玛第巴克什文
8：308

噶勒丹锡哷图万安。末小施主台吉额尔克图、管旗章京桑松二人各献三等哈达，祝愿早日叩见。月初吉日。请慈赐四份法训。明鉴，明鉴。月初吉日。

苏尼特左旗恭桑贝勒属下格隆格里克比拉为献礼祈福事致噶勒丹锡哷图文
7:123~124

向集三世诸佛于一身者、三藏教证至胜教法所自出、三乘福寿众僧之王、三恩毕聚者噶勒丹锡哷图额尔德尼诺门罕，鄙徒格隆格里克以三门虔诚祈祷，向至尊请安，祈求眷护授福，献圣洁十相自在哈达、银五两。祈明鉴眷护今来各世。所赐加持、护结、佛像、呢绒、哔叽及慈谕，兔年寄到，鄙徒二人悉收欣慰。苏尼特左旗恭桑贝勒属下格隆格里克奉函。

【注释】这里的恭桑贝勒是前文所见恭桑扎勒贝勒。

苏尼特左旗斋桑巴彦等为祈福事致噶勒丹锡哷图文
7：125

苏尼特左旗王爷斋桑巴彦、子拉姆达什二人，请噶勒丹锡哷图呼图克图万安，献二等哈达一方、小哈达一方。祈求明鉴眷护。月初吉日。

苏尼特左旗梅勒章京栋罗布等为请安事致噶勒丹锡哷图文
7：126

苏尼特左旗末小梅勒章京栋罗布、子僧尼玛等人，向噶勒丹锡哷图诺门罕请安，献绫子一匹、哈达二方等物。所赐呢绒、加持、护结，收悉欣悦。愿速得拜见。月初吉日。

为祈愿超度已故苏尼特左旗格隆津巴事致某喇嘛文
9：163

为苏尼特左旗已故格隆津巴祈愿，献银五两，一并寄献。俟其寄到，收纳办理善事，并赐复知照为盼。为此奉书。福祉毕聚之日。

苏尼特右旗

苏尼特右旗王车凌衮布为谢恩及报闻晋升盟长事致噶勒丹锡呼图文
7：128~130

锡林郭勒盟盟长苏尼特右旗王鄙徒车凌衮布双手胸前合十，在噶勒丹锡呼图吉祥额尔德尼诺门罕足前，敬献无垢圣洁哈达一方、片金一匹及纺丝一匹等物，请安。祈求眷护今来各世。且说，仰赖圣尊护佑，蒙圣主垂仁，去秋受赐紫蟒，冬时放为盟长。禀报如此晋升之事。另外，贵处所赐佛像、加持护结、呢绒及香等物，业已收悉。月初吉日敬献。

【注释】苏尼特右旗王车凌衮布指的是苏尼特扎萨克多罗郡王，该爵位初由叟塞始。叟塞在崇德七年（1642）受封扎萨克多罗杜棱郡王，世袭罔替。叟塞→沙希岱→恭格→劳彰；阿玉什（沙希岱次子）→达尔扎布→旺青齐苏咙→丹津车凌；朗衮车凌（丹津车凌之弟）；车凌多尔济（达尔扎布第三子）→车凌衮布。车凌衮布是车凌多尔济的长子，乾隆三十四年（1769）袭扎萨克多罗郡王，嘉庆七年（1802）去世。

苏尼特右旗护卫孟和博罗特为超度请安祈福事致达赖喇嘛文
7：131

极乐世界怙主识一切圣尊金轮足前，苏尼特右旗护卫孟和博罗特以三门之虔诚，钦仰祈祷，为给母火猪年十二月十四日过世之家兄布迪扎布施愿，献祈愿供品天神祥物圣洁哈达、绸缎等物，祈给施愿。愿超度已故家兄，免受轮回，尤其免遭三恶趣之苦，使已故家兄为首之一切生灵，二障净除，二资粮毕聚，得到涅槃及识一切至上善趣。祈求明鉴，明鉴眷护。明鉴，明鉴。

【注释】 清代母火猪年共有五次：顺治四年（1647）、康熙四十六年（1707）、乾隆三十二年（1767）、道光七年（1827）、光绪十三年（1887）。

苏尼特格隆罗布藏达什为请安布施事致商卓特巴文
9：164~166

鄙徒苏尼特格隆罗布藏达什致德智兼备尊贵商卓特巴喇嘛。爰赐鄙人加持（物）、护结、香三包及书函等，鄙人见之大喜，如见尊颜。鄙徒亦蒙圣尊护佑及恩公垂爱，安好无恙。祝愿亲见圣尊及广兴善业商卓特巴大人，敬献请安礼圣洁哈达及刀一柄。月初吉日敬献。

【注释】 这里的商卓特巴喇嘛很可能是后文出现的善巴多布丹。善巴多布丹为阿巴嘎旗管旗章京所生，乾隆后期在拉萨当噶勒丹锡呼图的商卓特巴，当时锡林郭勒各旗和察哈尔八旗的僧俗上层跟善巴多布丹多有书信往来。

达喇嘛伊西勒敦罗布、王爵车凌衮布等人为告知
甘珠尔瓦默尔根诺门罕噶勒桑海罗布丹津
圆寂事致达赖喇嘛文
9：171~172

呈奏者……（残）……最胜福德。

天与一切生灵之顶饰、皈依怙主、识一切者足下金轮前，永福、弘法二寺僧众，卑职达喇嘛兰占巴伊西勒敦罗布、商卓特巴车臣绰尔济噶勒桑邻沁、锡林郭勒盟长王爵车凌衮布、大马厂总管衮布扎布为首，王、贝勒、贝

子、公、扎萨克、协理台吉、台吉、塔布囊、总管全体僧俗信徒、施主祈祷禀告：我等末流唯一怙主、恩公上师、广宗甘珠尔瓦默尔根诺门罕噶勒桑海罗布丹津，在本羊年二月十八日示寂。我等失去唯一皈依怙主，悲痛之至。故此……（残）

【注释】写信人当中提到名号的达喇嘛伊西勒敦罗布、商卓特巴噶勒桑邻沁、锡林郭勒盟长王爵车凌衮布和大马厂总管衮布扎布四人，唯有锡林郭勒盟长王爵车凌衮布可以查考，其余三人暂不可考。锡林郭勒盟长王爵车凌衮布是苏尼特扎萨克多罗郡王车凌衮布（苏尼特左翼），乾隆三十四年（1769）袭爵，乾隆后期出任盟长，嘉庆七年（1802）去世。车凌衮布袭爵的1769年到去世的1802年之间，共有乙未（乾隆四十年，1775）、丁未（乾隆五十二年，1787）、己未（嘉庆四年，1799）等三个羊年。

信中提到的甘珠尔瓦默尔根诺门罕噶勒桑海罗布丹津是二世甘珠尔瓦默尔根诺门罕。

阿巴噶右旗

阿巴噶卓哩克图郡王那木萨赉多尔济
为全家十二口祈福事致噶勒丹锡哷图文
7：133~137

锡林郭勒盟阿巴噶右旗多罗卓哩克图郡王那木萨赉多尔济，向教法顶梁柱噶勒丹锡哷图堪布诺门罕圣尊请安。圣尊葛根贵体想必硬朗无恙。鄙徒本人仰蒙圣尊护佑，安好无恙。径禀者，圣尊所赐黄呢绒一匹、加持、护结及复函等件，业已收悉。闻知圣尊安好无恙，殊感欣悦。今献圣主内府铅筒茶叶二口及天物圣洁哈达，一并敬献。祈安好无虞，得见圣尊御颜。末徒以下全家共十二口，请常照护佑，降赐一切利济之谕。祈求鉴谕。明鉴，明鉴。年初万吉毕聚日。

【注释】阿巴噶卓哩克图郡王是阿巴噶扎萨克多罗卓哩克图郡王，是清代阿巴噶的职衔、称号和王位，初由多尔济始。多尔济先祖为成吉思汗异母兄弟别勒古台。多尔济原号额尔克诺颜，崇德六年（1642）受封扎萨克多罗卓哩克图郡王。多尔济→塞尔珍→德木伯勒→楚英→色棱；达玛璘扎布（楚英次子）；弼英（德木伯勒次子）→扎木巴勒扎布→车凌旺布→喇特纳什第→那木萨赉多尔济→萨勒济勒多尔济→刚噶尔伦布→布颜乌勒哲依。那木萨赉多尔济是喇特纳什第之子，嘉庆二十五年（1820）袭爵，道光十六年（1836）卒。

阿巴噶旗协理台吉阿玉什为请安事致商卓特巴善巴多布丹文
7：138~140

三界众生之顶髻珠、勤勉于圣尊功业而受奖者、普予众生以安乐者、商卓特巴善巴多布丹喇嘛安好。阿巴噶岱青协理台吉阿玉什奉函请安。贵体如意宝树蔚蔚苗壮，广布四业于一切时空，硬朗无恙乎。仰赖上师、三宝慈念，我等全体在此大游牧平安无恙。为请安及祝愿速得瞻仰见喜，敬献天物圣洁哈达及三庹星纹绫子，聊作具礼。戊申年神变正月初吉日，自巴颜阿古拉之察罕淖尔献寄。元旦吉日。

【注释】据落款，这封信写于戊申年。清代戊申年凡五个，分别为康熙七年（1668）、雍正六年（1728）、乾隆五十三年（1788）、道光二十八年（1848）、光绪三十四年（1908）。据《阿巴噶左旗喇旺巴勒登为问好送礼事致兄长商卓特巴善巴多布丹文》，收信人善巴多布丹于乾隆后期在西藏任噶勒丹锡呼图商上商卓特巴一职，而乾隆后期的戊申年是乾隆五十三年。据以上推论，该信应写于乾隆五十三年。

阿巴噶旗协理台吉阿玉什为请安事致商卓特巴善巴多布丹文
7：141~142

胜智广若虚空以之超度殊域者、释说二道真谛者、发放千光之至上自在太阳、商卓特巴喇嘛善巴多布丹贵体安好。阿巴噶岱青协理台吉阿玉什敬献圣洁哈达以请。仰赖至圣怙主慈念，我等在此平安无恙。为请安及祝愿速得瞻仰见喜，献礼天物圣洁哈达与星纹绫子一匹等物。辛亥年二月初吉日，由大游牧珠尔噶岱河寄献。大福吉日。

【注释】辛亥年是乾隆五十六年（1791）。据后文《阿巴噶左旗喇旺巴勒登为问好送礼事致兄长商卓特巴善巴多布丹文》，收信人善巴多布丹乾隆后期在西藏任噶勒丹锡哷图商上商卓特巴一职，而乾隆后期的辛亥年是乾隆五十六年。由此可知该信写于乾隆五十六年。

阿巴噶右旗托音巴勒丹为请安布施事致噶勒丹锡哷图文
9：167

阿巴噶右扎萨克末小施主托音巴勒丹叩拜上师萨玛第巴克什诺门罕，祝愿万安，由此敬献天物圣洁哈达、三两银，跪拜祈鉴。明鉴，其明鉴。万祥吉日。

阿巴噶左旗

阿巴噶左旗王衮布扎布及其母为谢恩及祈福事致噶勒丹锡哷图文
7：143~144

阿巴噶左旗王爵末小施主衮布扎布、母亲夫人二人，顶上合十，在怙主圣尊噶勒丹锡哷图诺门罕金足前，奉函以请无比贵体之安。（呼图克图）在那不可思议境域，以威势降伏凶猛众人，常在引领众生蹈行善福之轨，大发恩爱，我辈虔诚膜拜。贵处爱赐加持、护结、糌粑、香、神物等物，我辈顶礼拜收。我辈在此仰赖呼图克图护佑，安好无恙。我家大小妻子，在蛇儿年出痘，业已痊愈。又在该蛇儿年夏，在热河扈从圣主，受赐翎子、黄褂及紫辔。此等皆因呼图克图慈佑所致。今后也请垂鉴不弃，护持保佑。明鉴，明鉴。如此请愿，吉日敬献供品四庹黄色片金。

前函言于活佛：我亲戚罗布桑车林住在彼处，祈求关照，等语。今年来函未见谕复。

【注释】阿巴噶左旗王爵是阿巴噶扎萨克多罗郡王，是清代阿巴噶左翼的职衔和王位。该职爵初由都思噶尔始。都思噶尔是卓哩克图郡王多尔济的从孙，顺治八年（1651）受封扎萨克多罗郡王，世袭罔替。都思噶尔→沙克沙僧格→乌尔彰噶喇布→巴特玛衮楚克→索诺木喇布坦→鼐布坦常忠→衮布扎布→玛呢巴达喇→阿尔塔什迪→瓦津达喇→杨桑→雄努敦都布。衮布扎布在乾隆四十九年（1784）袭扎萨克多罗郡王，五十三年去世。

阿巴噶王爵杨桑为请安谢恩并派子前往库伦拜见事致达赖喇嘛文
7：159~162

封面：圣尊达赖喇嘛御前请安呈函。

锡林郭勒盟长阿巴噶王爵鄙徒杨桑谨祷，在法王瓦赤喇怛喇达赖喇嘛金轮足前跪请万安，奉上圣洁哈达。此间，至上怙主顶饰圣尊极妙贵体常在硬朗否。在此，鄙徒杨桑拜会怙主圣尊御颜请安，稍解渴思，启程返回以来，仰赖庇护恩德，路途行程无碍，本五月二十日回到游牧家中。返程途中，愚衷未敢忘至尊慈训，立即环顾邻近盟旗喇嘛、诺颜，一切襄助之处，移文科尔沁扎萨克图王、阿鲁科尔沁盟长贝勒，陈述情由，相约商议咨复。然而阿鲁科尔沁盟长贝勒已经启程朝觐，信使未能相见。扎萨克图王旗地远，尚无复文。遣人去北京，尚无回音。此次拟奏一事，可惜未能克成。欲于秋月特遣吏员面禀，预为禀达圣闻。今遣犬子拉钦多布斋前往库伦，朝拜尊颜。一并陈情，请圣万安。……（残）

背面：谨封。

【注释】阿巴噶左旗王爵世袭：都思噶尔是卓哩克图郡王多尔济的从孙，顺治八年（1651）受封扎萨克多罗郡王，世袭罔替。都思噶尔→沙克沙僧格→乌尔彰噶喇布→巴特玛衮楚克→索诺木喇布坦→鼐布坦常忠→衮布扎布→玛呢巴达喇→阿尔塔什迪→瓦津达喇→杨桑→雄努敦都布。杨桑在光绪八年（1882）袭爵，十四年命在乾清门行走，二十年命在御前行走，二十一年任盟长，二十七年赐亲王衔。这封信是杨桑北赴库伦朝觐十三世达赖喇嘛回来后写的回信，时间应该在光绪三十一年（1905）。

阿巴噶王爵杨桑为请安谢恩事致达赖喇嘛文
7：165~168

封面：盟长王鄙徒杨桑在瓦赤喇怛喇圣尊达赖喇嘛足下金轮前谨跪禀呈。

锡林郭勒盟长王鄙徒杨桑在瓦赤喇怛喇圣尊达赖喇嘛足下金轮前谨跪，请安启禀。本羊年十月，上遣小官人拉巴，赐鄙徒哈达、书函、加金佛善扎多布、金丹十五颗、扎克察佛、印手记巾二块、加持护结、药丸、黄红香、呢绒二匹，感拜照数收悉。小官人拉巴回程之际，敬献复函及请安哈达。十月十八日。

背面：谨封。

【注释】信中所说的羊年是丁未年（光绪三十三年），落款所记十月十八日是同年十月十八日，即1907年11月23日。

阿巴噶王爵杨桑为遣夫人达西玛至五台山请安事致达赖喇嘛文
7：173~176

封面：为请安奉书圣尊达赖喇嘛。

盟长王爵鄙徒杨桑在西方天下教主识一切圣尊瓦赤喇怛喇达赖喇嘛千辐金轮足前，谨跪请安，敬献圣洁哈达。此间，皈依怙主圣尊极妙威严胜宝须弥贵体想必硬朗无恙。由安多、塔尔寺之地，长途跋涉，途中无恙，临幸清凉五台山名胜之地,安逸常伴,一切祥和乎。在此,鄙徒本人仰赖怙主圣尊大悲,安好无恙。特禀闻者,托付去年春季我处所遣台吉达木丁苏隆,赐寄识一切五世全集、哈达,业已拜收之外,同年冬季托付小官人拉巴、活佛济格默特洛瑞扎姆苏等,爱赐捎寄之物佛龛、加持、护结、呢绒、哔叽及书函等,也已拜收。依次受赐,钦仰不已。迭承鸿训,却无毫厘建树,惶惶不可终日。今虽渴望亲赴五台山,体受圣尊手记,却不能亲拜,特令夫人达西玛前去拜谒,派遣王府长史诺尔布桑布,献请安礼曼荼罗及哈达。附奉简函。二月二十一吉日。

背面:谨封。

【注释】这封信落款所记二月二十一日是光绪三十四年二月二十一日,1908年3月23日。

阿巴噶王爵杨桑为商议宗教事务及请安事致达赖喇嘛文
7:163~164

盟长王爵鄙徒杨桑在瓦赤喇怛喇达赖喇嘛足前谨跪禀报。禀报事由:托付我处所派甲喇章京诺尔布桑布,赐来哈达、加持神物,现已拜收之外,据所赐书函,昔日谕示鄙徒本人及我众蒙古理应为之和衷效力之教法要务,今日出力时机已到,务要锲而不舍等语。鄙徒收览谕旨,仰遵勤勉,愚衷思量。若要移行参议众扎萨克,我处今方罹患天灾,疲敝窘困,往来商议,必致拖延时日,而无实效。欲使事情速见头绪,依照原先所示途径办理,或可得其便利。缘此,本王旗里委派梅勒章京苏桑布进京,访问公务通事李三,谆嘱早先托付之事应相机奋力推进,相宜务求促成教法事务。视其到彼,议事探报。俟其得所回音,则由彼处径赴五台山,禀达圣闻,带回消息。为此禀报。四月十四日。

【注释】这封信落款所记四月十四日是1908年5月13日。当时,十三世达赖喇嘛住在五台山。

阿巴噶王爵杨桑为派遣拉钦多布斋等赴京觐见事致达赖喇嘛文
7：169~172

封面：径呈者。

锡林郭勒盟长王爵鄙徒杨桑在瓦赤喇怛喇圣尊达赖喇嘛足下金轮前，谨跪请安，敬献圣洁哈达。特禀者：本年春夏月，上使先后所遣吏员慈赐书函、物品，依次拜收。此间，大事之由，通告本盟各扎萨克。又咨行邻近昭乌达、乌兰察布二盟各旗知照商议。今得传闻，胜宝怙主拟于今秋八月下旬由五台山移驾，往幸京城。鄙徒欲即亲往朝拜，然而困于本地公职印务无暇，不能即时前往朝圣。陈明情由，急遣亲儿公爵拉钦多布斋、协理图布钦桑布等，代为拜谒。训诫伊等，到达朝圣之后，聆听上师慈旨，尽力遵行。为此请安，奉上陋言折函。九月十三日。

背面：谨封。

【注释】这封信落款所记九月十三日是 1908 年 10 月 7 日。杨桑写这封信时达赖喇嘛已经进京见了慈禧太后和光绪皇帝。

阿巴噶王爵杨桑为探问驾幸京城日期事致达赖喇嘛近侍堪钦绥本文
7：177~180

封面：致怙主胜宝近侍大堪布喇嘛。

锡林郭勒盟长王杨桑，请安致函圣尊达赖喇嘛近侍尊贵达喇嘛堪钦绥本。此间，识一切圣尊怙主胜宝贵体想必在清凉山文殊师利道场无恙硬朗，贵喇嘛尔等身体无恙，并为至尊之公务安逸随侍。特致函询问者，如今至尊驾临北京之事大抵已定，若年月期已定，则请致函知会，即遵前谕，旗里差员拜谒。鄙人万望亲往拜受圣尊手记，然而由于本处公务，不能随意出行，至今延误，故此陈情告白。如若圣尊冬月驾幸北京，则鄙人入值年班，得便拜谒。此乃冀望已久。今遣护卫布琳聂瓦，问候圣尊，探知大事情形。为此致函尊贵大堪布喇嘛，烦请关照复函为盼。九月十六日。

背面：密封。

【注释】这封信落款所记九月十六日是1908年10月10日。杨桑写这封信时达赖喇嘛已经进京见了慈禧太后和光绪皇帝。

阿巴噶旗达尔罕贝子朋素克、夫人博都旺姆及托音班珠尔等人为祈福事致噶勒丹锡哷图文
7：182~184

至上怙主圣尊噶勒丹锡哷图无垢金足莲花前，阿巴噶达尔罕贝子朋素克、贝子夫人博都旺姆及托音班珠尔、阑多布等人请安，敬献一庹哈达三方。祈求眷护鄙徒贝子朋素克及亲戚朋友，寿命牢固，四畜滋繁。明鉴，明鉴！

【注释】阿巴噶旗达尔罕贝子是清代阿巴噶部的一个闲散爵位，该爵位初由多尔济始。多尔济是都思噶尔济农从弟，原号达尔罕诺颜，顺治三年（1646）受封固山达尔罕贝子，世袭罔替。多尔济→绰博和→车凌栋罗布→[佚名，未袭爵]→齐旺→[佚名，未袭爵]→朋素克→巴雅尔锡第→德穆楚克达什→堆英固尔→贡多桑保。朋素克是多尔济的第七代孙，第五位达尔罕贝子。朋素克在乾隆二十一年袭爵，六十年去世。

阿巴噶旗协理台吉索特巴为谢恩请安布施事致商卓特巴善巴多布丹文
7：185~186

阿巴噶旗协理台吉末小索特巴谨致商卓特巴善巴多布丹喇嘛。今据所赐复函，得知贵体硬朗无恙，不胜欣喜。仰赖圣尊仁爱护佑，我等在此安好无恙之外，所赐加持物包、额喇勒斋等物，如数寄到，收悉喜悦。今献新年请安礼圣洁哈达、蒙古荷包一件。安乐吉日。

【注释】这封信的收信人善巴多布丹大抵在乾隆后期出任西藏噶勒丹锡呼图商上商卓特巴一职，因此，该信写于乾隆后期的某一年，或者写于嘉庆初年。

阿巴噶扎萨克旗协理台吉里克扎布等人为请安事致达赖喇嘛文
7：187~188

阿巴噶扎萨克旗额尔德尼协理台吉里克扎布等全体向噶勒丹锡呼图请安。自前来之商卓特巴处获悉，呼图克图安康，喜不自胜。在此，除禀报鄙徒等平安无恙之外，敬献请安礼天物圣洁白哈达和棕色绸缎五庹。鉴之，鉴之。祈求常佑。

【注释】信中提到的商卓特巴应该是噶勒丹锡呼图商卓特巴阿巴噶人善巴多布丹。据后列《阿巴噶左旗喇旺巴勒登为问好送礼事致兄长商卓特巴善巴多布丹文》，收信人善巴多布丹于乾隆后期在西藏任噶勒丹锡呼图商上商卓特巴一职，可知这封信写于乾隆末年。

阿巴噶左旗协理台吉芒喀拉木为谢恩祈福事致噶勒丹锡呼图文
7：181

至上怙主噶勒丹锡呼图额尔德尼诺门罕足前，阿巴噶左旗协理台吉末小施主芒喀拉木自远方跪拜，向至上贵体请安。贵处所赐加持、护结及香，悉数拜收。为祈明鉴眷护，敬献圣洁哈达及红缎一匹。吉日。

台吉济尔噶勒为祈福求子事致瓦赤喇怛喇活佛文
8：279~280

鄙徒台吉济尔噶勒合掌下跪，向一切怙主之集至上瓦赤喇怛喇圣尊活佛请安。呈祈事由：什喇塔拉近侍活佛额尔德尼固什之弟子台吉济尔噶勒，祈护今生来世之外，禀请保佑平安，祈求得子，献天物哈达、金线一、丝线一。在金足莲花前顶礼。明鉴，其明鉴。月初吉日。

【注释】写信人自称台吉济尔噶勒，又称自己为什喇塔拉近侍活佛额尔德尼固什之弟子。什喇塔拉寺是噶勒丹锡呼图的属寺，在阿巴噶旗。据此，我们姑且认为写信人台吉济尔噶勒是阿巴噶旗台吉。

管旗章京济尔噶勒等为献礼祈福事致噶勒丹锡呼图文
8：277~278

末小信徒管旗章京济尔噶勒全家，谨在怙主圣尊噶勒丹锡呼图吉祥额尔德尼诺门罕足前呈函请安。此次收到所赐礼物、如甘露之圣语，犹如亲见怙主，体受赐福，欢悦心满。此地信徒全家安好。如今，我等祈愿速得拜见怙主圣尊，将仅免空手之礼有色哈达十方、二十两银交付守供噶布珠喇嘛转呈。借此薄礼，请给祝愿，成就佛道。明鉴，明鉴。乾隆五十一年正月初一日。

【注释】写信人自称管旗章京，可知他是某一扎萨克旗官员。收信人是噶勒丹锡呼图吉祥额尔德尼诺门罕，落款为乾隆五十一年（1786）。乾隆五十一年的噶勒丹锡呼图是一世策墨林活佛。该写信人可能是前一封信的写信人台吉济尔噶勒。

台吉亦罗尔为谢恩及献礼事致噶勒丹锡呼图文
8：314

额尔德尼固什之弟子台吉亦罗尔向所有护持之集瓦赤喇怛喇圣尊活佛噶勒丹锡呼图萨玛第巴克什摄政诺门罕金足莲花以信仰合掌下跪，祈求保佑今生与来世。此前曾向圣尊葛根求子嗣，已如愿以偿。今再求保佑，敬献天物圣洁哈达、缎子、布匹及（金）线。明鉴，明鉴！

【注释】写信人自称额尔德尼固什之弟子台吉。额尔德尼固什是阿巴噶什喇塔拉寺的活佛，是噶勒丹锡呼图萨玛第巴克什的弟子。据此，我们姑且认为写信人亦罗尔为阿巴噶旗台吉。

阿巴噶左旗王府长史巴颜绰克图等人为请安事致诺门罕文
7：153~154

锡林郭勒盟阿巴噶左旗王府长史巴颜绰克图、头等护卫兼笔帖式晋升甲喇章京巴图尔等人，净心赤忱，钦仰跪祷，在今后唯一怙主如来瓦赤喇怛喇上师法王圣尊金足前，敬献圣洁哈达、三两碎银。我等老施主子孙，前献供品业经到达，猴年赐寄明谕、加持护结、哔叽一匹，业已收悉。鄙人猴年曾寄微薄供品，风闻途中受阻，似未送达。如今，我等施主祈今后每年在圣尊御前敬献供品。祈将我等末小穷敝之辈纳于至圣眷护之下，仍前慈佑寿命长享，牲畜滋繁，安心度日。明鉴，其明鉴。道光五年正月十五吉日。

阿巴噶左旗梅林巴图尔为全家祈福事致诺门罕文
7：155~156

怙主恩主诺门罕金足前，阿巴噶王爷阿尔塔什迪旗末小施主梅林巴图尔，十指合于顶上，祷告，净心钦仰，敬献圣洁哈达、碎银五两。末小施主梅林巴图尔本人、家兄巴颜绰克图等人，现都加官晋爵，效力公务，实因恩公诺门罕护佑及父辈善轨所致。今我等数家兄弟子孙，皈依诺门罕护佑慈悲之下，义无反顾，祈求寿命无碍，畜产不减，公务无误，安好无恙。祈求诺门罕明鉴。明鉴，其明鉴。道光八年戊子春正月十五吉日。

阿巴噶左旗梅林巴图尔为请安布施事致诺门罕文
7：157~158

呈文。怙主瓦赤喇怛喇堪布诺门罕金足前，阿巴噶左旗老施主子滥充施主者鄙人梅林巴图尔，虔诚钦仰，双手十指合于顶上，祈祷奉书。据逐年所赐旨函、礼物知悉，恩公堪布诺门罕在西藏发善，广造政教大业，金足日固，不胜欢汴。在此，鄙徒本人及家人，仰赖堪布诺门罕慈护福力，寿命延长，畜产滋繁，福气增广，安好无恙。祈求鉴赐至上眷护，使一切功业兴隆成就，福运广来，身体无病苦，畜产无损亏，益富益阔。虔诚笃仰，敬献七两二钱银、圣洁哈达，以为净供。明鉴，其明鉴。道光十一年辛卯正月初九吉日。

阿巴噶王旗管旗章京巴图尔为献礼事致噶勒丹锡哷图文
7：189~190

阿巴噶将军盟长王爷旗末小施主管旗章京巴图尔忏祷，在恩主堪布诺门罕金足前，赤诚信仰，敬献九两银、哈达，以为净供。鉴赐眷护。明鉴！道光十八年十一月二十三日。

阿巴噶左旗喇旺巴勒登为问好送礼事致兄长商卓特巴善巴多布丹文
7：145~146

阿巴噶左旗王爷衮布扎布旗管旗章京、弟喇旺巴勒登谨向贵兄商卓特巴善巴多布丹请安。此次，贵兄安康，赐寄书信及诸圣加持吉祥结、加持物一包、班红粗呢一匹，均已收悉，闻贵兄安康如故，犹如相见，不胜喜悦。在此，我等尽皆平安无恙。只因上报父亲年迈，痼疾缠身，不堪职勤，众官举荐，由我承职。今蒙诸圣庇佑、众官仁爱以及贵等之助，方得勉为公务尽力。兹向贵兄请安，礼物近乎空手，捎去圣洁白哈达、金黄色纺丝一匹、蒙古荷包。另有禀请一事：望将俗人制裑所用优质粗呢一匹，棕黑均可，以及优质藏制锁子十把寄送为盼。为此捎寄白银六两。本地不产此类物品，故有所请，莫烦劳驾。愿托怙主三宝之福，弟兄二人各得其所，平安无事，祈盼不日欢颜相聚。自锡林郭勒故乡敬呈。猴年正月吉日。

【注释】这封信的写信人自称归属"阿巴噶左旗王爷衮布扎布旗"，表明当时的阿巴噶左旗扎萨克郡王为衮布扎布。书信落款记作猴年正月。衮布扎布在位五年，在这期间，猴年只有一次，即乾隆五十三年（1788）戊申年。由此断定，该信写于戊申年正月。写信人自称管旗章京、弟喇旺巴勒登，并称善巴多布丹为兄，证明时任西藏噶勒丹锡哷图商上商卓特巴的善巴多布丹是阿巴噶左旗管旗章京的儿子。虽然善巴多布丹的生卒年不详，但是据这封信可知，乾隆后期他在西藏任职。西藏自治区档案馆收藏的蒙古文信件中，有不少阿巴噶、察哈尔信徒写给该善巴多布丹的书信。可见当时善巴多布丹是阿巴噶、察哈尔信徒借以朝拜或献礼西藏噶勒丹锡呼图的中间人。

扎木楚、杨扎布等为请安事致商卓特巴善巴多布丹文
9：033~034

末小弟弟扎木楚、杨扎布，呈请商卓特巴善巴多布丹安。此时，想必商卓特巴贵体安好。在这里，末小我安好。再禀告，所赐加持护结两包、一庹拉达克花色大布已收到。祈速喜见，献请安礼圣洁哈达二方。月初吉日。

【注释】写信人扎木楚、杨扎布等人自称弟弟，表明收信人善巴多布丹是写信人的兄长。据前文考证，善巴多布丹为阿巴噶旗人，是该旗管旗章京喇旺巴勒登之兄。可知，商卓特巴善巴多布丹、管旗章京喇旺巴勒登及该信的写信人扎木楚、杨扎布等人为兄弟关系。

弟弟阿南达喇为请安事致商卓特巴善巴多布丹文
9：037~038

名阿南达喇者弟弟群丕勒，呈请至上商卓特巴善巴多布丹安。此次，拜收至上商卓特巴所赐吉祥结、仙丹、shanam 等物，不胜欣喜。为请安，作为礼物，敬献圣洁的哈达一方。吉日。

阿穆卡之母向商卓特巴善巴多布丹请安信
9：035~036

阿穆卡之母向商卓特巴善巴多布丹请安。此间贵体安康吗？小的我等在此安好。再告知之事：由贵处送来之加持护身结和日历已收到。为请商卓特巴善巴多布丹安，敬赠佛冠一、圣洁哈达一。月初吉日。

【注释】写信人自称阿穆卡之母，可知阿穆卡是收信人商卓特巴善巴多布丹的熟人。

额尔德尼固什罗布藏丹巴达尔济为谢恩献礼事致噶勒丹锡呼图文
9：383~384

末小老弟子呼必尔罕额尔德尼固什比丘罗布藏丹巴达尔济向所有护持之集瓦圣尊活佛噶勒丹锡呼图萨玛第巴克什摄政诺门罕足下金莲花请万安。去年惠赐护持吉祥结、粗呢、帽子已拜收，心满意足。合掌叩求保佑今生与来世。祈求赐予常诵经文、有益健康之药物与音乐。敬献薄礼近乎空手，有天物圣洁哈达、十相自在哈达、一两九钱银子。明鉴，明鉴。吉日。

【注释】 写信人呼必尔罕额尔德尼固什罗布藏丹巴达尔济是什喇塔拉寺的喇嘛。什喇塔拉寺为噶勒丹锡呼图（策墨林活佛）的属寺。

额尔德尼固什罗布藏丹巴达尔济为谢恩献礼事致噶勒丹锡呼图文
9：385~386

末小老弟子呼必尔罕额尔德尼固什比丘罗布藏丹巴达尔济在所有护持之集瓦圣尊活佛噶勒丹锡呼图萨玛第巴克什摄政诺门罕足下金莲花前以信仰谨跪，请圣尊葛根万安。祈求保佑今生与来世，敬献薄礼近乎空手，有天物圣洁哈达及蟒缎。明鉴，明鉴。

【注释】 写信人呼必尔罕额尔德尼固什罗布藏丹巴达尔济是什喇塔拉寺的喇嘛。什喇塔拉寺为噶勒丹锡呼图（策墨林活佛）的属寺。写信人称收信人为摄政。噶勒丹锡呼图一世和二世都曾出任摄政。

阿巴噶什喇塔拉众徒为请安布施事致噶勒丹锡呼图文
9：168~170

阿巴噶扎萨克旗什喇塔拉法会末小众徒钦仰，在三世一切怙主本性所集、恩公瓦赤喇怛喇噶勒丹锡呼图诺门罕萨玛第巴克什教众旭日神通贵体金足莲花前请安。仰赖呼图克图慈悲恩德，我等末流鄙徒安好，照旧主持法会，祈祷呼图克图长寿。我等众徒特求发悲，明鉴眷护，赐予福力。今献请安礼：法会仓储天物圣洁哈达及白银一两五钱。吉日敬献。明鉴，明鉴。

【注释】 收信人噶勒丹锡呼图是西藏策墨林活佛。

什喇塔拉寺庙仓为请示应否建造土木寺院事致萨玛第圣尊活佛文
9：335~340

什喇塔拉寺庙仓在一切怙主之集无比圣尊瓦赤喇怛喇萨玛第巴克什扎勒察布诺门罕金足莲花前跪禀：先前，圣尊创建法会，赐给灌顶仪轨经等众多经书，亲临主持法会，赐发坐床、敕书、传记、至尊上师、大黑天等神物，规定每年九次法会，制定法会规程。末徒近侍活佛额尔德尼固什为首众徒，钦奉圣语，例在十八壁架蒙古包举行法会，殊妙之极。目今绵羊少，幪盖帐幕所需毛毡难得，我等僧俗众徒，协心同意，欲造一座坂升寺院。什喇塔拉法会旧址，可否建寺；向东近处草地上有一高处，可否建寺；如可，则请堪舆二地。毡房宜乎，坂升宜乎，请明鉴其所宜者。为此献天物圣洁哈达、三两银灯。明鉴，其明鉴。月初吉日。

【注释】 收信人萨玛第巴克什扎勒察布诺门罕是噶勒丹锡呼图，即西藏策墨林活佛。

什喇塔拉法会为祈福布施事致萨玛第巴克什文
9：334

什喇塔拉法会呈祈，自无数劫前以来以三净德行引领众生、用红黄法舞大为愉悦、至上怙主萨玛第巴克什诺门罕请安，献圣洁哈达、一两五钱白银。仰赖圣尊护佑，法会众徒安好无恙。今，祈祷速受金手摸顶。祈鉴，祈鉴。

【注释】 收信人萨玛第巴克什诺门罕是噶勒丹锡呼图，即西藏策墨林活佛。

什喇塔拉津巴为献礼祈福事致萨玛第巴克什文
9：341~342

什喇塔拉津巴向自无数劫以来以三净德引领众生、以红黄法舞愉悦、上师萨玛第巴克什诺门罕，献请安礼圣洁哈达及二两白银。仰赖圣尊护佑，法会众徒皆安。祈速得受金手摸顶。明鉴，明鉴。

【注释】收信人萨玛第巴克什诺门罕是噶勒丹锡哷图，即西藏策墨林活佛。

为请安事致噶勒丹锡哷图文
8：302~304

自无数劫前以来以圣洁三净德行引领众生、以红黄法舞愉悦、怙主噶勒丹锡哷图萨玛第巴克什扎勒察布诺门罕金足莲前，众法会以虔诚信仰敬献圣洁哈达、白银一两二钱。仰赖圣尊保佑，法会大众安好无恙。今祈愿者：速受圣尊金手摸顶。明鉴，明鉴。

【注释】收信人噶勒丹锡哷图萨玛第巴克什是西藏策墨林活佛，写信人自称众法会，表明这封信是察哈尔正蓝旗或阿巴噶旗某一噶勒丹锡哷图属下法会所写。然而，对比之下，这封信的文字几乎跟《什喇塔拉法会为祈福布施事致萨玛第巴克什文》和《什喇塔拉津巴为献礼祈福事致萨玛第巴克什文》如出一辙，可以肯定出自一人之手。据此，我们认为这封信是阿巴噶什喇塔拉法会所写。

阿巴哈纳尔右旗

阿巴哈纳尔旗贝勒玛哈巴拉为宁宗活佛转世事致济咙呼图克图文
7：191~192

在天等众生顶饰、至上怙主圣尊济咙额尔德尼呼图克图金足下，阿巴哈纳尔旗贝勒玛哈巴拉谨致。本人所奉宁宗喇嘛于鸡年秋八月初四圆寂后，在卓尼之属地达克咱地方，由达木绰、纳木卓玛夫妇，在猪年秋八月二十三日降生一名转世灵童，法名叫丹赞贡桑诺尔布，现已八岁。丹赞贡桑诺尔布是否宁宗喇嘛转世，请呼图克图大发慈悲，明示鄙徒，为此拜呈。鉴之，鉴之。吉缘圆满日。

【注释】阿巴哈纳尔旗贝勒是阿巴哈纳尔扎萨克多罗贝勒，是清代阿巴哈纳尔的职衔和爵位。该职衔和爵位初由色凌起。色凌先祖为成吉思汗异母兄弟别勒古台诺颜，原号默尔根。色凌在康熙六年（1667）受封扎萨克多罗贝勒，世袭罔替。色凌→纳木喀尔→布昭→齐当旺舒克→索诺木喇布坦；纳木扎（索诺木喇布坦从弟）→达什敏珠尔→车登札布→玛哈巴拉。

写信人玛哈巴拉是色凌的第八代孙，第九位扎萨克多罗贝勒。玛哈巴拉在乾隆四十四年（1779）袭扎萨克多罗贝勒，道光五年（1825）因病告免。玛哈巴拉在信中称猪年出生的灵童"现已八岁"，可知写信的那年是马年。在玛哈巴拉在位期间，马年共有四次，分别为乾隆五十一年，嘉庆三年（1798）、十五年，道光二年。这封信应写于上述这四个马年中的某一年。

玛哈巴拉所处时代的济咙呼图克图是第八世达察济咙呼图克图益西罗桑丹贝贡布。这位济咙呼图克图在嘉庆九年至嘉庆十六年间出任西藏摄政。

我们怀疑这封信是写给时任西藏摄政的济咙呼图克图。查济咙呼图克图任摄政时期的各年，只有嘉庆十五年是马年。因此，我们怀疑这封信写于嘉庆十五年。

阿巴哈纳尔旗贝勒玛哈巴拉为祈福事致济咙呼图克图文
7：193~194

阿巴哈纳尔贝勒玛哈巴拉，在怙主圣尊足下莲座金轮前，合掌跪拜，虔诚敬献圣洁哈达、绸缎，祈求眷佑今生来世，请求竟久常伴之福。明鉴，明鉴。

阿巴哈纳尔贝勒玛哈巴拉等人为祈福布施事致达赖喇嘛文
7：195~196

锡林郭勒盟阿巴哈纳尔右旗扎萨克玛哈巴拉、台吉噶勒桑等人，在天等教众唯一雄日、救度众生者、圣尊达赖喇嘛足莲开瓣之下，恭谨虔诚祈祷禀白：今救度者圣尊想必在教众安乐功业成就所发明光普照一切时处之法界，常在硬朗无恙。此地，众徒仰赖大慈光照，尽皆安好。为向胜宝请安，仅免空手，虔诚信仰，举顶敬献圣洁哈达、金线红缎等物。

【注释】写信人玛哈巴拉是色凌的第八代孙，第九位扎萨克多罗贝勒。玛哈巴拉在乾隆四十四年（1779）袭扎萨克多罗贝勒，道光五年（1825）因病告免。在玛哈巴拉在位的乾隆四十四年至道光五年，前期八世达赖喇嘛自乾隆四十五年到嘉庆九年亲政，后期九世达赖喇嘛未及亲政便圆寂。因此，我们怀疑这封信写于八世达赖喇嘛亲政期间。

阿巴哈纳尔右翼旗协理台吉丹达里为亡弟超度及祈福事致达赖喇嘛文
7：197~198

阿巴哈纳尔右翼扎萨克贝勒旗协理台吉末小施主丹达里在此合掌跪地，在一切怙主之集者、至上胜宝大悲安乐法界教示镇伏道行者、能赐无垢至尊之法者、降生此地之观世音、演示红黄之舞者、达赖喇嘛佛宝足下无垢莲花十方盛开者御前，偏远蒙古地方之阿巴哈纳尔右翼扎萨克贝勒旗协理台吉末流施主丹达里以三门虔诚敬谨仰戴，跪拜数巡，合掌启禀：至亲亲生小弟格隆栋岳特，属兔，五十六岁，狗儿年二月二十日病故。为此，祈求圣尊达赖喇嘛施愿，献圣洁哈达、二十两银。祈求消除此人所积孽障，俾能立刻得到安乐兼备金刚持之福。本人协理台吉丹达里，属鸡，六十三岁。为来世之道，祈求得到十八法具自在身，永世伴随佛教与诸圣不离，一切善业如意得成，速速得到度众佛道。由此地膜拜，万望常相眷护本人及家人。明鉴，明鉴，其明鉴。年初吉日。

阿巴哈纳尔左旗

阿巴哈纳尔左旗贝子达克旦朋素克等人
为献礼祈福乞药材事致噶勒丹锡哷图文
7：199~204

呈文。末小施主贝子达克旦朋素克、夫人乌敦巴喇、子衮布旺扎勒及众人虔诚祈祷，在殊胜教众皈依怙主、我辈今生来世皈依怙主、一切胜者本性、圣父噶勒丹锡哷图吉祥额尔德尼诺门罕足莲金轮前奉函，恭请胜宝贵安之际，祈祷启禀事由：此时，我等鄙徒皆安。贝子本人年班进京，会见囊素罗布桑雅木丕勒、索本垂恩珠尔等人，钦闻恩公圣尊硬朗，操办圣尊达赖喇嘛所示一切事业，遵奉上谕，振兴政教如日中天，大小众徒尽皆安好，商上物用丰裕。又，如数收领金谕书函及惠赏诸物，尤其我等为母所献福缘小礼，至上慈悲法台惠施善明仪轨，以为隆沃，使我母亲转生安乐之域，乃愚辈毕生无力成就者，故兹我等鄙徒心扉敞开，空前欣喜，祷告拜服。此间，我等鄙徒承蒙圣尊恩爱，尽皆安康。又赖慈悲之光，鄙徒在家之时，蒙圣主恩，五十年十一月放为副盟长。又，第二子卫都布纳木扎勒，仰赖众圣一致法谕，被确认为多伦诺尔诺颜绰尔济之转世。该孩儿自幼颇显灵异。子弟皆蒙主恩，受赐翎子、坐垫，出人头地。五十年十一月十七日起，衮布旺扎勒、卫都布纳木扎勒及子孙出痘痊愈。禀明如斯。生计以上诸务言于囊素罗布桑雅木丕勒。顺便传告我班第达喇嘛弟子桑布来言一事之外，遥拜祷告事由：仰赖昔日蒂固福报，近时被届教众怙日圣光，免受昧暗，追随光明，欣幸之至，祷拜不已。祷祝来世亦蒙不弃，届身护佑之界之外，尤求垂爱训示今起抚育爱子灵童卫都布纳木扎勒之方。所祈求者，若蒙皈依怙主金日驾临，何其妙哉。然而，鄙徒造化浅薄。虽然如此，圣尊恩信隆重，若蒙谕令此地圣贤，善待抚育犬子灵童，则举世无双之恩师驾临之前，仍可谓不凡。赤诚祈求，遥拜祷告。祷祝亲谒恩公，无日不念。乞明鉴，明鉴，明鉴。请安礼：圣洁哈达、内府蟒缎一匹、内府纱半匹等。由北京城虔诚敬献。

鄙徒痼疾愈重，雍和宫噶勒丹医师诊脉，开示雪域 Gurbel Dejid 是求。祈求令马儿年使者多带新鲜上乘者。医师所言，符合病理，Dejid 想必有益，故此吁求。禀明事由，在在恭求惠赐。五十一年月初吉日。

【注释】 阿巴哈纳尔左旗贝子是清代阿巴哈纳尔扎萨克固山贝子，是清代阿巴哈纳尔的职衔和爵位。该职衔和爵位初由栋伊思喇布起。栋伊思喇布先祖为成吉思汗异母兄弟别勒古台诺颜。栋伊思喇布在康熙六年（1667）受封扎萨克固山贝子，世袭罔替。栋伊思喇布→衮楚克扎布→额璘臣达什→班珠尔→达克旦朋素克。达克旦朋素克是栋伊思喇布的第五代孙，第五位固山贝子。达克旦朋素克在乾隆二十九年（1764）袭爵，五十七年去世。根据达克旦朋素克在位年代推算，信中所称五十一年是乾隆五十一年。

阿巴哈纳尔左旗贝子达克旦朋素克为给诺颜绰尔济作法事致商卓特巴善巴多布丹文
7：205~206

贝子达克旦朋素克、夫人乌敦巴喇等谨呈商卓特巴善巴多布丹，恭请贵安，禀报事由：在此我等安好无恙。只因爱子诺颜绰尔济进京请安，似乎水土不服，八月二十二日开始生病，后经患病数月，我等竭尽全力，求诸圣贤，倾力作法施救，却在十二月十四日圆寂。故此，为乞祈愿，令报萨玛第巴克什，献银一千两，以为善事用度。此项银两专供乞请达赖喇嘛施愿，色拉、哲蚌、甘丹、扎什伦布及两院熬茶公积，以及为灵童转世请吹忠降示等事。业已致函圣尊，请爱怜如愿成全。还望商卓特巴喇嘛转告葛根，怜悯我造化浅薄迷于苦难之野，成就已故诺颜绰尔济所愿之事，尤其促成灵童如前尽早出现。敬请转告，缘是致函。请安之礼，仅免空手，敬献二等哈达一束。猪儿年正月十八日。一千两银两块生银，用北京银票交付。

【注释】这封信的落款显示猪年。查达克旦朋素克在乾隆二十九年（1764）袭爵，五十七年去世。达克旦朋素克在前一封乾隆五十一年的信中说，他的次子被确认为多伦诺尔绰尔济喇嘛的转世，而在这封猪年的信里说该绰尔济转世业已圆寂，可知写信的猪年必在乾隆五十一年之后，又必在达克旦朋素克去世的乾隆五十七年之前。这期间只有乾隆五十六年（1791）是猪年，所以这封信应写于该年。

阿巴哈纳尔左旗贝子衮布旺扎勒为请安事致噶勒丹锡呼图文

7：209~210

教众怙主萨玛第巴克什圣尊活佛足莲开瓣之下，受活佛无限恩惠而成长之鄙徒贝子衮布旺扎勒，虔诚叩禀：今想必圣尊活佛利益教众之业每时每处广得弘扬，贵体安然无恙。此处，末小弟子仰赖至上保佑，尽皆安好。今请贵体安康，依然渴望体受灌顶。祈求常在护持不弃，纳于慈悲金刚界中。明鉴，明鉴。以免空手，虔诚敬献圣洁哈达、内府蟒缎一匹。正月初吉日。

【注释】阿巴哈纳尔左旗贝子世袭：栋伊思喇布→衮楚克扎布→额璘臣达什→班珠尔→达克旦朋素克→衮布旺扎勒。衮布旺扎勒是栋伊思喇布的第六代孙，第六位固山贝子。衮布旺扎勒在乾隆五十七年（1792）袭爵，道光七年（1827）去世。衮布旺扎勒著有史书《金鬘》。

阿巴哈纳尔左旗衮布旺扎勒为谢恩请安事致噶勒丹锡呼图文

7：211~216

径呈者：

（藏文一行）

诸佛本性、无比恩爱之主、瓦赤喇怛喇圣尊双足殊净金轮前，末流弟子贝子衮布旺扎勒、夫人等人，悉数合掌祷告：现在救度者至尊贵体想必在成就教众利乐功业十万日光普照虚空边界之法台硬朗无恙。使猴年使者赐寄加持、护结、呢绒一匹、哔叽一匹，慈懿法谕甘露灌顶，渴思之苦得以稍解，喜乐之荒因而生辉。此处，我辈鄙徒仰赖无比护爱，尽皆安好。今为请尊安，敬献薄礼圣洁哈达、内府闪缎一袭。所祈祷者：大悲坚护，永在不误，常在无恙，得朝圣颜。大慈法台，鉴赐眷护。齐发虔诚，举顶奉供。明鉴，明鉴，其明鉴。乙酉年正月初吉日。

【注释】衮布旺扎勒在乾隆五十七年袭爵，道光七年去世。在这期间，只有道光五年是乙酉年，所以这封信写于道光五年无疑。

收信人瓦赤喇怛喇圣尊是时任西藏摄政的噶勒丹锡哷图萨玛第巴克什，即二世策墨林活佛。

阿巴哈纳尔左旗贝子达克旦朋素克弟罗布藏尼玛
为谢恩祈福事致达赖喇嘛文
7：207~208

今生来世无比怙主、自来必务慈利众人从不偏倚至上怙主达赖喇嘛眼前，阿巴哈纳尔左旗贝子达克旦朋素克之弟末流弟子托音罗布藏尼玛、阿哥珠尔默特桑都克、夫人噶勒桑杜勒玛、阿勒坦尚、菇默答及子孙，合掌屈膝跪地，启禀：护持过去、将来与现世以至尊贵菩提及禳解冥中厄缘之语礼书函，悉数拜收。用为欣喜之征，兹由所属游牧锡林郭勒敬献天物。明鉴，明鉴，其明鉴。

【注释】这是一封阿巴哈纳尔贝子达克旦朋素克的弟弟喇嘛罗布藏尼玛和儿子珠尔默特桑都克等人的礼佛书信。查达克旦朋素克在乾隆二十九年袭爵，五十七年去世，可知其弟数人也是乾隆后期到嘉庆初年的人物。值得注意的是，这里珠尔默特桑都克的头衔是阿哥，表明他没有任何官衔，但是后列一封信里他有了乾清门行走和协理台吉的官衔。

收信人达赖喇嘛是八世达赖喇嘛强白嘉措（1758~1804）。

阿巴哈纳尔左旗贝子达克旦朋素克之弟托音罗布藏尼玛等人为请安事致商卓特巴善巴多布丹文
7：217

　　协助二道者商卓特巴善巴多布丹案前，阿巴哈纳尔左旗贝子之弟托音罗布藏尼玛、阿哥珠尔默特桑都克、噶勒桑杜勒玛等，致函请安。在彼处，贵体想必无恙。我等无上仰戴感恩。愿速喜见，献礼三等哈达一束。吉日敬献。

　　【注释】这是一封阿巴哈纳尔贝子达克旦朋素克的弟弟喇嘛罗布藏尼玛和儿子珠尔默特桑都克等人的礼佛书信。查达克旦朋素克在乾隆二十九年袭爵，五十七年去世，可知其弟数人也是乾隆后期到嘉庆初年的人物。值得注意的是，这里珠尔默特桑都克的头衔是阿哥，表明他没有任何官衔，但是后列一封信里他有了乾清门行走和协理台吉的官衔。收信人善巴多布丹是阿巴噶人，当时在拉萨任噶勒丹锡呼图的商卓特巴。

阿巴哈纳尔协理台吉珠尔默特桑都克为请安事致噶勒丹锡呼图文
7：218~220

　　乾清门行走阿巴哈纳尔协理台吉鄙徒珠尔默特桑都克、夫人噶勒桑杜勒玛等，赤忱钦仰，在今后唯一怙主噶勒丹锡呼图吉祥额尔德尼诺门罕萨玛第巴克什瓦赤喇怛喇圣尊金足开瓣莲花前，请安启禀。此间，想必圣尊贵体，普照教众安乐，硬朗无恙。在此，禀报众徒鄙人我等大小尽皆无恙，并献哈达一方、夏布包裹玉碗一口。往年所赐礼品，悉数拜收。五年正月十一日。

　　【注释】这是一封珠尔默特桑都克等人的礼佛书信。写信人珠尔默特桑都克是前列两封信里的写信人之一珠尔默特桑都克，是阿巴哈纳尔贝子达克旦朋素克的儿子。查达克旦朋素克在乾隆二十九年袭爵，五十七年去世，可知其子珠尔默特桑都克也是乾隆后期到嘉庆初年的人物。另外，这里珠尔默特桑都克的头衔是乾清门行走和协理台吉，同时信尾落款记五年正月。这个五年不可能是乾隆五年，只能是嘉庆五年。那么可能的情况是，达克旦朋素克在乾隆五十七年去世，同年其子衮布旺扎勒袭爵，同时原称阿哥的珠尔默特桑都克出任协理台吉，在这期间珠尔默特桑都克有了乾清门行走头衔。总之，信末落款所记五年正月十一日是嘉庆五年正月十一日。

收信人噶勒丹锡呼图吉祥额尔德尼诺门罕是西藏的二世策墨林活佛。

章咙班第达为请安献礼祈福事致噶勒丹锡呼图文
10：009~010

末小弟子章咙沙布隆谨于今生来世唯一怙主噶勒丹锡呼图额尔德尼诺门罕无垢莲花前，奉函请安。此次，圣尊活佛贵体殊胜硬朗、普照教众利乐之十万光于一切方域。慈爱鄙徒，惠赐加持护结、白度母像一尊、法衣一袭、豹纹粗呢三匹、上等shashar一匹、红香七包及利济今生来世之圣语，发光宛如红石，降临信徒顶上。盛恩鸿大。仰赖圣尊慈悲之光，末小信徒在此安好。祈者：直到唯一怙主圣尊驾临此处为止，我等信徒平安，以受金手摸顶，品享圣语甘露。仍请金刚法界鉴照护持不弃之外，为请贵安，五体叩拜，敬献近乎空手之礼天物哈达及五十两银。

章咙班第达为请安事致商卓特巴善巴多布丹文
10：006~008

章咙班第达向智慧广兴商卓特巴善巴多布丹奉请贵安。此时，想必贵体硬朗，仍在为圣尊大业奋勉不已。此处我等全体信徒，仰赖圣尊慈悲光环，都安好。体受圣尊摸顶，心满意足。如果您亲自驾临，不仅对圣尊政教之业大有益处，缔结善缘之我等也能相见欢庆。祈愿速得喜见，敬献无垢天物哈达及十两白银，以免空手。由尊胜寺月初吉日呈寄。善缘。

【注释】收信人商卓特巴善巴多布丹是阿巴噶人，曾任噶勒丹锡呼图（策墨林活佛）属下商卓特巴。

章咙沙布隆为请安事致商卓特巴文
10：195

　　章咙沙布隆致信，请安商卓特巴喇嘛。今呈禀，我的施主津巴渥巴锡托我为吉祥天女像敬献了四庹带星纹绫绸；为拉萨祈愿法会熬茶，敬献四两白银和一方哈达等。如数敬献，馈复为盼。请安商卓特巴喇嘛，敬献哈达等。月初吉日。

乌兰察布盟

四子部落

四子部落扎萨克郡王那木凯多尔济
为谢恩祈福布施事致济咙呼图克图文
9：221~224

乌兰察布盟盟长乾清门行走四子部落扎萨克王末流施主那木凯多尔济谨向达察济咙呼图克图经师诺门罕请安。启禀：怙主诺门罕所赐仙丹、粗呢、藏红花等，业已拜收。本王一家仰赖圣尊之福，一切安好。特此奉告。由衷敬献吉祥哈达一方、吉祥图案绸缎一匹。请笑纳，时常保佑。为此敬献。

吉祥圆满日。

封面：乾清门行走四子部落扎萨克王末流施主那木凯多尔济向济咙呼图克图雍尊诺门罕谨致请安。

封底：吉日。

【注释】四子部落扎萨克郡王是清代四子部落职衔和爵位，初由鄂木布起。鄂木布先祖为成吉思汗胞弟哈萨尔（合撒儿）。鄂木布在崇德元年受任扎萨克，受号达尔罕卓哩克图，顺治六年受封多罗郡王，世袭罔替。鄂木布→

巴拜→沙克都尔→丹巴琫素→三济扎布→阿喇布坦多尔济→车凌旺扎勒；喇什雅木丕勒（车凌旺扎勒三弟）→朋楚克桑鲁布→伊什楚克鲁布→伊什齐当→那木凯多尔济。那木凯多尔济是鄂木布的第十一代孙，第十代多罗郡王。那木凯多尔济在同治三年（1864）七月二十九日袭扎萨克卓哩克图郡王，光绪三年（1877）八月初二日派副盟长那木凯多尔济兼署盟长事务，五年十二月二十三日命郡王那木凯多尔济在乾清门行走，十一年去世。在这封信里，那木凯多尔济自称乾清门行走，所以可以肯定该信写于光绪五年至十一年。

收信人达察济咙呼图克图是时任西藏摄政的第十世达察济咙呼图克图阿旺班垫曲吉坚参（1855~1886）。

四子王旗普宁寺额尔德尼达尔罕堪布呼图克图
为禀报收讫达赖喇嘛所赏物品事文
9：175~176

四子王旗普宁寺额尔德尼达尔罕堪布呼图克图为禀报收讫强白嘉措达赖喇嘛所赏物品事回信。

四子大王旗普宁寺喇嘛额尔德尼达尔罕堪布呼图克图寺属下僧人、曾在达赖喇嘛商下修行之隆喀尼剌、济格莫德却伊珠尔等人欲修复大雄宝殿、夏仲供器之际，请来强白嘉措达赖喇嘛袈裟及右旋海螺等物，于咸丰八年二月初一日到我普宁寺。收讫自达赖喇嘛商所赐文书、香等，敬献圣洁白哈达及供器修缮之资，一并贡献白银二两、马三匹。月初吉日。

【注释】信中提到咸丰八年二月初一日，可知信件写于该日期内。清代蒙藏宗教往来的常态是，蒙古信徒的书信和礼物到达拉萨后，拉萨方面遣使携带回礼，到蒙古地方巡行各盟旗散发（巡行蒙古地方的使者有时跟达赖喇嘛遣往北京的使者一起出来）。蒙古信徒收到回礼后，重又呈献布施礼物，交付使者带往拉萨，如此往来循环。这里写信人额尔德尼达尔罕堪布呼图克图说，礼物收讫，再敬献哈达等物，表明又一轮新的循环开始。

喀尔喀右翼

喀尔喀扎萨克多罗达尔罕贝勒云端旺楚克为禀明未能给赴五台山拜谒达赖喇嘛之喀尔喀咱雅库伦僧人乌拉及彼等四月下旬返回等事致达赖喇嘛文

7：225~226

乌兰察布盟副盟长喀尔喀扎萨克多罗达尔罕贝勒云端旺楚克向圣尊达赖喇嘛及侍奉达赖喇嘛之贵堪布等请安祝福。回文启禀之事：普天教法之主圣尊达赖喇嘛贵体安康，万事如意。侍奉之贵堪布等贵体安康。在刚过之四月，喀尔喀咱雅库伦僧人前来称：我等前往拜谒达赖喇嘛后，乘五台山汉地乌拉至四子王爷处，请求提供乌拉马匹，然而所属盟长不给乌拉马匹，等语。盟长未办之事，若我处给办，实属不妥，故将此事告之彼等。彼等驻我广福寺，后听获得乌拉马匹，四月二十几日离开寺院，返回喀尔喀。贵堪布们致我处之文，于今五月十五日收讫查阅。故呈文禀明诸事。祈请明鉴。五月十八吉日。

乌兰察布盟副盟长喀尔喀扎萨克多罗达尔罕贝勒云端旺楚克向圣尊达赖喇嘛及侍奉达赖喇嘛之贵堪布们致函，请安祝福。

【注释】喀尔喀扎萨克多罗达尔罕贝勒是清代喀尔喀右翼的职衔、称号和爵位，初由本塔尔起。本塔尔先祖为成吉思汗，中兴之祖为达延汗。本塔尔在顺治十年受封扎萨克和硕达尔罕亲王。本塔尔→讷内→詹达固密→拉旺多尔济→车布登那木扎勒→忠吉勒车凌→棍楚克楚克丕勒；齐旺多布斋（棍楚克楚克丕勒胞弟）→索特那木多尔济→车林多尔济→云端旺楚克。云端旺楚克是本塔尔第十代孙，第十一位袭爵人。云端旺楚克在光绪十六年（1890）八月袭喀尔喀右翼旗扎萨克多罗达尔罕贝勒。该信写于光绪三十四年五月十八日。当时，来自喀尔喀咱雅库伦的僧人到乌兰察布盟各旗需索马匹，以赶往五台山，朝觐驻锡在五台山的十三世达赖喇嘛。乌兰察布盟旗没有提供乌拉，喀尔喀咱雅库伦僧人返回。云端旺楚克把这个情况写信报告给了达赖喇嘛。

茂明安

明安多罗达尔罕贝勒丹丕勒为祈福事致瓦赤喇怛喇圣尊活佛文
10：227~228

顶饰护持处瓦赤喇怛喇圣尊金足前叩拜启禀：明安多罗达尔罕贝勒加二级施主丹丕勒属猪，今年六十八岁。愿保佑今生没有障碍，生活平安，一切心想事成，夫人布林扎尔噶拉，属狗，五十七岁，阿哥、孩子和亲戚们全部平安无事。护持处所赐氆氇、信函等已拜收，如今我们安好。叩拜敬献呈书礼圣洁哈达一、元宝一。请保佑，明鉴，明鉴。祈求赐下克什米尔红花、加持物等。道光十四年正月初吉日。

【注释】明安多罗达尔罕贝勒是清代茂明安的爵位，该爵位初由固穆起。固穆先祖为成吉思汗胞弟哈萨尔（合撒儿）。固穆在顺治五年受封辅国公，七年晋封多罗贝勒，世袭罔替。固穆→图巴→班第→罗卜藏锡喇布→裕木充→衮楚克扎布→珠克都尔扎布；丹丕勒。丹丕勒是固穆的第七代孙，第八位多罗达尔罕贝勒。丹丕勒在乾隆四十九年（1784）袭茂明安旗多罗贝勒，道光十九年（1839）去世。这封信写于道光十四年，且丹丕勒在信中自称属猪，六十八岁，可知丹丕勒生于乾隆三十二年（1767），丁亥岁。

收信人瓦赤喇怛喇圣尊应该是时任西藏摄政噶勒丹锡呼图萨玛第巴克什，即西藏的二世策墨林活佛。

五当召主持喇嘛等人为请发放薪俸事致哲蚌寺喇嘛文
9：177~178

五当召主持喇嘛、经堂沙弥、德木齐等致本寺所属驻哲蚌寺老弟子土默特旗兰占巴噶剌桑、喀尔喀默尔根王旗兰占巴罗布桑剌西、乌拉特西公旗兰占巴萨木坦扎木素等问安。知会事：

我寺遣弟子兰占巴桑斋、管家伊西喇克巴等前往送交由本寺赴卫藏学经诸僧人薪俸。一经送到，即刻查收，将薪俸照数发放于持本寺证书赴哲蚌寺学经之诸僧人，并复文汇报。此外，此前你处来文称薪俸发放给了呼和浩特罗布桑桑布，是否发放给乌拉特部罗布桑拉布丹、明安部衮楚格斡斯尔等，请咨复明示。等语。我等商议：罗布桑拉布丹乃持有证书之老弟子，应当为其发放薪俸。先前曾有旧例，给里克卓特巴等发放薪俸。此前，我处给致你咨文中称：果为本寺弟子，依规获得执照，则无论在西藏何寺，都将发给薪银。罗布桑桑布无资格享有薪俸，给他发放薪俸，乃属违旧例，故衮楚格斡斯尔提出抱怨当属有理。现今，不得给衮楚格斡斯尔发放薪俸。此后须杜绝给此类僧人发放薪俸，以致滋生抱怨。为此致函。咸丰四年二月初一日。

商卓特巴绰伊顿、领经师、司门等为请来达赖喇嘛尊像向乌兰察布盟盟长处奉上十两银子
9：173~174

商卓特巴绰伊顿、领经师、司门等为请来达赖喇嘛尊像向乌兰察布盟盟长处奉上十两银子。咸丰八年二月二十二日。

伊克昭盟

达拉特

鄂尔多斯达拉特贝子永咙多尔济为长子达什多尔济亡妻巴德玛济德超度献礼事致达赖喇嘛文
7：229~230

具足圆满福德之身，具足满足无量众生所求之语，具足明示遍知之意，无比怙主足下跪拜。在识一切瓦赤喇怛喇达赖喇嘛额尔德尼无垢足莲金轮前，合手诚心启禀。施主鄂尔多斯达拉特旗盟长贝子永咙多尔济、夫人塔楚克为长子达什多尔济亡妻巴德玛济德超度，敬献纱里蟒袍一件，佛龛饰以绿松石、珊瑚，祈求诵读相应祝词。愿自今而后，耳不闻三恶趣之名，修得齐具八有暇十圆满之天人善趣，在胜者遍知怙主达赖喇嘛额尔德尼足前修十善法，仰赖怙主加持，早日修得瓦赤喇怛喇之福。鉴之，鉴之！为此，在以三学为庄严、以红黄为衣之吉祥圆满众僧侣胜宝前提请，如大海里滴水一般，献熬茶所用薄礼二颗元宝，交付宗本玛静。月初吉日敬献。丁亥年夏初月初一日。

【注释】鄂尔多斯达拉特贝子指鄂尔多斯扎萨克固山贝子，是清代鄂尔多斯的职衔和爵位，初由沙克扎始。沙克扎先祖为成吉思汗，中兴之祖为达延汗。沙克扎在顺治七年受封扎萨克固山贝子，世袭罔替。沙克扎→固嚕斯希布→喇什扎木素→那木扎勒色棱→纳旺巴勒丹色棱；丹巴达尔济（纳旺巴勒丹色棱之弟）→永咙多尔济→达什多尔济→散济密多布→索特那木朋素克→索呢因索特图→图们巴雅尔。永咙多尔济是丹巴达尔济之长子，乾隆五十四年（1789）袭扎萨克固山贝子，道光八年（1828）去世。信件落款所示纪年丁亥年是道光八年。

杭锦

鄂尔多斯扎萨克旗贝子喇什达尔济福晋巴勒济德
为其子巴勒多尔济祈福消灾事致商卓特巴文
7：231

伊克昭盟盟长鄂尔多斯扎萨克旗贝子喇什达尔济旗夫人巴勒济德向商卓特巴呈奏：我儿子台吉管旗章京巴勒多尔济今年三十七，本命年，故祈福消灾。明鉴，明鉴！敬献银三两、哈达一方。月初吉日。

【注释】鄂尔多斯扎萨克旗贝子指清代鄂尔多斯扎萨克固山贝子，所领旗分俗称杭锦旗。该职衔和爵位初由小扎木素起。小扎木素先祖为成吉思汗，中兴之祖为达延汗。小扎木素在顺治六年受封扎萨克镇国公，世袭罔替。小扎木素→索诺木→杜棱。杜棱在康熙十一年袭扎萨克镇国公，三十七年晋封固山贝子。杜棱→色棱喇什；伦布（色棱喇什之弟）；色棱那木扎勒（色棱喇什之弟）→齐旺班珠尔→［旺沁齐默特多尔济，未袭爵］→喇什达尔济→喇什扎木素；拉什丕尔（喇什达尔济之弟）；端都布色楞（喇什达尔济之弟）→静密特多布扎勒；巴图莽鼐（静密特多布扎勒之弟）→阿尔宾巴雅尔。喇什达尔济是齐旺班珠尔之孙，乾隆三十七年（1772）袭爵，嘉庆十一年（1806）去世。写信人巴勒济德应该是旗主喇什达尔济近族贵妇。

巴勒济德在信中自称盟长、喇什达尔济旗人。据《清仁宗实录》卷18，嘉庆二年六月十六日（戊子）以副盟长喇什达尔济为盟长，可知巴勒济德这封信写于嘉庆二年至十一年。收信人商卓特巴很可能是阿巴噶人善巴多布丹。

鄂尔多斯扎萨克贝子喇什色棱为给达赖喇嘛、班禅额尔德尼、格隆等布施事致公爵班智达等四格隆文
7：232~234

鄂尔多斯伊克昭盟盟长记三次扎萨克贝子喇什色棱之文。向识一切怙主之命臣公班智达、四格隆大诺颜请安呈文。以大公为首各位格隆诺颜想必弘扬政教善业，贵体安康！在此，我等仰仗三宝加持力，尽皆安康。为回复大公深信垂问事。盟长贝子我在铁龙年遣使者甲喇章京萨噶扎布，作为庙仓之资，敬献银两。所赐回礼、文书均收到。在水羊年遣索诺木辰布勒、护卫阿玉西，为拉萨大法会、诸寺供养所献银两及向诸圣所献祝寿礼等之回礼、书信均已收到。在火狗年遣使者那仁巴西喇布、章京松镦，向诸圣敬献祝寿礼之回礼、书信均已收到。火猪年，固什格隆丹德尔、梅林浩毕图等人跟随我鄂尔多斯王爷栋罗布扎木素专供喇嘛阿邻达剌绰尔济，前往贵处，向诸圣敬献近千两银。今由我二等台吉达木林扎布前往敬献微薄供物：祝愿佛法传布百方，祝愿皈依处圣尊无垢足下莲花永存长寿，为达赖喇嘛敬献祝寿，礼品盒价值七百两及三百两银子，共两千两；给班禅呼图克图献祝寿礼，价值五百两银子及一千两银子，共一千五百两；给萨迦班禅献祝寿礼，物品价值一百五十两及银三百五十两，共五百两；给拉萨祈愿法会熬茶所用紫色官服一件，黄花梨念珠一百串，水靴四对，细布二十四匹，tutungsw-a布二匹，宽幅细布二匹……（残）

【注释】 鄂尔多斯扎萨克贝子是清代鄂尔多斯职衔和爵位，初由额琳沁起。额琳沁先祖为成吉思汗，中兴之祖为达延汗。额琳沁在顺治六年受封扎萨克固山贝子，世袭罔替。额琳沁；达尔扎→旺舒克；达什喇布坦（旺舒

克之弟）→喇什色棱→沙克都尔扎布→布延泰→扎木巴勒多尔济；桑齐旺沁（扎木巴勒多尔济侄子）→巴达尔呼→察克都尔色楞。喇什色棱是达什喇布坦之长子，雍正十二年（1734）袭爵，乾隆十九年（1754）议剿达瓦齐，喇什色棱献马助军，得记录。喇什色棱得记录是乾隆十九年之后，所以这封信应写于该年之后。

鄂尔多斯扎萨克贝子喇什色棱旗管旗章京色楞敦多布
为祈福事致达赖喇嘛文
7：249

在皈依处至上无垢莲花足前，鄂尔多斯管旗章京鄙人色楞敦多布以虔诚敬仰之心合手顶礼祈祷，跪献吉祥洁白哈达。末小色楞敦多布及鄂尔多斯扎萨克贝子喇什色棱遣使达尔罕格隆松岱前往。

托圣尊达赖喇嘛保佑，已经安然到达穆鲁乌苏。祈求加持保佑，安然返回。

鄂尔多斯右翼前旗

鄂尔多斯扎萨克旗贝子察克都尔色楞为请达赖喇嘛
赐乌审旗甘珠尔诺门寺活佛罗布桑敦多布济格米德
多尔济名号事致达赖喇嘛文
7：235~242

乾清门行走伊克昭盟盟长掌管全旗官兵扎萨克授暗红缰绳加十一级记八次军功加一级记二次鄂尔多斯扎萨克郡王贝勒级固山贝子察克都尔色楞之文。向雪域西藏一切众生怙主、识一切、胜者圣尊达赖喇嘛敬献。呈奏之事：先前，胜者圣尊达赖喇嘛准照我高祖盟长喇什色棱之请，赐塔尔寺兰占巴喇嘛罗布桑多尔济额尔德尼诺木齐堪布号，遣往盟长贝子喇什色棱旗。罗布桑多尔济额尔德尼诺木齐在甲申年到我旗甘珠尔诺门寺，为僧俗众人弘扬

264

教法。其后，二世活佛罗布桑敦多布多尔济经圣尊达赖喇嘛明慧得以确认，己丑年四月至塔尔寺觐见胜者圣尊达赖喇嘛，授达赖喇嘛所赐毕力格图堪布号，戊寅年到我寺，利益众生。后，圣尊达赖喇嘛大悲智慧，确认三世活佛罗布桑敦多布济格米德多尔济，依照前例，虽欲前往觐见叩拜胜者圣尊达赖喇嘛，然因甘肃回匪作乱滋事，未及前往拜谒便已圆寂。故照前例，在戊戌年向胜者圣尊达赖喇嘛呈文禀明此事，圣尊达赖喇嘛以无垢大悲之明，确认四世活佛。四世活佛罗布桑敦多布济格米德多尔济在庚子年前往朝拜圣尊达赖喇嘛。去年十一月二十五日至塔尔寺，为众喇嘛熬茶，朝拜圣尊达赖喇嘛，体受加持。今请仍照前例，给活佛罗布桑敦多布济格米德多尔济赐予称号。献三佛田等吉物禀请，祈求施恩，仍前以大悲十万日光保佑我方僧俗之莲花盛开之例，为此方僧俗众生之利恩赐更多善业。此外，赐降加持长寿之雨，为我诺颜、官僚、属众及寺院喇嘛众人内外消灾，愿寿数、善业如愿以偿。鉴之，鉴之。为此，虔诚信仰，戊申年一月奉函。光绪三十四年一月二十一日。

内一件。光绪三十四年一月二十一日。

乾清门行走伊克昭盟盟长掌管全旗官兵扎萨克授暗红缰绳加十一级记八次军功加一级记二次鄂尔多斯扎萨克郡王贝勒级和硕贝子察克都尔色楞之文。奉雪域西藏法王众生怙主观世音菩萨化身识一切胜者圣尊达赖喇嘛。

【注释】鄂尔多斯右翼前旗扎萨克固山贝子世袭：额琳沁；达尔扎→旺舒克；达什喇布坦（旺舒克之弟）→喇什色棱→沙克都尔扎布→布延泰→扎木巴勒多尔济；桑齐旺沁（扎木巴勒多尔济侄子）→巴达尔呼→察克都尔色楞。察克都尔色楞是贝子巴达尔呼之子，光绪十年（1884）袭爵，二十九年十一月初六日副盟长署正盟长事，三十年九月初十日以献地祝暇，赏伊克昭盟盟长察克都尔色楞郡王职衔。

鄂尔多斯盟长察克都尔色楞为邀请请安事致达赖喇嘛文
7：243~248

鄂尔多斯盟长察克都尔色楞在雪域西藏教法之主、众生怙主、识一切、胜王圣尊达赖喇嘛金轮足下请安，敬献吉礼。启禀之由：此前怙主圣尊所赐法旨，业已顶礼拜收。据报，照怙主圣尊历次东行之例，嘉允东幸此方，经满珠习礼皇帝降旨，圣尊达赖喇嘛已在去年十一月二十七日自塔尔寺启程移驾五台山。因此方薄命大众即将升起护持十万大日，我等崇仰欢喜。盟长王爵本人在此表达时常渴思亲见跪拜之望，祈愿纳入大慈大悲之念，常持保佑。鉴之，鉴之！为请万安呈奏。正月吉日。

鄂尔多斯盟长察克都尔色楞在教法之主、一切众生怙主、识一切者、胜者之王圣尊达赖喇嘛金轮足下请安。吉日敬献。

【注释】 察克都尔色楞在光绪十年（1884）袭爵，二十九年十一月初六日副盟长署正盟长事，三十年九月初十日以献地祝暇，赏郡王衔。察克都尔色楞在信中自称盟长、王爵，表明写信时间是在光绪三十年之后。又称达赖喇嘛移驾五台山。十三世达赖喇嘛在光绪三十三年十一月由塔尔寺启程，次年正月到达五台山。因此这封信落款所示正月是光绪三十四年正月。

鄂尔多斯扎萨克台吉恩克巴雅尔为甘丹寺佛塔案等事致西藏扎萨克喇嘛文
7：250~252

加一等扎萨克卓力克图巴图鲁托索图岱青恩克巴雅尔，致专办政教之扎萨克喇嘛。呈禀之事：想必您依然办理此前属于甘丹寺哈尔东康之佛塔一事。再者，喀喇沁部贡楚克津巴等，殴打我派往甘丹寺弟子多济德，如同匪徒，劫夺财物，赶出甘丹寺。多济德追我至达木之扎西塘地方，诉说遭遇。我再写信给您。我曾与佛塔一并放置甘丹寺之塔冠、宝幢、毡子、披风和一千五百元钱，如今决定敬献第巴商上，不再放置哈尔东康村。喀喇沁众徒与我等结仇，如将我佛塔塔冠朝南埋在地里，日后定将对我祖上不利。为此呈函再三恳请。再有，原先将我罗桑喇布济、罗桑扎木苏等人，由哈尔东康村赶出，如今又将多济德赶出。本人向为甘丹寺施主，我众弟子亦皆居住甘丹寺。如今喀喇沁人为何如此狂妄。现已将佛塔之事与殴打、抢夺、诬蔑、赶出弟子多济德二事禀告，恭请明锐智慧，仔细查明，以政教二道之法审理清楚，赐书本人明白告知，并让寺院门卫罗桑策凌捎来为盼。等我接到书信，即时查看。若秉持仁爱，为我主持公道，本人将遵奉接受。若不主持公道，将此事转告所属大臣，查清事实真相。为此，土牛年二月初十，连同圣洁哈达一起敬献。

【注释】加一等扎萨克卓力克图巴图鲁托索图岱青指鄂尔多斯扎萨克一等台吉，是清代鄂尔多斯的职衔和爵位，"卓力克图巴图鲁托索图岱青"是写信人的蒙古称号，有可能由佛教上层授予。该职衔和爵位始于定咱喇什。定咱喇什在雍正九年（1731）受封一等台吉，乾隆元年（1736）受封扎萨克。定咱喇什→衮布喇什→旺扎勒车布登多尔济→噶尔桑济克密特多尔济→色楞德济特→恩克巴雅尔；扎纳巴阐扎（恩克巴雅尔之弟）→克什克达赉→沙克都尔扎布。恩克巴雅尔在道光十八年袭爵，咸丰八年去世。信尾落款所示土牛年是道光九年（1829）。道光九年时，恩克巴雅尔尚未袭爵，不知为何自称扎萨克。

根敦绰凌等为请安事致兄弟扎木苏书信
9：053~054

亲兄根敦绰凌、沙柄阿、喇锡巴德玛，亲弟那木济勒树穆，谨致函问安亲兄弟扎木苏。此间，仰赖三宝保佑，想必你在藏地依然安康。我们全家安好。只是大哥瘤疾加重，在虎年二月二十日已故。除此之外，远近亲戚安好。另外告知，牛年十月二十一日，我们几家财物均被逆贼掠夺。此次葛根堪布一来即返回西藏，时间太紧，未能捎寄银两物品。只将哥哥沙柄阿所寄一两白银、哥哥喇锡巴德玛所给银元二十，弟弟那木济勒树穆所给"三十年"上乘枪支及一百八十发子弹，交给堪布喇嘛，请求当作路费。请悉数收纳，当作法粮资助。如果路上没有变卖，路上货载费用，由你们在那儿解决吧。为此，兄弟们全家请安敬献圣洁哈达。还有，如果乌尼巴雅尔在西藏与您在一起的话，请转告他的全家皆安好。并请向他问候，写信告知是否收到此所寄书信和物品及你们何时回来等情，请明确告知。致函告念。兔年十月十五日吉日。

【注释】这是一封平民一家兄弟给在西藏习经的出家兄弟扎木苏写的信。根据"逆贼"（muɣu qulaɣai）这个词可知，写信者大概是鄂尔多斯人。所谓"三十年"牌上乘枪，是日本武器专家在1897年研制的步枪，1897年是日本天皇明治30年，所以叫"三十年"牌步枪。"三十年"牌步枪是二战时期日军有名的步枪三八大盖的前身。鄂尔多斯人把"三十年"牌上乘枪作为路费给西藏使者堪布喇嘛，表明该信写于1897年之后。信中提到牛年时财物为贼所劫，这个牛年可能是光绪二十七年（1901）。落款所示兔年可能是光绪二十九年。

赞丹召雅布善为请安事致圣尊活佛文
9：179

赞丹召弟子雅布善致今生来世怙主诺门罕足前。贵人为首众徒安康。收到贵处所赐吉祥结、仙丹、两只帽子等礼物，犹如亲自见面，授受拜礼，不胜欣喜。小人仰赖圣尊保佑，安好无恙。此次，作为拜礼，近乎空手，敬献圣洁的哈达、有色哈达等。月初吉日。

锡呼图库伦

库伦旗锡喇布僧格为祈福事致达赖喇嘛文
9：153

在天等众生顶饰圣尊达赖喇嘛活佛足下，gungdong 库伦旗小尼锡喇布僧格祈祷启禀：我今生为他人奴仆，祈求圣尊庇佑，令我来世生为贵人。为此敬献礼物白银一两。

库伦旗桑堆扎布为祈福祈愿超度事致达赖喇嘛文
9：154

在天等众生顶饰识一切圣尊达赖喇嘛活佛足莲前，gungdong 库伦旗末小桑堆扎布合掌祈祷启禀：虑及此生命运多舛，不吉不利，祈求明示如何行事，方能心想事成。此外，为我已故母亲诵经祈福，来世转投人趣。敬献天物白色哈达、白银一两。

库伦旗僧人桑巴为已故兄长超度事致达赖喇嘛文
9：155~156

愿吉祥！

gungdong 库伦旗鄙徒，以三门信仰合掌祈祷，向识一切圣尊达赖喇嘛活佛金轮前致书禀告：祝祷佛教诸尊尤其圣尊宗喀巴无垢教法，盛兴十方，持教至尊贵体足下莲台永固不摇,普天之下众生福乐,宛如泉涌源源不断。我已故兄长、九十高龄格隆赛音札木苏、尼姑济密克噶沁,今已投生恶趣或人趣未可料。若已投生恶趣,请保佑立刻予以超度。另,桑巴我自己携家老少,祈求保佑我等今生来世。明鉴,明鉴。向识一切圣尊达赖喇嘛祈佑。末小桑巴虔诚祈祷,近乎空手,敬献银子一两六钱。

库伦旗阿尔斯兰为祈福布施事文
7：057~058

在天等一切众生顶饰圣尊达赖喇嘛足莲前,gungdong 库伦旗鄙徒户主阿尔斯兰、儿子嘎噜迪、其子莫拉穆扎布、其子及夫人由三门信仰,合掌祈祷禀告:祈求寂止末小我等身命病魔、孽障,祝愿心想事成,来世积得长寿福乐,吉祥圆满。自此刻起,直至获得菩提道,请圣尊赐予庇佑。明鉴,明鉴。敬献礼物白银四两七钱。吉日。此外,本旗渥勒斋桑和章斯赖为求子,献银五钱。

库伦旗阿勒坦格尔勒为祈福布施事致达赖喇嘛文
7：059

在宇宙顶饰识一切圣尊达赖喇嘛足莲前,gungdong 库伦旗末小妇人阿勒坦格尔勒禀告:祈求保佑本人今生来世,来世投生人趣。献银八钱。

诺门达赖为祈福求子事致达赖喇嘛文
7：060

在天等一切众生顶饰圣尊达赖喇嘛足莲前,gungdong 库伦旗鄙徒户主诺门达赖、弟弟多什、尼僧布达什以三门信仰合掌祈祷禀告:祈求寂止末小我等身命病魔、孽障,祝愿心想事成,来世积得长寿福乐,吉祥圆满。心怀世世相守之心,虔诚祈祷,愿令我等转生于圣尊足下。无论如何,赐予庇佑。献礼白银四两七钱。此外,家内末小妇人衮济德玛诚心跪禀:小人膝下少子,今有一子,四岁,请求赐名,并求寂止该子身命病魔、孽障,增益顺缘相和因,心想事成。祈求圣尊赐予庇佑,鉴之,鉴之。献银十三钱。

库伦旗恩克托罗为祈福事致圣尊喇嘛文
7：061

愿吉祥！

guangdong 库伦旗末小恩克托罗，在天等一切众生顶饰圣尊喇嘛足下禀告：鄙徒兄长林沁伦噜布双目失明已有数年，请示寻何办法，诵何经文，供何护法神为宜，请将明旨赐降于顶上。另，祈求护佑色旺扎布健康长寿。献礼白银二两五钱。月初吉日。

库伦旗图伯特为祈祷三世消灾投生善趣事致达赖喇嘛文
7：062

愿吉祥！gungdong 库伦旗末小图伯特，在轮回涅槃顶饰圣尊达赖喇嘛法宝莲台前禀告：祈求保佑本人今生来世，度涉三苦厄难，投生安详善趣。献礼白银一两。月初吉日。

库伦旗哈尔哈及妻子布勒干为给大小二昭释迦牟尼佛像献镀金银两事致达瓦雄董事人员文
7：063

gungdong 库伦旗哈尔哈及夫人布勒干二人向达瓦雄众董事人员禀告：为给拉萨二位召佛镀金，敬献白银一两三钱。

库伦旗洛塔、斯尔古楞为自己及葛根达喇等人祈福并为已故班第等人超度事致达赖喇嘛文
7：064

在轮回涅槃顶饰识一切圣尊达赖喇嘛足莲前，gungdong 库伦旗末小洛塔、斯尔古楞以三门信仰合掌祈祷禀告：祈求寂止末小我等身命病魔、孽障，增益顺缘相和因、寿命、福乐，并请保佑祈愿延年益寿者葛根达喇、乌素楞、白英嘎、阿噜罕、洛塔、斯尔古楞、济克木德。此外，请为已故班

第、第瓦、呼阳格尔、萨齐雅、妥磊、瑟伯克诵经祈福。献礼白银五两。月初吉日。

库伦旗阿旺扎什等为布施事致达喇嘛文
7：065

愿吉祥！

gungdong 库伦旗末小阿旺扎什四钱，末小那兰高娃三钱，合计七钱，敬献达喇嘛。圆满吉祥。

沙尔德穆楚克为求子求福布施事致达赖喇嘛文
7：066

愿吉祥！

gungdong 库伦旗末小沙尔德穆楚克携家里老少，在雪域顶饰佛王自在圣尊达赖喇嘛金足莲台前禀告：请为我两岁孩儿赐名。此外，我儿杨桑古瓦无子，祈求使其得子，又给我等大家消除身命之祸，成就顺缘相和之因，来世仍随圣尊投生。请赐保佑。鉴之，鉴之。献礼天物白哈达、银十两。圆满吉祥。

喀尔喀土谢图汗部

喀尔喀土谢图汗车登多尔济为已故女儿祈福念经事致达赖喇嘛文
7：277~278

喀尔喀斡齐赉巴图土谢图汗车登多尔济文。向识一切达赖喇嘛仁波切禀报事由。车登多尔济我有个羊年出生的名叫拉姆彻林的女儿，去年八月二十五日去世。为其祈福念经，敬献三两银制曼荼罗、福字哈达一方、大小珊瑚十六颗、青金石两颗、四庹绣蝴蝶之绸缎。此外，我女曾祈愿遗言：仰赖三宝之加持力，定要转世来见父母。若其祈愿果真能实现，果真有转世回来之命，请识一切之活佛满足末流弟子之愿，降下明白预言，指明其转世投身之氏族姓氏、父母家园之方向、年岁、转生性别等情。呈函之礼，三两银制曼荼罗、福字哈达等。乾隆四十八年十二月二十九日。谨封。

【注释】土谢图汗是斡齐赉巴图土谢图赛音汗的简称，是喀尔喀的汗号汗位，初由阿巴泰起。阿巴泰先祖为成吉思汗，中兴之祖为达延汗。阿巴泰由三世达赖喇嘛受封斡齐赉汗，喀尔喀人封赛音汗。阿巴泰子额呼海默尔根诺颜，其子衮布多尔济，袭斡齐赉赛音汗，加封斡齐赉巴图土谢图赛音汗，为喀尔喀左翼领袖。衮布多尔济子察珲多尔济嗣立。察珲多尔济归清，康熙三十年大封喀尔喀王公，诏留土谢图汗号。察珲多尔济→[噶勒丹多尔济，未袭汗位]→敦多布多尔济；多尔济额尔德尼阿海（察珲多尔济次子）→

旺扎勒多尔济→敦丹多尔济；敦多布多尔济（旺扎勒多尔济次子）；延丕勒多尔济（旺扎勒多尔济长子）；车登多尔济（敦丹多尔济次子）。车登多尔济在乾隆二十四年（1759）袭汗。车登多尔济的这封信写于乾隆四十八年，而他说女儿拉姆彻林去年去世，即乾隆四十七年去世。又说羊年出生，该羊年应该是上一轮回的羊年，即乾隆四十年乙未，1775年。如此推算，拉姆彻林是在七岁那年夭折。

收信人达赖喇嘛是八世达赖喇嘛强白嘉措（1758~1804）。

喀尔喀土谢图汗车登多尔济为请安事致达赖喇嘛文
7：280

呈文。喀尔喀斡齐赉巴图土谢图汗车登多尔济向识一切达赖喇嘛仁波切呈文。想必无垢足莲坚固安康！为此敬献三两银曼荼罗，连带哈达。祈请保佑。明鉴，明鉴！

【注释】收信人达赖喇嘛是八世达赖喇嘛强白嘉措（1758~1804）。

喀尔喀土谢图汗部扎萨克亲王齐巴克多尔济等人为祈福事致达赖喇嘛文
7：299~300

今生与来世之怙主识一切瓦赤喇怛喇圣尊达赖喇嘛足下无垢莲花前，喀尔喀土谢图汗部齐巴克多尔济、夫人达什吉德、子扬济扎布等人，以三门虔诚，双手合顶，祈祷禀告。祈求保佑今世安好，并请为子扬济扎布指明兔年应供之佛及守护神，护佑安乐顺利。明鉴，明鉴！奉函之礼，一两银曼荼罗、福字哈达一方等。月初吉日献。

【注释】喀尔喀土谢图汗部扎萨克亲王是清代喀尔喀土谢图汗部的职衔和爵位，初由车木楚克那木扎勒始。车木楚克那木扎勒是土谢图汗察珲多尔济的从子，康熙三十年封扎萨克一等台吉，三十五年封辅国公，雍正元年特晋多罗贝勒，十年去世，乾隆三年追封多罗郡王。车木楚克那木扎勒长子成衮扎布在雍正十年袭扎萨克多罗贝勒，乾隆三年晋封多罗郡王。车木楚克那木扎勒→成衮扎布→齐巴克雅喇木丕勒。齐巴克雅喇木丕勒在乾隆十二年袭扎萨克多罗郡王，二十年晋和硕亲王。齐巴克雅喇木丕勒→齐巴克多尔济；齐巴克扎布（齐巴克多尔济从子）→车布登多尔济→额琳沁多尔济→车林多尔济→［佚名，未袭爵］→杭达多尔济。齐巴克多尔济在乾隆四十二年袭爵，嘉庆二年去世。齐巴克多尔济请示其子扬济扎布兔年应供之神。按蒙藏往返里程估算，来去大概需要一年，所以目标年份兔年应该是写信年的第二年，写信年应该是兔年的前一年，即虎年。在齐巴克多尔济在位的乾隆四十二年至嘉庆二年，虎年共有两次，即乾隆四十七年（1782）和五十九年。齐巴克多尔济写信的年份必是这两个虎年之一。另外，从齐巴克多尔济请示其子应供之神的举动看，可能当时扬济扎布身体欠佳，因此齐巴克多尔济格外忧虑，以致请托达赖喇嘛指示守护神。据《清仁宗实录》卷14，嘉庆二年二月三十日（庚子）以齐巴克多尔济兄子齐巴克扎布袭爵。显然，齐巴克多尔济死后，袭爵的不是扬济扎布，而是他的堂兄弟之子。这或许可以证明扬济扎布终究是身体不好，未及袭爵，先父而殁。

收信人达赖喇嘛是八世达赖喇嘛强白嘉措（1758~1804）。

喀尔喀土谢图汗部扎萨克亲王齐巴克多尔济等人为祈福事致达赖喇嘛文
7：301~302

今生与来世之怙主遍知一切瓦赤喇怛喇圣尊达赖喇嘛足下无垢莲花前，喀尔喀土谢图汗部副盟长扎萨克和硕亲王齐巴克多尔济、夫人达什吉德等，以三门虔信，双手合顶，祈祷禀告。祈愿保佑今世安好，令儿子早日得子，诸事如愿以偿。明鉴，明鉴！奉函之礼三两银曼荼罗、福字哈达等，月初吉日敬献。

【注释】这封信表明齐巴克多尔济的儿子扬济扎布还曾结婚，但久不得子，令父母忧虑。

收信人达赖喇嘛是八世达赖喇嘛强白嘉措（1758~1804）。

喀尔喀土谢图汗部扎萨克亲王杭达多尔济
为转呈书函献礼请安事致达赖喇嘛文
7：303~306

径呈者。鄙徒杭达多尔济跪祷，奉函瓦赤喇怛喇圣尊达赖喇嘛。在金足前三门仰拜启禀者：本八月初五日，阿巴噶盟长王处差使济农台吉达木丁苏隆到来，奉函上师御前。函件业经收悉，呈寄赛音诺颜，俾资转呈，业经允受。今九月二十五日函称：派人追赶前经派赴塔尔寺者，未及追至而回，并寄回原函，我处业已收悉。兹付前去朝上之布里亚特喇嘛斋桑俄齐尔以呈。又阿巴噶盟长王致我函内称：北京之事，似未废弃，仍在商议。又言因为银两未到，尚难商议。等语。后又称：在京堪布言银两已交付信徒杭达多尔济以送，等语。个中原委，信徒杭达多尔济不清楚，仰祈明示。今蒙恩主圣尊达赖喇嘛荫护，尽皆安好。米谷丰登，年景非常好。只是恩公圣尊喇嘛远驾之前，非常希望亲往拜谒，然而由于信徒我之业障多，为琐事所掣肘，未能谒见，怨恨不已。常愿此身健在时必往拜谒。兹献天物圣洁哈达，呈请万安。九月二十五吉日。

【注释】喀尔喀土谢图汗部扎萨克亲王杭达多尔济是喀尔喀土谢图汗部扎萨克和硕亲王，其世袭来由，参见上文注释。杭达多尔济在光绪十八年五月袭爵。这封信落款所示九月二十五日是光绪三十二年九月二十五日，同年早些时候十三世达赖喇嘛离开喀尔喀，启程前往塔尔寺。阿巴噶盟长王是阿巴噶多罗郡王杨桑。

喀尔喀土谢图汗部扎萨克亲王杭达多尔济
为请安并求圣食事致郭尔巴巴诺颜信
7：307

愚人杭达多尔济敬礼，向仁慈郭尔巴巴诺颜请安告知者：我回来后一直打听，但关于南来两位大人事杳无音讯。可否将从察丹丹巴带来的圣食赐我一两口？

喀尔喀默尔根王拉苏隆巴扎尔为请安还款事致持教扎勒察布诺门罕文
7：287~288

请安者。喀尔喀左翼默尔根王拉苏隆巴扎尔致函持教扎勒察布诺门罕仁波切御前。在足莲前请安禀呈。胜佛王达赖喇嘛及诺门罕活佛为首诸教主在彼皆安否。想必扶持众生利益出处教法，广兴善业。施主我等仰赖贵处护佑，在此安康。今由王爵我处寄呈持教扎勒察布诺门罕仁波切御前事由：道光九年己丑，我处差遣协理台吉车都布多尔济前往西召，向达赖喇嘛御前、彼处寺院熬茶祈福。适才接到协理台吉车都布多尔济回禀：应王爷所祈，降赐诸项仪轨。业经议定于彼处寺院念诵，而缺仪轨所需银两。经向诺门罕请示，仰承由雄惠资银三百两，完成念诵仪轨。归还借款一事，由于路途遥远，商定交托十年彼处来京使者囊素以解。记入商上档册，又在担保借银之色拉寺喀尔喀米村处作文保结。等因报来。我处一经接报，即将三百两银妥为包装，连同呈请诺门罕仁波切贵安书函，一并交给我处进京探报长史衮布扎布携往。大雄使者囊素不收，银两今已解回本处。兹将银元六颗价三百两妥为包装，交付我旗前往西召朝圣之格西沙都布、三布等携往。到时请交给该处，注销商上记录，并照知担保借银之喀尔喀米村，缴销保结，并请函复知照为盼之外，我处特请诺门罕贵安，献礼补缎一袭、哈达等件，并托格西沙都布等转呈。致函禀事请安。十一年四月二十日。

【注释】喀尔喀默尔根王拉苏隆巴扎尔是喀尔喀贵族称号和王位，是清代官方文献记载的喀尔喀土谢图汗部扎萨克多罗郡王。该称号由固噜什希递传，盖为该家族原有世袭称号，入清以后喀尔喀本地广泛使用。该扎萨克职衔和郡王爵位始由固噜什希起。固噜什希是土谢图汗察珲多尔济族弟，康熙三十年（1691）受封扎萨克多罗郡王。固噜什希→多尔济阿喇布→敏珠尔多尔济→车凌拜都布→丹忠多尔济；齐巴克扎布（丹忠多尔济之弟）→多尔济扎布→达克丹多尔济→拉苏隆巴扎尔→阿木噶巴扎尔→阿囊达瓦齐尔。拉苏隆巴扎尔是达克丹多尔济之子，道光七年（1827）正月二十七日袭扎萨克多罗郡王，光绪元年（1875）嗣王补缺。拉苏隆巴扎尔提到道光九年借银之事，并说立即筹银送还，可知信末落款所示十一年四月二十日是道光十一年四月二十日。

收信人持教扎勒察布诺门罕是时任西藏摄政噶勒丹锡呼图萨玛第巴克什，即西藏二世策墨林活佛阿旺降白楚臣嘉措。

喀尔喀土谢图汗部默尔根王为哲布尊丹巴呼图克图一行筹备乌拉事致统办西藏事务喇嘛、格隆衙门文二则
7：289~294

封面：

奉于统办西藏事务喇嘛、格隆衙门

内含二则呈文

奉命随侍哲布尊丹巴呼图克图前来西藏之默尔根王文

呈文一。奉命随侍哲布尊丹巴呼图克图前来西藏之默尔根王之文，向统领办理西藏事务喇嘛、格隆衙门奉函。奉函事由：今为即刻前往喀喇乌苏地方轮换驻牧驼畜长官、皮甲等人者所需乘骑马五匹、坐骑三匹、驮运马十四匹、被替换返回人员所乘骑之马四匹、驮运马十三匹等分别照数给予。此外，直接为被替换返回人员中正直者给予前往扎什伦布寺所需乘骑之乌拉、路票。为此奉函。为此奉函。十六年正月十七日。

呈文二。奉命随侍哲布尊丹巴呼图克图前来西藏之默尔根王之文，向统领办理西藏事务喇嘛、格隆衙门呈奏。奉函事由：哲布尊丹巴呼图克图定于今年二月初一日自召地启程，前往扎什伦布。随行之王我及跟随我前往之四等台吉、甲喇章京衮扎布、长史、恰、笔帖式、马夫等共二十六人。另外，跟随达喇嘛塔某及其随从五人，加之我喀尔喀土谢图汗处所遣，前来向达赖喇嘛、班禅额尔德尼请安献礼之梅勒章京车木布勒及其随行三人，我等共需乘骑马二十四匹、坐骑十六（匹）、驮运所需一百三十一（匹）。一经接收

书信，请照数备好（马匹），务必于哲布尊丹巴呼图克图启程前日交付。为此启奏。各自（所需马匹）之数目，附文别书。为此呈奏。十六年正月十七日。

附件如下：（附件不存）

【注释】喀尔喀土谢图汗部默尔根王是上述喀尔喀土谢图汗部扎萨克多罗郡王。查该信件内容，是在道光十五年五世哲布尊丹巴呼图克图赴藏礼佛期间为前往扎什伦布寺备办马匹的事情。书信落款为十六年正月，该十六年是道光十六年，所以这里的默尔根王是拉苏隆巴扎尔。蒙藏旧例，蒙古公使进入藏境，由西藏方面提供马畜廪饩以续脚力；西藏公使进入蒙境，由蒙古方面提供马畜廪饩以续脚力。这次哲布尊丹巴率团进藏礼佛，属于公干，故由西藏方面配备行程所需脚力干粮。这份清单是蒙古使团的头领默尔根王援旧例讨取马畜干粮的清单。

喀尔喀土谢图汗部默尔根王阿木噶巴扎尔为谢恩祈福事致班禅额尔德尼文
7：295~298

封面：向至尊者瓦赤喇怛喇圣尊班禅额尔德尼怙主敬献。鄙徒阿木噶巴扎尔祈祷向至尊者瓦赤喇怛喇圣尊班禅额尔德尼怙主金足莲花前叩拜，请安。

呈文。喀尔喀土谢图汗部参赞默尔根王阿木噶巴扎尔以三门虔信祈祷，至尊者瓦赤喇怛喇圣尊班禅额尔德尼怙主金足莲花前叩拜，请安！圣尊班禅额尔德尼怙主安康！众弟子安康！鄙徒阿木噶巴扎尔我已叩拜收讫所赏物品。今以虔诚之心祈愿永世福德，将元宝一颗价值四十六两、花纹绸缎一匹、花纹粗呢盖布一匹、俄罗斯粗呢一匹、鼗鼓饰物一、鼻烟壶、荷包一口等交付商卓特巴旺忒。请保佑鄙徒阿木噶巴扎尔、祖母夫人德勒济德、夫人达庆扎喇姆、子阿南达巴咱尔、弟达尔玛、车凌多勒玛及全旗众台吉、属众无相违因，安居乐业。愿圣尊班禅额尔德尼怙主以慈悲之力，引入护持金圈。祈祷保佑。明鉴，明鉴！吉日。

【注释】阿木噶巴扎尔是上一封信中拉苏隆巴扎尔之子。阿木噶巴扎尔在光绪元年袭爵,十八年嗣王袭爵,所以这封信写于阿木噶巴扎尔在位的光绪元年至十八年。信中所称祖母德勒济德应该是拉苏隆巴扎尔之母、达克丹多尔济之妻。

喀尔喀郡王桑斋多尔济为给祖母祈愿祈福事致达赖喇嘛文
7:253~258

径呈者。钦差办理库伦及边务大臣喀尔喀王多罗额驸桑斋多尔济虔诚祈祷。在一切佛陀之尊、慈视众生无遗者、实致菩提之道者、观世音菩萨之化身、瓦赤喇怛喇达赖喇嘛无垢莲花前,末流桑斋多尔济、达赖达吉妮央金嘉布、子辈达尔罕诺颜拉姆济特、额尔德尼默尔根珲台吉云丹多尔济等人,以三门虔诚,合掌禀告:如今,我等之祖母,法名齐旺多勒扎布,属鸡,七十七岁那年谢世。我等来世子孙,谨为微报父母大恩,仰祈施愿,保佑祖母不论转生何处,都将度入菩提道,直至成佛。敬献薄礼金刚花纹绸缎一匹、金线缎二匹、补缎八匹、小绫子二百方、福祉哈达二十方、龙缎八匹、内库哈达二匹、大绫子二方、吉祥哈达七方、银一百五十两等之外,去年执箭使者送来贵处爱赐佛像、加持神主、所降谕示、仪轨(列单)等件,业经顶上仰祷收悉。我等仰赖往世善福荫护,转生难得福光佛界,品享法语甘露。愿将由此升入菩提成佛之道,仰祈保佑,并赐我等先世结缘之广善佛像、供主法语、日常口禅及今生障魔寂息、一切事业和兴、富禄人旺福寿自彰之佑。仰祈大悲,赐降我等顶上。祈愿献礼绸缎、曼札、哈达等件。托付家叔额尔德尼托音当苏龙多尔济及差使管旗章京达尔罕台吉章楚布、近侍囊素巴勒珠尔以呈。乾隆四十年七月十五日。

【注释】钦差办理库伦及边务大臣喀尔喀王多罗额驸桑斋多尔济是钦差驻库伦办事大臣喀尔喀土谢图汗部多罗郡王多罗额驸桑斋多尔济。该钦差头衔始由桑斋多尔济起,乾隆二十六年十二月二十六日,乾隆皇帝命副都统诺木珲荷负钦差头衔驻库伦办事。次年诺木珲到任后,钦差关防交由桑斋多尔济掌管，由此库伦有了办事蒙古王公和朝廷钦差大臣，但在大多数时间里以蒙古王公为主，以朝廷派驻大臣为辅。桑斋多尔济的扎萨克职衔由西第什哩始。西第什哩是土谢图汗察珲多尔济、一世哲布尊丹巴呼图克图的弟弟，原号巴图尔台吉，康熙三十年（1691）受封扎萨克贝勒。西第什哩死后，次子丹津多尔济袭爵，康熙年间晋封多罗郡王，雍正年间晋封和硕亲王。乾隆三年（1738），丹津多尔济死时，长子塞布腾多尔济先父而殁，故令塞布腾多尔济年幼的儿子桑斋多尔济袭扎萨克多罗郡王。后桑斋多尔济尚多罗格格，成为多罗额驸。乾隆二十年，随定北将军班第进剿准噶尔，奋勇效力，晋封亲王。乾隆二十一年冬，桑斋多尔济受命出任土谢图汗部副将军，驻库伦办事，次年就任。乾隆三十年，桑斋多尔济违禁由恰克图关口私与俄国进行贸易，事情败露，遭到削爵革职。三十一年复封多罗郡王，三十七年第二次受命驻库伦办事，四十三年死于任上。桑斋多尔济的这封信是为其已故祖母祈愿的书信，祖母乃丹津多尔济的夫人。书信里开列的达赖达吉妮央金嘉布是桑斋多尔济的蒙古夫人，达尔罕诺颜拉姆济特、额尔德尼默尔根珲台吉云丹多尔济二人是桑斋多尔济蒙古夫人央金嘉布所生二子。这封信的写作时间乾隆四十年是他第二次驻库伦办事的第五个年头。

收信人达赖喇嘛是八世达赖喇嘛强白嘉措（1758~1804）。

喀尔喀扎萨克多罗郡王云丹多尔济为请安祈福事至达赖喇嘛文
7：265~266

奉满珠习礼圣主皇帝之谕驻库伦办事大臣喀尔喀扎萨克多罗郡王多罗额驸云丹多尔济之文。向释迦牟尼真佛二世、宗喀巴佛贵弟子、佛化身、主持弘扬佛法之达赖喇嘛 gusug 仁波切祈祷叩拜。达赖喇嘛安详！佛法众生全体安好！值此达赖喇嘛坐床之大喜，我喇嘛哲布尊丹巴专遣阿齐图绰尔济罗布桑衮楚克前往祝寿。弟子王爵我由衷欢喜，乘便向达赖喇嘛 gusug 仁波切请安，祝愿黄教永昌，众生安乐。献圣洁哈达、银曼荼罗、翡翠碗、长寿方士……（残）

【注释】 云丹多尔济在信中提到达赖喇嘛坐床大喜，可知这封信是嘉庆十八年（1813）九世达赖喇嘛坐床之前写的。

库伦办事大臣王爵、大臣等为喀尔喀绥本喇嘛伊达木扎布等到达后请各相关地方照料换发路票等事致班禅额尔德尼之商卓特巴咨文
7：359~364

库伦办事大臣王爵、大臣文。札行班禅额尔德尼之商卓特巴。札付事由。印务处案呈，今年八月二十二日由我处奏，为请圣主明鉴示训。库伦堪布诺门罕占楚布多尔济与喀尔喀四部盟长、汗王、诸扎萨克等会盟呈奏，奴才等得闻满珠习礼大圣主降隆恩，擎签认定我喀尔喀四盟奴仆全体供奉之哲布尊丹巴呼图克图转世，全体不胜喜悦，信仰跪拜，叩谢天恩。如今奴仆等仰赖圣主之恩，得知哲布尊丹巴呼图克图在西召转世，不胜欣喜，欲今年十月照旧例派遣呼图克图之弟子绥本喇嘛伊达木扎布为首同四部官员，前往探视新呼毕勒罕，献曼荼罗，并给班禅额尔德尼献曼荼罗。请大臣王、大臣转奏。等因。奴才等伏查，乾隆年间，哲布尊丹巴呼图克图转世，曾奏请得旨，遣人探视。今可否照例遣人之处，奴才等谨奏请旨外，如圣主准奏，因前往人数不多，又出发日期临近，故停止理藩院发给路票，奴才等详察稍减彼等前往人畜数，奴才处出具路票放行，不知可否。奏请圣主钦定，奴才等将遵旨奉行。为此上奏请旨。等因。本九月十二日接朱批：圣旨准奏。钦此钦遵，送到。因此，行文驻藏大臣、驻西宁大臣外，驻藏大臣处传谕第穆呼图克图。今发给遣往西召之绥本喇嘛伊达木扎布、协理台吉巴色瓦齐尔、扎木阳多尔济、管旗章京车林多尔济、台吉钦巴勒等由库伦通往召地路票，由我处奏报，于本年十月十五日已自库伦出发。故绥本喇嘛伊达木扎布等到达该地，自彼地前往召地，事毕返回等环节，着西宁办事大臣交各该地方官员查验通过。绥本喇嘛伊达木扎布等到达后，驻藏大臣交与各相关地方，不致滋生事端，事毕返回时，换发路票。此等诸事札行班禅额尔德尼之扎萨克商卓特巴训谕。为此札付。嘉庆二十二年十月十五日。

【注释】库伦办事大臣王爵指钦差驻库伦办事喀尔喀扎萨克多罗郡王云丹多尔济，大臣指协助云丹多尔济办事的钦差驻库伦办事大臣长庆。云丹多尔济是前一封信写信人桑斋多尔济的次子，乾隆四十四年（1779）袭扎萨克多罗郡王，寻尚郡君，授多罗额驸，乾隆末年出任库伦办事大臣，道光四年（1824）任土谢图汗盟盟长，道光七年去世。库伦堪布诺门罕是哲布尊丹巴呼图克图属下的最高僧职，掌管该呼图克图属下的经法事务。满珠习礼大圣主是清朝皇帝，是西藏和蒙古对清朝皇帝的称呼。书信中提到的哲布尊丹巴转世灵童是年幼的五世哲布尊丹巴呼图克图。西召是拉萨。

驻库伦办事大臣王云丹多尔济为奉旨派员照料迎请哲布尊丹巴呼图克图五世呼毕勒罕事札付班禅额尔德尼扎萨克商卓特巴文

7：267～272

驻库伦办事大臣王、大臣文，札付班禅额尔德尼扎萨克商卓特巴。札付事由。印务处案呈：今年八月二十二日由我处奏，为请圣主明鉴示训。方才接得喀尔喀四部各盟长、汗、王、诸呼图克图喇嘛等众人一道呈文内开：今满珠习礼大圣皇帝大加鸿恩，寻认我等供奉之哲布尊丹巴呼图克图五世呼毕勒罕，奴才等会盟拜谢天恩，业经另呈之外，迎请五世哲布尊丹巴呼图克图呼毕勒罕令其坐床等事，理应尽早转奏乞恩请旨。是则奴才等得以欣慰。奴才等会议新呼毕勒罕今年已三岁。先是，自西召迎请前二世呼图克图时，高宗纯皇帝加恩，在其六七岁时，令奴才等自力迎请坐床。今我等供奉之呼图克图圆寂已经数年，僧俗众人以至奴婢，不胜渴思朝拜新世呼毕勒罕。嘉庆二十五年，新呼毕勒罕亦将年至六岁。故拟二十四年派出人畜，二十五年迎请供奉。由衷祈望。此番去时，旧例奉旨由喀尔喀闲散王公内派出一名率队。虽然旧例如此，却非奴才等自处之事。将此一并呈请转奏请旨，并提二名王公以候钦点。等因具呈。奴才等窃查，乾隆二十七年、四十四年，将哲布尊丹巴呼图克图三世、四世，遵奉高宗纯皇帝天恩，由西召之地寻得迎请，以令喀尔喀四部供奉时，准照伊等所请，奉旨先后派出理藩院侍郎福德、赛音博乐克图等，护送直至库伦坐床。并派喀尔喀扎萨克图汗巴勒达尔、王巴雅尔西地等，率队前往。今伊等恳祈圣主明鉴赐恩，恩准与否，悉由圣主。若奉圣主准照，前去西召迎请呼图克图呼毕勒罕，人数稍多，宜否令伊等选备闲散亲王玛呢巴达喇、郡王绰克肃穆扎布二人中择一率队遣往，奴才等仰祈赐训之外，嗣后若有查照旧例应奏请旨之事，则届时另拟请旨。为此恭奏，伏乞圣旨。等因具奏。今年九月十二日递回原折奉朱批：已经下谕。钦此。又本日一并收到军机处字寄嘉庆二十二年九月初二日谕示：云丹多尔济等处为派员照料迎请哲布尊丹巴呼图克图之呼毕勒罕人员等事请旨。喀尔喀四部盟长、汗、王、诸呼图克图喇嘛率皆奏请于二十四年将哲布尊丹巴呼图克图之呼毕勒罕由西召请来坐床。伊等恳意，朕甚嘉悦。着即照伊等所请，派出闲散亲王玛呢巴达喇，率队照料迎请哲布尊丹巴呼图克图之呼毕勒罕。玛呢巴达喇率领僧俗人等由库伦启程前赴西召时，视云丹多尔济具奏，朕将酌情派员照料。等因奉到。为此，将此咨行驻藏大臣、西宁大臣等之外，并请驻藏大臣咨知第穆呼图克图等。亦将札付班禅额尔德尼扎萨克商卓特巴等。等因案呈。为此札付。嘉庆二十二年十月十五日。

【注释】参见上文注释。

喀尔喀某王为献礼祈福事致达赖喇嘛文
8：065~066

……（原档残）敬献……匣子等件。请达赖喇嘛明鉴。在此，王大臣我，仰赖圣主鸿恩及佛祖、喇嘛福力，安康无恙，一切公私诸务无碍。还请达赖喇嘛仁波切明鉴保佑王大臣我今后身体及公务无碍，府中安乐。特此禀呈。自喀尔喀普庆大法库伦敬献。癸未年二月初一日。

【注释】据"王大臣""库伦"等字样，可知这是某位出任库伦办事大臣的喀尔喀王爵的信件。由癸未年二月这个落款日期推算，这封信可能涉及的人只有乾隆二十八年（1763）的土谢图汗部和硕亲王桑斋多尔济、道光三年（1823）的土谢图汗部郡王云丹多尔济（桑斋多尔济之子）和光绪九年（1883）的车臣汗部亲王那木济勒端多布等三位。乾隆二十八年，桑斋多尔济忙于筹办迎请三世哲布尊丹巴呼图克图。喀尔喀四部在上一年派迎请使团赶赴理塘，所以这一年没有向西藏派遣朝圣使团。据此推断，这封信残件不可能属于桑斋多尔济。而桑斋多尔济是喀尔喀著名历史人物西第什哩台吉的后裔。西第什哩本人跟五世达赖喇嘛互通书信，他的子孙后代例如丹津多尔济、桑斋多尔济、云丹多尔济等人，都跟达赖喇嘛互通书信，世代保持着福田施主关系。所以，这封书信残件有可能属于云丹多尔济，也就是写于道光三年。至于那木济勒端多布，我们现在没有找到他跟达赖喇嘛往来的资料。

喀尔喀土谢图汗部扎萨克乌尔津扎布为祈福事致第穆呼图克图文 7：308~310

径呈者。喀尔喀土谢图汗部扎萨克卫征岱青乌尔津扎布向第穆呼图克图呈文。今乌尔津扎布我由虔诚之门双手合于胸前启禀。小人属龙，今已七十二岁。由于宿命业果之故，自幼身患疾病。祈求使我乌尔津扎布今世脱离病魔，毕生无碍，来世转投善趣。献薄礼近乎空手，哈达一方、银六十两。简而言之，自小人乌尔津扎布至我子孙，我家共十一人……（残）

【注释】喀尔喀土谢图汗部扎萨克是喀尔喀土谢图汗部扎萨克一等台吉，该职爵始由青多尔济起。青多尔济是锡布推哈坦巴图尔之弟，康熙三十五年（1696）授扎萨克一等台吉。青多尔济→恭格→旺扎勒→固鲁扎布→齐巴克扎布→［佚名，未袭爵］→那木济勒多尔济→乌尔津扎布；罗布桑海都布（乌尔津扎布之弟）。乌尔津扎布在同治三年（1864）袭爵，光绪十年（1884）继者嗣位。乌尔津扎布属龙，写信时七十二岁，那么写信年是兔年，第二年便是其本命年龙年，所以这是一封在年关祈愿的书信。乌尔津扎布在位的同治三年至光绪十年，只有同治六年和光绪五年是兔年。若以同治六年为写信年，当时已经七十二岁的他到光绪十年出缺时为八十九岁，对一位自称疾病缠身的老人来说，活到这个岁数实属不易，所以我们倾向于认为写信的兔年是光绪五年。这样，五年之后的光绪十年他是七十七岁，爵位出缺亦属合理。

喀尔喀土谢图汗部王公为谢恩祈福事致达赖喇嘛文
7：311~314

呈文。喀尔喀土谢图赛音汗、将军、副盟长、参赞为首诸扎萨克诺颜在圣教尤其黄教之王达赖喇嘛双足金轮前祈祷谨呈。真理金刚本身化作凡人目中之贵体空中如意宝者，射穿云雾驱散我土心智暗影，恩赐我等信徒以预言、守护神、护身符、仙丹及香十捆、粗呢五匹等物品，叩拜收讫。为请纳入慈悲心界，诚以三门信仰叩拜。祈愿自今起始直至获取佛道，保佑十善兴盛，心想事成。为祈保佑，双手合顶，敬献五十两银曼荼罗一座、五十两元宝一颗，连同无二信仰之诸多法幢。十善兴盛之吉祥水鸡年神变月吉祥日。明鉴，明鉴！

【注释】这封信落款所示水鸡年神变月是藏历第十四绕迥母水鸡年一月，清嘉庆十八年正月，大概是1813年2月。这一年旧历八月九世达赖喇嘛在拉萨坐床，西藏方面举行隆重的坐床典礼，嘉庆皇帝派理藩院侍郎庆惠、乾清门侍卫隆福和喀喇沁郡王满珠咱尔出席，哲布尊丹巴呼图克图派阿齐图绰尔济罗布桑衮楚克祝贺，蒙古各部也都派出代表祝贺。这封信应该是当年喀尔喀土谢图汗部集体发出的贺信。

喀尔喀四部扎萨克旗、呼图克图名号清单
7：281~286

土谢图汗部二十旗

斡齐赉巴图土谢图汗扎萨克和硕亲王达什尼玛、副将军扎萨克和硕亲王杭达多尔济、扎萨克多罗郡王策凌巴拜、参赞扎萨克多罗郡王阿南达斡齐尔、扎萨克贝子朋楚克策琳、副盟长扎萨克镇国公查克杜尔札布、盟长贝子

286

品级公品级扎萨克敦多布扎勒部帕拉姆多尔济、扎萨克辅国公纳旺车林、扎萨克辅国公乌杜利杜克齐布延斡齐尔、扎萨克辅国公、扎萨克公品级头等台吉罗布桑海都布、扎萨克头等台吉、扎萨克公品级头等台吉巴图萨固里、扎萨克头等台吉、扎萨克头等台吉、扎萨克头等台吉、扎萨克头等台吉、扎萨克头等台吉、扎萨克头等台吉、扎萨克头等台吉。

车臣汗部二十三旗

车臣汗扎萨克和硕亲王德穆楚克多尔济、扎萨克和硕亲王、盟长扎萨克多罗郡王多尔济帕勒玛、郡王品级扎萨克多罗贝勒云丹多尔济、扎萨克贝子璞日布扎布、副将军扎萨克贝子车凌尼玛、贝子品级公桑斯莱多尔济、副盟长扎萨克镇国公、参赞扎萨克辅国公、公品级扎萨克头等台吉、扎萨克头等台吉、扎萨克头等台吉、扎萨克头等台吉、扎萨克头等台吉、扎萨克头等台吉、扎萨克头等台吉、扎萨克头等台吉、扎萨克头等台吉、扎萨克头等台吉、扎萨克头等台吉、扎萨克头等台吉、扎萨克头等台吉、扎萨克头等台吉、扎萨克头等台吉。

扎萨克图汗部十九旗

额尔德尼毕锡呼勒图扎萨克图副盟长扎萨克多罗郡王索特那木喇布坦、盟长郡王品级扎萨克多罗贝勒阿尔塔萨噶喇、贝子品级公云丹多尔济、扎萨克镇国公苏克素龙、扎萨克镇国公达木丁苏隆、镇国公品级扎萨克扎勒沁衮布多尔济、扎萨克辅国公扎勒沁衮布车登、副将军扎萨克辅国公罗布桑敦多布、参赞扎萨克辅国公巴彦济日噶勒、扎萨克辅国公达木当噶布沙、扎萨克辅国公衮布苏隆、扎萨克辅国公班札喇克察、扎萨克头等台吉车林多尔济、扎萨克头等台吉萨塔巴扎当苏隆扎布、扎萨克头等台吉杜都布多尔济、公品级扎萨克巴扎尔巴尼、扎萨克头等台吉阿旺车林、扎萨克头等台吉、扎萨克头等台吉。有印呼图克图：伊拉古克三呼图克图、扎勒罕札呼图克图……（残）

【注释】这是一份光绪末年喀尔喀四部众扎萨克和有印呼图克图的名单，其中残缺赛音诺颜部的王公和有印呼图克图名单。这份名单很可能是光绪三十一年（1905）十三世达赖喇嘛到喀尔喀之后喀尔喀众王公拜谒献礼的名单。

喀尔喀车臣汗部

出行伙团成员名衔人数
7：315~316

  车臣汗，随从四人；盟长亲王，随从四人；副将军贝子，随从四人，管旗章京那逊多内；副盟长贝子，随从三人；台吉噶勒桑多内、管旗章京拉苏隆扎布、贡噶多尔济、梅勒章京那逊特古勒德尔、台吉达木丁扎布、随从达瓦沃尔吉、笔帖式六员；参赞公爵，随从六人；协理台吉成德扎布、管旗章京扎姆塞琳；郡王，随从八员，甲喇章京齐米特多内、管旗章京顶戴绰勒门。

  【注释】这是一份讨要廪饩的清单，为首之人为车臣汗，因缺乏史料，暂时难以确定是哪代车臣汗。

喀尔喀车臣汗部多罗贝勒丹津为祈福布施事致达赖喇嘛文
7：317~318

  喀尔喀车臣汗部署将军王印务官御前行走多罗贝勒丹津之文。达赖喇嘛安康！愿利乐幸福之根源佛法、众生永世之利益及喇嘛贵体长存直到轮回终结。尤其请保佑先前仰赖三宝所得几个儿子及部众、平民、若干财物牲畜等延绵增益，不断承蒙皇帝恩赏，所想诸事如愿以偿！启禀之礼：哈达一方，大珊瑚十八颗，青金石两颗，青金石念珠一百串，连同四颗珊瑚佛头、三十颗珊瑚计子，布一匹，黑黄 jui 绸缎一匹，银食盘一口价值五十两等，遣岱青囊素罗布桑敬献。仰赖保佑，承蒙圣上厚恩，献礼问安已有二十多载，世代不断。我等乃蒙古东部边境人，虽欲从事佛教善业，然遇到障碍多、顺缘少。贝勒我唯一心愿，倘若有利济佛教之福分，为祈佛法永兴，求赏御用冠、钵、法杖及晓谕天人生灵、有形无形众生之铃印法旨等物，交付使臣囊素罗布桑寄来为盼。为此以三门虔诚，跪地谨呈。乾隆二十九年九月初十日。

【注释】喀尔喀车臣汗部多罗贝勒，是该部的爵位之一。该爵位初由贡格三丕勒始。贡格三丕勒是车臣汗部多罗郡王朋素克次子，雍正十一年（1733）代其兄垂扎布袭车臣汗，贡格三丕勒代垂扎布任扎萨克多罗郡王。十三年，垂扎布长子德穆楚克袭贡格三丕勒代任的垂扎布原爵，雍正皇帝命贡格三丕勒仍袭多罗郡王，但将扎萨克职衔移交德穆楚克。贡格三丕勒在乾隆九年（1744）去世。丹津是贡格三丕勒的长子，乾隆九年袭多罗贝勒，乾隆四十五年去世。丹津在信中称献礼问安已有二十多载，表明至少从他袭爵的乾隆九年开始他就与达赖喇嘛保持书信往来。

喀尔喀车臣汗部扎萨克贝子索诺木达尔济雅等为谢恩祈福事致达赖喇嘛文
7：319~320

在慈悲胜过佛祖天者、众生唯一怙主达赖喇嘛足前，乾清门行走克鲁伦巴尔和屯盟副盟长喀尔喀车臣汗部扎萨克固山贝子鄙徒索诺木达尔济雅、察罕达喇哈屯孟克、台吉索诺木旺济勒多尔济、勒格济德、额尔德尼格呼勒等，以三门信仰祈祷启禀。

仰赖圣尊达赖喇嘛智慧本性之贵体如日升起，佛教广得弘扬，众生获得安康幸福。仰赖达赖喇嘛保佑，我等今世转世为人，幸福安好。承蒙圣主之恩，子孙满堂。念及此等大恩，作为薄礼，敬献三十两银曼荼罗、内库哈达两方、彩色哈达三方、红色金刚剑一把、绸缎一匹、黄 dankama 绸缎一匹、黄色 jui 绸缎一匹、五百两银等礼品。乾隆四十年秋七月初一日。

封底：四十年秋七月。在达赖喇嘛足前谨呈。喀尔喀车臣汗部副盟长贝子索诺木达尔济雅。

【注释】喀尔喀车臣汗部扎萨克贝子是车臣汗部爵位之一，初由布达扎布始。布达扎布为车臣汗乌默克从曾祖，康熙三十年（1691）受封扎萨克固山贝子，五十年晋封多罗贝勒，五十一年去世。康熙五十二年，布达扎布长子云敦琳沁袭扎萨克辅国公，五十五年去世。康熙五十七年，云敦琳沁长子巴苏袭扎萨克辅国公，乾隆十五年（1750）去世。同年，巴苏长子索诺木达尔济雅（《清史稿》作达尔济雅）袭扎萨克辅国公，二十年晋封固山贝子，四十五年去世。同年，其子索诺木旺济勒多尔济袭扎萨克固山贝子，四十六年诏世袭罔替。这封信写于乾隆四十年七月，信中台吉索诺木旺济勒多尔济即索诺木达尔济雅之子。

喀尔喀车臣汗部扎萨克贝子索诺木达尔济雅
为已故夫人格尼克巴勒姆等人祈福事致达赖喇嘛文
7：321~326

呈文。在慈悲胜过佛祖者、天及众生唯一怙主达赖喇嘛足前，乾清门行走克鲁伦巴尔和屯盟副盟长喀尔喀车臣汗部扎萨克固山贝子鄙徒索诺木达尔济雅、察罕达喇哈屯孟克、台吉索诺木旺济勒多尔济、勒格济德、额尔德尼格呼勒等，以三门信仰祈祷启禀。仰赖圣尊达赖喇嘛智慧本性之贵体如日升起，佛教广得弘扬，众生获得安康幸福。仰赖达赖喇嘛保佑，我等今世转世为人，幸福安好。承蒙圣主之恩，子孙满堂。今为祝愿金足百劫永固，敬献二十两银制曼茶罗四、哈达二、彩色哈达三、五十两银制佛尊三、坐垫靠背、袈裟一套、红色蟒缎一匹、红色金刚剑一把、红色绸缎一匹、白色 jui 绸缎一匹、黄色 jui 绸缎一匹、黄色 dankama 绸缎一匹、黄色 hungsu 绸缎两匹、红色 hungsu 绸缎一匹、黄色纱一匹、绫子两匹、一千两银等。此外，祈祷祝愿达赖喇嘛为了教法众生利益，百劫长存，向拉萨祈愿法会上午法会敬献一顿午餐、两锅茶。

若银两足够，为每位僧人施供两钱五分。为已故哈屯格尼克巴勒姆、托音绰勒德穆扎木查、车林济尔噶拉等祈福念经，为下午法会熬三锅茶。若银两足够，为每位僧人敬献一顿施供。为此，为熬茶、施供共献七千三百两银。此外，为祈祷保佑，敬献曼茶罗、哈达。再有，为已故祖母察罕达喇达扎穆扎布献一锅茶。我旗青苏珠克图格隆喇布斋、商卓特巴孟拉古穆敬献一锅茶，格隆沙喇布一锅茶，沙弥囊素伊西达克巴一锅茶，托音敖斯尔、岱青、阿尔斯兰等一锅茶，斋桑策旺一锅茶。为此共献六百两银。乾隆四十年七月初一。

封底：四十年七月于达赖喇嘛足前敬献。喀尔喀车臣汗部贝子索诺木达尔济雅。

【注释】参见上一封信的注释。

喀尔喀车臣汗部贝子巴布多尔济为请安布施事致达赖喇嘛之商卓特巴等文
7：327~328

喀尔喀车臣汗部御前行走加二十三级记七次贝子巴布多尔济谨向达赖喇嘛御前商卓特巴等请安。想必此间贵体安康，诸事顺利！此前，我父亲将三百两银作为拉萨祈愿大法会基金，为每年熬茶所常备。加之贝子我处也一直增添布施。戊戌年曾遣玛克然巴云丹等敬献外，今遣掌堂师扎木素、恰阿穆古朗等人，再加献银一两、彩色哈达一方。请照前例复文。为此请安敬献。光绪二十五年己亥十月吉日。

封面：喀尔喀车臣汗部御前行走加二十三级记七次贝子巴布多尔济向达赖喇嘛身边商卓特巴们请安呈函。

喀尔喀车臣汗部贝子巴布多尔济为请安布施事致达赖喇嘛近侍商卓特巴文
7：329~332

喀尔喀车臣汗部御前行走加二十三级记七次贝子巴布多尔济谨向达赖喇

嘛近侍商卓特巴等请安。想必此间贵体安康，诸事顺利！此前，我父亲将三百两银作为拉萨祈愿大法会基金，为每年熬茶所常备。加之，贝子我处也一直增添布施。今增献银一两、sagdu 哈达一方，将此等由玛克然巴云丹、领经师散布等敬献。请照前例复文。为此请安呈文。光绪二十四年戊戌十月吉日。

封面：向达赖喇嘛御前商卓特巴等请安敬献。

喀尔喀车臣汗部扎萨克那木济勒多尔济旗喇嘛罗布桑敦多布等为布施祈愿致拉萨祈愿法会文
7：333~334

喀尔喀车臣汗部扎萨克那木济勒多尔济旗喇嘛罗布桑敦多布及平民多尔济扎布等在此祈祷，为拉萨祈愿法会作为熬茶费捐献银二十两。以此福德，保佑末小施主我等今生与来世之福寿、富乐，一切善业资粮兴盛。明鉴，明鉴！

【注释】那木济勒多尔济，达克丹多尔济之长子。嘉庆九年（1804）袭车臣汗部右翼中旗扎萨克多罗贝勒。十二年授所部副将军。十五年扈驾木兰行围，赏戴双眼花翎。道光二十三年（1844）十二月十四日卒。子贡楚克扎布袭。

瑜伽呼毕勒罕为请安献礼祈福事致噶勒丹锡哷图文
10：165

末小弟子瑜伽转世在怙主识一切圣尊噶勒丹锡哷图吉祥诺门罕足莲前奉函。现今想必殊胜广大善福结缘贵体利济教众，硬朗无恙。末小弟子蒙圣尊赐福，安康无恙。请金刚法界仁佑末徒。明鉴，明鉴。呈函之礼：一两银、天物无垢圣洁哈达等件。福广正月十五日。

【注释】瑜伽活佛是喀尔喀的转世系统。一世瑜伽活佛驻锡喀尔喀，二世瑜伽活佛出生在乌拉特部，驻锡在察哈尔。其后各世都在喀尔喀转世。

292

喀尔喀扎萨克图汗部

喀尔喀扎萨克图汗齐旺巴勒斋为祈福事致达赖喇嘛文
7：335~336

呈文。在佛王识一切瓦赤喇怛喇圣尊达赖喇嘛足下无垢莲花前，以三门虔诚祈祷启禀。愿保佑喀尔喀盟长额尔德尼毕锡呼图扎萨克图汗齐旺巴勒斋我，寂止今世之相违因，成就一切善业，护佑一切利益。明鉴，明鉴！呈函之礼，献五两银曼荼罗一、大福字哈达一方、吉祥哈达一方。

【注释】喀尔喀扎萨克图汗是喀尔喀的汗号汗位，汗位初由赉瑚尔起，汗号初由素巴第起。起初，喀尔喀右翼与卫拉特相互攻伐，明万历十四年（1586），喀尔喀领袖赉瑚尔跟卫拉特讲和，被喀尔喀、卫拉特共推为赛音汗。赉瑚尔子素巴第嗣立，称额尔德尼毕锡呼勒图扎萨克图汗。由素巴第再传数位后，喀尔喀众人归清。康熙三十年（1691），康熙皇帝大封喀尔喀众人，素巴第后人朋素克喇布坦受封扎萨克多罗郡王，五十一年去世。同年，朋素克喇布坦长子格垺克延丕勒袭扎萨克多罗郡王，雍正十年（1732）袭扎萨克图汗，仍兼任多罗郡王，乾隆六年（1741）去世。同年，格垺克延丕勒长子巴勒达尔袭多罗郡王，七年袭扎萨克图汗，三十五年去世。同年，巴勒达尔长子齐旺巴勒斋袭扎萨克图汗，兼多罗郡王，授扎萨克图汗部盟盟长。四十年，赐三眼孔雀翎。四十六年，谕曰：齐旺巴勒斋已袭三世郡王爵，又系齐旺巴勒斋始祖朋素克喇布坦来归时所封,俱着加恩予世袭罔替。五十六年,以病免。

收信人达赖喇嘛是八世达赖喇嘛强白嘉措(1758~1804)。

喀尔喀扎萨克图汗齐旺巴勒斋为请指明额尔德尼沙布隆呼图克图转世事致达赖喇嘛文

7:337~342

佛王识一切、今世与来世怙主瓦赤喇怛喇喇嘛额尔德尼无垢足下莲花前,以三门虔诚膜拜启禀之事。喀尔喀扎萨克图汗齐旺巴勒斋、我舅父、默尔根班第达呼图克图诺颜堪布罗布桑巴勒丹丹津赴圣西召叩拜布施之际,叩拜怙主班禅额尔德尼时,(班禅额尔德尼)垂问,是否之前来过藏地。回称:我自小祈愿前来叩拜,今托圣上护佑才至此叩拜。班禅额尔德尼再次降谕:"此前你来过此地。"对此顶礼膜拜外,随从弟子我等未敢再细究其意。等因报来。愚人我等闻后甚感好奇,向老人们问道:"据所知,我们的喇嘛未曾至藏地叩拜,然为何有此妙谕?"老人们称:"早些时候,我们的喇嘛额尔德尼沙布隆呼图克图为教法与众生造福之故,在怙主班禅额尔德尼前世之前世时,曾到过藏地。其后,至今未曾发现其转世。班禅额尔德尼言其前曾来过西藏者,莫非现在之我喇嘛默尔根班第达呼图克图就是我喇嘛原额尔德尼沙布隆呼图克图罗布桑多尔济转世耶?"细想可知,默尔根班第达呼图克图到藏地后,获此称号。随其前往之我盟众弟子聚议:据其向班禅额尔德尼葛根祈求诵读之祝寿词看,该喇嘛貌似非一般喇嘛。初,该喇嘛于龙年龙月龙日吉祥出生;后对教法、经书颇有兴趣,勤习经书,今又为教法、众生大作利益。亲弟子施主我等据此认为,某一善者为教法众生之利在此转世。此地僧侣、喇嘛们亦称:"自佛陀时开始传播教法,一直造福众生。我等亦一直在守护。"据此等等推想,伊或为一位转生佛法僧人,为教法与众生造福者未可知。为此启禀:请佛王识一切瓦赤喇怛喇达赖喇嘛额尔德尼恩赐我等愚钝之辈,指明该喇嘛为教法与众生已造福有几世、自始至今之转世次第等。由三门虔诚祈祷呈禀。请慈悲开怀。明鉴,明鉴!呈函之礼,五十两曼荼罗银、八庹内库龙缎、内库哈达等,月初吉日敬献。

封面：瓦赤喇怛喇识一切大慈大悲第巴克什足下请万安，叩拜呈奏。

封底：谨封。

【注释】 收信人达赖喇嘛是八世达赖喇嘛强白嘉措（1758~1804）。

扎萨克图汗部扎萨克齐旺扎布旗门都、妻子固鲁姆扎布二人为求孙等事致达赖喇嘛文

7：343

在识一切圣尊达赖喇嘛足前，扎萨克图汗部扎萨克齐旺扎布旗末小弟子门都及妻子固鲁姆扎布二人祈愿来世能获得菩提道，叩拜敬献天物哈达一方、银二两。此外，为祈祷我儿子咏隆玛什一生无灾难，还因其膝下无子，故为其求子，将天物哈达、银五两等一并敬献。慈悲保佑。明鉴，明鉴！吉日。

【注释】 扎萨克图汗部扎萨克是喀尔喀扎萨克图汗部扎萨克一等台吉，是该部的职爵，初由诺尔布始。诺尔布为扎萨克图格埒克延丕勒族弟，初授二等台吉，隶其叔贝勒策登扎布旗。乾隆二十一年（1756），策登扎布因附青衮咱布伏诛，使诺尔布领扎萨克，封一等台吉。诺尔布→敦多布多尔济→齐松扎布→齐旺扎布→班扎巴扎尔扎布→那逊布延吉尔噶勒→扎勒青衮布车旦。齐旺扎布在嘉庆二十三年（1818）袭爵，咸丰二年（1852）去世。这封信写于齐旺扎布在位的嘉庆二十三年到咸丰二年。

喀尔喀赛音诺颜部

喀尔喀亲王车布登扎布、阿嘉呼图克图等相关文书
7：344

在五寿山上之布达拉，前世达赖喇嘛坐床时，奉举册命前来之喀尔喀巴图鲁亲王车布登扎布、护教阿嘉呼图克图、大臣额驸……（残）

【注释】这封信仅存首部四行字，其余部分已失。在这仅存的四行字里提到前世达赖喇嘛坐床时、喀尔喀巴图鲁亲王车布登扎布、阿嘉呼图克图及额驸（名缺）等字样。据"前世达赖喇嘛"一说，可知写信时在位的是新一世达赖喇嘛。据达赖喇嘛坐床的事情跟喀尔喀巴图鲁亲王车布登扎布、阿嘉呼图克图等人一同出现的情况判断，这里所说的前世达赖喇嘛是八世达赖喇嘛，因为乾隆二十七年（1762）七月八世达赖喇嘛坐床时，乾隆皇帝特派喀尔喀亲王车布登扎布、阿嘉呼图克图等出席了典礼。

喀尔喀巴图鲁亲王车布登扎布是喀尔喀赛音诺颜部扎萨克和硕亲王车布登扎布。车布登扎布是定边左副将军、超勇、和硕亲王额驸策凌的次子，雍正十年（1732）封辅国公，乾隆十六年授扎萨克，十九年赐贝子品级，二十年封多罗贝勒，二十一年封多罗郡王，二十三年诏用其父策凌的超勇（Čolγoraysan baγatur）称号并赐亲王品级，二十七年奉使西藏，出席达赖喇嘛坐床典礼，四十五年以冒请展界削亲王品级，四十六年诏世袭郡王，四十七

年去世。信中所说的巴图鲁亲王是指车布登扎布自乾隆二十三年起用的超勇称号。车布登扎布在乾隆二十年到二十四年率军平定回部，立有大功，受到乾隆皇帝诗赞，并在昭忠祠绘像。阿嘉呼图克图指的是二世阿嘉呼图克图罗桑丹贝坚赞（1708~1768）。二世阿嘉呼图克图在乾隆十一年（1746）受邀进京，之后常年驻京，乾隆二十七年由京城奉差赴藏。

既然信中所说的前世达赖喇嘛是八世达赖喇嘛，那么写信时在世的达赖喇嘛肯定是九世达赖喇嘛，所以这封信是九世达赖喇嘛在世时写的，即嘉庆十年至嘉庆二十年间写的，甚至有可能是九世达赖喇嘛坐床之后的嘉庆十八年至嘉庆二十年间写的。

喀尔喀赛音诺颜扎萨克和硕亲王车林多尔济
为献礼祈福事致达赖喇嘛文
7：345~346

呈文。喀尔喀赛音诺颜扎萨克和硕亲王车林多尔济跪祷，在一切殊胜佛陀之集、今生来世常在怙主、三时胜佛之尊、识一切达赖喇嘛瓦赤喇怛喇足下宝桥金轮天等众生顶饰欢喜佛前，怙主众弟子中之末等小人车林多尔济，以三门虔诚跪祷，差遣管旗章京索诺姆达什，进献曼荼罗、哈达、白玉碗、长柄叉等件，以为净供之首。（以往）迷失于轮回之中，今赖佛三宝护佑，投胎人体。请将所做些许善业，加持为教众之利。恳请慈爱眷佑。繁盛羊年月初吉日，寄呈一切众生至上怙主恩公达赖喇嘛金足前进献，当作曼荼罗，伏乞明鉴，明鉴。道光三年三月初五日。

【注释】喀尔喀赛音诺颜扎萨克和硕亲王是喀尔喀赛音诺颜部的最高爵位，是该部领袖，号由图门肯始，爵由善巴始。起初，格呼森扎后人图门肯诺颜有赛音诺颜称号。图门肯后人善巴是喀尔喀八大扎萨克之一。康熙三十年（1691），喀尔喀之众归清，当年善巴受封扎萨克多罗郡王，三十五年晋和硕亲王。善巴→达什敦多布→喇嘛扎布→德沁扎布→诺尔布扎布→车登布→额琳沁多尔济；朋楚克达什（额琳沁多尔济之弟）→车林多尔济→德木吹；车林端多布（德木吹从弟）→特固瓦齐尔→那木囊素伦。车林多尔济是朋楚克达什之子，嘉庆二十二年（1817）袭扎萨克亲王兼赛音诺颜号，道光三年（1823）赏三眼花翎，命在乾清门行走，七年授为乌里雅苏台参赞大臣，咸丰三年（1853）去世。

收信人达赖喇嘛是十世达赖喇嘛楚臣嘉措（1816~1837）。

喀尔喀赛音诺颜扎萨克和硕亲王和硕福晋达什巴勒济特
为献礼祈福事致达赖喇嘛文
7：347~348

呈文。喀尔喀赛音诺颜扎萨克和硕亲王和硕福晋末小达什巴勒济特跪祷，在一切殊胜佛陀之集今生来世常在怙主三时胜佛之尊识一切达赖喇嘛瓦赤喇怛喇足下宝桥金轮天等众生顶饰欢喜佛前，怙主众弟子中之末等小人达什巴勒济特，三门虔诚，跪祷，差遣管旗章京索诺姆达什，进献曼札金丝哈达一方、dangheb 一方、darjin 一，以为净供。（以往）迷失于轮回之中，今赖佛三宝护佑投胎人体，解除内外困苦。然而，迷失于轮回之体，贪欲尚存。还望慈爱眷佑，俾继位承祀之子，以身心语导向佛祖，弃骸之时仍能转生，遇奉佛教。呈禀怙主现证圣尊达赖喇嘛金足御前，伏乞明鉴，其明鉴。道光三年三月初五日。

【注释】这是跟上一份书信是同一天写的，应该也是一起寄发的。

喀尔喀赛音诺颜部扎萨克和硕亲王车林多尔济
为祈福事致达赖喇嘛文
7：349~350

呈文。乾清门行走喀尔喀齐齐尔里克盟副盟长加一级记十次赛音诺颜部扎萨克和硕亲王车林多尔济于天等众生怙主、以慈悲之心引领众生、遍知一切、福寿观世音菩萨达赖喇嘛金足下谨呈。想必今由法界空性诞生之天日宝体安康！车林多尔济我等仰赖喇嘛三皈依，在此安好！以前世宿命在此转世之车林多尔济我，今在政教二业无障碍，安好。愿自今起直至得道成佛为止，寂止我因业果相随之一切相违因，引入安详佛道，纳入慈悲保佑，以大悲之力引导保佑我与众生。为此以身语心三门祈祷，将彩色哈达一方、整匹 jui 作为金足莲花前之曼荼罗敬献。明鉴，明鉴！道光七年十月二十五日。

【注释】收信人达赖喇嘛是十世达赖喇嘛楚臣嘉措（1816~1837）。

喀尔喀赛音诺颜和硕亲王车林多尔济为祈福事致达赖喇嘛文
7：351~352

呈文。御前行走参赞大臣喀尔喀赛音诺颜和硕亲王车林多尔济，在天等众生怙主、以慈悲之心引领众生、识一切、福寿观世音菩萨达赖喇嘛金足下谨呈。想必今由法界空性诞生之天日宝体安康吧！车林多尔济我等仰赖喇嘛三皈依，在此安好！以前世宿命在此转世之车林多尔济我，今在政教二业无障碍，安好。愿自今起直至得道成佛为止，寂止我因业果相随之一切相违因，引入安详佛道，纳入慈悲保佑，以大悲之力引导保佑我与众生。为此以身语心三门祈祷，将彩色哈达一方、整匹 jui 作为金足莲花前之曼荼罗敬献。明鉴，明鉴！道光十五年。

【注释】收信人达赖喇嘛是十世达赖喇嘛楚臣嘉措（1816~1837）。

喀尔喀赛音诺颜亲王德木吹为祈福布施事致达赖喇嘛文
7：353

呈文。在遍主大金刚救世佛王识一切达赖喇嘛大宝足莲前，鄙徒喀尔喀右翼盟汗赛音诺颜亲王德木吹以三门信仰叩拜呈函。请来喀尔喀哲布尊丹巴至尊并使其坐床之时，达赖喇嘛惠赐印旨大宝及十捆香、两匹粗呢等，如同面见，心生崇拜，不胜欣喜。愿今后由金刚法界常持不弃。明鉴，明鉴，明鉴！为此，以崇高信仰奉献呈函之礼圣洁天物、银十两、jui 一匹等。吉日。

【注释】德木吹，车林多尔济之子，咸丰三年（1853）袭赛音诺颜部扎萨克和硕亲王兼赛音诺颜号，同治十年（1871）出缺。德木吹说迎请哲布尊丹巴前来坐床时达赖喇嘛寄来礼物云云。德木吹在位是在咸丰三年至同治十年，在这期间坐床的是七世哲布尊丹巴。七世哲布尊丹巴生于拉萨附近，咸丰五年被接到库伦坐床。德木吹追述哲布尊丹巴坐床时候的事情，所以这封信写于哲布尊丹巴坐床之后，应该是次年即咸丰六年。

收信人达赖喇嘛是十一世达赖喇嘛凯珠嘉措。实际上，当时该达赖喇嘛已经圆寂了，但是喀尔喀方面可能还不知道。

赛音诺颜亲王为请安事致康钦绥本等文
8：033~034

盟长赛音诺颜王，为向康钦绥本、芒布堪布、译师请安奉函。此间，至上恩公达赖喇嘛安康否？扈从达赖喇嘛之康钦绥本、芒布堪布、译师等皆安康否？如今王我身体平安如故。特有询闻者：察哈尔商都马群委署翼长罗勒玛扎布诺颜等，历来多次相助我旗，相互友好。罗勒玛扎布子孙全体三家四十余人前往叩见达赖喇嘛，请协助伊等速得叩见达赖喇嘛金颜，得享讲经甘露，满足愿望。唯望康钦绥本、芒布堪布、译师关照办理。此外，王我为向恩公瓦赤喇怛喇达赖喇嘛请安，使翼长罗勒玛扎布捎去哈达、吉祥结等物。祈求到达之时，即时转呈。为此，特写数字，交付翼长罗勒玛扎布，向康钦绥本、芒布堪布、译师等请安奉上。吉日。

封面：为向康钦绥本、芒布堪布、译师等请安奉上。

封底：谨封。

【注释】这是喀尔喀赛音诺颜在十三世达赖喇嘛离开喀尔喀之后写给达赖喇嘛近侍人员的信，所以可以确定写信人赛音诺颜是那木囊素伦，写信时间为光绪三十二年至光绪三十四年。

喀尔喀赛音诺颜部扎萨克和硕亲王车登巴咱尔
为请安祈福事致达赖喇嘛文
8：005~006

呈文。大臣和硕亲王末小施主车登巴咱尔谨向佛法至尊雪域忠贤顶饰识一切生灵怙主圣尊达赖喇嘛请万安。在此时常祷祝圣尊万寿无疆。今为请二十五年新年万寿大安，敬献哈达一、绣花红色 dajing 缎一、绣花葡萄色 tangbing 缎一。末小施主鄙王车登巴咱尔跪奏：愿圣尊保佑，为圣主皇帝国政效力、为政教事业潜心出力之际，福寿、富乐、事业不遭孽障，心想事成。愿圣尊促成。明鉴，明鉴！吉日。

【注释】喀尔喀赛音诺颜部扎萨克和硕亲王世袭：策凌→成衮扎布→拉旺多尔济；巴彦济尔噶勒（拉旺多尔济之嗣子）→车登巴咱尔→达尔玛→那彦图。车登巴咱尔是巴彦济尔噶勒子，嘉庆二十一年（1816）袭爵，咸丰二年（1852）去世。车登巴咱尔自称大臣，又说请二十五年万寿大安。嘉庆末年车登巴咱尔幼年袭爵，不可能任大臣。据《清宣宗实录》卷362，道光二十一年十一月初九日（乙亥），以喀尔喀亲王车登巴咱尔署正白旗领侍卫内大臣，所以信中所称大臣指的是车登巴咱尔在北京出任内大臣之职，所称二十五年是道光二十五年（1845），可知该信写于该年。

喀尔喀赛音诺颜部扎萨克和硕亲王车登巴咱尔等人为已故席瓦锡呼图呼图克图祈福事致沙尔扎诺门罕文
8：007~008

奏文。喀尔喀赛音诺颜部扎萨克和硕亲王车登巴咱尔、副盟长贝子巴勒多尔济以三门虔诚祈祷，向识一切瓦赤喇怛喇西藏汗沙尔扎诺门罕呈奏。我等供奉之喇嘛席瓦锡呼图呼图克图于兔年夏首月二十八日圆寂，为其来世福德祈福，向沙尔扎诺门罕敬献银十两、绸缎三匹、两庹黄色哈达一方，交付台吉齐旺达什、格西隆敦、骁骑校延丕勒等呈送。愿以慈悲之心保佑。明鉴，明鉴！吉日。

【注释】喀尔喀赛音诺颜部扎萨克和硕亲王世袭：策凌→成衮扎布→拉旺多尔济；巴彦济尔噶勒（拉旺多尔济之嗣子）→车登巴咱尔→达尔玛→那彦图。车登巴咱尔是巴彦济尔噶勒子，嘉庆二十一年（1816）袭爵，咸丰二年（1852）去世。

副盟长贝子巴勒多尔济是喀尔喀赛音诺颜部固山贝子巴勒多尔济。巴勒多尔济爵位初由恭格喇布坦始。恭格喇布坦是超勇和硕亲王策凌从弟，雍正元年（1723）受封多罗贝勒，当年去世。同年第四子佛保降袭固山贝子，雍正十年为准噶尔所俘，所遗爵位由其长兄沙克都尔扎布承袭，乾隆二十年（1755）晋封多罗贝勒，二十七年去世。同年，旺扎勒多尔济次子敦多布多尔济袭固山贝子，六十年去世。敦多布多尔济→巴勒珠巴逊都布→呢买凝布（道光元年改名巴勒多尔济）→津巴里克什特→通噶拉勒克瓦齐尔→旺楚克察克都尔→扎木萨林扎布。呢买凝布是巴勒珠巴逊都布之子，嘉庆二十三年（1818）袭爵，道光元年（1821）改名巴勒多尔济，二十九年去世。

　　识一切瓦赤喇怛喇西藏汗沙尔扎诺门罕是西藏摄政第二世策墨林阿旺降白楚臣嘉措，据吴云岑《西藏噶厦历任摄政的任免及其它》（《西藏民族学院学报》1997年第2期）一文，阿旺降白楚臣嘉措在木兔年（1819）三月初五日代理摄政事务，同年八月十二日受命正式出任摄政，道光四十四年离任。

　　根据上述三人的姓名、爵位和职衔进行对勘，我们可以框定写信年限为道光元年到二十四年。信中又提到兔年四月席瓦呼图克图圆寂，可知该信写于兔年。在上述24年之间，只有道光十一年和二十三年是兔年。所以，这封信要么写于道光十一年，要么写于道光二十三年。

喀尔喀和硕亲王那彦图为请安事致达赖喇嘛文
8：009~012

　　呈奏。御前大臣和硕亲王那彦图为请安事致达赖喇嘛呈文。

　　御前大臣和硕亲王那彦图谨向佛王识一切达赖喇嘛请万安，在金足法轮前礼拜，敬献圣洁哈达、hu gi七件、香炉一个、洋烟一瓶等，请笑纳。为此谨呈。吉日。

　　【注释】那彦图是达尔玛之子，同治十三年（1874）袭扎萨克和硕亲王，光绪九年（1883）命在御前行走，十九年为御前大臣，二十年为领侍卫内大臣，二十二年为北京崇文门正监督，二十四年由镶白旗蒙古都统调任正红旗满洲都统，二十四年五月为阅兵大臣，二十五年总理行营事务，二十六年领侍卫内大臣，二十九年任掌卫事大臣，三十四年钦奉慈禧皇太后旨，恭办光绪皇帝丧事，赏食双俸，宣统二年（1910）选为资政院议员。那彦图在光绪十九年出任御前大臣，所以这封信应写于该年之后。

喀尔喀赛音诺颜部郡王德穆楚克扎布为请安事致班禅额尔德尼文
8：043~048

喀尔喀齐齐尔里克盟盟长额尔德尼王德穆楚克扎布谨跪，在佛法上尊、天等众生顶饰、今世及来世怙主、无垢识一切圣尊班禅额尔德尼足下千瓣莲坛盛开者前，由衷虔诚合掌，感戴如命，呈请贵安！末小奴仆弟子德穆楚克扎布谨呈奏函、哈达、曼荼罗等外，末小德穆楚克扎布遥受保佑，日夜祈愿得在圣尊班禅额尔德尼贵足下叩拜。在此，特向圣尊班禅额尔德尼请安，足前敬献圣洁白哈达一、绸缎一、火镰二。火牛年十月初五吉祥具足之吉日。

喀尔喀盟长额尔德尼王德穆楚克扎布向圣尊班禅额尔德尼奏奉。我旗土伯特阿克巴喇嘛然占布喜拉布扎穆素向圣尊班禅额尔德尼敬献一包布施，祈求回信指教所请之事。请一并赐予。明鉴，明鉴！

【注释】 德穆楚克扎布是郡王贡楚克扎布之弟，乾隆五十三年（1788）袭赛音诺颜部扎萨克多罗郡王，嘉庆十六年（1811）授赛音诺颜部盟盟长，道光十一年（1831）去世。这封信落款火牛年是嘉庆二十二年（1817）。

喀尔喀公爵策旺诺尔布为熬茶诵经事致葛根、扎布、
珠玛、格拉桑、罗喇玛等文
8：041~042

公爵策旺诺尔布书。
向葛根请安，向扎布、珠玛、格拉桑、罗喇玛请安。我安好。

先前曾向扎布书报熬茶事，由贵仓出茶十，每天为法会熬茶一次，直到寺院六月大法会结束。今祈求每熬茶时诵读《善行祈愿经》一遍。特此奉上。康熙五十七年六月初三日。

【注释】 赛音诺颜部公爵是喀尔喀赛音诺颜部扎萨克镇国公，其职爵初由托多额尔德尼始。托多额尔德尼是善巴的再从弟，康熙三十年（1691）封扎萨克镇国公。托多额尔德尼；乌巴达（托多额尔德尼兄）→巴穆；策旺诺尔布（托多额尔德尼嗣子）。策旺诺尔布在康熙五十一年袭扎萨克镇国公，雍正二年（1724）晋固山贝子。策旺诺尔布→车木楚克扎布。车木楚克扎布在雍正十年袭扎萨克镇国公，乾隆三年（1738）晋封固山贝子，十九年授贝勒品级，二十一年晋封多罗贝勒，不久晋封多罗郡王。车木楚克扎布→贡楚克扎布；德穆楚克扎布（贡楚克扎布之弟）→图克济扎布→推音固尔扎布；格勒克扎木楚（推音固尔扎布从父）→吹苏隆扎布→扎密多尔济。策旺诺尔布是托多额尔德尼之嗣子，初授侍卫，擢内大臣、上驷院卿兼蒙古正黄旗佐领。康熙五十一年袭扎萨克镇国公，平定侵扰西藏策妄阿喇布坦兵将及平定青海罗布藏丹津叛乱，军功显赫，后奉命随延信驻藏，一度奉诏佩定西将军印代办藏务。

赛音诺颜部扎萨克多罗郡王格勒克扎木楚等为该盟扎萨克王推音固尔扎布所借银两事致堪布绥本纳旺达什文

8：013~018

咨文。赛音诺颜部扎萨克多罗郡王格勒克扎木楚协理官员之文，谨呈达赖喇嘛雄差遣之堪布绥本、多尼尔等。今贵堪布绥本纳旺达什处来文内开：今贵处（来文）称，扎萨克王推音固尔扎布归还自（达赖喇嘛）政府处所借一千两银本钱之后，实无力再备齐利息之银两。我等实属不敢做主是否收回本钱和利息。加之，政府执事托堪布囊素捎来书信，令我等将该笔银两之本钱、利息须一并收齐送回。为此，（我）等（札文）嘱咐：王推音固尔扎布所借银两之本钱、利息，务于三月内照数送交。故七年夏秋两季，由多尼尔、济格密德垂珠尔及扎穆扬桑布前后送交所借一千银两本钱之四百七十二两银；八年二月，又由随我前来京城之台吉东尼德当面送还四百两银。所剩一百二十八两银，于八年三月由台吉奥讷勒图送还。如此分几批，将所借一千两银本钱归还完毕。利息银两，实属无力归还。故行文贵堪布绥本多尼尔等，呈报诸事外，并呈报额尔德尼商卓特巴、扎萨克达喇嘛及所属盟长们。然而，今堪布绥本喇嘛来文嘱咐：所借银两本钱、利息须照数送来。查得本钱已归还完毕。然现今仍来文提及归还本钱，恐日后账目混淆不清，故向堪布绥本多尼尔再呈此文。想必贵堪布绥本多尼尔均知晓此项一千两银本钱已还无异议。为此，请出具几次亲自送交、接收此项一千两银之藏文印文及七年我处所呈之文，一并交付我处所遣斋桑喇嘛伊西旺丹，令其捎给我处。至于此项借款利息，王推音固尔扎布已去世，也未留牲畜、财物。王格勒克扎木楚我本非家产殷富，所借一千两银本钱乃用我微薄家产及从他人借银偿还。现今（我）不但被逼债无奈，且全旗上下穷困潦倒，实属无力筹备银两。以上所述，实属实情。故一直祈求贵政府保佑，奏请免除所借银之利息。今再三祈求不再追讨此项借银利息，将此呈奏贵雄，望利济我贫穷之旗。为此伏祈贵堪布绥本多尼尔，谨行咨文。咸丰九年三月十六日。

【注释】赛音诺颜部郡王格勒克扎木楚是喀尔喀赛音诺颜部的王公，其职爵初由托多额尔德尼始。托多额尔德尼是善巴的再从弟，康熙三十年封扎萨克镇国公。托多额尔德尼；乌巴达（托多额尔德尼兄）→巴穆；策旺诺尔布（托多额尔德尼嗣子）。策旺诺尔布在康熙五十一年袭扎萨克镇国公，雍正二年晋固山贝子。策旺诺尔布→车木楚克扎布。车木楚克扎布在雍正十年袭扎萨克镇国公，乾隆三年晋封固山贝子，十九年授贝勒品级，二十一年晋封多罗贝勒，不久晋封多罗郡王。车木楚克扎布→贡楚克扎布；德穆楚克扎布（贡楚克扎布之弟）→图克济扎布→推音固尔扎布；格勒克扎木楚（推音固尔扎布从父）→吹苏隆扎布→扎密多尔济。格勒克扎木楚在咸丰七年袭爵，光绪四年出缺。堪布绥本纳旺达什是奉达赖喇嘛之命前来蒙古募捐的西藏使者。据后一封纳旺达什的书函落款，这里的九年是咸丰九年。

喀尔喀赛音诺颜部扎萨克多罗贝勒晋丕勒多尔济
为陈明来年送还借款事致达赖喇嘛商卓特巴等文
8：037~040

  呈文。喀尔喀赛音诺颜部齐齐尔里克盟盟长加五级扎萨克多罗贝勒晋丕勒多尔济、管喀尔喀中路军副将军副盟长加四级记录三次厄鲁特扎萨克固山贝子查克杜尔扎勒文，寄呈达赖喇嘛商卓特巴等。为请稍事逗留事。兹据受遣前去迎请七世哲布尊丹巴呼图克图之我赛音诺颜部扎萨克托克米特等报，迎请哲布尊丹巴呼图克图时，所需公用繁多，我喀尔喀沙毕纳尔、四部所解银两不敷用度。因同其他各部扎萨克、官吏商议，本五年正月由达赖喇嘛商上借用五千两白银，议定每五十两每年生息十五两，拟付本五年进京探报人员送到北京，交给达赖喇嘛差使堪布、囊素等还清。由此项借款中，我部动支六百九十六两用于公务。该项银款请在所约日期内捎送。等因。本年十月十四日呈到。窃查我处派往北京探报人员业已启程，不可追及之外，我等下地蒙古向无银两之储，近几年又不见商民过来，银两示稀，未能按时备办送达。如蒙俞允，呈报贵商卓特巴处，由彼处借用银两中我部动支六百九十六两，照所议定，宽裕凑齐连同五、六二年利息，来年若得赴召朝圣机缘，顺便送还。可否。蒙上雄解囊，办妥公务，感念大德。然而，正逢时艰，未能送还。陈明缘由，还望鉴谅。咸丰五年十月十八日寄发。

  【注释】喀尔喀赛音诺颜部多罗贝勒是喀尔喀赛音诺颜部的职爵，该职爵初由衮布始。衮布是善巴的叔祖，康熙三十年受封扎萨克多罗郡王。衮布→额琳沁→吹扎木三→纳木扎勒齐苏咙→齐默特多尔济→德埒克朋楚克→贡楚克扎布→晋丕勒多尔济→车登索诺木。晋丕勒多尔济是贝勒贡楚克扎布之子，道光二十五年（1845）袭赛音诺颜部扎萨克多罗贝勒，二十八年署盟长印务，咸丰二年（1852）授盟长，同治三年（1864）赏郡王衔，五年授乌里雅苏台参赞大臣，协助平定回民起义，命以郡王衔世袭罔替。同治六年，乌里雅苏台城失陷，晋丕勒多尔济被革职留任。晋丕勒多尔济原先是盟长，后被免去，但其时间尚需考证。后来光绪六年（1880）出任副盟长，二十年赏穿亲王补服，同年去世。

喀尔喀赛音诺颜部贝勒晋丕勒多尔济等为所部诺颜、呼图克图、活佛等向西藏诸寺院法会捐献事致堪布绥本纳旺达什咨文
8：035~036

喀尔喀赛音诺颜部盟长贝勒、副盟长贝勒之文，致达赖喇嘛雄所派堪布绥本纳旺达什等。今为达赖喇嘛处诸寺院法会所需费用募捐，赐我部诸诺颜、呼图克图、活佛等佛像、加持吉祥结、神索等物。我处均送交各处，并令各处前来禀报所捐物品数量。各处前来禀报各自所献之物，个别地方尚未来得及。来我部之堪布绥本返回之期迫近。我处饬令各处，将我部诺颜、呼图克图、活佛等人捐赠之物，在今十二月二十日前送达库伦，交付堪布绥本。盟旗、沙毕各处所送各项，还请堪布绥本纳旺达什受理，回执知照，以便核实数目相符合否。为此咨行。七年十二月十五日。

【注释】这封信写给西藏使者纳旺达什，而据纳旺达什的来函，纳旺达什在咸丰九年给格勒克扎木楚写信，所以这封信落款所示七年应该是咸丰七年。盟长贝子是晋丕勒多尔济。

喀尔喀郡王品级贝勒车登索诺木为请安献礼祈福事致达赖喇嘛文
8：019~024

径呈者。乌里雅苏台参赞大臣喀尔喀郡王车登索诺木，三门虔诚跪祷，在瓦赤喇怛喇遍知一切大悲上师足前，跪请万安呈函。明鉴。识一切身躯，为众生利益安乐相和，常在宣扬妙业精深经义于万方，宛如狮吼闪电，手持慈钩，将困于苦海之我等鄙徒投向净土。北方末流鄙徒车登索诺木，由此感拜祷告。鄙徒车登索诺木，自从礼别以来，上师由远近各地先后数次赏赐书函等件，顶上拜受，不胜欢喜，竭愚感念，常持追随。家中复遇苦难，坠入疲累之渊。祈祷上师，感奉前训，勤于乌里雅苏台原职。请慈鉴。再者，兹

喀尔喀地方，众皆太平，各地尚无议闻。普天众徒期望识一切再将驾临，望意愈显急切。另外，保佑家中生子，身体安康，庶使往谒上师圣尊，舒解渴思。微薄献礼，已奉藏字呈文。具写陋言之函，差遣属下格隆西喇布，具函连同圣洁哈达，在瓦赤喇怛喇识一切足前，拜请万安呈禀。鉴赐明示，时常慰意。鉴仁保佑，其明鉴。红马年狗月初吉日。

【注释】喀尔喀郡王车登索诺木是喀尔喀赛音诺颜部扎萨克多罗郡王，其职爵初由衮布始。衮布是善巴的叔祖，康熙三十年受封扎萨克多罗郡王。衮布→额琳沁→吹扎木三→纳木扎勒齐苏咙→齐默特多尔济→德垥克朋楚克→贡楚克扎布→晋丕勒多尔济→车登索诺木。车登索诺木是晋丕勒多尔济之子，光绪二十年（1894）十二月袭扎萨克多罗贝勒，二十八年七月初八日为乌里雅苏台参赞大臣，宣统元年病故。这是车登索诺木在十三世达赖喇嘛离开喀尔喀之后写的书信，落款所示红马年狗月是丙午年（1906）九月。

喀尔喀郡王品级贝勒车登索诺木为请安事
致大堪布绥本和使者堪布文
8：025~026

大臣贝勒车登索诺木谨向亲恩大堪布绥本和使者堪布等请安。此间，想必尊贵福德堪布们贵体安康，远行沿途无恙，公私诸事顺当。在此，末小车登索诺木平安。特有一事相求，我师傅噶钦喇嘛前往西召，（一直）未返回。我为自己熬茶，满足小小祈愿，并为迎接师傅，准备一些费用，交给属下喇嘛喇钦等三人，派往西召。请两位慈悲兄长，待所遣仆人抵达贵处后，即时嘱咐前方路途一切事宜，使伊等继续前行。再者，到达西藏，进入达赖喇嘛所属各地后，请惠赐用品与乘驿执照，予以协助。念及相认已久之情，恳请协助。其余话语，交代喇钦、西喇布等口传。再，另有一份藏文书信。祝愿恩兄们幸福、安康。九月吉日。

【注释】参见上文注释。这封信是跟上一封信一道寄发的。

喀尔喀扎萨克郡王品级贝勒车登索诺木为禀报见闻事致上师喇嘛文
8：077~082

再禀闻者：今年，喀尔喀之众照例举办数项那达慕，为哲布尊丹巴呼图克图祝寿。末小弟子车登索诺木于五月份请假，十月份返回职所。在大库伦似乎俄人渐多，但未见有碍政教。据悉，若以新制快车赶路，中间约需二三宿，即可从北京到达库伦。今年夏天，我部额尔德尼班第达呼图克图圆寂。赛音诺颜、贝子都格尔扎布等人分别得授盟长、参赞，今准备赴京陛见。赛音诺颜频访库伦，不知何为，跟哲布尊丹巴甚为亲密。总之，上师移驾以来，将军亲王、赛音诺颜等人，都与哲布尊丹巴相好。末小弟子以为伊等纯属两面，虚饰成习，可谓毋庸。传言扎萨克图汗部盟长、副将军即将卸任。乌里雅苏台将军马氏至今不返职所。我同大臣奎氏充数办事。据说，今年七月，哲布尊丹巴呼图克图驾往东部孛尔只斤王、济农公、车臣汗所属地面。情状与原先上师移驾库伦时无异。据说，只是从房顶上给众近侍抛撒物品，不计价值菲薄，而众人争抢采拾。据说，赛音诺颜部近侍喇嘛绰尔济罗布桑车林圆寂。由北京或由俄罗斯，并无听得新奇事儿，大概都太平无事。东西二部，地产不佳，牲畜鲜有病害。除此之外，并无听得其他异闻。若有新奇见闻，嗣后乘便禀报。弟子仰赖上师仁爱，优于众人，思念之情，罄竹难书。若得两年以后驾临近便，任有何种碍难，亦将前去拜谒。竭诚祈望，绝非饰词。还望海纳诸项，慈鉴护佑。

【注释】车登索诺木的这封信可能是宣统元年（1909）写的。

喀尔喀郡王品级贝勒车登索诺木为噶钦喇嘛回藏祈福等事致班禅额尔德尼属下扎萨克达喇嘛文
8：027~032

径呈者。乌里雅苏台参赞大臣喀尔喀扎萨克郡王品级多罗贝勒鄙人车登索诺木恭请贵安，呈函大仁扎萨克喇嘛。今圣尊班禅额尔德尼贵体硬朗，仁公扎萨克达喇嘛贵体安康，一切利济教众之业依法兴隆，末流车登索诺木无须询问，径直感知。只因鄙徒车登索诺木自先祖而今，承蒙识一切圣尊班禅额尔德尼大慈大爱，前经援例奏请一名大德喇嘛，以期弘扬佛教，振兴众生利益。班禅额尔德尼赐遣噶钦巴克什喇嘛。巴克什喇嘛及随从人员、所用马畜，途中无恙，径直前来，黄狗儿年六月驾临。驾临以来广泛造作教众利益，几近十年。现请返回远方故土，拜谒阿弥陀佛本性班禅额尔德尼，造作净福善事再回。末流信徒齐栋索特那木及众属下，顾虑路途遥远，不忍遣行。然而，此乃善福所为，小心不致耽误，备办行李，由属众中派出亲族四等台吉纳木扎勒、满兰巴格隆巴特玛巴图等十八名蒙古人，同藏人四名一同，十月初一日启程。想必途中安好行抵。俟其行抵，还望大仁扎萨克达喇嘛，为满足末流车登索诺木及众属众愿望，协助噶钦喇嘛，办妥向上师班禅仁波切以下众上师、法会、扎仓敬献供品、熬茶等务，速行完成，垂仁照料诸务如愿完办，俾令恩师及随行四名藏人一并返回下地，以解我等日夜思念之情。四名藏人若有碍难，还请派出我师首肯之人同来。特作蒙文字函，交付差人，连同圣洁哈达，恭请大仁扎萨克喇嘛贵安呈禀。乞鉴垂仁。恭呈红缎一匹。吉日。

【注释】这封信跟上一封信一同寄发，疑为宣统元年（1909）所写。

喀尔喀赛音诺颜部镇国公扎纳扎布为祈福事致达赖喇嘛文
8：001~002

呈文。喀尔喀赛音诺颜部扎萨克和硕亲王之弟镇国公末小扎纳扎布谨跪于殊胜众佛之集今生来世常在怙主三世佛王识一切达赖喇嘛瓦赤喇怛喇足下宝桥金轮天等众生顶饰欢喜佛前金足前，怙主众弟子之末等鄙徒扎纳扎布以三门虔诚祈祷，遣章京索诺木进献曼荼罗哈达、三佛田，以为净供。此外，祈为末小我寂止相违因，至死安好，来世转投佛法之地，免遭抛弃。愿众生怙主恩公达赖喇嘛保佑。明鉴！明鉴！繁盛羊年三月初五日。

【注释】喀尔喀赛音诺颜部镇国公是喀尔喀赛音诺颜部赛音诺颜近族爵位，初由诺尔布扎布始。诺尔布扎布在乾隆十七年受赐公品级，二十年封固山贝子，后封扎萨克和硕亲王，兼赛音诺颜称号。诺尔布扎布袭和硕亲王赛音诺颜之后，其原爵固山贝子由其长子车登扎布降袭镇国公。车登扎布→额琳沁多尔济；朋楚克达什（额琳沁多尔济之弟）→扎纳扎布。扎纳扎布，朋楚克达什之子，嘉庆八年（1803）袭镇国公，道光二十九年（1849）去世。信末落款所示羊年三月初五日是癸未年三月初五日，即道光三年三月初五日。这封信的落款跟前述车林多尔济和巴勒济德的信完全相同，写信人又是兄弟关系，可以肯定是一同遣使送达西藏的。

喀尔喀扎萨克镇国公齐旺达什为祈福求子事致拉萨祈愿大法会诸圣文
8：049~050

呈奏之事。喀尔喀右翼将军齐旺达什向拉萨祈愿大法会诸圣叩拜祈祷，敬献五十两银，为今世与来世祈福。仰赖前所保佑之恩，我们安好。今无论好歹，务必赐给一名同我齐旺达什独子为伴之子，以满足心愿。福愿具足吉日。

【注释】齐旺达什是喀尔喀赛音诺颜部扎萨克镇国公齐旺达什，齐旺达什的职爵初由阿哩雅始。阿哩雅是善巴族子，康熙三十一年授扎萨克一等台吉。阿哩雅→格木丕勒。格木丕勒在康熙五十四年袭扎萨克一等台吉，雍正十年封辅国公，乾隆二年晋镇国公。格木丕勒→贡格敦丹→当苏咙→齐旺达什→巴勒沁→车登扎布→冈昭尔扎布。齐旺达什在乾隆四十七年袭扎萨克镇国公，嘉庆十八年去世。

公爵达什多尔济为请安及迎仁波切来京等事致仁波切文
8：051~052

封面：呈上。
封底：谨封。
弟子公爵达什多尔济谨在怙主仁波切双目前叩呈。鄙徒仰赖保佑，沿途顺利,业已回到北京。今安好。目前未闻新奇事。唯观北京状况,在黄寺南门两侧建了十间新房,理藩部派官员住在黄寺。据说,不仅在外大门周围建好房子用兵守候,而且一切进出人员都给理藩部官员说明理由,并拿到定制木牌才可进出。观察迎驾场所黄寺,尚未布置上好坐垫及各种宝物。由北京前往保定府迎驾之大臣人数,我尚不知。关乎怙主仁波切驾临北京之圣旨,由御前大臣用蒙古语抄出一份,在八月二十日进呈。弟子公爵达什多尔济叩拜怙主仁波切,敬献圣洁哈达。吉日。

【注释】这是达什多尔济给十三世达赖喇嘛写的信。根据信文可知,写信人公爵达什多尔济先去达赖喇嘛行在所拜谒达赖喇嘛,然后返回京城。这封信是他回京后写的报安信,同时把京城内迎驾准备情形告诉了达赖喇嘛。根据信里透露的信息,并结合相关历史背景,可以确定信中所说的八月二十日是光绪三十三年八月二十日。至于写信人的身份,尚无确切的史料依据。查同时期的蒙古王公,喀尔喀赛音诺颜部有位同名同爵的王公,但不清楚那位喀尔喀公爵是否曾奉差往来于北京与喀尔喀赛音诺颜之间。

赛音诺颜部扎萨克一等台吉阿巴尔米特旗协理台吉巴图敖其尔为自达赖喇嘛雄所借银两等诸事致办理哲布尊丹巴呼图克图库伦事务及掌管沙毕纳尔事务额尔德尼商卓特巴等人文
8:055~060

咨文。办理赛音诺颜部扎萨克头等台吉阿巴尔米特印务协理台吉巴图敖其尔之文,致办理敕封兴教安生哲布尊丹巴呼图克图库伦事务及总管沙毕纳尔事务额尔德尼商卓特巴、查办西藏诸务扎萨克一等台吉、达喇嘛等。致函事由:今春所属盟长札称:为还由达赖喇嘛雄所借每五十两银一年利息为十五两银之银两,将扎萨克阿巴尔米特俸禄及苏木壮丁所摊银两,于今年三月十五日送交我盟长处,清点送交。由于期限已过,我处呈文所属盟长处:即刻备齐此项摊派银两,附函送交额尔德尼商卓特巴处。于是,备齐各项钱款,连同附函一并交付本旗保管扎木楚等,今年四月送交额尔德尼商卓特巴处。保管扎木楚回称：在补送各项钱款中不堪使用之银四两二分八厘。等语。正当备银两，前往送交之际，今承额尔德尼商卓特巴处来文称：所送交银两应收于达赖喇嘛藏还是哲布尊丹巴呼图克图藏之情不明，故此（复文）说明。复文与在前所欠银两一并送来。为此查得，前盟长处札文称，送交应敬献哲布尊丹巴呼图克图商之银两之时，（我处）筹备扎萨克俸禄及旗、苏木所征得之银两送交，并附文告知：剩余银两待后呈送。此项银两、书信交付本旗保管扎木楚等，去年十二月送交额尔德尼商卓特巴处矣。今年四月交付保管扎木楚送交之银两乃是敬献达赖喇嘛雄银两。故将所欠四两二分八利封包，交付骁骑校敖其尔等送之。一经收到，还请额尔德尼商卓特巴同前所送交银两一并查收，同上次所送（银两）一并收齐，复文告之。此外，此次未能呈送哲布尊丹巴呼图克图敬献贵商之银两。将此呈报外，此项银两稍后另送交。将此一并呈报。为此呈奏。咸丰七年七月二十一日。

【注释】 赛音诺颜部扎萨克头等台吉阿巴尔米特是喀尔喀赛音诺颜部的旗主，其职爵初由丹津额尔德尼始。丹津额尔德尼是善巴的从弟，康熙三十年（1691）授扎萨克一等台吉。丹津额尔德尼→锡喇扎布→满珠习礼→吹木丕勒→敦多布那木扎勒；多尔济齐巴克（吹木丕勒次子）→索诺木衮布→罗布桑达什→达玛林扎布；阿巴尔米特（达玛林扎布侄子）→巴拉丹。阿巴尔米特是达玛林扎布之侄，道光十三年（1833）袭爵，光绪十一年（1885）继任者嗣。

扎萨克头等台吉阿巴尔米特为诺颜额尔德尼沙布隆转世事致圣尊喇嘛文
8∶061~062

咨文。扎萨克弟子阿巴尔米特、协理官员、本旗僧俗全体，在一切怙主之集、佛法之主、众生唯一皈依圣尊足下金轮前叩拜祈愿。阿巴尔米特我之先祖扎萨克时，有一位由西方土伯特地方来我旗受我旗供养之名为乌尔卡绰尔济默尔根土伯特之活佛喇嘛，经圣尊等诸圣寻得，初次请来之转世为额尔德尼沙布隆索诺木策凌。此后几经转世，第四转世额尔德尼沙布隆沙津巴拉刚于五年十一月圆寂。末小弟子阿巴尔米特等祈求唯一怙主瓦赤喇怛喇圣尊,将我等所供沙布隆喇嘛在何方转世、其地远近如何、有何特征、何年何月诞生、其父母姓名、家族姓氏及转世灵童名等,明白预示。为此,在足下金轮前诚心笃信祈愿叩拜。鉴之,鉴之。明鉴。

【注释】阿巴尔米特提到"刚于五年十一月圆寂",可知此信写于某五年十一月之后。阿巴尔米特道光十三年嗣位,光绪十一年继任者嗣,在这期间有咸丰五年、同治五年和光绪五年。

喀尔喀赛音诺颜部达拉扎布为阿里布噜勒呼圣尊圆寂及指明其转世事致诺门罕文
8:063~064

祈祷呈奏。执掌土伯特地方政教之摄政诺门罕足下金轮前,喀尔喀赛音诺颜部鄙徒达拉扎布祈祷之事:我等所请来供奉之阿里布噜勒呼活佛,奉护法师之命,于狗年将返回之际,巴克什喇嘛、商卓特巴二人言其(返回前)应往北京,向皇帝请安。我盟盟长亦令活佛亲向理藩院呈领路票。然而,诸事尚未办妥,活佛先于牛年正月圆寂。将此等情事奏报外,祈求大慈大悲爱怜我等偏域小人,指明阿里布噜勒呼活佛转世何地、为何人之子,并保佑鄙徒今世无障碍,心想事成,世世不离不弃。为此敬献圣洁哈达、蟒缎等。牛年九月初七日。

【注释】达拉扎布是喀尔喀赛音诺颜部扎萨克辅国公,其职爵初由图巴始。图巴是托多额尔德尼从子,康熙三十年(1691)授扎萨克一等台吉。图巴→宝第→齐旺。齐旺在康熙五十八年袭扎萨克一等台吉,雍正十年(1732)封辅国公。齐旺→达什→喇嘛扎布→车布登多尔济;达拉扎布(车布登多尔济之弟)→拉旺多尔济→达什多尔济。达拉扎布是车布登多尔济之弟,嘉庆十七年(1812)袭扎萨克辅国公,道光十一年(1831)去世。这封信写于牛年,在达拉扎布在位期间有丁丑(1817)和己丑(1829)两个牛年。查这封信的收信人，是土伯特地方政教之摄政诺门罕。嘉庆二十二年的摄政是第穆活佛，道光九年的摄政是二世策墨林活佛阿旺降白楚臣嘉措。第穆呼图克图有吉祥诺门罕称号，阿旺降白楚臣嘉措有额尔德尼诺门罕称号，所以很难确定信中所称的诺门罕和写信年。

布噜勒呼活佛等人新年贺信三封
10：233~239

新年贺信。鄙人弟子某某合十跪请顶饰瓦赤喇怛喇巴克什新年万安。此间，想必法身安康，一切如意弘扬。现在新春来临，万物复苏之际，祈颂瓦赤喇怛喇巴克什足下千百年永驻，用教法甘露满足众弟子等众生，护持世代事业，小弟子在（活佛）足下合十祷祝，行叩拜礼，敬献天物圣洁哈达，以新春大喜之礼请万安。大喜吉日。

布噜勒呼活佛谨向大臣卓哩克图王至仁诺颜请新年万安。请问此间宝体安康，贵府全体无恙，诸事如法兴盛。现在新春来临，万物复苏之际，祝愿仁臣寿如须弥山高，功德载满海内外，受圣主厚恩节节高升，福分如新月越发盈满，成为世界庄严。特此自远方致函行礼，敬献圣洁哈达，以新年大喜之礼请万安。大喜吉日。

布噜勒呼活佛谨向至祜请新年万安。请问此间宝体安康，诸事如法兴盛。现在新春来临，万物复苏之际，祝愿护持葛根足下千百年永驻，用教法甘露满足众生。为此致函行礼，以天物圣洁哈达请新年万安。大喜吉日。

出行伙团成员名衔人数
8：075~076

赛音诺颜部

将军镇国公冈氏；

公品级扎萨克罗布桑海都布；

扎萨克孟柯瓦齐尔，值班官吏一员、笔帖式一员、随从四人。

【注释】将军镇国公冈氏是喀尔喀赛音诺颜部扎萨克镇国公冈昭尔扎布。冈昭尔扎布世袭顺序：格木丕勒→贡格敦丹→当苏咙→齐旺达什→巴勒沁→车登扎布→冈昭尔扎布。冈昭尔扎布在同治六年袭爵，宣统二年去世。

公品级扎萨克罗布桑海都布是赛音诺颜部扎萨克公品级一等台吉罗布桑海都布。罗布桑海都布的职爵初由那木扎勒始。那木扎勒在康熙三十五年受封扎萨克一等台吉。那木扎勒→巴朗→阿喇布坦→敦多布→旺济勒三丕勒→格济巴勒→扎木萨林扎布→车凌衮布→罗布桑海都布。罗布桑海都布在光绪十四年袭爵。

扎萨克孟柯瓦齐尔是喀尔喀赛音诺颜部扎萨克一等台吉孟柯瓦齐尔。孟柯瓦齐尔的职爵初由萨木济特始。萨木济特在康熙三十一年受封扎萨克一等台吉。萨木济特→根敦→布达扎布→车登扎布→多尔济扎布→罗布桑车林→乌哲依巴达尔呼凌霍→孟柯瓦齐尔。孟柯瓦齐尔在光绪二十四年二月袭爵。

以上三位王公都是光绪末年的人物，所以这份名单应写于光绪末年。查光绪末年蒙藏关系方面的大事，达赖喇嘛出走喀尔喀一事应为其中之最。我们怀疑这份名单是喀尔喀四部各派代表迎接达赖喇嘛时赛音诺颜部组织的出迎王公名单。

喀尔喀众诺颜为控诉那曲囊素强抬马骡脚价事致噶厦朗孜大衙门文
8：069~074

喀尔喀诸诺颜、官员文。呈噶厦朗孜大衙门。禀报事由：我等奉圣主恩旨，由库伦及喀尔喀四部奉差启程，今年正月初四日行抵那曲地方。向管理该地之雄下囊素及堪布所属涅巴等陈明此程缘由，请照例给乌拉，我等急需抢在祈愿大法会解散之前到达，散放公积、熬茶，其余各项也欲尽早办妥。他们答称：不能给予你们乌拉。我等以抢在祈愿大法会解散之前赶到为重，拟派数人先行，请求囊素雇佣马畜。囊素则抬高脚价。此事先经奏达圣主，动支官银过多，恐日后得罪，拟寻他人廉价雇佣马畜。囊素却告示众人：在伊出租马畜之前，他人不得出租。该地近处未能雇佣廉价马畜，因而以公务为重，暂以所出脚价雇佣马畜，拟于行抵拉萨之后申诉办理。如此雇佣而来。窃查我喀尔喀众人，向来世代向达赖喇嘛、班禅额尔德尼贡献祝寿礼，向桑耶寺及各地寺院给公积、熬茶。每次来到，由第巴、雄处提供乌拉，相沿已久之事。纵使那曲囊素不知提供乌拉之事，当时陈明缘由，应给绰尔济喇嘛根敦达什等数人以乌拉。伊却断不受理，实在逼迫我喀尔喀人等。唯利是图，不肖之徒管理边地，以致穷逼疏远信仰达赖喇嘛之大小施主诚意。如蒙俞允，请追出囊素盘剥所得银两，为善事所用之外，我等初到那曲遇见囊素时，据伊等称：你等喀尔喀众人皆野外露宿，是则盗贼不虞，可以院内扎营。因此下榻伊等院内。俟我等启程时，囊素、涅巴等称：无论官差人数多寡，行抵那曲地方，不管下榻此院，抑或野外露宿，不管过宿几何，每伙须缴白银一两，上交大雄，并称按旧例相索。我等则言：奉圣主谕旨，赉持票照奉差，未知给否地租。俟询该处，果有给例，即照例给。如是留言而来。为此一并参纠，请示训办理交付。书末粘单，开列所用马畜数量及银两数额呈禀。咸丰元年四月二十五日。

粘单

库伦绰尔济喇嘛等用马骡八匹，每匹三两三钱，总共白银二十六两四钱。哈勒哈齐札穆楚、云端等用马七匹，每匹三两三钱，总共白银二十三两一钱。扎萨克图汗部差人梅勒章京垂姆丕勒等用马九匹，每匹三两三钱，总共白银二十九两七钱。赛音诺颜部差人梅勒章京纳木囊用骑驮马三匹，每匹三两，共白银九两。

【注释】 这是喀尔喀使团负责人控诉西藏那曲地方官员勒索脚价银的诉状，控诉人自称"我等奉圣主恩旨，由库伦及喀尔喀四部奉差启程"，信尾落款显示咸丰元年四月。喀尔喀使团以圣主恩旨及奉喀尔喀四部之差进藏，表明所关者非轻。查咸丰元年前后在喀尔喀发生的重大事件，首推六世哲布尊丹巴呼图克图的圆寂。六世哲布尊丹巴在道光二十八年（1848）圆寂。按惯例，哲布尊丹巴圆寂后，应一边由库伦办事大臣奏报清朝皇帝，一边由库伦僧官派出执箭使者，火速赴藏报丧。然后，喀尔喀四部王公召开会议，经商议后，派出四部公众使团，携运大批银两进藏（蒙古语 buyan kürgekü；满语 buyan benebure），为已故呼图克图及其早日转世布施诵经祈愿。这份诉状里，控诉人说"我等急需抢在祈愿大法会解散之前到达，散放公积、熬茶，其余各项也欲尽早办妥"，可知使团此行的首要任务是熬茶祈愿，所以我们确定这份诉状的控诉人是喀尔喀四部集体派出的为六世哲布尊丹巴呼图克图熬茶祈愿的进藏使团。据诉状内容可知，该使团于道光三十年由喀尔喀启程，咸丰元年正月抵达西藏那曲。查历辈呼图克图圆寂后的善后情况，熬茶使团通常在呼图克图圆寂的第三年出发（通常是八月），因为这期间需要喀尔喀四部全体会盟，商议选定出使人员，筹集熬茶费用（通常由四部王公各捐一年俸银），并向清廷报告，由清廷指派官员陪送到藏。此次熬茶使团也是在呼图克图圆寂后的第三年启程赴藏，符合其他多数情况。

喀尔喀亲王拉旺多尔济之丹德尔凌寺达喇嘛罗布藏丹巴为请佛事致达赖喇嘛文
9：180~182；10：275~276

喀尔喀亲王固伦七额驸拉旺多尔济之寺丹德尔凌寺达喇嘛拉然巴罗布藏丹巴奉函。识一切怙主圣尊达赖喇嘛无垢金莲花前，以虔诚之心敬献圣洁无量寿佛哈达、水红玻璃念珠，为今世及来世祈福。叩拜祈求事：愿佛法及圣尊喇嘛长寿，尤其祈祷怙主达赖喇嘛额尔德尼永世长寿，并祈愿班禅圣尊转世尽早现世，为此呈函。此外，诚惶诚恐启禀为丹德尔凌寺请佛供奉一事。为此献礼三等哈达十一方，大红色绸缎、金线红缎、红色金刚等各四庹，蓝色蟒缎、绿色花纹闪缎各八庹，共二十八庹绸缎等，合手祈祷，奉献大仓。祈祷谢恩。九个大、两个小无缝像，并写明众佛之名。愿保佑佛像及所奏诸事，为此叩拜呈奏。明鉴，明鉴，明鉴。

【注释】喀尔喀亲王固伦七额驸拉旺多尔济是喀尔喀赛音诺颜部扎萨克和硕亲王。该职衔和爵位初由策凌始。策凌是善巴的再从弟，康熙三十一年授三等轻车都尉，四十五年赐贝子品级，六十年授扎萨克，雍正元年特封郡王，九年晋封和硕亲王，授喀尔喀十大扎萨克之一，十年赐号超勇，乾隆十五年薨。策凌→成衮扎布→拉旺多尔济；巴彦济尔噶勒（拉旺多尔济之嗣子）→车登巴咱尔→达尔玛→那彦图。拉旺多尔济是成衮扎布第七子，乾隆三十五年与乾隆皇帝第七女和静公主结婚，乾隆三十六年袭爵，嘉庆二十一年去世。

《西藏自治区档案馆馆藏蒙满文档案精选》第 9 卷和第 10 卷重复影印同一份文书。

哲布尊丹巴呼图克图

哲布尊丹巴呼图克图为请安事致达赖喇嘛文
9：211~212

奉书请安。兴教安众哲布尊丹巴喇嘛呼图克图文。在具足三世众佛识一切慈悲本性之集、众呼图克图之至尊、手持莲花者、达赖喇嘛足下莲花金轮前，由衷虔诚祈祷，请安奉书。今仰赖达赖喇嘛怙佑，我安好，时时挂念佛法，利乐众生。此次请安，并献新年礼十两银曼荼罗、哈达、灰色蟒缎一匹、黄色杭布绸缎一匹等。欢喜吉日。

哲布尊丹巴呼图克图为献礼事致萨玛第巴克什诺门罕文
9：215~220

请安。哲布尊丹巴呼图克图以书向萨玛第巴克什诺门罕扎栋呼图克图、噶什勒桑斋、固济尔堪布、绥本庆穆等请安。收览贵处托达里岗爱格隆朝克多布等人捎来之书信，如同天日忽为云烟笼罩。虽然如此，想必贵等放宽心扉，仍为瓦赤喇怛喇达赖喇嘛诸多佛法之业，孜孜不倦，勤勉效力。在此，我仰赖三宝护佑，安好无恙。去年奉达赖喇嘛法令及贵处明命，衮栋堪布罗布桑普尔赉、多尼尔纳旺等人送我回库伦。在他们返回之际，亲自交付薄礼五百两银及价值五百两银之物品，以为大雄捐赠。俟到达，请收纳。此外，请将达赖喇嘛法业如仪成就，速速寻请转世灵童。信赖贵等，致函嘱托。吉日。

交付多尼尔纳旺之银两五百两，另外五百两之物品：价值八两之四庹嵌金蓝色蟒缎一匹、价值八两之四庹嵌金乌黑蟒缎一匹、价值八两之四庹市售绿色 jui 一匹、价值十二两之黄色宫素一匹、价值十六两之四十四庹绿色闪缎一匹、价值十二两之花纹红杭布一匹、价值八两之灰色纺缎一匹、价值八两之六庹深红色纺缎一匹、价值十二两之四十四庹蓝色纺缎一匹、价值十二两之四十四庹灰色纺缎一匹、价值八两之四庹蓝色 juisu 一匹、价值五两之四庹黑色宫素一匹、价值五两之四庹青色宫素一匹、价值六两之四庹灰色杭布一匹、价值四两之四庹红黄色纺丝一匹、价值四两之四庹红色纺丝一匹、价值四两之四庹绿色纺缎一匹、价值八两之灰色 oidun huwar 一匹、价值七两之四庹青色 jui 一匹、价值八两之四庹袍子蟒缎一匹、价值八两之四庹青色闪缎一匹、价值八两之四庹黄色闪缎一匹、价值五两之四庹叶瓣纹宁绸一匹、价值五两之四庹新花纹红色绸缎一匹、价值五两之四庹蝴蝶图案黑色绸缎一匹、价值五两之四庹碎花纹灰色绸缎一匹、价值五两之四庹灰色龙缎一匹、价值五两之四庹粉色宁绸杭布一匹、价值五两之四庹黄色宫素一匹、价值五两之四庹碎花纹紫色绸缎一匹、价值五两之四庹大棕黄色纺丝一匹、价值五两之四庹灰色宫素一匹、价值五十六两之灰色 eragra 粗呢一捆、价值六十四两之红色 odungqu 粗呢一捆、价值三十两之黑色熟皮十张、价值八十两之貂十只、价值四十一两之花脸狐狸十只。

【注释】这封由哲布尊丹巴呼图克图写给以萨玛第巴克什诺门罕为首的西藏众人的信里提到："收览贵处托达里岗爱格隆朝克多布等人捎来之书信，如同天日忽为云烟笼罩。虽然如此，想必贵等放宽心扇，仍为瓦赤喇怛喇达赖喇嘛诸多佛法之业，孜孜不倦，勤勉效力。"这句话的意思是说，哲布尊丹巴本人看到捎来的信后，惊愕无比，接着提醒众人为达赖喇嘛的法业勤勉效力。言外之意是，达赖喇嘛已然圆寂。信中又提到："去年奉达赖喇嘛法令及贵处明命，衮栋堪布罗布桑普尔赉、多尼尔纳旺等人送我回库伦。"罗布桑普尔赉等人奉达赖喇嘛之命送哲布尊丹巴回库伦，显然是从西藏送哲布尊丹巴回库伦，若从其他地方返回，则无须达赖喇嘛派人护送。在历史上，哲布尊丹巴呼图克图赴藏并由西藏返回库伦发生过两次：一次是嘉庆年间四世哲布尊丹巴呼图克图入藏，另一次是道光年间五世哲布尊丹巴呼图克图入藏。两世哲布尊丹巴呼图克图都由库伦启程入藏，由藏返回库伦。四世哲布尊丹巴呼图克图在嘉庆八年（1803）赴藏，九年返回库伦，同年八世达赖喇嘛圆寂，济咙呼图克图出任摄政；道光十五年五世哲布尊丹巴呼图克图赴西藏拜谒达赖喇嘛和班禅额尔德尼，十六年返回库伦，次年九世达赖喇嘛圆寂。九世达赖喇嘛未及亲政，其在世时一直由二世策墨林活佛担任摄政，所以他圆寂后，仍由该活佛继续担任摄政。哲布尊丹巴的这封信没有写明日期，但收信人以济咙呼图克图为首，这跟八世达赖喇嘛圆寂后济咙呼图克图出任摄政相符，所以我们可以肯定，信中所说的达赖喇嘛圆寂一事应该是八世达赖喇嘛圆寂。哲布尊丹巴又说，去年奉达赖喇嘛之命送他回库伦的罗布桑普尔赉等人返回之际寄送礼物云云，表明写信年是他返回库伦的次年，即嘉庆十年。据信中反映的情况看，上年送哲布尊丹巴返回库伦的罗布桑普尔赉等人还没启程回藏，库伦方面就已经接到了达赖喇嘛圆寂的消息，因此哲布尊丹巴在送走罗布桑普尔赉等人时写了这封信，慰问济咙呼图克图为首的西藏众人，并献厚礼。基于以上事实，我们可以肯定，这封信是四世哲布尊丹巴呼图克图罗布藏图巴坦旺舒克（1775~1813）在嘉庆九年收到八世达赖喇嘛圆寂的消息后，在送走上年陪自己回库伦的西藏使者之际写给摄政济咙呼图克图为首西藏众人的慰问信。

哲布尊丹巴呼图克图为请安谢恩事致济咙文
9：213~214

　　请安。哲布尊丹巴呼图克图文。向济咙萨玛第巴克什诺门罕请安敬献。想必现今葛根身体安康！达赖喇嘛政教二业兴盛之际，兔年遣使臣堪布所捎来之书信、礼物等拜收，不胜欣喜。在此，托三宝之加持力，身体安好，利益教法与众生之心仍旧依然。愿足下莲花如同金刚般坚固。愿达赖喇嘛护佑，长寿福分及政教事业如同新月一般兴盛。明鉴！奏书之礼，哈达、水红色镶边蟒缎一匹、四庹灰色堪布缎一匹、白银五十两等。十三年十一月十日。

【注释】这封信是哲布尊丹巴呼图克图写给济咙呼图克图（达察诺门罕）的。按哲布尊丹巴呼图克图的宗教地位，只会给地位显赫时的济咙呼图克图写信，不会给闲居寺中的济咙呼图克图写信。查历辈济咙呼图克图的地位变化发现，济咙呼图克图曾两次出任西藏摄政，第一次是嘉庆九年（1804）八世达赖喇嘛圆寂后，第八世济咙呼图克图益西罗桑丹贝贡布出任摄政，嘉庆十六年初在任上圆寂；第二次是光绪元年（1875）十二世达赖喇嘛圆寂后，第十世济咙呼图克图阿旺班垫曲吉坚参出任摄政，光绪十二年圆寂。我们认为哲布尊丹巴呼图克图的这封信是写给身任摄政的两位济咙呼图克图中的一位。这封信里提到兔年收礼之事，同时信尾落款显示十三年，可以肯定这封信写于某一个紧邻兔年的十三年。查八世济咙呼图克图任摄政时的各年，生肖为兔年的丁卯年是嘉庆十二年，次年即戊辰嘉庆十三年。相比之下，十世济咙呼图克图任摄政是在光绪元年至十二年，涉及不到十三年。基于此，我们认定这封信是四世哲布尊丹巴呼图克图罗布藏图巴坦旺舒克（1775~1813）在嘉庆十三年给时任西藏摄政的济咙呼图克图写的。事情的缘由应该是，济咙呼图克图在兔年（丁卯，嘉庆十二年）向北京派出年例使者时，也给四世哲布尊丹巴呼图克图寄了礼物，哲布尊丹巴呼图克图收到礼物后，龙年（戊辰，嘉庆十三年）写出这封信，以示回礼。

哲布尊丹巴呼图克图为献礼事致第穆呼图克图文
9：221~222

径呈者：哲布尊丹巴呼图克图奉书，向第穆呼图克图诺门罕请安。想必现今从事众生利益之业，贵体安康；随从众徒均安康！在此，托三宝护持，身体安好。从事教法、利乐众生之业之心仍旧。今收悉贵处所捎书信、礼物，甚是喜悦。向贵体敬献请安之礼：圣洁哈达、四庹红色袍子蟒缎一匹、黄色kadi一匹、四庹棕色堪布缎一匹、重量五十两银之元宝一个，将此敬献。吉日。

【注释】这封信是哲布尊丹巴呼图克图写给第穆呼图克图的。按哲布尊丹巴呼图克图的宗教地位，只会给地位显赫的第穆呼图克图写信，不会给闲居寺中的第穆呼图克图写信。查历辈第穆呼图克图的地位，第穆呼图克图曾三次出任西藏摄政，第一次是乾隆二十二年（1757）年七世达赖喇嘛圆寂后，六世第穆呼图克图出任摄政，到乾隆二十四年圆寂；第二次是嘉庆十六年（1811）时任摄政的八世济咙呼图克图圆寂后，第七世第穆呼图克图出任摄政；第三次是在光绪十二年（1886）年时任摄政的第十世济咙呼图克图圆寂后，第八世第穆呼图克图接替摄政一职。乾隆二十二年，六世第穆呼图克图出任摄政时，正逢二世哲布尊丹巴圆寂，自然没有哲布尊丹巴给第穆呼图克图写信之事，所以只有嘉庆十五年和光绪十二年出任摄政的七世第穆和八世第穆才有可能是这封信的收信人，也就是说，这封信有可能是四世哲布尊丹巴呼图克图给时任西藏摄政的七世第穆呼图克图写的，也有可能是八世哲布尊丹巴呼图克图给时任西藏摄政的八世第穆呼图克图写的。据前两封四世哲布尊丹巴给时任摄政的济咙呼图克图写的信推断，这里的第穆呼图克图也有可能是济咙呼图克图的继任者七世第穆呼图克图。此外，在历辈哲布尊丹巴呼图克图当中，四世和五世曾入藏拜谒达赖喇嘛，尤其是四世呼图克图广修佛业，跟西藏宗教上层保持着密切的往来。基于以上情形，我们倾向于认为这封信是四世哲布尊丹巴所写，即写于七世第穆出任摄政的嘉庆十五年到四世哲布尊丹巴圆寂的嘉庆十八年之间。

哲布尊丹巴属下堪布诺门罕策旺多尔济、巴克什堪布纳旺普楞赉等为祈哲布尊丹巴足莲永固及所持佛业发扬光大事致达赖喇嘛文

9：223~224

封面：哲布尊丹巴葛根之堪布诺门罕策旺多尔济、巴克什堪布纳旺普楞赉等为请安事致达赖喇嘛。

喀尔喀斡齐赉巴图土谢图汗车登多尔济向识一切达赖喇嘛仁波切奉书。想必无垢足莲坚固安康！敬献三两银曼荼罗，连带哈达。祈求保佑。明鉴，明鉴！

祈祷敬献。

哲布尊丹巴属下堪布诺门罕策旺多尔济、巴克什堪布纳旺普楞赉等为祈

哲布尊丹巴足莲坚固及所持佛业发扬光大事致达赖喇嘛文。

佛法太阳怙主圣识一切瓦赤喇怛喇达赖喇嘛无垢足莲前，哲布尊丹巴属下堪布诺门罕策旺多尔济、巴克什堪布纳旺普楞赉、额尔德尼商卓特巴达穆却喇布斋等双手合顶祈祷禀告。为此方佛法众生怙主圣尊哲布尊丹巴足莲如同金刚万世永固，佛法兴盛，事业普照，众生更加安康，以虔诚之念向圣识一切达赖喇嘛祈求保佑。请由慈悲之台赐经忏于我等顶上。明鉴，明鉴！呈祈之礼，二十两曼荼罗、五彩福祉哈达、整匹灰色蟒缎一匹、黄色宫绸一匹。祈祷敬献。吉日。

【注释】 这封信的写信人有堪布诺门罕策旺多尔济、巴克什堪布纳旺普楞赉和喀尔喀斡齐赉巴图土谢图汗车登多尔济，其中前两位是哲布尊丹巴属下喇嘛，应该是四世哲布尊丹巴时期的库伦经法负责人，而土谢图汗车登多尔济在乾隆二十四年至五十八年（1759~1793）和乾隆五十九年至嘉庆二十年（1794~1816）两度受封土谢图汗。车登多尔济在位期间涉及两世哲布尊丹巴呼图克图，前期是三世哲布尊丹巴，后期是四世哲布尊丹巴，然而，三世哲布尊丹巴呼图克图在世时没有名为策旺多尔济的堪布诺门罕，所以这个策旺多尔济只能是四世哲布尊丹巴呼图克图在世时的人物。信中祈愿哲布尊丹巴呼图克图足莲坚固（意即长寿），这种祈愿跟三世呼图克图的过早圆寂有关（终年16岁）。我们认为这封信写于四世呼图克图坐床后不久，即乾隆四十六年前后。

《西藏自治区档案馆馆藏蒙满文档案精选》第9卷没有收录封面。

喀尔喀阿齐图堪布诺门罕满珠习礼喇嘛致达赖喇嘛灵前祭文
9：183~184

祭文。喀尔喀部阿齐图堪布诺门罕满珠习礼喇嘛，在天人众生之顶饰怙主佛王识一切圣尊金塔前，以三门虔诚，衷心祈祷奉祭。愿凭此次奉祭之福，相违因得以寂息，顺缘具足。为祈愿早日叩拜，敬献天物圣洁哈达、五十两银等物。随圣尊前来之喀尔喀多尼尔纳旺等人所带来之惠赐佛像、护身结、佛舍利子、宝贝珍丸、克什米尔红花十两、两匹氆氇等，叩拜收悉。佛语之福厚重。今自喀尔喀固鲁勒庆布,末小毕什勒图阿齐图堪布满珠习礼诺门罕,于( )月( )日吉时敬献。

【注释】阿齐图满珠习礼喇嘛是喀尔喀的活佛转世系统,僧号阿齐图,原称满珠习礼呼图克图,也叫栋果尔呼图克图。这一转世系统是喀尔喀的早期传教者之一,地位显赫。在历史上,有数辈满珠习礼呼图克图曾出任哲布尊丹巴呼图克图库伦的堪布诺门罕,总领库伦属下经法事务。堪布诺门罕是哲布尊丹巴呼图克图库伦的最高僧职,总理该呼图克图属下一切经法事务。这里写信者自称阿齐图堪布诺门罕满珠习礼喇嘛,表明这是某一世出任库伦堪布诺门罕的阿齐图满珠习礼呼图克图。信中又说"随圣尊前来之喀尔喀多尼尔纳旺等人所带来之惠赐"云云,其中圣尊指的是哲布尊丹巴呼图克图,"随圣尊前来"应指从西藏随从哲布尊丹巴前来库伦一事。前面四世哲布尊丹巴嘉庆年间给济咙呼图克图的信里说道:"去年奉达赖喇嘛法令及贵处明命,衮栋堪布罗布桑普尔赉、多尼尔纳旺等人送我回库伦。"显然,满珠习礼呼图克图所说的纳旺正是哲布尊丹巴呼图克图所说的纳旺。据此可以肯定,这封信写于嘉庆九年(1804),并借罗布桑普尔赉等人返回之机托寄西藏。这是一封祭文,为已经圆寂的八世达赖喇嘛致祭。如前所述,八世达赖喇嘛在嘉庆八年圆寂,嘉庆九年罗布桑普尔赉等人回藏之际,哲布尊丹巴呼图克图特致信礼。这封信是哲布尊丹巴呼图克图属下堪布诺门罕个人的致祭信礼,同样托付罗布桑普尔赉带回西藏。

哲布尊丹巴属下额尔德尼商卓特巴达穆却喇布斋为请安祈福事致达赖喇嘛文

9:239~240

呈祈之事:末小弟子额尔德尼商卓特巴达穆却喇布斋谨在三世众佛智慧慈悲本性聚一者之主、怙主之尊、手持莲花者达赖喇嘛足莲金轮前,衷心祈祷,奉请贵安。此时,想必瓦赤喇怛喇贵体安好,黄教僧侣尽皆安好。所特赐礼物、书信,双手合顶,祈祷叩拜接收。在此,哲布尊丹巴法体安好,库伦僧侣、众徒安好如故。末小弟子达穆却喇布斋仰赖诸圣保佑，甚是安好，尽力为活佛所持之业奋勉。今愿慈悲保佑，作为请安之礼，献十两银曼荼罗一个、哈达一方、四个翡翠器。

【注释】 达穆却喇布斋，哲布尊丹巴库伦高僧。乾隆三十年，桑斋多尔济及其亲信库伦僧人在恰克图开展违禁贸易事情败露，遭到乾隆皇帝严惩。时任哲布尊丹巴呼图克图库伦额尔德尼商卓特巴的衮布多尔济被免职，经时任钦差驻库伦办事大臣喀喇沁贝子瑚图灵阿举荐，奉旨委派达穆却喇布斋为新任额尔德尼商卓特巴，领哲布尊丹巴呼图克图库伦属众事宜。这封信应写于乾隆三十年后达穆却喇布斋出任商卓特巴的数年之内。

哲布尊丹巴属下商卓特巴衮布扎布为祈福事致达赖喇嘛文
9：235~236

敬献。哲布尊丹巴葛根属下商卓特巴衮布扎布祈祷，在识一切瓦赤喇怛喇达赖喇嘛金足莲花前祈祷奉函。呈祈事，怙主达赖喇嘛身体安好！末小弟子卑职衮布扎布，为祈今生来世免灾，转生安乐之域，并受贵佑，祷献十两银曼荼罗、绸缎一匹、貂皮一张，叩拜呈献。吉祥。

哲布尊丹巴属下商卓特巴衮布扎布为请安事致第穆呼图克图文
9：225~226

呈文。哲布尊丹巴属下商卓特巴衮布扎布祈祷，向第穆活佛请安奉书。现今，活佛法体想必安康，近侍弟子安好。在此，哲布尊丹巴呼图克图安康，众弟子均安好。衮布扎布仰赖诸圣保佑，安好。今向活佛请安，敬献哈达一方、貂皮一张。吉日。

哲布尊丹巴属下额尔德尼商卓特巴等人
为报派人送还所借银两等事致萨玛第巴克什文
9：237~238

呈寄文。办理兴教安众哲布尊丹巴喇嘛库伦事务总领众徒额尔德尼商卓特巴、督理商上一切事务扎萨克头等台吉、达喇嘛等文，奉寄萨玛第巴克什额尔德尼诺门罕呼图克图、固济尔堪布、格隆等。为报送还事。去年我哲布尊丹巴呼图克图商上在大昭寺定做时轮佛像及神主时，因所带银两稍缺，借用达赖喇嘛仓银八百二十两六钱，请佛所用三牛脚银十四两，总共白银八百三十四两六钱。兹以前往东科尔城请佛哈勒哈齐喇嘛索诺木车林携往，送给使者堪布等。到时贵处查收，并请示复知照。献给萨玛第巴克什齐全毡房一座、毡房木架一套，出具手记文书，一并寄呈。嘉庆十二年六月初六日。

【注释】写信人为哲布尊丹巴呼图克图属下商卓特巴，收信人为额尔德尼诺门罕，信写于嘉庆十二年（1807）。嘉庆十二年时在世的是四世哲布尊丹巴呼图克图，收信人额尔德尼诺门罕是时任西藏摄政的八世济咙呼图克图。

哲布尊丹巴呼图克图属下额尔德尼商卓特巴绥本洛布桑衮楚克为请安献礼事致西藏摄政济咙呼图克图文
9：231~232

呈者。哲布尊丹巴呼图克图属下额尔德尼商卓特巴绥本洛布桑衮楚克谨于办理达赖喇嘛政教事务济咙萨玛第巴克什诺门罕活佛金轮下请安呈奏。此间，活佛贵体安康，奋力利乐教众及达赖喇嘛诸务否。本人洛布桑衮楚克为政教事务效力，仰蒙上尊诸圣，安康如故。今得小隙，呈献请安礼哈达、一匹蓝纱。十四年正月二十五日。

【注释】写信人是哲布尊丹巴呼图克图属下商卓特巴，收信人为时任西藏摄政的济咙呼图克图。据查，嘉庆九年（1804）八世达赖喇嘛圆寂，由第八世济咙呼图克图（达察诺门罕）益西罗桑丹贝贡布出任摄政。济咙呼图克图在嘉庆十六年初圆寂。因此，信末落款所示十四年是嘉庆十四年（1809）。

扈从哲布尊丹巴呼图克图前往西藏诺颜等
为请给印文等事致堪布囊素等文
9：233~234

……（残）月二十五日寄发。听得斋桑罗布桑多尔济回禀雪大而有灾情等语，加上驮骑马畜困顿，故在锡济河留下二十余人、四十峰骆驼物品。又报前往象雄地方，等候乌拉等语。然而，等候两日未果，马畜无草可食，不胜装带驮子，故又留下三十人及八十峰骆驼。行抵八座塔之南，留四十余人及一半物品、三百来峰骆驼。呼图克图本人带二十余人、数峰骆驼，趋前赶路，以期二十三日之前赶到召地。前曾致函堪布、囊素，请求援拨骡子七十一匹、乘骑五十八匹、驮畜四百七十匹，以使呼图克图及扈从乘骑。然而，至今未见送到，故仍以原有马畜行进。兹请给呼图克图以下扈从抵达召地后住宿所需近便房屋五十所。另请，路途遥远，驮骑困顿，中途遗留马驼数拨。今请贵处开具印文，给以羊八井及其他有草舒适之地，方便我等放牧困顿马驼。为此呈请。

【注释】这里的呼图克图是哲布尊丹巴呼图克图。在历史上，共有两任哲布尊丹巴呼图克图进藏礼佛：一是四世哲布尊丹巴呼图克图在嘉庆八年（1803）赴藏，九年返回库伦；一是五世哲布尊丹巴呼图克图在道光十五年（1835）赴西藏拜谒达赖喇嘛和班禅额尔德尼，十六年返回库伦。这封信想必是这两次进藏的其中一次途中发生的事情。

督理哲布尊丹巴库伦事务贝子等为咨报哲布尊丹巴呼图克图
前去扎什伦布寺所需乌拉数额事致格隆等文
9：229~230

督理兴教安生哲布尊丹巴喇嘛库伦事务贝子、商卓特巴达喇嘛、公等文，寄呈格隆公同。为咨报事。今年夏月我活佛驾往扎什伦布所需乌拉数额减少，开列函末之外，至于活佛启程日期，俟商定后另报。为此寄呈。九年三月初六日。

渡河所需：骑乘、跟役所需马匹二十五，驮运所需马骡二百二十二，其中驮运毡房、帐篷各需驼只三十。呈请两雄。

商卓特巴、达喇嘛为首沙毕纳尔僧官、跟班总共三百八十二人，所需马匹二百二十九，骑乘一百五十七，驮畜五百七十三。因正逢雨季，其中包括商卓特巴、达喇嘛等所需打尖所用马匹各二。贝子爷、公爷、两位协理台吉、一位管旗章京及护卫、跟班所需诺颜打尖及马匹总共五十二，骑乘二十四，驮畜一百三十九。此项所需乌拉，各经缩减，唯少是报。若再行缩减，一报再报，更嫌麻烦，故不可再减。

我等蒙古不通言语习礼，路途遥远，事未可知，需要多尼尔噶达克巴及通言知宾数名。

【注释】这是哲布尊丹巴呼图克图由拉萨前往扎什伦布寺时所需马匹等的清单，蒙方使团要求西藏地方政府按需提供马匹和通事。在历史上，曾有两世哲布尊丹巴呼图克图进藏礼佛：一是四世哲布尊丹巴呼图克图在嘉庆八年（1803）赴藏，九年返回库伦；一是五世哲布尊丹巴呼图克图在道光十五年（1835）赴藏，十六年返回库伦。嘉庆八年进藏时，由喀尔喀土谢图汗部默尔根王扈从。据本书收录的一份默尔根王拟的清单，那次哲布尊丹巴呼图克图前往扎什伦布寺是在正月。这封信落款显示九年三月，所以这份清单应与四世哲布尊丹巴前往扎什伦布有关，也就是1804年的事情。

绰尔济堪布罗布桑衮楚克为请安祈福等事致噶勒丹锡哷图文
9：195~200

径呈者。鄙徒巴克什绰尔济堪布格隆罗布桑衮楚克谨于办理西藏事务护持黄教额尔德穆图瓦赤喇怛喇诺门罕兴教噶勒丹锡哷图萨玛第巴克什金足莲花前，奉书请安。今呼图克图宝体安否，扎萨克喇嘛及僧俗众徒尽皆安否，政教事业如意太平安好否？鄙徒回程，途中无恙，行抵西宁，会见大臣，呈请遗留困顿马畜、人员，在青海驻数月。大臣表示：青海地方，非昔所比，

哲布尊丹巴呼图克图

盗贼猖獗，不可驻牧。若欲驻牧，达喇嘛尔自驻管领，不可先行向前。等语。由于噶钦所带畜力疲弱，函报库伦大臣王、大臣等，在东科尔地方留驻四月，闰七月二十八日回到库伦。我哲布尊丹巴贵体硬朗，全境平安无恙。我呼图克图至今尚无陛见圣主。鄙徒罗布桑衮楚克献给达赖喇嘛哈达一方、batasu一盒，请活佛转呈。不敢奢望奉赐示复。愿今后活佛足莲万劫永固。鄙徒谒见达赖喇嘛时，奉谕：今尔年迈，可留此地。鄙徒回奏：速来叩拜。直到实现此言，保佑我寿命无碍，心想事成。金刚法界，鉴之勿弃。献祈祷礼：哈达一方、膳食所用batasu、奶酪一盒、红缎一匹等件。由喀尔喀库伦十一月十日寄呈。

赛音诺颜管旗章京带来所赐手谕、经书等件，业经收悉。所谕着寄玉烟袋、钟表等事，一经寻得，即相寄呈。吉祥圆满日。

【注释】这封信的写信人罗布桑衮楚克自称"巴克什绰尔济堪布"，收信人为办理西藏事务护持黄教额尔德穆图瓦赤喇怛喇诺门罕兴教噶勒丹锡呼图萨玛第巴克什。据办理西藏事务护持黄教等字看，收信人是当时的西藏摄政，又据额尔德穆图瓦赤喇怛喇诺门罕的头衔看，收信人是二世策墨林活佛。二世策墨林活佛是在嘉庆二十四年至道光二十四年（1819~1844）担任西藏摄政。据策墨林活佛担任摄政的年限，我们初步框定这封信写于该时期。写信人又说"我哲布尊丹巴贵体硬朗，全境平安无恙"。这些说法表明写信时哲布尊丹巴呼图克图健在。查哲布尊丹巴呼图克图的生平，五世哲布尊丹巴呼图克图在嘉庆二十年出生，嘉庆二十五年被请到库伦坐床，道光二十二年圆寂。据五世哲布尊丹巴的在世时间，我们进一步框定写信时间为嘉庆二十四年至道光二十二年。写信人又说"闰七月二十八日回到库伦"。查历年闰月表，嘉庆二十四年至道光二十二年间，只有道光四年（甲申）才有闰七月。综合以上事实和分析看，只有在道光四年，信中提到的二世策墨林活佛摄政、哲布尊丹巴呼图克图健在和旧历闰七月等三项事实才有可能重叠在一起。我们确定这封信写于甲申年（道光四年）十一月初十日（1824年12月29日）。写信人在甲申年闰七月二十八日（1824年9月20

日）从西藏返回喀尔喀，同年十一月初十日（1824年12月29日）写了这封信。

写信人罗布桑衮楚克说，他在返回途中见过西宁办事大臣，这时候的西宁办事大臣是穆兰岱。写信人又说"函报库伦大臣王、大臣"。大臣王指的是库伦办事大臣，大臣指的是满洲办事大臣。这时候的库伦办事大臣是喀尔喀土谢图汗部多罗郡王云丹多尔济，满洲办事大臣是松长。写信人又说自己拜谒达赖喇嘛，这时候的达赖喇嘛是十世达赖喇嘛。

大经院弟子为谢恩祈福事致堪布诺门达赖仁波切文
10：240

……（残）末小下等……（残）。之前虔信祈祷，祈求赏赐丹珠尔经书，蒙您慈悲，赐给末小下等弟子。末小我等跪拜接收，无比欢喜。愿此后自大慈悲之空保佑我等末小弟子，永世觐见，受（您）保佑。为此呈祈。明鉴，明鉴！呈祈之礼，天物圣洁哈达、五两银曼荼罗等，自大经院祈祷敬献。月初吉日。

皇帝封堪布诺门达赖仁波切、达赖喇嘛金字法旨封大耶克比恰仁波切、此生和来世怙主至尊罗布桑楚成尊。

罗布桑楚成尊……（残），上师仁波切……（残）……

斋桑丹德尔等为禀报已安葬罗布桑衮楚克事致萨玛第巴克什文
9：227~228

呈文。扈从哲布尊丹巴呼图克图经师罗布桑衮楚克前来西藏之斋桑丹德尔、哈尔哈齐津巴、丹德尔等谨向萨玛第巴克什扎尔扎布诺门罕呈报：哲布尊丹巴呼图克图经师绰尔济罗布桑衮楚克请假前来西藏，经库伦大臣转奏，奉旨准请，遵旨于今年正月十九日自库伦启程，前来西藏。因年届七十及水土不服，途中患病，走至穆鲁河，八月初三日病重圆寂。尸体已按蒙古礼仪安葬于该地。为此，将此呈报萨玛第巴克什扎尔扎布诺门罕。为此跪呈。道光九年十月二十日。

哲布尊丹巴呼图克图

【注释】 自三世哲布尊丹巴呼图克图始,清廷常从西藏邀请有学问的喇嘛到库伦,给新世呼图克图教习佛经。这里所说的哲布尊丹巴呼图克图经师罗布桑衮楚克想必也是从西藏请来的经师。然而,该经师在返回西藏途中不幸病逝。护送人斋桑丹德尔、哈尔哈齐津巴等人想必都是哲布尊丹巴呼图克图属下人员,其中斋桑是该呼图克图俗界属众的行政官员,哈尔哈齐是呼图克图御前差使之人。这封信的收信人是时任西藏摄政的二世策墨林活佛。

额尔德尼班第达呼图克图

喀尔喀协理台吉桑都布多尔济、商卓特巴绥本喇嘛敏珠尔
为乌拉事致济咙呼图克图、四格隆文
9：201~202

呈文。护送喀尔喀赛音诺颜部额尔德尼班第达呼图克图堪钦诺门罕前来之协理桑都布多尔济、商卓特巴绥本喇嘛敏珠尔、绰尔济喇嘛罗布桑多尔济等人呈文。启禀之事：呈函济咙额尔德尼、四格隆。呼图克图为叩拜达赖仁波切、班禅仁波切及熬茶等事前来。今照前例，自穆鲁乌苏河近便差遣斋桑、罗布桑多尔济等人，告知镇守哈喇乌苏等地之堪布、囊素等人，于秋末……（残）

【注释】收信人济咙额尔德尼是时任摄政的济咙呼图克图。查历辈济咙呼图克图的地位变化发现，济咙呼图克图曾两次出任西藏摄政：第一次是嘉庆九年（1804）八世达赖喇嘛圆寂后，第八世济咙呼图克图益西罗桑丹贝贡布出任摄政，嘉庆十六年在任上圆寂；第二次是光绪元年（1875）十二世达赖喇嘛圆寂后，第十世济咙呼图克图阿旺班垫曲吉坚参出任摄政，光绪十二年圆寂。我们认为这封信是写给身任摄政的两位济咙呼图克图中的一位。信中又说"呼图克图为叩拜达赖仁波切、班禅仁波切及熬茶等事前来"，表明这时候达赖喇嘛和班禅都健在。又据金海等《清代蒙古志》（内蒙古人民出版社，2009）介绍，三世额尔德尼班第达呼图克图活佛罗布桑策文札布曾在嘉庆十三年赴藏学法。

在嘉庆十三年，九世达赖喇嘛坐床，班禅额尔德尼也来到拉萨，济咙呼图克图在摄政任上，所以我们认为这封信写于嘉庆十三年或十四年。

喀尔喀赛音诺颜部额尔德尼班第达呼图克图堪钦诺门罕执事商卓特巴达克巴楚勒图穆等为寻认转世灵童事致萨玛第巴克什文
9∶203~208

呈文。喀尔喀赛音诺颜部额尔德尼班第达呼图克图堪钦诺门罕执事商卓特巴达克巴楚勒图穆为首众职官祈祷，在办理藏地一切事务护持黄教萨玛第巴克什扎勒察布诺门罕足莲金轮前。禀告之由：今本呼图克图堪钦诺门罕属下僧俗众徒和衷以三门不破虔诚祈祷之事，今我等怙主之尊恩公根本瓦赤喇怛喇喇嘛罗布桑齐旺绰克巴勒桑布依顺人间义规，火马年六月二十三日贵体体示晏驾。彼时，我等薄缘小类众生顿失怙主，不胜悲痛，昏然窘困。我等愚辈渴念无垢瓦赤喇怛喇喇嘛转世，殷切期望，重见为盼。为请预示我等至宝转世僻境远近何方出生等事，前于火羊年由本堪钦诺门罕弟子索本衮布、多尼尔巴特玛等，为请颁赐法谕，抚慰末小众生望意，奏达圣尊达赖喇嘛、班禅圣尊为首萨玛第巴克什等。爱奉慈谕、仪轨列单、经忏，不胜欢悦，遵示办妥之外，奉班禅圣尊谕示：喀尔喀堪钦诺门罕来世灵童，已于伊所建寺院之东、东南方近处，塔楚羊巴京以内地方出生。等因。降到我等造化浅薄一时绝缘卑人顶上。尽皆欢腾，感仰拜受，愚衷稍安。目今，所示地方羊年出生男童数名，我等不知孰为灵童。故将呼图克图自建寺院以东以东南本沙毕纳尔辖地塔楚羊巴京境内羊年出生男童名字及父母名字岁属生地月日逐一开列，注于黄单，交付堪布、索本等遣往。其男童内孰为来世灵童，如何慈谕赐示我等顶上以慰渴思等事，请萨玛第巴克什转禀，并请赐示迎请便利之法。此外，我处为奏此事，派人前去西藏，路远道险，盗贼猖獗，不便多次往返，未给此行堪布、索本等以物品，仅赍表文若干。禀奏之礼，仅示不空，取出前留彼处些许物品，嘱咐堪布、索本等相宜分献。萨玛第巴克什示佑。此番如愿办妥，期不再往。明鉴，明鉴，其明鉴。祈祷祝愿。堪布喇嘛罗布桑萨姆丹、索本罗卜藏衮布、兰占巴根敦札布、布塔札布等前往，仅示不空，交付藏银一百两，五庹白哈达一方，四庹黄、红、青、蓝宫素各一，四庹纹黑缎一袭，二条红镶一条黄镶羽缎，一条黄镶一条红镶 tasigur 缎，垫背毡子各一，八庹黄哈达一方，五庹白哈达等件以献。道光二十九年八月初四日。

【注释】喀尔喀赛音诺颜部额尔德尼班第达呼图克图堪钦诺门罕是喀尔喀的转世活佛之一。这里提到的罗布桑齐旺绰克巴勒桑布是三世额尔德尼班第达呼图克图。根据这封信可知，罗布桑齐旺绰克巴勒桑布在火马年六月二十三日圆寂，即道光二十六年六月二十三日（1846年8月14日）。

掌管喀尔喀赛音诺颜部额尔德尼班第达呼图克图事务商卓特巴罗卜藏衮布为祈福布施事致萨玛第巴克什文
9：209~210

掌管喀尔喀赛音诺颜部额尔德尼班第达呼图克图一切事务之商卓特巴罗卜藏衮布为首之众官人之文。向掌管藏地一切事务护持佛教之萨玛第巴克什扎勒察布诺门罕呈奏。启奏之事：今逢我额尔德尼班第达呼图克图转世活佛坐床之喜，为献波罗蜜多祝寿曼荼罗，并请保佑，遣掌堂师喇嘛衮楚克、司门喇嘛达尔玛、多尔济扎布为首之人。伊等一经到达，请萨玛第巴克什扎勒察布诺门罕明鉴优待，将献曼荼罗、祈福诸事，按我等之请转奏。俟伊等到达，请及时赏备往来途中所需物品，满足我等弟子一切愿望，予以保佑。为此奉函敬献。咸丰四年二月二十一日。

【注释】这里提到的新世呼图克图是四世额尔德尼班第达呼图克图。收信人掌管藏地一切事务护持佛教之萨玛第巴克什扎勒察布诺门罕是三世阿齐图热振呼图克图阿旺益西次臣嘉措。道光二十五年（1845），由于原任摄政二世策墨林活佛阿旺降白楚臣嘉措遭罢黜，先邀请班禅大师来拉萨出任摄政，不久班禅辞退摄政，同年四月请由三世阿齐图热振呼图克图阿旺益西次臣嘉措出任摄政，直到咸丰五年（1855）达赖喇嘛亲政。

咱雅班第达呼图克图

喀尔喀咱雅班第达呼图克图罗布桑济格米德纳木扎勒
为恭贺新年致达赖喇嘛文
10：271~274

……（残）末小弟子安好如故。今书数字，以新年礼祈奏之外，由三门虔诚祈祷，末小弟子体寿无碍，功业昌隆，直到得道成佛，常受上尊金刚法台大慈大悲，金手拯持。三门祈祷，敬献天物洁白哈达、坚固银坛三尊。吉祥吉日。

喀尔喀咱雅班第达呼图克图罗布桑济格米德
纳木扎勒为献礼祈福事致萨玛第巴克什文
9：185~190

喀尔喀咱雅班第达呼图克图弟子格隆罗布桑济格米德纳木扎勒谨于天等众生顶饰总领西藏一切事务护持黄教萨玛第巴克什额尔德穆图诺门罕喇嘛足莲前请安呈函。护持二道相好圆满上法体坛在善缘莲花园广发大悲千光，硬朗乎。近侍罗汉，尽皆安否。方才弟子我由卫藏之地返回，仰赖佛三宝尔等诸公殊胜护佑，途中无碍，平安行程，来到喀尔喀地方。然后陛见圣主年班，受鸿恩大赏。喀尔喀原有法会、道法各业照旧安然。此皆唯赖皈依怙主圣尊喇嘛尔等诸公诸种大悲所致，感念大德，报无可期。然而，此次至诚信仰，为祝瓦赤喇怛喇达赖喇嘛万寿永固，奉献曼札，并为向拉萨祈愿大法会熬茶等事，特派多尼尔达赖、德穆齐达尔玛等往谒。伊等到时，请圣尊垂鉴，大发慈悲，赐教伊等各事，鉴览函列各项，满足浅薄之意。再者，皈依怙主贵处数赐弟子诸物，业经拜受，不胜欣喜。今后还请皈依怙主保佑弟子今生魔障寂息，教法事业常在兴隆，所想善意如愿成就。金刚法界，慈鉴勿弃。手书陋字呈函。吉祥圆满日。

【注释】写信人咱雅班第达呼图克图罗布桑济格米德纳木扎勒是第四世喀尔喀咱雅班第达呼图克图。该活佛历辈驻锡喀尔喀赛音诺颜部领地塔米尔河边。收信人被称为"总领西藏一切事务护持黄教萨姆第巴克什额尔德穆图诺门罕喇嘛"，据"总领西藏一切事务护持黄教"等字样看，这是任西藏摄政的人物，又据"额尔德穆图诺门罕"可知，这位摄政是二世策墨林活佛。二世策墨林活佛阿旺降白楚臣嘉措在嘉庆二十四年（1819）三月出任摄政，次年二月受嘉庆皇帝加封额尔德穆图诺门罕，道光二十四年（1844）因事罢黜。咱雅班第达在信中说"方才弟子我由卫藏之地返回，仰赖佛三宝尔等诸公殊胜护佑，途中无碍，平安行程，来到喀尔喀地方"，表明这封信写于他从西藏返回之后。据金海等《清代蒙古志》介绍，四世咱雅班第达呼图克图在道光元年赴藏习经。考虑到赴藏习经来回要用一年以上时间，我们推断这封信写于道光二年之后。又考虑到四世咱雅班第达的另一封信（参见下文）写于道光五年，我们认为这封信写于道光五年。

喀尔喀咱雅班第达呼图克图罗布桑济格米德纳木扎勒为请继续指派婆姆多庄园献供萨姆鲁康村事致萨玛第巴克什文
9：191~192

喀尔喀咱雅班第达呼图克图罗布桑济格米德纳木扎勒文，在总领西藏一切事务护持黄教萨玛第巴克什额尔德穆图诺门罕呼图克图喇嘛足下金轮前呈函。由善念之境奏祈事由：色拉寺萨姆鲁康村，由于结有法缘，成为圣者宗喀巴宗教之饰，向由雄甘丹颇章施主喀尔喀四部及康巴、蒙古联合主持。然而，原先萨姆鲁康举债本寺济巴扎仓，应还数额巨大，将康村公积及学院弟子手中之物尽行没收，也未能还完。困于债银，康村势将难继。我先世喇嘛咱雅班第达罗布桑济格米德多尔济心动善念，捐给四十银元。杯水之赠，仅足保留康村，于事实无大补。振兴圣者宗喀巴之教者援引由雄加恩指派充裕庄园勉力扶助穷困康村之旧例，呈禀达赖喇嘛，奉示：着加恩指派婆姆多庄园，起自铁鸡年限期二十年，纳贡以致不辍达赖喇嘛大仓年贡。等语。年限在刚过之铁蛇年期满。据称，萨姆鲁康村仍未还完原有旧债，还建了一座房屋，债务复增，穷困更甚。在婆姆多庄园年贡额银内，除去上供额数，还剩藏银六七十两，于还旧债本息大有神益。在铁龙年，弟子我处派人敬献供品，遥相祈祷奏乞，奉总领西藏一切事务主持黄教萨玛第巴克什额尔德穆图诺门罕喇嘛慈鉴，指派该庄园，自铁蛇年起，限期五年，复替我萨姆鲁康村纳贡。其余各项，候弟子亲到，再行办理，并赐文书。今于木鸡年，年限将至。今看萨姆鲁康村还债情形，实有窘困之至。其状恐将坐等期休，愚衷如焚。今再奏乞者：请总领西藏一切事务护持黄教萨玛第巴克什额尔德穆图诺门罕喇嘛广照大仁阳光，秉承圣者宗喀巴之教及瓦赤喇怛喇达赖喇嘛慈悲至意，加恩增一营生丰裕上乘庄园，联合婆姆多，永向色拉萨姆鲁康献供。若实在不行，请加恩永令婆姆多庄园献供，直至轮回虚空，以舒施主公同及弟子我之善意……（残）

【注释】这封信的写信人和收信人跟上一封信完全一致。在这封信中，咱雅班第达说"今于木鸡年"，表明这封信写于木鸡年。查二世策墨林任摄政期间的各年，藏历木鸡年为道光五年（1825）。因此，我们可以肯定这封信写于该年。

咱雅班第达呼图克图众弟子为祈福事致达赖喇嘛文
9：193~194

祈求保佑者：在三界众生怙主胜者识一切者金足无垢莲花前，启程返回喀尔喀之咱雅班第达众弟子，以三门虔诚启禀：我等小人由拉萨启程以来，仰赖皈依怙主大悲，途中无恙，抵达哈喇乌苏地方。即将启程返回喀尔喀故土。请皈依怙主大发慈悲，不弃我等小人，垂鉴保佑，寂灭途中相违因，成就相和因，太平无恙返回故土，时常道法事业如愿向好，不久回到这片净土，拜见皈依怙主金颜。请保佑。虔诚敬献圣洁哈达。月初吉日。

【注释】这封信由咱雅班第达呼图克图众弟子所写，写信人很可能是某世已经圆寂的咱雅班第达呼图克图的弟子。

青海厄鲁特

青海右翼盟扎萨克头等台吉布彦达赖
为给全家全旗祈福事致达赖喇嘛文
8：127~128

青海右翼盟扎萨克头等台吉布彦达赖书。如空中太阳升起的至尊护持珲沁菩萨达赖喇嘛金足前呈上。末小我向升起空中太阳、利乐宇宙众生的福德珲沁菩萨您请安，仅以身语意敬献哈达与蓝色蟒缎十匹。愿今后保佑我本人、母亲、妻子等一家五口及邻里全旗贵贱。明鉴，明鉴！道光二十六年八月二十一日（官印）。

【注释】青海右翼盟扎萨克头等台吉是青海和硕特领有一旗的职衔和爵位，该职爵初由色布腾博硕克图起。色布腾博硕克图在雍正三年（1725）受封扎萨克一等台吉。色布腾→车凌多尔济→巴勒珠尔→噶勒丹丹忠→格勒克喇布坦→布彦达赖→达什多尔济→诺尔布达尔济。布彦达赖为格勒克喇布坦之子，道光八年（1828）袭扎萨克一等台吉，同治二年（1863）七月去世。

青海右翼扎萨克达什多布济为请安事致商卓特巴文
8：129~130

青海右翼扎萨克达什多布济谨在至上识一切怙主商卓特巴足前祈请。

（我旗）自古至今自扎什伦布寺请喇嘛住持。如今，在汉蒙之地，时局动荡，扎萨克我旗不抵唐古特匪扰，已成穷苦乞丐。因此，请至上商卓特巴明鉴保佑。现在，请让我所请沙弥罗桑丹津喇嘛返回。明鉴，明鉴。同治五年九月初九日。

【注释】达什多尔济为布彦达赖之子，同治三年（1864）袭扎萨克一等台吉，光绪九年（1883）出缺。

青海左翼索诺木旺济勒为知会辖地供奉连年加重等事致达赖喇嘛文
8：131~132

在宇宙众生至尊、自在本身瓦赤喇怛喇达赖喇嘛金座垫前，青海左翼盟盟长索诺木旺济勒谨奏之事：我等在此安好！……（字迹潦草）我辖地虽照旧（安好），然青唐城回民愈发强横，自我旗索要贡赋连年加重。因年少之故，办理诸务力不从心，然仰赖您的护佑，在此安好。此外（外界）正议论我青海二十四（旗）成就金字甘珠尔，将大量银两献于西藏。然（我）想，这对巴克什您保佑无碍吧！圣尊赏赐末小我侄子吉祥结时……（字迹潦草）祈请恩赐保佑我等众人。鉴之，鉴之！为此敬献。

【注释】青海左翼索诺木旺济勒是青海扎萨克一等台吉索诺木旺济勒，其职爵初由罗布藏达尔扎始。罗布藏达尔扎在康熙五十年（1711）封固山贝子，康熙六十一年去世。长子清克济扎布降袭辅国公，雍正二年（1724）以罪削爵，三年授扎萨克一等台吉。清克济扎布→车凌多尔济→达克巴那木扎勒→诺尔布林沁→济克莫特→索诺木旺济勒→喇木贡策勒谦；喇木贡策拉克扎勒（喇木贡策勒谦之弟）→乌勒哲依巴图→棍布扎布。

阿嘉活佛拉章商卓特巴扎萨克堪布丹津希喇布等
为请安和禀报回民之乱事致达赖喇嘛文
10：251~252

广作教法无量功德萨玛第巴克什阿嘉活佛拉章知事商卓特巴扎萨克堪布丹津希喇布、达喇嘛咱木丹、德木齐伊锡宁布、涅巴等诸弟子谨跪在教主达赖喇嘛金足莲花前，敬献天物哈达呈祈：卑徒我等上师瓦赤喇怛喇嘛阿嘉活佛，自同治元年驾到塔尔寺以后，逆贼撒拉回回大肆猖獗，掠夺安多所属诸多寺院，同治六年四月来到塔尔寺，所有商上、拉章佛像物什都失于逆贼之手。（阿嘉活佛）因无居所，在西宁所属东科尔城隐居，在同治八年五月十八日圆寂。知事弟子我等想上报，然而因逆贼回回阻碍交通，耽误了几年。此时，塔尔寺耀什活佛前往西藏之际，交给二商卓特巴五两金子，以示不空。为请保佑活佛及我等弟子，感仰拜献。同治十年十二月初八日。

【注释】阿嘉活佛是藏传佛教格鲁派塔尔寺地位最高的活佛和寺主，"阿嘉"在藏语里的意思是"父亲"，这一世系被认为是格鲁派创始人宗喀巴父亲的转世。同治十年在世的是第五世阿嘉活佛罗桑丹贝旺秋（1871~1909）。

扎萨克喇嘛却德尔为阿嘉活佛之多尼尔沙弥根丕勒超度事致函
10：154

扎萨克喇嘛却德尔我弟子、阿嘉活佛的多尼尔沙弥根丕勒去年四月逝世。为祈求让他世代往生善趣，敬献外库哈达一方和银子一两，祈求诵经超度。如已投生恶趣，请赐教挽回之道于我头顶上。为此奉上。

贝勒垂姆丕勒为请勒令卫征囊素续驻管领商属等事致第穆活佛文
8：133~134

贝勒垂姆丕勒文，致巴勒丹诺门罕第穆活佛。在脚下广尊莲花前小奏：大商所属、此等人众，前因果洛之患，蒙难失所。蒙上俯鉴，令此卫征囊素驻领以来，仰赖活佛福力，众人咸得安抚。又，在此哈尔济哈伦乌苏之地，众人安好无恙。今年，言于西宁大臣，索取故土萨拉都，放牧大商畜群，及与商上所属部众和好，照料滋生之外，与西宁大臣及青海诸诺颜等和好，为大商事务敬谨效力。据说，（卫征囊素）仅在今年驻领。商上总管及大众、部人咸称，此卫征囊素若能管领数年，则于牧群、部人均有利益。若蒙上鉴，勒令卫征囊素续驻数年，管领商上所属，安抚商属牧群及部人，则大有裨益。敝意如是，其宜何如，上不鉴乎。月初献哈达等。

杜尔伯特

杜尔伯特亲王棍布扎布为超度亡祖车凌乌巴什等事致达赖喇嘛文
8：087~088

具备三宝本性之化身、以慈目满足众生祈愿者、辅佐至尊宗喀巴善法者教主达赖喇嘛足下末小杜尔伯特亲王棍布扎布从三门信仰跪拜祈祷。祈求超度我已故祖父车凌乌巴什、达瓦巴勒、固鲁扎布和兄贡桑诺尔布，令从三恶趣中救度，往生极乐净土。奏书礼哈达四方、缎三匹、元宝一。愿慈悲保佑。明鉴，明鉴！月初吉日。

【注释】杜尔伯特亲王是清代杜尔伯特扎萨克和硕亲王，是该部领有一旗的职爵，初由车凌乌巴什始。车凌乌巴什是杜尔伯特特古斯库鲁克达赖汗从子，乾隆十八年（1753）离开准噶尔归附清朝，乾隆十九年受封扎萨克多罗郡王，二十年晋扎萨克和硕亲王，四十七年奉诏世袭罔替。车凌乌巴什；固鲁扎布→贡噶诺尔布；棍布扎布→索特那木扎勒柴。棍布扎布是贡噶诺尔布之族弟。道光九年（1829）三月二十五日，以故杜尔伯特亲王贡噶诺尔布族弟棍布扎布袭爵；四月二十六日庆山奏，遵旨将齐旺巴勒克长子棍布扎布过继给贡噶诺尔布之母佟阿拉克为嗣，承袭贡噶诺尔布所遗王爵。十九年十二月二十三日，赏杜尔伯特和硕亲王棍布扎布三眼花翎并命在乾清门行走。咸丰三年（1853）十月初三日以杜尔伯特右翼盟长棍布扎布为副将军。同治十二年（1873）十月初四日，因撤并科属屯田兵事，杜尔伯特左翼盟长察克都尔扎布、右翼盟长棍布扎布牵混诿卸，实属不顾大局，着交该衙门严加议处。理藩院议，察克都尔扎布、棍布扎布均应降四级调用，系蒙古照例各折罚扎萨克俸七年，不准抵消。十三年四月初二日，饬令杜尔伯特两翼盟长察克都尔扎布、棍布扎布等接充喀尔喀屯田蒙兵一半并科布多属官厂差役及咨复，认充北八台向导等项差使，迅速接替。光绪十二年，棍布扎布长子索特那木扎勒柴袭爵。

杜尔伯特亲王棍布扎布为祈福布施事致达赖喇嘛文
8：089~090

呈文。具备佛三宝本性之化身、以动听语露解渴者，慈悲法界识一切、自在安详广大威严言行者，德无与伦比者，达赖喇嘛双足金轮发光之前，小人杜尔伯特亲王棍布扎布钦仰叩拜祈告。所集宿业烦恼，肉体易于毁败，诸业恶果尚未消除，贪恋尘世幻象。然而，仰赖圣尊怙主慈佑，所想诸事如愿以偿，为三宝所保佑，仍在时刻虔诚祈祷。请自今伊始，直到得到菩提道为止，保佑我长寿福乐，子孙绵延兴盛，最后转生进入极乐世界，献哈达一方、绸缎一匹。祈慈悲保佑。明鉴，明鉴！月初吉日。

杜尔伯特亲王棍布扎布属下呼毕勒罕东罗布济德
为祈福超脱轮回往生极乐世界事致达赖喇嘛文
8：085~086

呈文。至尊三宝之本性幻化之神，以妙语甘露满足众生祈愿，慈悲心中识一切，寂静与威猛业中大德无比之达赖喇嘛光辉双足下，杜尔伯特亲王棍布扎布所属末小呼毕勒罕东罗布济德诚心祈祷呈祈：因前世积累的业果，沉湎于轮回孽障，在赡部洲投生为人，被绑在苦难的众生牢房里。愿从这个绑绳中安然解脱，最终往生西方极乐世界。为此祈祷，敬献大黄色哈达一方、金玉雕成的指环一、红熟皮半张。愿以慈悲之心保佑。明鉴，明鉴！月初吉日。

为已故杜尔伯特玛赖祈福事
7：067~068

请喇嘛额尔德尼葛根为已故杜尔伯特玛赖祈福。献金、银、珊瑚、翡翠、青金石装饰之盔、有带无带盔衬二袭、檀香木鞘俄罗斯枪两把、jambarad 枪一把、银饰弯刀一把、银饰马鞍一副、镀金马鞍一副、有六颗珊瑚念珠一串、望远镜一个、矛。

科布多和硕特

左翼和硕特扎萨克布彦科什克及子女为祈福事致达赖喇嘛文
8：093~094

左翼和硕特扎萨克布彦科什克，子额琳沁多尔济、阿喇特纳索诺木、裕木沁多尔济、敦伊特多尔济，女儿乌勒斋布屯等谨跪，以虔诚信仰，向护持处识一切达赖喇嘛敬献哈达二方、缎二匹。愿今生长寿，永享圣主重恩，后嗣繁衍，世间口舌、孽障、一切灾难寂止，将来在香巴拉圣地与喇嘛葛根同在。请保佑，明鉴，明鉴！

【注释】左翼和硕特扎萨克是和硕特分支哈毕察克和硕特的分支及职衔，初由蒙衮始。蒙衮是和硕特统治者巴雅尔拉瑚之族，乾隆三十六年（1771）东归，受封一等台吉，在哈喇沙尔划给牧地。乾隆三十八年，使蒙衮迁科布多，编半佐领，附于济尔哈朗土尔扈特左旗游牧。乾隆五十七年，拔出别为游牧。嘉庆元年（1796），授蒙衮子一等台吉布彦科什克扎萨克。布彦科什克在道光十五年（1835）去世。蒙衮→布彦科什克→额琳沁多尔济→齐默特车林→克什克布彦→达木丁策德恩。综上，这封信写于嘉庆元年至道光十五年间，收信人达赖喇嘛为八世、九世和十世等三世达赖喇嘛之一。

左翼和硕特扎萨克布彦科什克及子女为祈福事致达赖喇嘛文
8：095~096

左翼和硕特扎萨克布彦科什克，子额琳沁多尔济、阿喇特纳索诺木、裕木沁多尔济、敦伊特多尔济,女儿乌勒斋布屯,妻子扎布等,以虔诚信仰,向护持处识一切达赖喇嘛敬献圣洁哈达二方、缎一匹。愿今生长寿,永享圣主重恩,后嗣繁衍,世间口舌、孽障、一切灾难寂止,将来在香巴拉圣地与喇嘛葛根同在。请保佑,明鉴,明鉴!圆满月成就日。

【注释】参见上文注释。

左翼和硕特扎萨克布彦科什克及女儿为祈福事致达赖喇嘛文
8:097~098

左翼和硕特小扎萨克布彦科什克、子额琳沁多尔济、女儿乌勒斋布屯、妻子扎布等以虔诚信仰向护持处识一切达赖喇嘛敬献圣洁哈达二方、缎一匹。愿今生长寿,永享圣主重恩,后嗣繁衍,世间口舌、孽障、一切灾难寂止,将来在香巴拉圣地与喇嘛葛根同在。请保佑,明鉴,明鉴!圆满月成就日。

【注释】参见上文注释。

左翼和硕特扎萨克布彦科什克及子孙为祈福事致达赖喇嘛文
8:099~100

左翼和硕特加五级扎萨克布彦科什克,子额琳沁多尔济、吹索诺木,女儿乌勒斋布屯,妻子沃尔西呼,儿媳章布,孙子达什德里克、其穆特车林、达什京巴、达什巴勒等,以虔诚信仰向护持处识一切达赖喇嘛敬献哈达二方、缎一匹。愿今生长寿,永享圣主重恩,后嗣繁衍,世间口舌、孽障、一切灾难寂止,将来在香巴拉圣地与喇嘛葛根同在。请保佑,明鉴,明鉴!

【注释】参见上文注释。

左翼和硕特扎萨克布彦科什克旗格隆敖斯尔
为祈福事致扎勒布仁波切文
8：101~102

在天等众生顶饰识一切扎勒布仁波切金足莲花前，厄鲁特左翼和硕特扎萨克布彦科什克旗格隆敖斯尔启奏。祈愿自今之后，生生世世转生为守戒持净之人，最终在济克丹当波香巴拉之地转动法轮之时，纳为友僚引领。敬献银七两。鉴之，鉴之。恩赐保佑。格隆卓德巴乔木巴勒献银五钱、钞一锭。祈求保佑。

【注释】有关左翼和硕特扎萨克布彦科什克，参见上文注释。这封信是左翼和硕特的喇嘛敖斯尔写的。

居察哈尔之和硕特

察哈尔公台吉罗布桑索特巴等为禀报祖先
今将承续等由致达赖喇嘛文
8：273~276

径奏者。元朝太祖皇帝胞弟哈布图哈萨尔，传至第十七世博贝米尔匝，始封汗号。其子哈尼诺颜鸿果尔嗣，其第四子图鲁拜呼，号固始汗。其子达延，封号斡齐尔汗。其子衮楚克，封号达赖汗。其长子拉藏，次子旺扎勒。拉藏敕封翊法恭顺汗，有三子，长子噶勒丹丹忠，次子苏尔扎，三子色布腾。苏尔扎生四子，长子纳噶察，次子达克巴，三子巴勒济，四子乌勒穆济。旺扎勒子衮额尔赫，其子特默齐。伊等于乾隆十九年由准噶尔慕化来归圣主，纳噶察、色布腾俱封为辅国公，特默齐封为扎萨克头等台吉，达克巴、巴勒济、乌勒穆济等俱封为二等台吉，悉附察哈尔旗，奉旨加恩世袭罔替。纳噶察无嗣，弟达克巴袭公爵。达克巴无嗣，弟巴勒济袭公爵。其长子

350

敏珠尔多尔济袭公爵，其子丹津扎布袭公爵，其子蕴端袭公爵，其子格楚克扎木楚袭公爵。其子罗布桑索特巴，现为辅国公。

初封色布腾为辅国公，其子达什喇布坦袭公爵，其子桑噜布多尔济袭公爵，其子达利扎布袭公爵，其子齐旺里克京现为辅国公。

初封特默齐扎萨克头等台吉，其子达什沙木丕勒袭扎萨克，其子恩克博罗特袭扎萨克，其子布尼巴达哩袭扎萨克，其子玛尔津钦波袭扎萨克，其子阿喇布杰袭扎萨克，其子衮楚克多尔济现为记名三等台吉。

初封乌勒穆济二等台吉，其子纳旺楚勒第穆袭二等台吉，其子玛什巴图袭二等台吉，其子噶勒桑扎布袭二等台吉，其子札尼什礼现为二等台吉。

居察哈尔和硕特我等先祖，原在西地，仰蒙达赖喇嘛护佑，互为施主福田。罹蒙准噶尔策妄阿喇布坦战乱，被掳而至。后纳噶察与诸弟及色布腾、特默齐等归降圣主，蒙赐爵秩以来，我等先祖每年敬献俸禄先享五两，交付圣尊达赖喇嘛、班禅圣尊使者堪布等，转呈奏请万安，世持不替。时上所赐护持圣语、佛像等件，至今供奉在家。此想必亦详于商上档簿，毋庸赘述。道光年间西地回乱，道路梗阻，请安中断，已过八十余年。故此，陈白原委，奏报祖先，伏乞再蒙圣尊达赖喇嘛慈爱。慈鉴，慈鉴，其慈鉴。

【注释】这是一封集体信函。写信人为和硕特拉藏后裔居察哈尔之扎萨克公、台吉等。

康熙四十年（1701），和硕特汗国的第三任汗衮楚克达赖汗去世，其子拉藏入藏继承汗位，并且破天荒地接受了清帝册封。康熙四十四年，拉藏杀死西藏实权人物第巴桑结嘉措，不久又废除第巴所立仓央嘉措，立益西嘉措为六世达赖喇嘛。康熙五十五年冬，准噶尔军6000多人兵分两路，远征西藏。次年秋天，准噶尔军主力抵达藏北，在达木草原进击拉藏汗，拉藏汗退回拉萨。拉藏汗和苏尔扎企图突破围困他们的准军，然因势单力薄，拉藏汗被杀，苏尔扎被擒。当时，准方控制了末代和硕特汗拉藏的遗孀、次子苏尔扎及幼子色布腾，以及汗室直属部众。拉藏和旺扎勒兄弟二人，拉藏继承汗位。拉藏有三个儿子，长子噶勒丹丹忠，次子苏尔扎，三子色布腾。噶勒丹丹忠早年娶伊犁策妄阿喇布坦女儿博托洛克为妻。夫妇二人先生长子班珠尔，后得阿睦尔撒纳。班珠尔是在其父噶勒丹丹忠在时所生，所以后来继承其父家业，成为和硕特台吉。阿睦尔撒纳是在其父噶勒丹丹忠遇害、其母博托洛克改嫁辉特台吉卫征和硕齐之后所生，所以成了辉特台吉。苏尔扎有子四人，长子纳噶察，次子达克巴，三子巴勒济，四子乌勒穆济。旺扎勒的嗣子为衮额尔赫，衮额尔赫嗣子为特默齐。拉藏汗的家族全部为准噶尔所控制。后来由于局势的发展，在伊犁的和硕特汗室后裔以阿睦尔撒纳、班珠尔为核心，形成一股势力。他们与准噶尔的末代领袖达瓦齐反目，乾隆十九年（1754）被迫东奔，归附清朝。一同降清的还有纳噶察的三个弟弟及衮额尔赫之子特默齐，他们都受封二等以下台吉爵位。当时，归降诸人的部众暂时安置在喀尔喀西境。乾隆二十年，阿睦尔撒纳密谋为汗，泄密之后脱逃反清。当时，班珠尔、纳噶察等人都参与了阿睦尔撒纳的密谋，班珠尔伏诛，纳噶察由于供出密情，得到赦免。

乾隆二十一年，纳噶察病故，二弟达克巴袭爵，达克巴亦死，三弟巴勒济袭爵。同年，色布腾等人奏请迁居察哈尔之地，乾隆皇帝允准。几乎同时，巴勒济等人也请求一同迁居。乾隆二十二年，巴勒济、色布腾和特默齐等人迁居察哈尔镶黄旗，共授三个扎萨克，成为附居察哈尔的外藩。其后，该家族世居察哈尔，以外藩礼入朝年班，直至清亡。同时，他们又与西藏达赖喇嘛和班禅额尔德尼保持檀越关系，仍以拉藏汗后裔致书请安祈福。

这封信是上述拉藏后裔集体写给达赖喇嘛的祈愿书。信中称距道光回乱八十余年，可知这封信写于光绪末年。

札哈沁

札哈沁公车德布达什等为祈福事致达赖喇嘛文
8：091~092

札哈沁公车德布达什，母亲德里克丕勒，属下僧人楚特穆尼玛、巴图孟克等，向至尊识一切达赖喇嘛敬献七两银子，请求保佑今生与来世。极善之日。

【注释】车德布达什是托克多巴图之子。道光三年（1823）五月二十一日袭三等信勇公，十二年十二月二十八日赏戴花翎，十九年九月四日去世。

察哈尔

镶黄旗

察哈尔镶黄旗公阿尔达西迪佐领下妇人德庆尼玛为献银祈福事致达赖喇嘛文
8：137~138

在胜者王达赖喇嘛金足莲花前，察哈尔镶黄旗公阿尔达西迪佐领下末小施主妇人德庆尼玛景仰敬献圣洁哈达、一两银。借此福力，祈求保佑自古及今所积业孽得以免除，今生一切魔祟寂灭，得到长寿富乐。明鉴，明鉴。黄狗年三月初一日。

察哈尔镶黄旗公阿尔达西迪佐领下垂喇什为祈福事致达赖喇嘛文
8：135~136

在一切善逝智悲本性、护持善智教法大幢者、彻底救度轮回之苦者、慈悲之辉、无比佛王达赖喇嘛案前祷告。

察哈尔镶黄旗公阿尔达西迪佐领下末小凡夫垂喇什，子拉穆固扎布、玛呢巴达喇等，赤诚信仰跪拜，为请施祝，献圣洁哈达及银一两。借此乞怜虔诚微福，祝我等所做一切罪孽去除无遗，寂灭一切魔障病难作祟，长寿富乐，时常广兴；凡夫本人及恩爱父母为首众生永远超脱三恶趣之苦，皈依暇满毕聚怙主，终究得到成佛之缘。公木狗年二月十五日。

察哈尔镶黄旗公阿尔达西迪佐领末流信徒垂喇什
为祈福事致达赖喇嘛文
8：139~140

智悲本性、众佛之自在、怙主达赖喇嘛案前祷告。

察哈尔镶黄旗公阿尔达西迪佐领下末小信徒垂喇什，子玛呢巴达喇、拉穆固扎布等跪地，以赤诚信仰献圣洁哈达及银一两。借此福力，祝我及一切众生亘古以来所积一切罪孽尽数消解，今生免于疾病，长寿富乐，我大家善业成就如意，使一切恶劫作祟魔障病害及内外障碍悉得寂灭，在今生来世护持保佑。明鉴，明鉴。

察哈尔镶黄旗厄鲁特土巴扎布佐领下
骁骑校齐巴克多尔济为祈福事致达赖喇嘛文
8：141~142

佛王达赖喇嘛活佛常在无垢双足金轮莲花前，由信仰之门虔诚祈祷，请保佑，以慈悲之钩施救。

察哈尔镶黄旗厄鲁特土巴扎布佐领末小骁骑校齐巴克多尔济赤诚敬献薄礼圣洁哈达、白银一两等物。凭借此福，本人及父母、众生今生所造一切罪孽过错得以免除，尤其保佑诸子衮楚克东岳特、喇克巴扎木桑、布尼亚、固鲁车凌等众人长寿、富乐等今生善业圆满，一切作祟魔障等相违因得以寂息，终究得到菩提道。请护持今生来世。明鉴。道光十八年黄狗年乙卯月月初吉日。

察哈尔镶黄旗喀尔喀第十五佐领骁骑校察克达克色楞
为请赐给阳间祈愿致达赖喇嘛文
8：143

察哈尔镶黄旗喀尔喀第十五佐领骁骑校察克达克色楞请达赖喇嘛赐给阳间祝愿。献银五两。

察哈尔镶黄旗林沁多尔济佐领下尼姑垂姆丕勒
为献银祈福事致达赖喇嘛文
9：255~256

佛王圣尊达赖喇嘛无垢金莲法轮前，赤诚虔仰祈祷，请以慈悲之钩施救。察哈尔镶黄旗林沁多尔济佐领下末小尼姑垂姆丕勒虔诚敬献圣洁哈达、银五钱。借此善福，愿本人及父母、众生自古及今所积罪孽得以免除，病难之苦得以寂息，普世尽得康熙，尤其我等众人之病障厄缘寂息，尼姑本人垂姆丕勒速得菩提道，世世随生圣尊。请发慈悲保佑，降谕于首。明鉴，明鉴，其明鉴。

察哈尔镶黄旗仁福寺属下班第云端达克巴为祈福事致达赖喇嘛文
9：252~254

察哈尔镶黄旗仁福寺属下班第云端达克巴由衷赤忱祈祷，在金轮足莲前跪拜，向圣尊达赖喇嘛献银二两、哈达一方。请保佑末小本人寿命延长，一切魔祟厄缘寂息，一切善事增广。明鉴，明鉴。

正红旗

察哈尔正红旗总管恭桑喇布坦为献银祈福事致达赖喇嘛文
8：207

察哈尔正红旗总管恭桑喇布坦，妻子塞尔济莫德格，子阿玉什礼、喇特纳西迪、巴匝尔西迪为首仰戴祈祷，献达赖喇嘛供坛白银三两。明鉴保佑，明鉴。

察哈尔正红旗甲喇章京噶勒桑扎布为献银熬茶祈福事
致拉萨祈愿法会各大活佛众僧文
8：205~206

拉萨祈愿法会各大活佛僧众足前，察哈尔正红旗末小施主甲喇章京噶勒桑扎布叩拜，敬献熬茶所用白银五两。禀请保佑救度轮回一切苦难，尤其由衷祈求救度三恶趣苦难，得到佛陀法性。明鉴，明鉴。

察哈尔正红旗佐领多旺喇布坦为祈福事致圣尊喇嘛文
8:204

察哈尔正红旗佐领多旺喇布坦跪祷，请圣尊喇嘛佛宝永施保佑，献银一两。请降语露于我顶上。明鉴，明鉴。

佐领多旺喇布坦四十八岁，妻子纳逊布颜三十四岁，索南格勒克三十岁，札纳什礼二十八岁，索诺姆多尔济二十四岁，丹珠尔扎布四岁。十六年二月初八日。

察哈尔正红旗护军校巴达喇呼为给已故父母等祈愿事致达赖喇嘛文
8：203

察哈尔正红旗护军校末小巴达喇呼跪拜顶礼，在瓦赤喇怛喇圣尊达赖喇嘛金轮莲花前，赤忱虔诚陈祈：鄙人为给已故父亲班珠尔多尔济、母亲车凌杜勒玛、弟弟格隆罗布桑旺楚克等祈来世成佛之愿，祈求瓦赤喇怛喇圣尊达赖喇嘛。祈愿献银五两。明鉴保佑，明鉴，其明鉴。

察哈尔正红旗巴特玛多尔济为给亡母祈愿事致第穆呼图克图文
8：208~209

察哈尔正红旗末小巴特玛多尔济跪祷，在今生来世皈依怙主之本性第穆诺门罕无垢金足前，合掌顶礼，以三门虔仰祷告：为给末小施主巴特玛多尔济本人亡母索诺木茹勒玛祈愿，献银二两、天物大绸哈达。愿已故者超脱轮回及三恶趣，及转生为暇满宝贵人体，究竟速得遍知一切之福。法藏鉴纳，垂佑勿忘。嘉庆二十年二月初八日。

【注释】收信人是第穆诺门罕（第穆呼图克图），落款日期为嘉庆二十年（1815）二月初八日。这时候第穆呼图克图是西藏的摄政。第穆呼图克图自嘉庆十五年到嘉庆二十四年担任西藏摄政。

为给察哈尔正红旗已故额第温西基穆祈愿事致班禅额尔德尼文
8：210

为给察哈尔正红旗已故额第温西基穆祈愿早得菩提，献白银二两及哈达。请圣尊班禅额尔德尼赐予祝愿。明鉴，明鉴。吉日。

察哈尔正红旗圆安寺达喇嘛罗布桑僧格等
为请明示喇嘛转世再现之事致济咙呼图克图文
9：263~264

察哈尔正红旗圆安寺（Amuyulang Tegüsügsen Süm）戴青绰尔济喇嘛弟子达喇嘛罗布桑僧格，在今生来世怙主教众唯一日光普世之主瓦赤喇怛喇圣尊济咙额尔德尼活佛无垢金足莲花前，以三门虔诚启禀者，察哈尔正红旗圆安寺戴青绰尔济喇嘛弟子末小弟子达喇嘛罗布桑僧格为首大小徒众一心一意合掌启禀：我寺之主瓦赤喇怛喇戴青绰尔济喇嘛转世阿旺札木杨隆若布喇嘛于鼠儿年八月三十日圆寂，为此请赐祈愿，献天物圣洁白哈达及五两银。又，向瓦赤喇怛喇圣尊活佛虔诚启奏：请慈爱我等末小信徒，护佑我喇嘛速显转世，令我等喇嘛弟子早日相聚，及为请明示何时何地转世及父母名岁，献五两银。禀请圣尊发慈，降赐明谕。明鉴，明鉴，其明鉴。吉祥虎年正月十六吉日。

【注释】写信人称收信人济咙呼图克图为今生来世怙主教众唯一日光普世之主，显然这位济咙呼图克图是西藏摄政。历史上，济咙呼图克图两次出任西藏摄政。第一次是嘉庆九年（1804，第十三绕迥木鼠年七月）八世达赖喇嘛圆寂，由第八世济咙呼图克图益西罗桑丹贝贡布出任摄政，嘉庆十六年初圆寂；第二次是光绪元年（1875）十二世达赖喇嘛圆寂后，第十世济咙呼图克图阿旺班垫曲吉坚参出任摄政，光绪十二年圆寂。我们倾向于认为这个虎年是嘉庆十一年（丙寅，1806）。

察哈尔

镶白旗

察哈尔镶白旗总管松兑等为请安献礼祈福事致噶勒丹锡哷图文

8：191~192

十方众佛本性今生来世唯一怙主无比大德恩公瓦赤喇怛喇圣尊噶勒丹锡哷图额尔德尼诺门罕足下无垢金座前，末徒总管松兑、齐巴克扎布，甲喇章京班珠尔多尔济，副甲喇章京车凌顿多克，护卫佐领尹达兰什、札尔固齐斡兴格，诸佐领为首合众仰拜祷禀：顶上怙主圣尊活佛妙业康朗，鸿隆广大教法经义，造作生灵安乐之际，大悲法界眷佑我辈，惠赐预示书函、御作护结、佛像、加持物包、香、粗呢等物，于蛇年十二月二十二日寄到，业经众人拜受，欢欣祈祷。已将所赐佛像请至旗里印务衙门西边院内新建小寺，敬事供奉，按时念诵圣训经忏、佛母、般若波罗蜜多等经，众皆仰戴，恭敬拜祷。再，我旗现有官员七十、军八百四十。大小老少合众祈愿，今世福寿富禄普兴广增，所愿顺成，一切相和善缘具备，一切疾病障碍魔祟寂灭，所有善果之因毕聚，来世得以转生安乐之境，永远不离三宝，究竟得到超度佛命，献银一百二十二两，以为福本。顶上大悲鉴仁眷佑鉴赐。火马年正月初一吉日由察哈尔镶白旗印务处。

【注释】该信收信人应该是曾任西藏摄政的噶勒丹锡哷图（一世策墨林活佛阿旺楚臣）。落款所记丙午年是乾隆五十一年（1786）。该年一世策墨林活佛在拉萨，信中所说的"惠赐预示书函、御作护结、佛像、加持物包、香、粗呢等物，于蛇年十二月二十二日寄到"指的是一世策墨林活佛从拉萨寄到礼物。

镶白旗原达尔罕大章京车登夫人车姆伯乐
为祈福事致噶勒丹锡哷图文

8：186

十方一切佛陀本性无量大爱慈悲上尊普照一切教众妙相瓦赤喇怛喇大锡

呼图额尔德尼诺门罕活佛无垢足莲前，末小信徒镶白旗原达尔罕大章京车登夫人车姆伯乐、子托音罗布桑莫洛木等，赤诚合掌顶礼，禀者：怙主圣尊活佛贵体硬朗，普照教众。慈赐我等末徒之书函、加持护结、四手观世音像，业已拜受。仰赖圣尊护佑，我等信徒安好。我等感奉无上慈爱，由衷仰戴祈祷。愿我等信徒今生来世心想事成，尤其祈愿得以安居，以受圣尊金手摸顶。请至上慈佑，颁赐有益经忏仪轨。虔诚祈祷奉函，并献圣洁哈达。

【注释】写信人称收信人为十方一切佛陀本性无量大爱慈悲上尊普照一切教众妙相瓦赤喇怛喇，可知这位噶勒丹锡呼图应该是时任西藏摄政的噶勒丹锡呼图，很可能是道光年间西藏摄政二世策墨林活佛阿旺降白楚臣嘉措。

镶白旗原达尔罕大章京车登夫人车姆伯乐等为谢恩致函
9：041~042

末小信徒夫人车姆伯乐、托音罗布桑莫洛木为首率同诸子，仰拜启禀一事：幸蒙明示，得知我等为给恩主已故家父诺颜祈愿所献五十两银，商里增为六十九两，在蛇儿年正月初八日给拉萨祈愿法会午膳六十两；又于本日给召佛为首各大神主献供，并与涂金；圣尊大悲迭予祝愿等情。圣尊大爱无疆之恩，念念欣戴祈拜。

察哈尔镶白旗班珠尔多尔济等为谢恩及祈福事致圣尊文
8：338

在护持处至上圣尊金足下，末小弟子甲喇章京班珠尔多尔济、夫人济特、儿子班第伊西纳旺、儿子衮布扎穆散、儿媳德庆喇布济德、女儿巴拉穆等跪拜请安。想必圣尊葛根在利益众生之业欣欣向荣之中贵体硬朗安然无恙！此处，末小弟子们也托圣尊之福，都安好。惠赐弟子们的谕令、加持护身结、二庹粗呢等已拜收，不胜欣喜，诚心祷告。再启奏者：弟子班珠尔多尔济在蛇年晋升为扎兰章京，参与旗务，故此祈愿一切公务顺利，所有业障消净，心想事成，直到受到圣尊亲手灌顶，健康安好。祈求经常保佑，并祈求赐教有益经卷。敬献一包外库哈达。

察哈尔镶白旗甲喇章京班珠尔多尔济为祈福事致商卓特巴文
8：181~182

察哈尔镶白旗甲喇章京班珠尔多尔济、护卫佐领三达克林沁，请尊贵商卓特巴喇嘛安呈奏。此间，想必尊贵喇嘛贵体硬朗，如意成就圣尊一切事业。蒙圣尊活佛护佑，我等在此安好。为今后安居，喜见于圣尊活佛金足前，献圣洁哈达二方，以请安。

佐领三达克林沁等为请安献礼祈福事致圣尊活佛文
9：007~008

怙主至上圣尊活佛金足前，末小信徒佐领三达克林沁，夫人巴勒济特，子沙弥纳旺丹碧扎姆三，子玛哈达瓦，女央济拉姆、巴特噶尔喇什等人，感仰祈祷请安。怙主至上圣尊利济教众，事业广兴，宛如天地无际，贵体想必硬朗安好。我等末小信徒仰赖圣尊护佑，尽皆安好。蒙尊不弃，赐寄书函、加持护结、粗呢二疋等件，业经拜收，不胜欣喜，感仰祈祷。今又祈愿我等相违因尽皆寂息，所想一切如意成就，尤其祝愿安居以受圣尊金手摸顶。祈求保佑之外，又请降赐有益经忏。敬献圣洁哈达五方。

察哈尔镶白旗侍卫佐领尹达兰什等
为请安献礼祈福事致噶勒丹锡哷图文
8：189~190

一切怙主之尊莫大恩主圣尊瓦赤喇怛喇噶勒丹锡哷图吉祥额尔德尼诺门罕足下无垢金座前，末小信徒侍卫佐领尹达兰什感仰祷禀：顶上怙主圣尊活佛康朗，受封为照持教众之顶尊，坐于三世怙主圣宗喀巴金座，照兴无垢教法真谛于十方宛如日光，造作生灵安乐之际，仍慈佑末徒，惠赐圣训书函、救度八难度母佛像、御作护结、加持物包、整匹粗呢等物，五十年十二月二十日寄到，业经拜收之外，感仰殊胜恩佑，仍以请安礼献圣洁哈达、十两银。愿顶上怙主足莲永远坚固，教众利业无限弘兴，我辈末徒不离恩主圣尊慈佑，今生来世时时蒙持，善益趋善。请发慈眷佑。鉴之，鉴之。再，于怙主之尊瓦赤喇怛喇圣尊活佛前，为祈护佑今生来世，尼姑罗布桑巴勒姆献哈达一方；子赛因察克献银一两，纳旺五钱，巴特玛车凌五钱。末小妇人刚若济特，女儿喇什朝、巴逊答礼，小子车登喇什属狗九岁。愿四个孩儿今生一切疾病障碍魔祟寂灭，福寿福禄普兴广增，一切相和善缘增益，各献哈达一方，共献二两银。请鉴爱眷佑末小我辈。明鉴，明鉴，其明鉴。五十一年聚福正月初一吉日。

【注释】收信人应该是曾任西藏摄政的噶勒丹锡呼图（一世策墨林活佛阿旺楚臣），五十一年是乾隆五十一年。

察哈尔镶白旗甲喇章京班珠尔多尔济佐领下护军查穆巴拉为祈福事致诺门罕文
8：185

至上怙主圣尊诺门罕足莲前，察哈尔镶白旗甲喇章京班珠尔多尔济佐领下护军查穆巴拉为请眷护寿命延长，福祉广兴，免除病疫，安逸自在，献银五两三钱。请眷护爱赐。

【注释】收信人应该是时任西藏摄政的噶勒丹锡呼图（二世策墨林活佛阿旺降白楚臣嘉措）。

察哈尔镶白旗佐领哈喇尔戴等为祈福事致噶勒丹锡呼图文
8：188

至上怙主圣尊噶勒丹锡呼图额尔德尼诺门罕足下无垢莲座前，察哈尔镶白旗佐领哈喇尔戴、骁骑校呼图克、护军校殊杜木为首，全佐领下僧俗人众祷告：为请保佑今后寿命延长，福禄广运，消除障碍魔祟，献银十三两。请保佑我等。明鉴。

【注释】 收信人应该是时任西藏摄政的噶勒丹锡哷图（二世策墨林活佛阿旺降白楚臣嘉措）。

察哈尔镶白旗玛呢巴达喇佐领下护军云端等
为祈福事致济咙呼图克图文
8：195~196

至上怙主识一切圣尊济咙额尔德尼活佛无垢足下金座前，感仰禀告：察哈尔镶白旗玛呢巴达喇佐领下护军云端等，愿今生长寿，福禄广兴，善事毕聚，病疫障碍一切恶因消失，来世安乐圆满，终究成佛，敬献一两银。祈求发慈，时常保佑。为此祈祷恭禀。

察哈尔镶白旗厄鲁特玉木札布佐领下恭桑
为祈福事致噶勒丹锡哷图文
8：183~184

至上怙主噶勒丹锡哷图额尔德尼堪布诺门罕活佛足莲前，察哈尔镶白旗厄鲁特玉木札布佐领下翼长恭桑跪拜合掌禀告。愿我子衮楚克林沁寿命延长，厄障消失，子嗣广兴，心想事成，不离三宝。请鉴照护佑。献礼圣洁哈达一方、银三钱。

【注释】 写信人称收信人为至上怙主，可知这位噶勒丹锡哷图应该是时任西藏摄政的噶勒丹锡哷图（二世策墨林活佛阿旺降白楚臣嘉措）。

察哈尔镶白旗毕齐耶佐领下多尔济为献银等事致噶勒丹锡哷图文
8：199

噶勒丹锡哷图诺门罕活佛足前，察哈尔镶白旗毕齐耶佐领下多尔济献彩色哈达、六钱银，祈求为给已故生子格穆丕勒祝愿，献银六钱。本佐领下信徒都噶尔向召佛献银五钱，向班禅活佛献银三钱，向诺门罕活佛献银两钱；本佐领下车布登向召佛献银一钱；本佐领下诺尔布向召佛献银一两。总共三两三钱。悉奉诺门罕商上。明鉴，明鉴。

【注释】收信人应该是时任西藏摄政的噶勒丹锡哷图（二世策墨林活佛阿旺降白楚臣嘉措）。

察哈尔镶白旗玛呢巴达喇佐领下车凌诺尔布等
为祈福事致济咙呼图克图文
8：200

至上皈依怙主教主济咙额尔德尼活佛足下无垢莲花前，察哈尔镶白旗玛呢巴达喇佐领下车凌诺尔布、巴特玛旺钦等人赤诚祈祷，献白银十两。请保佑今生一切相违因止息，一切相和因兴盛，来世直至成佛，俱得安逸之身。明鉴，明鉴。

【注释】写信人车凌诺尔布等人称收信人济咙呼图克图为教主，表明这位济咙呼图克图是西藏摄政。

察哈尔镶白旗噶勒桑佐领下塞楞巴图为祈福事致噶勒丹锡哷图文
8：201

至上怙主噶勒丹锡哷图诺门罕活佛足下金莲座前，察哈尔镶白旗噶勒桑佐领下末小塞楞巴图，属蛇，五十岁，为请保佑止寂今生障碍魔祟，献银四钱及哈达等物。举凡护益，请鉴照赐予。

【注释】收信人应该是时任西藏摄政的噶勒丹锡哷图（二世策墨林活佛阿旺降白楚臣嘉措）。写信人自称属蛇，五十岁，那么写信年应是马年。

察哈尔镶白旗噶勒桑佐领下披甲敏珠尔等
为亡母超度事致噶勒丹锡哷图文
8：202

噶勒丹锡哷图额尔德尼诺门罕案前，察哈尔镶白旗噶勒桑佐领下披甲敏珠尔、朋楚克等，仰戴虔祷，为请引领已故母亲得到安乐轮回，献五钱银及哈达。请明鉴眷护。吉祥。

【注释】 收信人应该是时任西藏摄政的噶勒丹锡哷图（二世策墨林活佛阿旺降白楚臣嘉措）。

察哈尔镶白旗衮扎勒木为祈福事致噶勒丹锡哷图文
8：197~198

普世之主全胜怙主恩公根本圣尊上师大乌巴蒂尼额尔德尼诺门罕噶勒丹锡哷图活佛金足前，至诚仰戴祈祷：圣尊足莲万劫永固，广造教众利益。去年惠赐加持药丸、镀银锁子等件寄到，察哈尔镶白旗末小弟子衮扎勒木顶上接收，欣慰感拜。且禀者：末小弟子前曾将我灵魂、财产悉奉圣尊，自身资畜尽为商上所属。虽然如此，年已五十二岁，如果不亲自朝拜圣尊金足，何忍弃世，于是心中忧虑，苟且料理此仆人札穆巴拉及大小一百多只牲口。因此，安居无恙则伏拜圣尊金足，假如由于孽缘亡故，将此等人畜悉数献给商上，不将遗漏。愿我灵魂得皈善主，为怙主及圣尊所护持不弃，成为依法如意成就聆听、冥想及修行三道之善缘者。请大慈扶持不弃。祈祷之礼，奉献六两银等。

【注释】 写信人称收信人噶勒丹锡哷图为普世之主，可知这位噶勒丹锡哷图为西藏摄政。噶勒丹锡哷图是曾任拉萨甘丹寺法台（甘丹赤巴）的一世策墨林活佛以及他的转世二世策墨林活佛。两世活佛都曾出任西藏摄政。

察哈尔镶白旗先后献银数量
8：187

初献商卓特巴在录银七百一十两，其中减去令公爷大臣弟弟转交十两二钱，又减第七佐领二两，商卓特巴录取总共六百八十六两六钱（按：原文如此）。其后，伊公牧群所献八两五钱；又，巴彦托罗盖寺所献九钱八分。今交堪布银共六百九十六两八分。

察哈尔镶白旗巴彦都楞寺涅巴格须索特巴为祈福事致活佛文
9：277~278

察哈尔镶白旗巴彦都楞寺涅巴格须索特巴虔诚祈祷，在至上怙主圣尊金足前，敬献圣洁哈达一方，祈求眷佑。

镶白旗巴彦都楞寺领诵师格隆纳旺衮布为祈福事致圣尊喇嘛文
9：284

镶白旗巴彦都楞寺领诵师格隆纳旺衮布仰戴，在至上怙主圣尊葛根金足前，献圣洁哈达，请予保佑。

察哈尔镶白旗博罗托罗盖寺领诵师罗布桑喇什为祈福事致噶勒丹锡哷图文
9：275~276

今生来世最上怙主瓦赤喇怛喇噶勒丹锡哷图吉祥额尔德尼诺门罕活佛金足莲花前，察哈尔镶白旗噶勒桑佐领下博罗托罗盖寺圣尊属下末小弟子领诵师格隆罗布桑喇什，合掌顶礼请安。依照己身信仰，末小弟子蛇年六月初十日在圣尊所属古尔班塔拉寺法殿为圣尊祝寿法会常设庙仓置银十两，于众法会贡献饭钱四两，参与法会，祝愿圣尊足莲万劫永固，末徒罗布桑喇什生生世世在圣尊足前不弃，体受圣法甘露。祈求发慈常护末小弟子。明鉴，明鉴。虔诚祈祷，献哈达三方。

【注释】写信人是察哈尔镶白旗博罗托罗盖寺罗布桑喇什，收信人是噶勒丹锡哷图，即藏文史料里的策墨林活佛。据此信透露，位于察哈尔镶白旗的博罗托罗盖寺和位于察哈尔正蓝旗的古尔班塔拉寺都是噶勒丹锡哷图属下寺院。写信人称收信人为最上怙主瓦赤喇怛喇，可知这位噶勒丹锡哷图应该是时任西藏摄政的噶勒丹锡哷图，很可能是道光年间的西藏摄政二世策墨林活佛阿旺降白楚臣嘉措。

察哈尔镶白旗博罗托罗盖寺格隆洛瑞巴勒桑
为请确认该寺达喇嘛转世灵童事致济咙呼图克图文
9：281~282

天等众生永恒怙主普世之主瓦赤喇怛喇遍知一切济咙额尔德尼活佛金足莲花前，察哈尔镶白旗博罗托罗盖寺格隆洛瑞巴勒桑奉函。所禀告者：先前，圣尊活佛在多伦诺尔寺时，受赐书谕因而皈为弟子委托今生来世之格隆·达尔罕·乌木匝特罗布藏尼玛已于鸡年三月初七日圆寂。此时，正白旗皇家羊群牧长衮布扎布、妻子巴拜二人家里，虎年七月二十四日降生一男，当夜原寺达喇嘛梦见由西北方前来一行陌生僧人搭盖黄伞，下榻衮布扎布家里。明日，达喇嘛闻衮布扎布家里生得一男，给他取名噶瓦。男孩噶瓦，属虎，四岁。男孩曾几次对别人说：我是镶白旗博罗托罗盖寺达尔罕·乌木匝特达喇嘛的转世。为此，请圣尊遍知一切济咙额尔德尼活佛，鉴照确认他之是否转世灵童。明鉴，其明鉴。敬献薄礼：哈达一方、银三两。

【注释】写信人称收信人济咙呼图克图为天等众生永恒怙主普世之主，显然，这位济咙呼图克图是西藏的摄政。历史上，济咙呼图克图两次出任西藏摄政。第一次是嘉庆九年（1804，第十三绕迥木鼠年七月）八世达赖喇嘛圆寂，由八世济咙呼图克图益西罗桑丹贝贡布出任摄政，嘉庆十六年初圆寂；第二次是光绪元年（1875）十二世达赖喇嘛圆寂，十世济咙呼图克图阿旺班垫曲吉坚参出任摄政，光绪十二年圆寂。信中提到虎年出生的男孩噶瓦四岁，可知这封信是在蛇年写的。在八世济咙摄政期间，嘉庆十四年（己巳）是蛇年；在十世济咙摄政期间，光绪七年（辛巳）是蛇年。所以这封信必写于这两个蛇年中的一年。

察哈尔镶白旗博罗托罗盖寺丹巴为祈福事致额尔德尼诺门罕文
9：285

喇嘛额尔德尼诺门罕案前祈祷，镶白旗齐亚佐领下博罗托罗盖寺达尔罕涅巴丹巴为请保佑，献银五钱。请明鉴保佑。

【注释】收信人应该是时任西藏摄政的噶勒丹锡哷图（二世策墨林活佛阿旺降白楚臣嘉措）。

察哈尔镶白旗博罗托罗盖寺所属纳木喀根敦为谢恩及祈福事致噶勒丹锡哷图文
9：286~288

十方众佛慈悲本性今后各世唯一怙主莫大恩主至上瓦赤喇怛喇噶勒丹锡哷图额尔德尼诺门罕足下无垢莲花前，察哈尔镶白旗博罗托罗盖寺属下岱青·涅巴·纳木喀根敦合掌跪禀：至上怙主圣尊贵体硬朗无恙否。末徒仰蒙圣尊护佑，安康无恙。且禀：至上怙主圣尊慈爱末徒，赐给无量寿佛、粗呢、加持护结及语函等物，业经收悉，不胜欣喜，仿佛亲诣朝拜。又，鄙徒祈祷者：直到至上怙主圣尊驾幸此地为止，得以安居，以致体受金手摸顶，聆听圣语；此间所想一切如意见成，善之资粮圆满毕聚；来世亦得皈依安怡富乐圆满神主，与佛三宝不离不弃，究竟得到佛命。举凡善益，还请眷赐。祷请至上发慈眷佑，献薄礼彩色哈达一方、银一两五钱等。月初吉日。

【注释】收信人应该是时任西藏摄政的噶勒丹锡哷图（二世策墨林活佛阿旺降白楚臣嘉措）。

察哈尔镶白旗格隆索特纳木巴勒津等为祈福事致萨玛第巴克什文
9：279~280

察哈尔镶白旗末小鄙徒格隆索特纳木巴勒津、俗人喇什岳尔敦等，感戴恭奉，在萨玛第巴克什诺门罕活佛金轮足莲前奉函禀告事由。鄙徒格隆索特纳木巴勒津现年六十三岁，小子俗人喇什岳尔敦九岁，已故妻子扎姆巴噶。为祈愿，我等末小鄙徒以三门一心赤诚，在萨玛第巴克什诺门罕活佛金轮足莲前献哈达一方、白银二两。为愿我等寿命益延，子孙满堂，尤其已故扎姆巴噶速得佛道，特此禀请之外，格隆索特纳木巴勒津、班第罗布撒勒、格须垂姆丕勒，俗人喇什岳尔敦、喇什巴勒、林丹衮苏隆等六人，祈求永远保佑，保佑永远安康无恙。明鉴，明鉴，其明鉴。道光五年青兔年正月初八。

【注释】写信人称收信人为萨玛第巴克什诺门罕活佛，并署道光五年，可知这位噶勒丹锡呼图是时任西藏摄政的噶勒丹锡呼图（二世策墨林活佛阿旺降白楚臣嘉措）。

察哈尔镶白旗格隆占雅喇克瓦为捐献事致扎萨克喇嘛文
9: 283

察哈尔镶白旗格隆占雅喇克瓦请扎萨克喇嘛安，禀告：为祈愿法会熬茶所用茶叶、酥油，捐献一两；为下密院 rayna，捐献一两；黄丝哈达二方。祈求念诵吉祥 yandan 之经。

正白旗

察哈尔正白旗总管车凌多尔济等为祈福事致圣尊活佛文
8: 155~156

在至上怙主圣尊活佛金足前，末小信徒察哈尔正白旗总管车凌多尔济、夫人伊希、子敦多格旺吉勒、女恭桑济特、儿媳巴勒济特等，虔诚祈祷请安。圣尊在法界造作教众利益之业如日兴隆，贵体想必硬朗安康。仰赖圣尊护佑，末小徒辈在此安好无恙。所赐书函、加持护结两根及粗呢等物，业经末小信徒收悉。大悲仁爱如此，卑等感恩欣喜。仍请保佑我辈众徒厄缘寂息，心想事成。尤其保佑安居，以致亲受圣尊摸顶。请赐举凡有益经忏仪轨。献一束三等哈达。

【注释】收信人被称为圣尊活佛，应该是噶勒丹锡呼图，是藏文史料里的一世、二世策墨林活佛。

察哈尔正白旗达礼克佐领下骁骑校旺布车林等
为自身及车林旺布祈福事致噶勒丹锡哷图文
8：157

察哈尔正白旗达礼克佐领下骁骑校旺布车林、弟弟垂杜尔二人，向噶勒丹锡哷图活佛献圣洁哈达一方。车林衮布，四十九岁，属马；弟格隆垂杜尔，四十四岁，属猪。今后各世，请予明鉴保佑。

【注释】收信人是噶勒丹锡哷图，是藏文史料里的一世、二世策墨林活佛。写信人自称属马，四十九岁，可知这封信写于马年。

察哈尔正白旗毕力克图佐领下纳旺为献礼祈福事致噶勒丹锡哷图文
8：158

察哈尔正白旗毕力克图佐领下护军纳旺，在怙主顶饰具三恩噶勒丹锡哷图活佛手上莲花法轮前，仰戴跪地，由净仰之门，献本红马儿年春月钱粮先享银子五钱。禀请护佑者：请从常有口舌、心中不安及资畜不聚等苦难超度。请赐复谕。请鉴保佑。明鉴。乾隆五十一年正月十五日。

属虎，二十九岁，名为纳旺者之供物。

【注释】收信人是噶勒丹锡哷图，是藏文史料里的一世策墨林活佛。写信人自称属虎，二十九岁，可知这封信写于马年。这跟落款所记乾隆五十一年（丙午）相符。

察哈尔正白旗格隆罗布桑巴勒珠尔
为给已故家兄祈愿事致达赖喇嘛文
9：329~330

天等一切生灵怙主佛王遍知一切足下百叶莲花前，察哈尔正白旗巴尔虎车登栋罗布佐领末小格隆罗布桑巴勒珠尔、罗布桑乌尔本、纳木萨赉等以三门赤诚，敬献所做圣尊宗喀巴坐像高度一尺一尊、白银一两三钱及哈达等件。禀请事由：家兄已故格须罗布桑垂都布转生何处，请予明示。请由大悲之界，不弃我等，予以明示。明鉴，明鉴，其明鉴。

察哈尔正白旗布延德力格尔为献银祈福事致达赖喇嘛文
8：175~176

慈悲之眼遍知现证圣尊达赖喇嘛金足莲花前，察哈尔正白旗布延德力格尔，一心由三门虔仰，祈愿自今直至得菩提道为止，顶礼尊贵瓦赤喇怛喇圣尊足莲，得到圆满善缘。愿以本人三时所造一切善种，祈祝恩主根本上师脚座坚固，抚养父母孽障寂灭转生净土，宰食牲畜及有缘相聚兄弟等得所善益；祈愿得到无垢菩提道。还有，祈愿今世厄缘魔祟寂息，所想事业常得成就，不为黑方神灵及邪恶鬼魂所惑。慈界永远明鉴护持，世世永远慈钩施救。圣尊呵，鄙徒由此衷心敬献供坛所用一两银、天物圣洁哈达、玻璃镜子、玻璃数珠、剃刀、针一百根。请保佑。明鉴，明鉴。吉祥。

察哈尔正白旗车登栋罗布佐领下纳旺登津为祈福事致文
8：177~178

天等一切生灵威主遍知一切佛王足莲前，察哈尔正白旗车登栋罗布佐领下鄙人纳旺登津、车凌那木济勒虔诚呈献白银五钱。禀请事由：请由大悲之界保佑今生免遭疾病魔祟危害，寿命延长，心想事成。明鉴，明鉴，其明鉴。

察哈尔正白旗十三佐领下毕力克图
为给已故儿子祈愿事致达赖喇嘛文
8：179~180

天等一切生灵皈依怙主识一切达赖喇嘛金轮千叶莲花前，察哈尔正白旗十三佐领下末小毕力克图以三门虔诚启禀：鄙人犬子格隆朋楚克达克巴羊年

371

六月十七日去世。为此启禀，献礼哈达及银一两。犬子灵魂转生何地，请予明示，明鉴。为此致函。

【注释】收信人是达赖喇嘛。信中提到羊年，可知这封信写于羊年或其次年。

察哈尔正白旗阿穆尔佐领下也客乌拉寺格隆阿旺等人为祈福事致噶勒丹锡哷图文
9：265~266

察哈尔正白旗阿穆尔佐领下也客乌拉寺末小弟子格隆阿旺索特巴德穆齐，献至上怙主噶勒丹锡哷图活佛圣洁哈达、三两银，向至上怙主活佛请安。末小弟子阿旺索特巴，仰赖圣尊活佛眷爱，在此安好。属蛇，五十四岁。祈求眷佑今生来世。

【注释】收信人是噶勒丹锡哷图，是藏文史料里的一世、二世策墨林活佛。写信人自称属蛇，五十四岁，可知这封信写于狗年。

察哈尔正白旗阿穆尔佐领下格隆阿旺楚勒第穆为祈福事致噶勒丹锡哷图文
9：267~268

察哈尔正白旗阿穆尔佐领下格隆阿旺楚勒第穆、毕力克图二人，向至上怙主噶勒丹锡哷图活佛献圣洁哈达、一两银。格隆阿旺楚勒第穆，属蛇，七十四岁；我弟毕力克图，属猴，四十七岁。因为无子，请活佛保佑生子。明鉴慈佑今生来世。明鉴保佑。

【注释】收信人是噶勒丹锡哷图，是藏文史料里的一世、二世策墨林活佛。写信人自称属蛇，七十四岁，可知这封信写于马年。

镶蓝旗

察哈尔镶蓝旗阿达哈哈番佐领达什德勒克
为祈福献银事致达赖喇嘛文
8：221~222

察哈尔镶蓝旗阿达哈哈番佐领末小施主达什德勒克谨于今生唯一怙主圣尊达赖喇嘛足莲下胸前合十祷告：末小施主达什德勒克，四十五岁，属虎，时常患上重病，虽然当即病愈，却没有完全康复。祈求镇伏一切厄缘！弟弟僧人罗布桑色楞，属猪，三十六岁；齐巴克扎布，二十一岁，属虎；班第丹碧杨桑，四岁，属羊。为伊等祈求常予保佑之外，子哲布尊扎布先虽几度生子，却未得成人。为此祈求保佑今后得子。又为齐巴克扎布祈求保佑生子。为请一一赐复上述各愿，献五十两银元宝一颗；为请好药，献拉萨祈愿法会十两银及哈达等物。竭诚禀呈。明鉴，明鉴。

【注释】写信人自称属虎，四十五岁，可知写信年是狗年。

察哈尔镶蓝旗第二佐领领催罗布桑多尔济等
为祈福求子等事致达赖喇嘛文
8：220

察哈尔镶蓝旗第二佐领末小施主领催罗布桑多尔济、护军伊西多尔济等恭跪，在今生来世唯一怙主圣尊达赖喇嘛足下金莲前，合十指于胸前，祈祷禀告：末小施主领催罗布桑多尔济，四十八岁，属牛；护军伊西多尔济，四十六岁，属兔。末小我辈禀请永受保佑之外，我兄弟二人虽然先曾有子，均已夭折，故请保佑今后生子成人。所祈各项，均请降谕明示。诚心呈献银五两等。明鉴，明鉴。圆满吉日。

【注释】写信人自称四十八岁，属牛，可知写信年是鼠年。

正蓝旗

察哈尔正蓝旗总管喇什尼玛为祈福事致噶勒丹锡哷图文
8：243~244

察哈尔正蓝旗末小信徒总管喇什尼玛感戴，在怙主瓦赤喇怛喇圣尊噶勒丹锡哷图萨玛第巴克什诺门罕活佛足前请安。末小信徒喇什尼玛为首，今鸡儿年喇什尼玛长子僧人扎木杨津巴，二十三岁，属猪；次子布延图，二十二岁，属鼠；三子布尔涅巴拉，七岁，属兔；家中妻子涅齐克玉姆，四十三岁。祈保佑我等长寿，子孙兴旺。又祈自今直至成佛为止，金刚法界鉴照勿弃。献俸禄先享二两银、哈达一方。青鸡年二月初七日。

【注释】写信人喇什尼玛自称总管，是察哈尔正蓝旗的最高官员，收信人为噶勒丹锡哷图，即西藏策墨林活佛一世、二世。落款显示写信年为青鸡年（乙酉）。在清代各青鸡年中，乾隆三十年（1765）、道光五年（1825）两个年份与噶勒丹锡哷图有关，其中道光五年最有可能是这封信的写信年，当时二世噶勒丹锡哷图正是西藏摄政。

察哈尔正蓝旗蒙古总管喇什尼玛等为祈福事致噶勒丹锡哷图文
8：246

察哈尔正蓝旗信徒蒙古总管喇什尼玛，妻子涅齐克玉姆，子格须札木杨，俗子布延图、布尔涅巴拉等，赤诚顶礼，在怙主噶勒丹锡哷图萨玛第巴克什诺门罕圣尊活佛足前禀请万安，献十相自在哈达四方。在圣尊活佛脚前祈祷，祈在在保佑我辈信徒，扫除一切相违因，广兴一切相和因，身命牢固，寿算延绵。猪年二月，圣尊庙仓所赐粗呢、加持药丸等件一并收悉。猪年十一月二十日写毕呈函。

来年信徒喇什尼玛，属猪，五十岁；妻子涅齐克玉姆，四十六岁；子格须扎木杨二十六岁；俗子布延图二十五岁；俗子布尔涅巴拉十岁。均属鼠。奉函。

【注释】 写信人喇什尼玛自称蒙古总管，是正蓝旗的最高官员。据写信人在青鸡年写的信，其子扎木杨当年二十三岁，而这封信显示扎木杨已二十六岁，可知这封信写于三年后的鼠年，即道光八年（1828）。

察哈尔正蓝旗蒙古总管什喇勒台等为祈愿祈福事致济咙活佛文
8：245

正蓝旗蒙古总管什喇勒台、格隆椿第穆巴勒丹，在圣尊济咙活佛金轮足莲前祷拜。祈愿事由：虎年九月二十一日母亲纳旺索特纳木去世，为其转生安逸境界及无碍成佛等事，拜告圣闻，赤诚敬献圣洁三等哈达二方、一两四钱银等件外，还请保佑我等今生长寿，心想事成，障碍免除。明鉴，其明鉴。

【注释】 写信人自报官职为 Jarγuci，意即总管，是正蓝旗的最高长官。满洲八旗早期旗制，一旗首席军政长官叫 Amba Janggin，汉文音译昂邦章京，意译大章京，后改为满语 Gusai Ejen，后又改为 Gusa be Kadalara Amban，汉译都统。察哈尔八旗的旗制跟满洲八旗一样，一旗长官 Amba Janggin，蒙古语 Jarγuci，后改为满语 Uheri Da、蒙古语 Bügüde-yi Jakiruγci。但是，由于历史惯习，察哈尔八旗的当地文书里一般混用新旧、满蒙官名。这封信里的 Jarγuci 就是用了旧的蒙古语官名。

信中提到虎年之事，可知该信写于某虎年或其次年。

察哈尔正蓝旗甲喇章京索特纳木栋罗布
为祝贺受玺事致萨玛第巴克什文
8：247~248

察哈尔正蓝旗末小信徒甲喇章京索特纳木栋罗布谨，在瓦赤喇怛喇圣尊萨玛第活佛金足前跪拜请安。为贺圣尊得受上世禅师印玺，及扎萨克喇嘛亦受圣主赐大印，拜献供坛五两银及三等哈达二方。

【注释】 这封信提到"贺圣尊得受上世禅师印玺，及扎萨克喇嘛亦受圣主赐大印"，表明与某世活佛受印有关。

察哈尔正蓝旗甲喇章京旺济多尔济为献哈达事致济咙呼图克图文
8：249

察哈尔正蓝旗甲喇章京旺济多尔济谨在瓦赤喇怛喇圣尊济咙活佛足莲前请万安，献天物圣洁哈达一方。吉日。

察哈尔正蓝旗甲喇章京杜喇尔为献哈达事致济咙呼图克图文
8：250

察哈尔正蓝旗甲喇章京杜喇尔赤诚跪祷，禀请救度者瓦赤喇怛喇圣尊顶饰济咙额尔德尼万安。现今想必圣尊万安，众徒安好。鄙徒祈祷速于北方蒙古地方得见圣尊，献圣洁三等哈达一方。明鉴，发慈；明鉴，发慈。

察哈尔正蓝旗甲喇章京杜喇尔为祈福事致济咙呼图克图文
8：251~253

察哈尔正蓝旗甲喇章京杜喇尔拜请瓦赤喇怛喇圣尊济咙额尔德尼万安。鄙人杜喇尔仰赖瓦赤喇怛喇圣尊慈佑，虔诚拜受所寄加持护结、药丸等件。今特祷告，祈怙主圣尊垂钩慈救，请万安，献天物圣洁三等哈达一方。月初吉日。

察哈尔正蓝旗章京喇什巴勒丹为祈福事致噶勒丹锡哷图文
8：233~235

察哈尔正蓝旗鄙徒章京喇什巴勒丹，在救度者瓦赤喇怛喇圣尊噶勒丹锡哷图萨玛第巴克什诺门罕金轮足莲前，跪拜祷请万安。瓦赤喇怛喇圣尊爱赐鄙徒加持护结、粗呢及保佑赐寄书函，已经悉数收受。喇什巴勒丹、衮布多布顿、札木杨札木苏、巴匝尔喇特纳、拉苏隆扎布等，为得福禄广运，寿命长享，祈求保佑，敬献三等哈达二方。明鉴，明鉴。

察哈尔正蓝旗甲喇章京喇什巴勒丹为祈福事致萨玛第巴克什文
8：237~238

察哈尔正蓝旗古尔班塔拉寺属下末小鄙徒甲喇章京喇什巴勒丹跪祷，在普世之主怙主一切生灵怙主救度者瓦赤喇怛喇圣尊萨玛第巴克什摄政诺门罕活佛金轮足莲前，以三门至诚钦仰，请贵体万安，献二等哈达二方、吉祥哈达二方。顶礼，顶礼。鄙徒甲喇章京喇什巴勒丹本人为首全家，仰赖救度者瓦赤喇怛喇圣尊活佛慈佑，尽皆安好。所拜启者：鄙徒甲喇章京喇什巴勒丹，今猪年五十三岁，属羊。祈愿本人为首全家大小子孙，尽皆安康，寿命延长，厄缘寂息，福禄广兴。鉴纳慈佑。明鉴，明鉴，其明鉴。

【注释】收信人萨玛第巴克什摄政是西藏摄政噶勒丹锡呼图，就是藏文史料里的策墨林活佛一世、二世。这封信写于猪年。

察哈尔正蓝旗甲喇章京喇什巴勒丹为祈福事致噶勒丹锡呼图文
8：236

察哈尔正蓝旗古尔班塔拉寺属下鄙徒甲喇章京喇什巴勒丹跪祷，在一切生灵怙主普世之主救度瓦赤喇怛喇圣尊萨玛第巴克什摄政诺门罕金轮足莲前，赤忱虔诚，奉请贵体万安，献三等哈达二方。顶礼，顶礼。仰赖救度者瓦赤喇怛喇圣尊活佛庇护，鄙徒甲喇章京喇什巴勒丹为首全家安好无恙。所拜启者：鄙徒甲喇章京喇什巴勒丹今鼠年五十四岁，属羊，愿本人以下家里大小子孙尽皆安好，长寿，厄缘寂息，福禄广增，气运振兴。祈求眷佑。鉴纳慈佑。明鉴，其明鉴。

【注释】收信人萨玛第巴克什摄政是西藏摄政噶勒丹锡呼图，就是藏文史料里的策墨林活佛一世、二世。这封信写于鼠年。

察哈尔正蓝旗甲喇章京喇什巴勒丹为请安布施事致诺门罕文
8：239~240

察哈尔正蓝旗古尔班塔拉寺属下鄙徒甲喇章京喇什巴勒丹跪祷，在救度者瓦赤喇怛喇圣尊萨玛第巴克什扎勒察布诺门罕活佛金轮足莲前，以三门虔诚祈拜，敬献三等哈达二方，禀告：鄙徒喇什巴勒丹今年五十七岁，属羊，请鉴护安康无恙，心想事成，厄缘灭消。叩拜，叩拜。慈鉴保佑，其慈鉴。

【注释】收信人萨玛第巴克什扎勒察布诺门罕活佛是噶勒丹锡哷图诺门罕，就是西藏史料里的一世、二世策墨林活佛。古尔班塔拉寺是噶勒丹锡哷图属寺。写信人自称"今年五十七岁，属羊"，可知这封信写于兔年。

察哈尔正蓝旗佐领布迪扎布为请安事致噶勒丹锡哷图文
9：025

察哈尔正蓝旗古尔班塔拉寺属下鄙徒佐领布迪扎布跪地，在救度者圣尊噶勒丹锡哷图萨玛第巴克什金轮足莲前，请安礼拜。祷拜。

察哈尔正蓝旗佐领卓哩克图为布施事致济咙呼图克图文
8：231~232

至上皈依怙主圣尊济咙呼图克图佛宝金轮足莲前，察哈尔正蓝旗佐领鄙人卓哩克图，以三门钦仰跪拜。案前献呈天物有色哈达一方，及以五台山纹木所制数珠十五、以纹木之根所制数珠十五，总共数珠三十。鉴照慈爱本人俗凡愚笨卓哩克图，护持保佑今生来世。明鉴，其明鉴。

察哈尔正蓝旗骁骑校栋罗布为祈福事致噶勒丹锡哷图文
8：228~229

察哈尔正蓝旗末小鄙徒骁骑校栋罗布跪拜，向瓦赤喇怛喇圣尊噶勒丹锡哷图萨玛第巴克什请安，拜献圣主俸禄先享三等哈达一束。瓦赤喇怛喇所赐加持药丸业已拜收。请今生来世保佑末小鄙徒。明鉴，明鉴。

察哈尔

察哈尔正蓝旗骁骑校托郭齐为献礼布施事致萨玛第巴克什文
8：241~242

察哈尔正蓝旗古尔班塔拉寺属下微徒骁骑校托郭齐，在瓦赤喇怛喇圣尊萨玛第巴克什金轮足莲前合掌跪拜，献圣洁三等哈达二方。瓦赤喇怛喇圣尊活佛赐给绫子护结、加持猫耳扇等物，鄙徒托郭齐悉数拜收。叩拜，叩拜。道光五年正月吉日。

【注释】 收信人圣尊萨玛第巴克什是噶勒丹锡呼图萨玛第巴克什诺门罕，就是西藏史料里的一世、二世策墨林活佛。古尔班塔拉寺是噶勒丹锡呼图属寺。

察哈尔正蓝旗护军校达尔斋为献礼祈福事致噶勒丹锡呼图文
8：223~225

察哈尔正蓝旗护军校末小信徒达尔斋跪拜于救度者瓦赤喇怛喇圣尊噶勒丹锡呼图广教萨玛第巴克什诺门罕金轮足莲前，敬献圣洁哈达。祈求救度者瓦赤喇怛喇圣尊活佛鉴纳，慈悲眷钩末徒达尔斋及本生所遇妻子孙辈等。明鉴，明鉴，其明鉴。

察哈尔正蓝旗护军校达尔斋为祈福事致噶勒丹锡呼图文
8：226~227

察哈尔正蓝旗末小信徒护军校达尔斋跪拜，请瓦赤喇怛喇圣尊噶勒丹锡呼图萨玛第巴克什万安，敬献圣主所赐俸禄先享三等哈达一束。瓦赤喇怛喇所赐加持药丸等业已拜收。祈求鉴照护佑今生来世。明鉴，明鉴。

察哈尔正蓝旗笔帖式衮布多布顿为祈福事致噶勒丹锡呼图文
8：230

察哈尔正蓝旗笔帖式衮布多布顿，在瓦赤喇怛喇圣尊萨玛第巴克什金足莲轮前跪拜。所祈者，末小本人亲生弟弟兑色勒去世，愿其速得佛道，祈祷敬献圣洁三等哈达二方。祈求保佑。明鉴，明鉴，其明鉴。

【注释】收信人萨玛第巴克什扎勒察布诺门罕应该是噶勒丹锡哷图,即西藏一世、二世策墨林活佛。

察哈尔正蓝旗笔帖式衮布多布顿为死者超度及布施事致噶勒丹锡哷图文
8∶256

救度者瓦赤喇怛喇圣尊萨玛第巴克什扎勒察布诺门罕金轮足莲前,察哈尔正蓝旗鄙徒衮布多布顿,以三门赤诚祷拜,敬献一两白银。启禀者:愿本人亡母萨克撒转生于安乐境界。拜禀救度者瓦赤喇怛喇圣尊。顶礼。祈鉴,祈鉴。

【注释】收信人萨玛第巴克什扎勒察布诺门罕应该是噶勒丹锡哷图,即西藏一世、二世策墨林活佛。

察哈尔正蓝旗护军罕都扎布为献银祈福事致噶勒丹锡哷图文
8∶254

察哈尔正蓝旗末小鄙徒护军罕都扎布跪拜,请瓦赤喇怛喇圣尊噶勒丹锡哷图萨玛第巴克什万安。瓦赤喇怛喇圣尊所赐药丸等件业经触受仰拜。今在瓦赤喇怛喇圣尊金轮足前所祈者:家父于猪年八月二十二日去世,为此拜献瓦赤喇怛喇圣尊活佛三等哈达二方、银一两五钱。请明鉴保佑。明鉴,明鉴,其明鉴。已故骁骑校托郭齐。

【注释】信中提到猪年之事,所以信件应该写于猪年或其后。

正蓝旗披甲巴勒桑为请安及为亡父超度事致活佛文
8∶255

正蓝旗披甲巴勒桑以哈达奉函请活佛安。本人父亲物故,为祈愿事,献银五两。父亲名楚勒第穆丹巴。

察哈尔正蓝旗布尔涅巴达喇为亡母祈愿事致噶勒丹锡呼图文
9：375~376

普世之主瓦赤喇怛喇噶勒丹锡呼图萨玛第巴克什金轮足莲座前，察哈尔正蓝旗古尔班塔拉寺属下弟子布尔涅巴达喇、萨玛克达喇克札满怀虔诚，合掌祷告：属下末小弟子为给已故母亲诺尔济木祈愿，愿她速得安乐善道，献三等哈达。请怙主瓦赤喇怛喇圣尊活佛慈鉴，以慈悲之钩施救保佑。明鉴。

【注释】 收信人噶勒丹锡呼图萨玛第巴克什是西藏史料里的策墨林活佛一世、二世。古尔班塔拉寺是噶勒丹锡呼图属寺。

察哈尔正蓝旗布尔涅巴达喇为祈福事致达赖喇嘛文
9：369~371

察哈尔正蓝旗鄙徒布尔涅巴达喇，在怙主圣尊达赖喇嘛金轮足莲前，合掌祷祝禀告：为给已故长兄格隆噶瓦祈愿，献圣洁哈达一方。祈求保佑，慈钩施救，顺利超度。明鉴，明鉴。

察哈尔正蓝旗齐默特多尔济等人为献礼祈福事致萨玛第巴克什文
9：373~374

吉祥如意。察哈尔正蓝旗古尔班塔拉寺信徒原达喇嘛侄子齐默特多尔济、弟子格隆凯穆楚克、母亲恭桑等，谨于怙主瓦赤喇怛喇萨玛第活佛足莲前跪请贵安。今所祈者：鄙徒齐默特多尔济，属鸡，二十三岁；格隆凯穆楚克，属猴，五十岁；母亲恭桑，属兔，六十七岁；齐默特多尔济有两位妻子；独生女儿，属羊，三岁。唯于怙主瓦赤喇怛喇圣尊活佛金轮足莲前祈祷，我等寿命延长，子女多生，年迈母亲今生来世得到庇护。明鉴赐谕。献钱粮先享银一两、哈达一方。且禀：本人齐默特多尔济在羊年曾献一两银、三方哈达，祈求庇护。至今尚不见怙主瓦赤喇怛喇圣尊赐馈，陈情一并奉函。明鉴，明鉴。月初吉日。

【注释】收信人瓦赤喇怛喇萨玛第活佛是噶勒丹锡哷图萨玛第巴克什，就是西藏史料里的一世、二世策墨林活佛。古尔班塔拉寺是噶勒丹锡哷图属寺。写信人格隆凯穆楚克自称属猴，五十岁，可知这封信写于鸡年。

察哈尔正蓝旗齐默特多尔济等为祈福事致噶勒丹锡哷图文
9：299~300

普世之主瓦赤喇怛喇圣尊萨玛第巴克什活佛金轮足莲前，察哈尔正蓝旗古尔班塔拉寺原达喇嘛孙齐默特多尔济、弟子格隆凯穆楚克、子母恭桑等，三门一心虔仰，合掌跪地请安。牛年收悉怙主瓦赤喇怛喇圣尊所赐加持护结八根等件，所想一切得以满足，拜谢保佑。今所求者：弟子格隆凯穆楚克五十六岁，齐默特多尔济二十九岁。请保佑一家生灵寿命延长、子嗣滋繁及心想事成。请赐馈复之外，齐默特多尔济老母七十三岁，为请给她现世祝愿，献怙主瓦赤喇怛喇圣尊法衣、哈达等物。鉴纳保佑，慈钩施救。兔年二月初四吉日。

【注释】收信人萨玛第巴克什活佛是噶勒丹锡哷图萨玛第巴克什。古尔班塔拉寺是噶勒丹锡哷图属寺。这封信写于兔年。

察哈尔正蓝旗格勒克巴勒珠尔为祈福事致噶勒丹锡哷图文
8：257~258

察哈尔正蓝旗末小鄙徒格勒克巴勒珠尔跪拜顶礼，在怙主瓦赤喇怛喇圣尊活佛金足前，诚仰请安，敬献圣洁三等哈达一方。请鉴纳眷佑。圣尊所赐加持护结等件，由衷感仰礼受。为此，祈瓦赤喇怛喇圣尊眷佑，一并奉函。眷佑，眷佑。二月初五日。

察哈尔正蓝旗布延图为献供事致瓦赤喇怛喇圣尊活佛文
8：259

察哈尔正蓝旗末小布延图跪祷，奉函瓦赤喇怛喇圣尊活佛。现年四十，属兔，请圣尊活佛保佑本人今生来世业障。供献五钱。

【注释】 写信人自称现年四十，属兔，属兔的人四十岁时是马年，可知写信年为马年。

察哈尔正蓝旗巴彦济尔噶勒为谢恩请安布施事致萨玛第巴克什文
8：260~262

正蓝旗末小施主巴彦济尔噶勒，在足莲前跪祷奉函，请瓦赤喇怛喇圣尊萨玛第巴克什呼必尔罕万安。此间，瓦赤喇怛喇圣尊金贵身体想必硬朗无恙。在此，末小信徒我辈仰赖瓦赤喇怛喇圣尊护佑，皆安康无恙。正在我辈祈望之际，本猪儿年捎付使者赐予我等之礼物、加持护结等件寄到，顶礼拜受欣喜。鄙人亦为请瓦赤喇怛喇万安，月初吉日献天物圣洁哈达一方。鉴纳保佑。明鉴。

察哈尔正蓝旗珠尔默特为请安及亡父超度事致活佛文
8：263

正蓝旗珠尔默特以圣洁哈达呈函请活佛安。本人父亲名为布特塔者亡故，献祈愿银子二两。

察哈尔正蓝旗策伯克扎布为祈福事致萨玛第巴克什文
8：264~266

察哈尔正蓝旗末小鄙徒策伯克扎布跪拜，在瓦赤喇怛喇圣尊萨玛第巴克什金足前，献三等哈达。所呈祈者：仰赖瓦赤喇怛喇圣尊慈悲，末徒策伯克扎布生得一子，现年三岁，名沙尔曼。孩儿长寿、福禄，唯瓦赤喇怛喇圣尊活佛慈佑是赖。给孩儿赐何名字及时常保佑等事，还请瓦赤喇怛喇圣尊鉴照。明鉴保佑。

察哈尔正蓝旗古尔班塔拉寺达喇嘛纳旺垂穆丕尔
为献礼祈福事致商卓特巴善巴多布丹文
9：311~312

古尔班塔拉寺达喇嘛纳旺垂穆丕尔于羊年十二月二十日收悉商卓特巴善

巴多布丹喇嘛处所寄礼物猫耳扇二包、加持护结等件，宛如亲见尊颜，不胜欣喜。黄猴年新年礼物，献请安商卓特巴喇嘛之圣洁哈达、荷包及星纹绫子等件。本人蛇儿年所献礼物到否商卓特巴喇嘛处，尚未知晓。为此一并奉函。五十三年黄猴年正月初一吉日。

【注释】收信人善巴多布丹是阿巴噶人，时任噶勒丹锡呼图（一世策墨林活佛）属下商卓特巴。落款所记五十三年是乾隆五十三年（戊申，1788）。

察哈尔正蓝旗古尔班塔拉寺达喇嘛伊希栋罗布
为祈福事致萨玛第巴克什文
9：292

古尔班塔拉寺达喇嘛伊希栋罗布，在瓦赤喇怛喇萨玛第诺门罕金足莲轮前，跪拜请安，献圣洁有色哈达。祈求保佑，明鉴，明鉴。月初吉日。

【注释】收信人萨玛第巴克什应该是噶勒丹锡呼图萨玛第巴克什。古尔班塔拉寺是噶勒丹锡呼图属寺。

察哈尔正蓝旗古尔班塔拉寺达喇嘛伊希栋罗布等
为迁建寺院祈福事致噶勒丹锡呼图文
9：293~295

察哈尔正蓝旗古尔班塔拉寺达喇嘛伊希栋罗布、大德穆齐尼玛、副扎木桑、夏安居经堂师喇什、纳木凯、委署格布奎津巴喇克瓦、委署德穆齐札穆楚雅木丕勒等，在噶勒丹锡呼图广教萨玛第巴克什额尔德尼诺门罕活佛金足莲轮前跪拜，祈瓦赤喇怛喇圣尊眷佑。所禀者：我寺地方沙土渐多，尤其去岁猴年春季以来愈见紧逼，殊难忍受。未及禀闻圣尊。呈请章嘉活佛，钦奉圣语：寺院迁出沙土之时已到。经再禀问，又奉圣谕：今鸡年开始迁建。故此，我等僧俗众人虽然力薄，却蒙寺院护神及诸圣垂佑，商定自今鸡年开始迁建新址。为此，请瓦赤喇怛喇圣尊保佑我寺事业无碍如意速成，祈求保

384

佑，献圣洁哈达及十两银，仅示不空。请鉴照保佑。明鉴。

【注释】 收信人噶勒丹锡呼图萨玛第巴克什是西藏一世、二世策墨林活佛。古尔班塔拉寺为该活佛属寺。据信中透露，这封信写于鸡年。

察哈尔正蓝旗古尔班塔拉寺达喇嘛伊希栋罗布等
为布施祈福事致瓦赤喇怛喇圣尊活佛文
9：372

正蓝旗古尔班塔拉寺达喇嘛伊希栋罗布、德穆齐喇嘛阿旺扎木桑、副达喇嘛纳木凯、夏安居掌堂师札穆楚、格布奎津巴、衮楚克达克巴、德穆齐延丕勒、林沁及各执事、僧俗全体，谨在佛教及圣宗喀巴黄教太阳英明圣尊瓦赤喇怛喇活佛足莲前奉函，我辈末小信徒顶上合手，恭请贵安。此间，天等众生顶饰无比圣尊瓦赤喇怛喇活佛贵体硬朗，奋力利济父母六道众生之际安康乎。在此，仰赖至上怙主圣尊慈悲，法会全体安好无恙。为请安献二时祈愿供坛、哈达所用二十两白银、天物圣洁三等哈达等物。鉴纳保佑末徒。明鉴。吉祥圆满月初吉日。

【注释】 收信人瓦赤喇怛喇活佛是噶勒丹锡呼图萨玛第巴克什，就是西藏史料里的一世、二世策墨林活佛。古尔班塔拉寺是噶勒丹锡呼图属寺。

察哈尔正蓝旗古尔班塔拉寺达喇嘛伊希栋罗布等
为报寺务及延请事致噶勒丹锡呼图文
9：307~308

察哈尔正蓝旗古尔班塔拉寺达喇嘛伊希栋罗布、德穆齐札木杨丹碧杨桑、副达喇嘛纳木凯、二位夏安居掌堂师、二位格布奎、二位德穆齐、各执事及大甲喇章京喇什巴勒丹、营长喇什尼玛、护军校、骁骑校僧俗全体，在释迦牟尼教法及圣尊宗喀巴黄教雄日现证通慧圣尊活佛足莲前，奉函请安。此间，天等众生顶饰无比瓦赤喇怛喇圣尊活佛，贵为雪域贤者之王，兼领西藏政教，普行光照政教，仁赐我等弟子书函、加持护结等件。我等收悉，不胜欣喜，宛如亲受至上怙主圣尊活佛金手摸顶，语露灌顶。在此，我等僧职执事、法会、弟子全体及施主僧俗众人，仰叛圣尊，尽皆安好无恙。猴年以来，寺院经堂建在无沙之地，现今寺堂、法殿、拉让俱已建成。活佛寝殿拉让内庭建有二门，殿屋共十九间，用银五百五十两。外院及大门、十五间房屋原本暂缓，拟于数年之内筹建，然而此间已由商卓特巴喇嘛建成。故此，禀报至上怙主圣尊活佛圣闻。洗耳刮目，坐望至上怙主圣尊活佛勒辔移驾，幸临蒙古地方。为此请安，敬献二时供坛、哈达价银二十二两及圣洁白哈达等物。圆满月初吉日。

【注释】 收信人圣尊活佛是噶勒丹锡哷图萨玛第巴克什诺门罕，就是西藏史料里的一世、二世策墨林活佛。古尔班塔拉寺是噶勒丹锡哷图属寺。

察哈尔正蓝旗古尔班塔拉寺达喇嘛伊希栋罗布等为献礼祈福事致萨玛第巴克什文
9：315~316

古尔班塔拉寺达喇嘛伊希栋罗布、德穆齐喇嘛罗布藏尼玛、副达喇嘛楚勒图穆巴勒丹、二位侍从活佛、夏安居掌堂师杨桑喇什、德穆齐纳木凯希喇布、格布奎津巴札木苏、大领诵衮楚克喇克瓦等为首全体法会，旗长官、大甲喇章京衮布那木济勒、副甲喇章京索特纳木栋罗布、司法官喇特纳、大章京、佐领喇什巴勒丹、佐领布兑扎布、佐领喇什喇布坦、骁骑校渥巴西、骁骑校喇什、骁骑校索特纳木、骁骑校托郭齐、骁骑校库鲁克、护军校散布、护军校里克苏隆、护军校衮布杨桑、吏员巴彦毕力格、吏员朋楚克、笔帖式恩克、笔帖式绰克图等为首僧俗众人，合掌请佛教及圣宗喀巴黄教之太阳明晓圣尊萨玛第巴克什诺门罕活佛安，敬献圣洁三等哈达。此间，天等众生顶饰无比瓦赤喇怛喇圣尊活佛弘扬西方佛教，西藏地方彪炳戒尺如灯，光照僧俗众生于三毒之昧，硬朗无恙等情，及赐寄末小僧俗众人之礼物书函，获悉拜受，不由欣喜，宛如亲品至上怙主慈悲甘露。末流僧俗众徒仰戴祈祷者：

我辈末流众徒施主为三毒魔障所蒙蔽，方祈如意活佛圣尊诺门罕牵引金辔驾幸我地，利济众生。然而本虎儿年使者寄来书函称，新建寺院，筹备法会，不能即往，等语。大小僧俗众徒施主，心中怏怏。我等大小舍身合掌，敢请今生如意圣尊活佛慈鉴鄙徒施主寺院，即时勒辔驾幸，解众生之渴思。顶上奉函，致至上怙主圣尊活佛。祈鉴，祈鉴。

察哈尔正蓝旗古尔班塔拉寺大德穆齐罗布藏尼玛
为献礼祈福事致萨玛第巴克什文
9：304~306

察哈尔正蓝旗古尔班塔拉寺大德穆齐罗布藏尼玛，在宛如日光振兴释迦牟尼胜佛及宗喀巴教法之至上权威胜宝佛天人导师瓦赤喇怛喇圣尊萨玛第巴克什诺门罕金足莲花前仰祝，献拜天等之礼圣洁哈达。至诚仰皈至上三宝保佑及无比瓦赤喇怛喇圣尊护佑，末徒今安。今已收到猴儿年馈礼加持护结等物。今猴年，已有七十一岁。请今生来世皈依怙主瓦赤喇怛喇圣尊以现证慈悲鉴赐保佑。明鉴，其明鉴。正月十五日圆满吉日。

【注释】 收信人瓦赤喇怛喇圣尊萨玛第巴克什诺门罕是噶勒丹锡呼图萨玛第巴克什诺门罕，就是西藏史料里的一世、二世策墨林活佛。古尔班塔拉寺是噶勒丹锡呼图属寺。据信中所述，这封信写于猴年，当时写信人七十一岁。

察哈尔正蓝旗古尔班塔拉寺德穆齐罗布藏尼玛
为祈福事致瓦赤喇怛喇文
9：296

察哈尔正蓝旗古尔班塔拉寺德穆齐罗布藏尼玛，在普世之主瓦赤喇怛喇圣尊足莲前，合掌跪禀：末小鄙徒收悉怙主圣尊所赐加持药丸、书函等件，渴思得解，宛如亲受摸顶。末小本人已有七十四岁，祈求世世随生恩公根本圣尊，蒙尊保佑。由衷祷祝。顶饰圣尊鉴照轮回之中之鄙徒，纳于心界，慈钩常予施救。祈保佑外，子噶勒桑旺吉勒，四岁，祈瓦赤喇怛喇圣尊鉴照。献圣洁哈达及一两银，仅示不空，请保佑。吉祥圆满吉日。

【注释】收信人瓦赤喇怛喇圣尊是噶勒丹锡呼图萨玛第巴克什。古尔班塔拉寺是噶勒丹锡呼图属寺。写信人在猴年写的信中说自己七十一岁，这里说七十四岁，可知这封信是在猪年写的。

察哈尔正蓝旗古尔班塔拉寺格隆津巴为祈福事致圣尊活佛文
9：366~368

察哈尔正蓝旗末小信徒格隆津巴谨向瓦赤喇怛喇圣尊活佛请安，拜献圣洁哈达、一两一钱银，祈求常与保佑。请瓦赤喇怛喇圣尊照鉴末小信徒，慈钩施救。道光八年二月初八吉日。

封面：察哈尔正蓝旗古尔班塔拉寺末小信徒夏安居经堂师津巴奉函恭请瓦赤喇怛喇圣尊活佛万安。

封底：恭封。

【注释】收信人圣尊葛根应该是噶勒丹锡呼图萨玛第巴克什，因为古尔班塔拉寺是噶勒丹锡呼图属寺。这封信写于道光八年（1828），当时的噶勒丹锡呼图是二世噶勒丹锡呼图，任西藏摄政。

察哈尔正蓝旗古尔班塔拉寺副达喇嘛津巴等
为献银祈福事致圣尊活佛文
9：297~298

察哈尔正蓝旗古尔班塔拉寺副达喇嘛津巴、德穆齐喇嘛纳木凯、甲喇章京喇什尼玛、副甲喇章京塔木布木、佐领衮布土布丹、护军校巴雅斯呼朗、护军校喇什德勒克、玛呢巴达喇僧俗众人祈祷，在救度者瓦赤喇怛喇圣尊活佛金轮足前，恭请万安，献供坛三等哈达一方、银二十四两。在救度者瓦赤喇怛喇金轮足前，祈祷礼拜。慈悲金刚，鉴纳保佑。

明鉴，明鉴。

【注释】 收信人圣尊活佛是噶勒丹锡哷图萨玛第巴克什。古尔班塔拉寺是噶勒丹锡哷图属寺。这封信的写信人津巴的头衔已经是副达喇嘛，而在前一封写于道光八年的信里，他的头衔是夏安居经堂师。显然，这时候津巴的僧职上升了。可以肯定，这封信是在道光八年过了若干年后写的。

察哈尔正蓝旗古尔班塔拉寺夏安居掌堂师纳旺喇什
为献礼祈福事致萨玛第巴克什诺门罕文
9：377~378

古尔班塔拉寺属下末徒于法会事忝膺夏安居掌堂师之纳旺喇什，祈祷跪拜，在护持第二佛陀圣尊宗喀巴之教巩固纯净至上正义宛如常在须弥山之第二圣者、十方众生皈依怙主、能断十大罪孽之根、十方太阳恩公至上中之至上、人类导师、广教瓦赤喇怛喇萨玛第巴克什诺门罕圣尊活佛金足下戒律芳香圣洁莲花前，小人由虔诚信仰之门，赤诚仰戴祈祷，默思瓦赤喇怛喇圣尊顶上闪发大悲白光普施绚烂，献天物圣洁哈达、银子五钱。佛陀释迦牟尼演示各种神通之正月十五日圆满吉日。

【注释】 收信人萨玛第巴克什诺门罕是噶勒丹锡哷图萨玛第巴克什，就是西藏史料里的一世、二世策墨林活佛。古尔班塔拉寺是噶勒丹锡哷图属寺。

察哈尔正蓝旗古尔班塔拉寺罗布藏敦罗布等
为请安布施事致噶勒丹锡哷图文
9：323~324

瓦赤喇怛喇圣尊噶勒丹锡哷图萨玛第巴克什诺门罕活佛金轮足莲前跪拜，正蓝旗古尔班塔拉寺属下鄙徒毕什呼勒图·达尔罕喇嘛罗布藏敦罗布、德穆齐喇嘛札木杨纳木凯、副达喇嘛衮楚克喇克巴、长老纳旺津巴、夏安居掌堂师丕凌贵、额琳沁、德穆齐罗布桑、垂达尔、格布奎衮楚克喇什、桂都特、甲喇章京喇什巴勒丹、佐领喇什尼玛、佐领珠尔默特、护军校达尔斋等，请万安。此间，瓦赤喇怛喇圣尊活佛想必在尊贵法殿硬朗无恙。在此我等僧俗众徒，仰赖圣尊护佑，安好无恙。如今，本虎儿年收悉圣尊赐寄众徒我等之礼物、加持护结、十五两喀什噶尔红花、粗呢一匹及书函等件，顶礼领受，不胜欣喜，宛如亲见瓦赤喇怛喇圣尊御颜。献鄙徒我等之二时祈愿所用供坛、哈达、坐垫费用二十五两白银。鉴纳保佑。明鉴，明鉴，其明鉴。

【注释】收信人噶勒丹锡呼图诺门罕是西藏史料里的一世、二世策墨林活佛。古尔班塔拉寺是噶勒丹锡呼图属寺。

察哈尔正蓝旗古尔班塔拉寺罗布藏敦罗布
为请安布施事致噶勒丹锡呼图文
9：325~326

普世之主救度者瓦赤喇怛喇圣尊活佛金轮足莲前诚仰跪拜，正蓝旗古尔班塔拉寺属下鄙徒毕什呼勒图·达尔罕喇嘛罗布藏敦罗布、德穆齐札木杨纳木凯、副达喇嘛纳旺津巴、长老丕凌贵、夏安居掌堂师额琳沁、夏安居掌堂师垂达尔、德穆齐罗布桑、德穆齐丕凌贵、格布奎衮楚克、格布奎桂都特、甲喇章京喇什巴勒丹、佐领喇什尼玛、佐领珠尔默特、骁骑校喇什德勒克等，请万安。此间，普世之主瓦赤喇怛喇圣尊活佛佛宝想必硬朗无恙。我等末小鄙徒仰赖圣尊护佑，尽皆无恙，得享一岁为喜。为请救度者瓦赤喇怛喇圣尊万安，奉献新年礼物圣洁哈达。马年三月收悉粗呢一匹、喀什噶尔红花五两、加持护结等件。献我等鄙徒之二时祈愿所用供坛、哈达、坐垫费用二十二两二钱白银。鉴纳保佑。明鉴，明鉴，其明鉴。

【注释】收信人瓦赤喇怛喇圣尊活佛是噶勒丹锡呼图诺门罕，就是西藏史料里的一世、二世策墨林活佛。古尔班塔拉寺是噶勒丹锡哷图属寺。信中提到"马年收悉"，可知写于马年之后。

察哈尔正蓝旗古尔班塔拉寺格隆额琳沁
为祈福事致萨玛第巴克什文
9：289~291

察哈尔正蓝旗古尔班塔拉寺弟子格隆额琳沁，在瓦赤喇怛喇萨玛第巴克什诺门罕活佛足莲前，虔诚跪拜请安，献圣洁哈达。末小弟子格隆额琳沁为首八口，仰赖萨玛第巴克什护佑，尽皆安好。请护佑。明鉴，明鉴。

【注释】收信人萨玛第巴克什应该是噶勒丹锡哷图萨玛第巴克什，因为古尔班塔拉寺是噶勒丹锡哷图属寺。

察哈尔正蓝旗古尔班塔拉寺夏安居掌堂师额琳沁
为献礼祈福事致噶勒丹锡哷图文
9：303

察哈尔正蓝旗古尔班塔拉寺夏安居掌堂师末徒额琳沁，在救度者瓦赤喇怛喇圣尊噶勒丹锡哷图萨玛第巴克什诺门罕金轮足莲前跪拜，献三等哈达。鉴赐保佑。明鉴，明鉴，其明鉴。

【注释】收信人噶勒丹锡哷图萨玛第巴克什诺门罕是西藏史料里的一世、二世策墨林活佛。古尔班塔拉寺是噶勒丹锡哷图属寺。

察哈尔正蓝旗古尔班塔拉寺夏安居掌堂师额琳沁
为请安布施事致噶勒丹锡哷图文
9：327~328

正蓝旗古尔班塔拉寺夏安居掌堂师格隆额琳沁跪于瓦赤喇怛喇活佛金轮

足莲前，以三门虔诚，奉献瓦赤喇怛喇圣尊活佛之铜制涂金八寸、开光八两 osniga 塔一座，十相自在哈达一方。顶礼，顶礼。鉴纳保佑。明鉴，其明鉴。

【注释】收信人瓦赤喇怛喇活佛是噶勒丹锡哷图诺门罕，就是西藏史料里的一世、二世策墨林活佛。古尔班塔拉寺是噶勒丹锡哷图属寺。

察哈尔正蓝旗古尔班塔拉寺德穆齐额琳沁
为布施事致萨玛第巴克什文
9：322

怙主慈悲众生萨玛第巴克什圣尊活佛足下月亮莲花前，鄙徒察哈尔正蓝旗古尔班塔拉寺属下德穆齐额琳沁，跪请万安，献圣洁无量寿佛哈达。祈祷瓦赤喇怛喇圣尊活佛保佑本人及母亲、全家大小八口。还有，鄙徒德穆齐额琳沁家兄哥宁车林在猪年七月初五日去世，为其来世祈愿，赤诚敬献无量寿佛哈达一方，祈瓦赤喇怛喇圣尊活佛祝愿。明鉴，其明鉴。

【注释】收信人萨玛第巴克什圣尊活佛是噶勒丹锡哷图诺门罕，就是西藏史料里的一世、二世策墨林活佛。古尔班塔拉寺是噶勒丹锡哷图属寺。信中提到猪年，可知写于猪年之后。

察哈尔正蓝旗古尔班塔拉寺喇嘛额琳沁等
为布施祈福事致噶勒丹锡哷图文
9：319~321

察哈尔正蓝旗古尔班塔拉寺阿尼布唐喇嘛末小信徒格隆额琳沁，在噶勒丹锡哷图诺门罕金轮足莲前，跪拜恭请万安，敬献新年吉祥黄色哈达。启禀者：弟子额琳沁今年五十八岁，属虎；侄子济克默特那木济勒，十五岁，属鸡；诺扬古，十七岁，属羊；济克济特玛，十三岁，属猪；拉姆济特，三十岁，属马；刚茹车林，二十六岁，属狗。我等全家为了安好，献圣洁哈达，顶礼祈求，祈望救度者瓦赤喇怛喇圣尊活佛赐给加持叶衣灵丹、金刚灵丹，以供供奉。请圣尊鉴纳保佑。明鉴，明鉴，其明鉴。

【注释】收信人噶勒丹锡呼图诺门罕是西藏史料里的一世、二世策墨林活佛。古尔班塔拉寺是噶勒丹锡呼图属寺。写信人自称五十八岁，属虎，可知这封信写于猪年。

察哈尔正蓝旗古尔班塔拉寺格隆楚勒第木巴勒丹
为献礼祈福事致圣尊文
9：301~302

察哈尔正蓝旗古尔班塔拉寺格隆楚勒第木巴勒丹、朋楚克扎木楚，笔帖式绰克图、玛西巴图等拜祷至上怙主瓦赤喇怛喇圣尊，献圣洁彩色哈达四方。明鉴保佑。

【注释】收信人瓦赤喇怛喇圣尊是噶勒丹锡呼图萨玛第巴克什。古尔班塔拉寺是噶勒丹锡呼图属寺。

察哈尔正蓝旗古尔班塔拉寺沙弥札木杨喇克巴
为布施祈福事致噶勒丹锡呼图文
9：309~310

古尔班塔拉寺末徒沙弥札木杨喇克巴在噶勒丹锡呼图瓦赤喇怛喇圣尊活佛足前跪祷请安。拜献圣洁三等哈达，鉴赐保佑本人寿命及父母双亲及子弟。红马年正月初一吉日敬献。

【注释】收信人噶勒丹锡呼图是西藏史料里的一世、二世策墨林活佛。古尔班塔拉寺是噶勒丹锡呼图属寺。这封信写于红马年（丙午）。

察哈尔正蓝旗古尔班塔拉寺属下纳旺凯穆楚克等
为献礼祈福事致圣尊活佛文
9：313~314

古尔班塔拉寺属下格须纳旺凯穆楚克及俗家侄子玛哈达瓦等，在护持佛陀胜宝圣尊宗喀巴教者、如日诸佛之首、永远广兴八万四千法体者、收服未来众生者、至上自在顶饰瓦赤喇怛喇圣尊活佛金足莲花前跪祷，仰拜敬献哈达一方、银子三钱，叩拜祈求常加庇护。本鸡年，本僧纳旺凯穆楚克三十二岁，侄子玛哈达瓦十二岁。请恩公圣尊鉴纳保佑。明鉴。

【注释】收信人圣尊活佛是噶勒丹锡哷图，就是西藏史料里的一世、二世策墨林活佛。古尔班塔拉寺是噶勒丹锡哷图属寺。这封信写于鸡年。

察哈尔正蓝旗古尔班塔拉寺格隆丕凌赉等人
为布施祈福事致救度者圣尊活佛文
9：317~318

救度者瓦赤喇怛喇圣尊金轮足前跪拜，正蓝旗古尔班塔拉寺属下鄙徒格隆囊素丕凌赉、噶苏尔噶勒桑丹津等人，恭请救度者瓦赤喇怛喇圣尊万安。新年之礼圣洁十相自在哈达二方，一天祈愿所用供坛、哈达及垫背银两五钱等物，敬献救度者瓦赤喇怛喇圣尊。请瓦赤喇怛喇圣尊鉴纳保佑。明鉴，明鉴，其明鉴。

白马年以后，认为能在本寺承担常例祈愿（费用），因而每年正月初二承担常例祈愿，每年同众人祈愿一道献圣洁白哈达、一两五钱等物。此次，特向救度者瓦赤喇怛喇圣尊，在众人供坛之外，另献哈达，特请保佑口禅，并请时常保佑庙仓。二十二名可怜生灵赤诚跪拜于足前。

【注释】收信人瓦赤喇怛喇圣尊是噶勒丹锡哷图，就是西藏史料里的一世、二世策墨林活佛。古尔班塔拉寺是噶勒丹锡哷图属寺。信中提到白马年

（庚午），所以这封信写于某个白马年之后。一世策墨林活佛康熙六十年（1721）出生，乾隆三十一年（1766）前后进京，乾隆四十二年至四十六年出任西藏摄政，五十一年被召回北京，五十五年再度奉命赴藏出任摄政，乾隆五十六年圆寂。二世策墨林活佛乾隆五十七年出生，嘉庆二年（1797）坐床，六年赴藏习经，十四年出任西藏摄政，直到道光二十四年（1844）离任，咸丰十年（1860）圆寂。在两世策墨林活佛在世期间有乾隆十五年、嘉庆十五年两个白马年。当时，各驻京活佛一般在察哈尔、热河、牧厂等地分得牧地，召集徒弟，筹建寺院。然而，乾隆十五年时，一世策墨林活佛尚未进京，很难说在察哈尔建有属于他的寺院。察哈尔八旗噶勒丹锡呼图名下的寺院大概都是在一世策墨林活佛进京（雍和宫）之后筹建的。因此，这里提到的白马年应该是嘉庆十五年。

占巴萨姆丹为请安事致圣尊活佛文
9：025

末小卑徒占巴萨姆丹，谨叩在怙主瓦赤喇怛喇圣尊足下月亮莲花前，请圣尊活佛万安，献哈达一方。所禀者：去年拜收圣尊惠赐书信，薄命信徒犹如亲见圣尊，喜悦泣拜。

察哈尔正蓝旗古尔班塔拉寺原涅巴占巴萨姆丹为陈情乞怜事致噶勒丹锡呼图文
10：017~023

径禀者：奉圣尊谕，特谕你者，你其净心勤勉妥办拉让事务等语。鄙徒占巴萨姆丹欲自竭能效力。然而，此次伊犁达喇嘛所属商卓特巴到来，以圣尊活佛有旨交付与之为辞，将我仓一切物品另作档簿，违背先例，宣称一切事务归唯伊专掌，斥我无知无能。我只顺应伊意而行。直至去岁猴年，以我占巴萨姆丹不随伊志，以我之遵照先任涅巴定例为非，剥归他所管辖，八月之初罢我涅巴之职。鄙徒希望朝拜圣尊，祈祷护神，奋勉效力而未有过错。然而他却忽然撤我涅巴之职，盖因商卓特巴无事生非，欲依北京章程办理，而鄙徒以其损害圣尊商上之畜，因而致愆。鄙徒交给伊犁达喇嘛之商卓特巴者，圣尊所属古尔班塔拉寺殿内佛像、各种物品及草地牧群马一百九十三匹、牛三百头、骆驼三十二峰、羊三百九十四只。仓房及各种财务，亦按档簿交付。鄙徒占巴萨姆丹安分谋生，独身出城，西向祷祝，祈谒圣尊。跪献圣洁哈达。鉴之，鉴之，其鉴之。二月初四。

【注释】 信中提到圣尊所属古尔班塔拉寺云云，可知写信人占巴萨姆丹原来是噶勒丹锡呼图属寺察哈尔正蓝旗古尔班塔拉寺的涅巴。信中提到去岁猴年，可知这封信写于鸡年，即鸡年二月初四日。

西藏贡噶为请安献礼祈福事致瓦赤喇怛喇圣尊活佛文
10：266~269

西地老朽鄙徒贡噶在怙主瓦赤喇怛喇圣尊葛根金足前顶礼仰拜请安，敬献圣洁三等哈达。请加保佑。禀闻者：今收葛根所赏加持护结、粗呢等件，不胜欣喜，宛如亲见。去年八月，本人欲与衮布达什二人一同返回。只因途中老朽得病，无力行走，中间折返，方得无碍。然而，本年十一月复罹足疾，大渐垂危，仰赖圣尊护佑，得无大碍，但目今仍不能起立行走。此外该禀之言尽令衮布达什转禀。昔我呈请圣尊贵安，今虽寄来复函，然而仍无明示。禀告此情之外，敬献圣洁白哈达、三色纺丝，以祈怙主瓦赤喇怛喇圣尊活佛保佑今生来世。明鉴眷护。为此由察哈尔正蓝旗、阿巴噶什喇塔拉二地中间，请安奉函。

鼠年二月初七吉日。

【注释】 这封信表明什喇塔拉在阿巴噶旗。什喇塔拉寺也是噶勒丹锡呼图的属寺。

西藏贡噶为请安与报告病情事致扎萨克喇嘛书信
10：270

西藏地方老比丘贡噶谨向扎萨克喇嘛请安，献圣洁外库白哈达。收到尊

察哈尔

贵扎萨克喇嘛所赏书信、粗呢等,犹如亲见,不胜欣喜。但是,所言加持吉祥结未到。奏闻此情外,老者我本想和衮布达什一同回去,然而途中生病,未能成行,回来后无大碍,但从该十一月开始,我犯足疾,病情严重,只因托圣尊葛根护持,现在又转好,可是仍不能行走。为此,自察哈尔正蓝旗、阿巴噶、什喇塔拉三地之间特请安,奉献圣洁哈达、三色纺丝等。虽欲顷刻相见,但足痛不能前行,谨报闻。鼠年二月初七日。祈求此后每年赐予广大开示之书信。

【注释】这封信是跟前一封信同一天写同一天寄的。

归化城土默特

**归化城土默特仓司掌印翼长根济札布
为献供祈福事致济咙呼图克图文**
8：285

土默特仓司掌印翼长根济札布请济咙佛宝安，祝愿长寿，谨呈圣洁哈达及五供。禀报赐寄末小信徒之粗呢，已经顶礼收悉之外，仍请活佛发慈保佑我家老少。三月初九吉日。

新疆察哈尔

伊犁察哈尔右翼总管、副总管克什克台、和通等人为祈福事致达赖喇嘛文

8：286

所祈者。伊犁右翼总管、副总管末小施主克什克台、和通等人，仰拜祈祷，在十方之主仁慈庇佑众生吉祥毕聚者瓦赤喇怛喇恩公圣尊达赖喇嘛金足莲轮前祈告：末小施主克什克台为首居此伊犁绝域之地，因而先前未得朝圣之便。我等施主实在未能呈祈恩公圣尊，祈求今生来世及所做一切孽障厄缘魔祟，每当思及，不胜悔憾。今年我伊犁等处始通朝路，得便派人前往朝圣。末小施主克什克台为首众人，无限赤诚，殊胜欢喜，感戴钦仰，拜祷祈告恩公圣尊，祈求祛除今生来世及一切无知之中所造孽障厄缘。所祈者：恩公圣尊洞鉴末小克什克台为首大小施主，慈悲之钩，保佑施救。末小施主克什克台为首所祈福者：本人克什克台，属鼠，五十三岁；和通，属猪，六十六岁。克什克台、和通由衷祈祷，奏告圣尊，祈福今生。及至善终，转生恩公圣尊金足之前，生为弟子，世世不离。慈悲之钩，叠赐施救，念念垂仁，眷赐馈示。又，本人克什克台属下察哈尔右翼众格隆、格须当中，派出本人克什克台子格隆洛京格穆丕勒、掌堂格勒克等十七人，前往恩公圣尊处朝圣。将克什克台为首此处僧俗大小众人赤诚仰祈今生来世菩提道之微薄银两、物品，交与格隆洛京格穆丕勒等人。等因。陈情祈告恩公圣尊。朝圣者格隆洛京格穆丕勒、格勒克等到达朝拜时，请恩公圣尊仁慈眷护。为此祈祷祈福祈告。祈发慈保佑。道光二十四年龙儿年三月初九瑞祥吉日。

牧 厂

大马群（上驷院牧厂）

察哈尔大马群委署翼长札木杨车凌
为献银祈福事致达赖喇嘛文
8：269~270；9：059~060

察哈尔大马群末小信徒委署翼长札木杨车凌跪地，恭谨祷祝，以三门虔诚，献天人导师大悲圣尊达赖喇嘛白银一颗十两，以为膳食。所祈求者：自今直至成就菩提道，随生达赖喇嘛不离，诚入佛门，恭守戒誓，转生导主，速得金刚持。祈愿祷拜，成就此愿。扎什伦布、色拉、哲蚌、甘丹四寺经堂熬茶所用，各献五十两白银。祈愿成佛。明鉴保佑。道光十五年正月初一吉日。

【注释】《西藏自治区档案馆馆藏蒙满文档案精选》第 8 卷和第 9 卷都收录此文书，重复影印。

察哈尔大马群牧长喇什旺楚克
为请经忏法术事致达赖喇嘛文
8：267~268

察哈尔大马群牧长喇什旺楚克以三门虔诚祈祷，谨在今生来世唯一怙主圣尊达赖喇嘛足下无垢莲花前祈告：末小施主喇什旺楚克母子鸡年春献哈达一方、白银一百两，请护佑全家利益及圣主马群滋繁。狗年冬寄到圣尊保佑馈语及所赐护结、加持、红花、粗呢等件，悉已拜收，然而未见经忏之物。因此，胆敢复请大悲仁爱我母子。本人喇什旺楚克今年二十一岁，属兔；母亲额尔德尼达喇，属猴，五十二岁；妻子塞尔济莫德格，属龙，二十岁。请赐我等一切厄缘寂息，及长寿富乐广运所需经忏法术，及我等所管圣主牧群滋繁所需经忏法术，降于我等顶上。为此诚仰敬献薄礼哈达一方、白银十两。道光七年二月吉日。

察哈尔大马群笔帖式德穆博里勒为祈愿事致达赖喇嘛文
8：271~272

天等众生顶饰全胜圣尊达赖喇嘛足莲金轮前，察哈尔大马群末小笔帖式德穆博里勒赤忱虔诚，献天物圣洁哈达、白银五钱。所请者：末小德穆博里勒今猴儿年三十二岁，生子绰克图巴雅尔六岁。请保佑我全家今生厄缘寂息，相和因缘增广，一切事业如意得成，时常安康之外，请保佑我等今生来世永在圣尊达赖喇嘛金足前得到护持，受享法语甘露，以致成佛。奏请祈愿。明鉴保佑，明鉴。

察哈尔大马群朋素克父子为献银祈福事致达赖喇嘛文
8：152

察哈尔大马群鄙徒朋素克、子雅木丕勒栋罗布，在天等一切生灵顶饰瓦赤喇怛喇全胜今生来世永恒怙主上师观世音达赖喇嘛佛宝金轮足前，诚仰跪祷，献银三钱。借此福力，愿今生父母、弟子朋素克、子雅木丕勒栋罗布、妻子阿勒坦齐克、诺林丕勒等，今生一切厄缘寂息，财畜滋繁，来世得为圣尊足前弟子，随生不弃。明鉴，其明鉴。献圣洁哈达等件。成就吉日。

大马群属下巴图蒙克等为祈福祈愿事致达赖喇嘛文
8：153~154

封面：呈请达赖喇嘛商卓特巴等安。

大马群属下末小施主巴图蒙克、沙克杜尔在轮回涅槃怙主圣尊识一切达赖喇嘛金足莲花前，赤诚献银一两。借此善福，祈愿一切众生得以安乐，末小我等今生相违因寂息，得以安逸，尤其祈愿世世随生在圣尊金足前，永远保佑我家，赐福力于顶上。纳于法界，明鉴勿弃。请鉴之礼，圣洁哈达等。

为已故弟子罗布桑诺尔布祈愿。

封底：谨封。

察哈尔镶黄旗大马群蒙克俄齐尔为献银祈福事致达赖喇嘛文
8：149~150

察哈尔镶黄旗大马群属下末小蒙克俄齐尔，在天等一切生灵顶饰瓦赤喇怛喇全胜今生来世永恒怙主上师观世音达赖喇嘛佛宝金轮足前，诚仰跪祷，献银五钱。借此，祈愿众生得以安乐，尤其祈愿今生有缘父母兄弟之众相违因寂息，安乐度日。末小蒙克俄齐尔，属马，三十九岁；妻子什鲁，得痼疾。祈求以慈钩施救，赐全家时常安好之经忏、福力于我等顶上。明鉴，其明鉴。祈求之礼，献圣洁哈达等。请法界鉴纳，保佑不弃。道光十六年春月吉日。

贡噶为已故叔叔马兰巴绰尔济罗布藏喇什超度事
及为自己全家与圣主马群祈福事致达赖喇嘛文
8：339

向圣尊达赖喇嘛葛根，俗弟子奴婢贡噶祷告呈祈：贡噶我之叔叔马兰巴绰尔济罗布藏喇什于蛇年二月初九日逝世，向圣尊葛根祈愿，献圣洁哈达与五十两银子。向圣尊葛根再禀者：贡噶我属龙，二十七岁，愿葛根保佑圣主马群与我全家。

【注释】写信人自称属龙，二十七岁，可知这封信写于马年；又说保佑圣主马群，可知写信人为大马群属下。

402

察哈尔大马群博罗柴济寺近侍活佛默尔根绰尔济
格隆喇什德勒克为给母亲祈愿事致达赖喇嘛文
9：345

天等众僧顶饰佛王遍知一切足莲金轮前，察哈尔大马群博罗柴济寺近侍活佛默尔根绰尔济格隆喇什德勒克跪祷祈求：本人母亲茹勒玛扎布于马年三月十五日物故，此间得否安乐轮回，请明鉴。倘若尚未得到，还请明示皈依教法之法。祈求圣尊祝愿。祈求之礼，献圣洁哈达、白银三两。明鉴，明鉴。

察哈尔大马群博罗柴济寺格隆罗布桑巴勒丹
为祈福事致达赖喇嘛文
9：343~344

顶饰至上怙主瓦赤喇怛喇达赖喇嘛金足莲轮前，察哈尔大马群博罗柴济寺属下末小鄙徒格隆罗布桑巴勒丹，六十八岁，仰戴祷告祈求：祈愿末小弟子格隆罗布桑巴勒丹今生不时之障寂灭，身体无病安好。愿大限到时身心渐行，仰思皈依怙主三宝，来世转生教法弘传之地，化作僧人，为瓦赤喇怛喇圣尊喇嘛所护持，献银二两五钱，以为供坛，由衷祈告达赖喇嘛。慈钩施救，照鉴保佑。

察哈尔镶黄旗大马群格隆伊西丹达尔等为祈福
及确认猴年所献四十八两银子是否收到事致达赖喇嘛文
9：257~258

页首贴签：为已故衮布扎布、已故罗布京、已故噶勒桑车凌等祈转生净土祈愿。

察哈尔镶黄旗大马群格隆伊西丹达尔、札木杨、阿旺垂穆丕尔、栋密特等，在天等众生顶饰遍知一切瓦赤喇怛喇胜者大悲观世音菩萨今生来世永恒怙主圣尊达赖喇嘛佛宝金轮足前，由赤诚钦仰之门，跪祷祈求：格隆伊西丹达尔，属牛；札木杨，属鸡；阿旺垂穆丕尔，属鼠；栋密特，属狗；额尔克什喇、茹勒玛济特、托尔达玛尔等,以三门之虔诚,献银一两五钱。以此,愿佛教广传,众生安乐,人间安逸免难;愿格隆伊西丹达尔、札木杨、阿旺垂穆丕尔、栋密特、额尔克什喇、茹勒玛济特、托尔达玛尔等人,今生所想事业如意成功之外,还愿来世幸遇佛教,在圣尊跟前转为弟子,不离不弃,随生于极乐西土。请瓦赤喇怛喇圣尊保佑我等信徒,永远不弃,纳于法界,消弭不时暴病、不时暴亡等障碍。祈赐保佑示语、加持神物,使我等之资畜滋繁,无损无亏,寂止魔障等作祟者。信徒格隆伊西丹达尔,属牛,四十七岁,平时利益众生,量力造作药疗、法事。我之如此做者,利否众生、行道与否,请于顶上降赐明谕。明鉴,明鉴,其明鉴。献圣洁哈达等。供物到否圣尊案前,请在信徒顶上赐复明谕。

猴年春,信徒格隆伊西丹达尔向圣尊敏珠尔活佛商上为拉萨祈愿法会熬茶,献白银四十八两,由彼商上交付噶玛巴囊素。收否该项两次四十八两,狗年未见馈复。此项银两,用于何种善事,请于顶上赐示。

【注释】写信人伊西丹达尔自称属牛,四十七岁,那么写信年是猪年。据后文论证,道光九年(己丑,1829)时伊西丹达尔四十八岁,那么他四十七岁时应该是道光八年(戊子,1828)。据此肯定这封信写于道光八年。信中提到猴年寄银一事。道光八年之前的猴年为道光四年(甲申,1824),狗年为道光六年(丙戌,1826)。

察哈尔大马群格隆伊西丹达尔等为祈福事致达赖喇嘛文
9:347~348

察哈尔大马群格隆伊西丹达尔、札木杨等,于天等一切生灵顶饰瓦赤喇怛喇全胜今生来世常在怙主上师观世音达赖喇嘛佛宝金轮足前,诚仰跪祷,献银二两;召佛,献银一两。共献三两银。借此福力,愿父母、众生得以安乐,尤其为今生父母、弟子:格隆伊西丹达尔,五十四岁,属牛;札木杨,属鸡,四十六岁;妻子额尔克什喇、茹勒玛济特等,今生一切厄缘寂息,相和因缘、长寿、富乐广兴,安乐度日,请赐永远保佑之经怙于我等顶上。

又，格隆伊西丹达尔、札木杨等，赤诚祈求赐给死前所食药丸等。祈愿今生财畜滋繁，来世得为圣尊足前弟子，随生不弃。法界明鉴，其明鉴。圣洁哈达等。成就吉日。

【注释】 信中提到札木杨四十六岁。扎木杨在道光十六年（1836）写的《察哈尔镶黄旗大马群札木杨为祈福事致达赖喇嘛文》中自称属鸡，四十七岁。既然道光十六年时四十七岁，那么他四十六岁时应该是道光十五年。据此肯定这封信写于道光十五年。

察哈尔镶黄旗大马群札木杨为祈福事致达赖喇嘛文
8：148

察哈尔镶黄旗大马群弟子札木杨，在天等众生顶饰瓦赤喇怛喇胜佛观世音圣尊达赖喇嘛佛宝金轮足前，由信仰之门，敬献银三两。借此祈愿众生得以安乐，尤其祈愿今生父母兄弟并无厄缘，安逸度日。信徒札木杨属鸡，四十七岁，妻子额尔克什喇、茹勒玛济特、托尔达玛尔等。请赐庇护加持、神物等件于信徒我等顶上。鉴赐，鉴赐，其鉴赐。祈求之礼，献圣洁哈达等件。请纳于法界，明鉴保佑。道光十六年春月吉日。

为已故格隆伊西丹达尔祈转生安逸之道至致成佛之愿。

【注释】 这封信写于道光十六年（1836）春月，并称为已故格隆伊西丹达尔祈转生安逸之道。据前文所述，就在道光十五年伊西丹达尔写了《察哈尔大马群格隆伊西丹达尔等为祈福事致达赖喇嘛文》。可知伊西丹达尔死于道光十五年。

察哈尔镶黄旗大马群阿旺垂姆丕勒等为祈福事致达赖喇嘛文
8：151

察哈尔镶黄旗大马群阿旺垂姆丕勒等，在天等众生顶饰识一切瓦赤喇怛喇大悲观世音菩萨圣尊达赖喇嘛佛宝金轮足前，赤诚钦仰跪祷，祈求：阿旺垂姆丕勒，七十三岁；弟子伊西丹达尔，四十八岁；札木杨，四十岁；额尔克什喇、茹勒玛济特、托尔达玛尔等。以三门虔诚，献银二两。借此，祈愿父母、众生得以安乐，世间安逸免难。阿旺垂姆丕勒，七十三岁，祈求生时之愿，祈求众徒今生心想事成，今生障碍寂灭。瓦赤喇怛喇圣尊时常鉴纳，法界眷佑。祈求加持神物。明鉴，其明鉴。献圣洁哈达。此礼到否圣尊处，请在我等顶上赐复明示。

为已故衮布扎布、已故噶勒桑车凌、已故罗布藏祈转生净土之愿。家父衮布扎布去世已过三十九年，今转生于何处，请在我等顶上赐予明示。如需法仪，请圣尊为之。

【注释】信中提到札木杨四十岁。扎木杨在道光十六年写的《察哈尔镶黄旗大马群札木杨为祈福事致达赖喇嘛文》中自称属鸡，四十七岁。既然道光十六年时四十七岁，那么他四十岁时应该是道光九年。据此可以肯定这封信写于道光九年（1829）。

察哈尔大马群格隆桑斋喇什为死者祈愿事致达赖喇嘛文
9：346

识一切圣尊达赖喇嘛金足前，察哈尔大马群鄙徒格隆桑斋喇什、格须土布丹津巴、厂长乌利济呼图克、护军丰盛额、妻子齐默特拉姆等，赤诚仰拜祈告：已故原委署翼长根敦喇什俸银六两，献圣尊达赖喇嘛，以为先享。又为已故妻子索尼鸿果尔献银五钱，以为先享。请引导已故根敦喇什、索尼鸿果尔转生在净土无量光佛眼前，令本人格隆桑斋喇什等心安，并赐现证明示之语。明鉴，其明鉴。

察哈尔商都马群固什寺格隆罗布桑车楞等
为献银祈福事致达赖喇嘛文
9：331~333

在佛王圣尊达赖喇嘛常在无垢莲花金轮前赤诚祷告，请用慈钩施救。察哈尔商都马群固什寺格隆罗布桑车楞、妇人垂济特等，赤诚敬献薄礼哈达、银十两等。借此善福，愿我及父母、众生自古及今所积一切罪孽得以免除，超脱一切病难，普世得以安熙；愿我辈众人一切病难及一切作祟厄缘寂息，善誉长寿富乐及一切善之资粮广兴，最终得道佛陀。发慈鉴佑，慈赐馈复于顶上。明鉴，明鉴，其明鉴。

达里冈爱马群特古思巴彦寺副达喇嘛格隆罗布藏巴勒珠尔
为给已故师傅罗布藏达尔济超度事致活佛文
10：003～004

达里冈爱马群特古思巴彦寺副达喇嘛格隆罗布藏巴勒珠尔献圣洁哈达，请葛根安。本人罗布藏巴勒珠尔师傅格隆罗布藏达尔济在世时，曾向葛根献曼荼罗，请求保佑身后灵魂，葛根也应允保佑。师傅罗布藏达尔济去年六月已圆寂，故今献五十两银子，以为曼荼罗，请愿祈福。为此谨上。二月二十九吉日。

察哈尔牛羊群

察哈尔镶黄旗牛群沙喇布为献礼祈福事致堪布诺门罕文
8：144

察哈尔镶黄旗牛群鄙徒沙喇布敬献堪布诺门罕活佛黄油二十斤。明年将献马一匹。属猴，四十九岁。牧长沙喇布祈求永远眷佑。道光四年十月十五日。

察哈尔镶黄旗牛群吉安寺格隆罗布桑丹津等
为献银祈福事致噶勒丹锡哷图文
9：259～260

察哈尔镶黄旗牛群所属吉安寺弟子末小格隆罗布桑丹津、委署协领衮楚克策楞、子珠尔默特旺济勒等，在普世怙主圣尊瓦赤喇怛喇噶勒丹锡哷图额尔德尼堪布诺门罕足莲金轮前，由此处遥拜，献请安礼内府哈达一方、两包白奶豆腐；珠尔默特旺济勒献哈达一方等。活佛贵处慈赐寄来书函、礼物加持护结及神物佛像一尊、猫耳扇二副，业经拜受，不胜欣喜，宛如亲见。还请蒙圣尊恩慈，我等大小在此安居之外，生子珠尔默特旺济勒患天花病，业已康复。还祈求近一二年内朝见活佛。明鉴垂爱保佑，明鉴，其明鉴。月初吉日。

【注释】写信人罗布桑丹津称收信人噶勒丹锡呼图为普世怙主，可知这位噶勒丹锡呼图是西藏摄政。

为给察哈尔正黄旗羊群瑜伽呼图克图弟子已故托尔达玛尔祈愿事致噶勒丹锡呼图文
9：261~262

在怙主瓦赤喇怛喇圣尊噶勒丹锡呼图额尔德尼诺门罕足莲前奉书。为给察哈尔正黄旗羊群瑜伽呼图克图弟子已故托尔达玛尔祈愿，献银五钱，银、帘等件。举顶敬献。

察哈尔镶黄旗护军校却多尔济为亡母祈愿事致达赖喇嘛文
8：147

察哈尔镶黄旗护军校却多尔济跪拜，在召地圣尊达赖喇嘛莲花座前祈求：却多尔济生母索诺姆巴勒，属狗，六十九岁，在去年十二月三十日丑时去世。为此献银二十两，祈求圣尊达赖喇嘛为我亡母祝愿。为此祈求。白母羊年正月十六日。

察哈尔正白旗牛群翼长伊拉古克三为祈愿事致达赖喇嘛文
8：159~160

十方众佛慈悲本性、慈爱众生宛如独子者至上怙主圣尊达赖喇嘛金足莲花前，察哈尔正白旗牛群翼长伊拉古克三仰拜，献圣洁哈达、五钱银，请给已故托音纳旺根敦祝愿，使其世世免于转生八无暇，速得成佛。明鉴保佑。

红猴年正月初吉日。

【注释】 落款显示红猴年（丙申）。清代有顺治十三年（1656）、康熙五十五年（1716）、乾隆四十一年（1776）、道光十六年（1836）、光绪二十二年（1896）等红猴年。

察哈尔正白旗羊群翼长土布珠尔为祈愿事致济咙呼图克图文
8∶161

正白旗羊群翼长土布珠尔，现年六十五岁，献济咙活佛哈达一方、银五两，祈求今生善缘。

察哈尔正白旗羊群协领布克扎布为给已故家父祈愿事致达赖喇嘛文
8∶162

察哈尔正白旗羊群协领鄙徒布克扎布仰拜祈祷，禀告达赖喇嘛：家父班达喇什于鼠年十二月二十一日去世。为请祝愿，卑处献银三两。道光十四年十二月初四日。

【注释】 察哈尔正白旗羊群是清内务府庆丰司所领上三旗牛羊群。上三旗牛羊群遍布察哈尔八旗，此为察哈尔正白旗的羊群。落款显示的道光十四年（1834）是马年，因此信中提到的鼠年是道光八年（戊子，1828）。但考虑到接近年末，十二月二十一日应该是次年的1月。

察哈尔正白旗羊群牧长达赖为献银祈福事致拉萨法会众僧文
8∶163~168

天等一切众生至上怙主护持佛教弘传法会之首拉萨召地众法会前，至诚钦仰，合掌叩拜禀呈：察哈尔正白旗羊群属下牧长达赖为首，为祈今生来世善缘之愿，向拉萨召地大祈愿熬茶，献一百两之银元宝二颗，请诵（字迹不清）白伞盖经、般若波罗蜜多经、度母经。所禀祈者：愿佛教众生及法王宗喀巴兼拥经咒之教法传于一切时空，久远存世，持教贵族咸得长寿，事业广兴，大法会及以之为首十方法会僧众法意允协，由净戒之门修炼三律，三藏布道聆听为首传教创作事业增广宛如夏季湖水，仰赖善护之力天下常现福瑞之象；更愿将已故格隆丹达尔、格须巴勒丹等人导入善轨；也愿末小施主家父查干呼、家母拉姆、生子齐默特多尔济及亲戚有缘之众一切病难障碍得以寂息，相和因缘、长寿、富乐、名誉得以广兴，尤其自今而来世世永远皈依大乘四轮毕聚怙主，以出家、善心及真谛为首一般道行修炼根本，直至金刚法乘二道之极，为众生利益顺利成为金刚持佛。请赐保佑，明鉴。道光十七年正月十五吉日。

察哈尔正白旗羊群杜勒噶尔为给其已故祖父祈愿事致达赖喇嘛文
8：173~174

十方众佛慈悲本性、慈爱众生视若独子者、至上怙主圣尊达赖喇嘛金足莲花前，察哈尔正白旗羊群末小施主杜勒噶尔感仰合掌跪拜，献圣洁哈达、白银五钱。所祈者：本人祖父协领额琳沁去世。愿其世世不在八无暇转生，速得佛道。请明鉴予以保佑。红猴年正月初九吉日。

【注释】落款显示写信年是红猴年（丙申）。

察哈尔正白旗羊群格隆罗章等为献银祈福事致达赖喇嘛文
9：269~270

十方众佛慈悲本性慈爱众生宛如独子者至上怙主圣尊达赖喇嘛金足莲花前，察哈尔正白旗羊群格隆罗章、副都统玉木扎布虔仰顶礼，合掌下跪，敬献圣洁哈达、二两白银。所启禀者：请保佑我家老母托音为首一家众人，使一切厄缘寂息，寿命延长，心想事成，及世世不在八无暇转生，得以转入安乐善趣，最终得道成佛。红猴年正月初吉日。

【注释】落款显示写信年是红猴年（丙申）。

察哈尔正白旗羊群毕里格图为请安布施事致商卓特巴喇嘛文
8：169~172

　　察哈尔正白旗羊群信徒毕里格图·瑟臣·却尔济·额穆齐·格隆罗布桑巴尔，由此地仰拜，向慈公商卓特巴喇嘛奉书请安。此间喇嘛以下众徒，尽皆硬朗无恙乎。鄙人以下众人仰赖贵爱，尽皆安好无恙。请安礼，仅示不空，献三等哈达一方。禀商卓特巴喇嘛者，小徒所攒资财分用事由：为祝今后各世怙主圣尊长寿，永恒固体跟前，常诵欢喜佛赞，用一百两银建立庙仓；此外，向达赖喇嘛御前献银元宝一、哈达一方；拉萨祈愿法会，银元宝一、散银五十两、哈达一方，请诵度母经、般若波罗蜜多经、mekjima。为在大小昭炼成仙丹，银元宝一、散银五十两。为大小双尊、大悲佛、召罗吉夏里、甘丹大金灵塔等神物涂金、供祭所用，献银十五两、哈达五方，请诵洗礼经、奉行佛法明鉴、祈愿经等。为在哲蚌寺熬茶，献银十三两、哈达一方，请诵甘丹拉喇穆、白伞盖经、度母经、般若波罗蜜多经、无量寿佛。为在色拉寺熬茶，献银十两、哈达一方，请诵甘丹拉喇穆、白伞盖经、度母经、般若波罗蜜多经、甘丹拉喇穆。为在甘丹寺熬茶，献银八两、哈达一方，请诵甘丹拉喇穆、夏尔祝、度母经、般若波罗蜜多经。居巴扎仓熬茶，银五两、哈达一方，请诵五护法神赞。向哲蚌寺护法神，献哈达一方、银一两五钱。白拉姆，献五彩哈达。向拉穆吹忠献银一两五钱、哈达一方。陈述此等事由，以为敬语，呈禀。吉缘。

察哈尔正白旗羊群布延图·诺木齐·默尔根·额穆齐·绰尔济·格隆罗布桑为禀报寺务及祈福等事致商卓特巴喇嘛文
9：271~272

　　察哈尔正白旗羊群所属弟子布延图·诺木齐·默尔根·额穆齐·绰尔济·格隆罗布桑奉函商卓特巴喇嘛。禀报事由：祈在今生来世怙主圣尊活佛金足莲花前，将所属佛尊及现有家产悉作庙仓之外，我等自力在所属寺前建造九间经堂，堂内每月请住三十位僧人，每位供给额定大畜，五位僧人给一块茶、五两饭钱。每日念诵经文仪轨，两部 taraka、白伞盖经、般若波罗蜜多、水祭、龙王祭之外，每月十三日起若有死者，念诵 ldoskodi，以为常例。等情。禀报喇嘛。以此常例办成祝寿法会，每月所需一百两银。为此随喜施主：玛姆阑巴格隆沙喇布札木苏、骁骑校青衮。青衮先前无子，今蒙保佑，出生一男，名为古鲁格，两岁，祈求鉴佑该男寿命延长。翼长策楞敦多格、协领达什札木苏等。此布施一百两者五人，翼长根敦车凌布施五十两，翼长车楞喇布坦、婆罗、车楞多尔济、副都统达尔玛扎布等四人每位布施二十五两。请保佑伊等。这里所建寺院，请传三圣，降赐敕书寺名，以便供奉。弟子玛姆阑巴格隆沙喇布札木苏效力祝寿法会，直至今生之终，请赐恩敕。明鉴，明鉴。请安之礼，仅示不空，献无垢一等哈达一方。月初吉日。

察哈尔正白旗羊群哈丹和硕寺格隆纳旺渥德斯尔
为祈福事致达赖喇嘛文
9：273~274

十方众佛慈悲本性、慈爱众生宛如独子者至上怙主圣尊达赖喇嘛金足莲花前，察哈尔正白旗羊群哈丹和硕寺格隆纳旺渥德斯尔赤诚顶礼，合掌跪拜，献圣洁哈达、白银五钱。所禀请者：请保佑弟子成就上法，免除厄缘、病害，相和因缘、长寿、富乐及教证德智圆满，世世性相毕聚，随生至上福友不弃，在地上具备道德，速成金刚持。请予庇护，慈赐圣语。红猴年正月初九吉日。

察哈尔正白旗羊群格隆纳旺扎木杨
为献银祈福事致达赖喇嘛文
10：001~002

十方众佛慈悲本性慈爱众生宛如独子者至上怙主圣尊达赖喇嘛金足莲花前，察哈尔正白旗羊群格隆纳旺扎木杨，合掌跪地仰拜，献圣洁哈达、三两白银。所祈者：保佑末小信徒纳旺扎木杨今生来世外，尤其我年迈老兄巴图蒙克已去世，保佑其世世免遭八无暇，永远皈依教法，成就暇满，不离随奉上福资粮，地上道德圆满，速得金刚持之命。明鉴眷佑。红猴年正月初吉日。

【注释】落款显示红猴年（丙申）。清代有顺治十三年（1656）、康熙五十五年（1716）、乾隆四十一年（1776）、道光十六年（1836）、光绪二十二年（1896）等红猴年。

太仆寺

太仆寺右翼协领巴泰为祈福事致噶勒丹锡哷图文
8：145~146

太仆寺镶黄旗协领巴泰向噶勒丹额尔德尼诺门罕活佛奉书请安。圣尊瓦赤喇怛喇贵体近期硬朗否，近侍众徒都安好否。仰赖圣尊护佑，弟子在这里安好。圣尊垂爱，令堪布囊素捎寄加持护结、星纹布匹等物，业已拜收。今再为今生来世，献圣尊瓦赤喇怛喇哈达及一两银之外，信徒巴泰近几年内得了两个孙子，一个属兔，四岁，名那延泰；一个属龙，三岁，名为车登扎布。为此二子，各献一两。请圣尊眷佑。月初吉日。

太仆寺左翼翼长特古思为献哈达事致达赖喇嘛文
8：213~216

太仆寺左翼鄙徒翼长特古思在瓦赤喇怛喇遍知一切圣尊诺门罕活佛足莲前跪祷，奉献请安礼十相自在哈达。属猪，六十二岁。鼠年正月吉日。

封面：太仆寺左翼鄙徒翼长特古思跪禀瓦赤喇怛喇遍知一切圣尊达赖喇嘛。

封底：拜禀。

太仆寺左翼护军校喇什为祈福事致噶勒丹锡哷图文
8：193~194

太仆寺左翼察哈尔镶白旗护军校喇什伏祈禀呈瓦赤喇怛喇诺门罕萨玛第巴克什噶勒丹锡哷图活佛。鄙徒属龙，四十二岁；子纳木斯莱扎布属马，四岁。愿恒常安居，祈求保佑。敬献供坛所需银五两、圣洁哈达一方。明鉴，明鉴，其明鉴。

【注释】写信人自称属龙，四十二岁，那么写信年是鸡年。

太仆寺左翼护军校喇什为祈福事致圣尊诺门罕文
8:211~212

太仆寺左翼护军校喇什跪献圣尊瓦赤喇怛喇诺门罕十相自在哈达一方、俸禄先享十两银。祈求恒常保佑。

太仆寺玛拉噶寺达喇嘛纳旺林沁为禀事献银祈福事
致噶勒丹锡哷图文
9：349

太仆寺玛拉噶寺达喇嘛纳旺林沁，向噶勒丹锡哷图额尔德尼诺门罕请安并奉函。此间，圣尊瓦赤喇怛喇贵体安否，近侍众徒安否。仰赖圣尊护佑，本人在此无恙。堪布囊素所带圣尊赐寄加持护结、猫耳扇等物，悉已礼收。今再为今生来世故，献圣尊瓦赤喇怛喇礼拜哈达及一两银之外，前年圣尊管理北京商上噶布珠喇嘛前来化缘，弟子奉献良马一匹。奉告此情之外，还请保佑弟子及大小众人。为此奉呈。月初吉日。

太仆寺左翼玛拉噶寺年迈格隆罗布桑丹津等
为祈福事致瓦赤喇怛喇文
9：350~352

太仆寺左翼属下玛拉噶寺年迈格隆罗布桑丹津为首，弟弟格须阿旺藏布、罗布桑巴勒珠尔、罗布桑达尔斋、珠克丹朋素克、衮楚克扎布、德力格楞贵、喇什札木苏等众跪拜，向圣尊瓦赤喇怛喇请安，奉献圣洁哈达。请保佑今生来世。明鉴，明鉴，其明鉴。哈达、银一两。

【注释】收信人圣尊瓦赤喇怛喇应该是噶勒丹锡哷图。

太仆寺左翼永福寺达尔罕绰尔济为祈福事致噶勒丹锡哷图文
9：353~354

察哈尔太仆寺左翼永福寺末小弟子达尔罕绰尔济在瓦赤喇怛喇圣尊噶勒丹锡哷图萨玛第巴克什诺门罕足莲前禀告。所禀者：祈求常在保佑至尊活佛末小弟子七十四岁达尔罕绰尔济达喇嘛札木杨诺尔布、侄子什巴阑·格勒克翁乃、侄子涅巴……（残）、托音罗布桑茹勒姆、格勒克宁布、班第桑斋喇什众人安逸，究竟转生安乐境界。禀请之礼：……（残）一、钱文黄缎一匹等件。明鉴，明鉴。

太仆寺左翼罗布桑吹恩津等为给已故叔父喇嘛
祈愿事致瓦赤喇怛喇诺门罕文
8：217~218

太仆寺左翼信徒罗布桑吹恩津、护军校喇什、信徒罗布桑茹勒姆跪地，禀圣尊瓦赤喇怛喇诺门罕。禀告者：叔父达尔罕·却尔基达喇嘛札木杨诺尔布于狗年八月十三日去世。为此敬献圣尊瓦赤喇怛喇诺门罕供坛、哈达所用银五十两，及什密宝贝等件，请予祝愿。

【注释】根据上一封信可知，收信人瓦赤喇怛喇诺门罕是噶勒丹锡哷图（策墨林活佛）。

太仆寺左翼永福寺格须罗布桑吹恩津为已故家兄
祈愿事致达赖喇嘛文
9：355~356

太仆寺左翼永福寺鄙徒格须罗布桑吹恩津跪祷，在瓦赤喇怛喇遍知一切圣尊达赖喇嘛足莲前禀告：家兄护军校喇什于猪年四月初四日去世，愿其转生安逸之土，请识一切圣尊达赖喇嘛施愿。献叶纹蓝缎三匹、十相自在哈达等件。鼠年正月吉日。

太仆寺左翼达木林扎布为祈福事致文
8：219

……（残）禀请垂仁随持不弃之外，鄙徒达木林扎布今年三十八岁，属羊；当苏隆扎布今年三十岁，属兔；拉姆色楞今年二十二岁，属猪。我们全家仰请时常保佑。明鉴保佑，明鉴，其明鉴。察哈尔左翼太仆寺达木林扎布所呈。

【注释】写信人自称三十八岁，属羊，那么写信年是猴年。

土默特左旗牧厂

翼长三宝主为祈福事致达赖喇嘛文
8：283

天等众生顶饰识一切达赖喇嘛金足前，末小翼长三宝主献白银元宝一颗，祈奏：请保佑生时寿命，诸事吉祥，财物牲畜子孙广兴，五谷丰登，疾病寂息，心想事成。简而言之，请施给成佛之愿。明鉴，明鉴。自蒙古贞，吉日寄献。

翼长三宝主为熬茶事致拉萨祈愿法会文
8：284

末小施主翼长三宝主向拉萨祈愿法会管事商卓特巴等祈请。小人感仰，为给法会熬茶一次，献银元宝二颗，交与使者堪布。请以其熬茶，请祝小人生时安乐，寿命延长，诸事吉祥，财物牲畜子孙广兴，来世转生天人之道。请赐复文为盼。自蒙古贞，吉日寄献。

北京、热河、西安、五台山等地僧侣

章嘉呼图克图为奉旨将布达拉宫所供宗喀巴佛像
及按御制尺寸所造佛像送往皇帝中正殿事致达赖喇嘛文
10：025~030

大德尊师达赖喇嘛案前，弟子章嘉呼图克图祈祷呈禀。乾隆十三年四月二十八日，弟子奉至尊满珠习礼圣主谕：朕在所居宫内中正殿里筑造金塔一座，在塔瓶前后依次供奉大福力佛。此地虽有不少自西方请来之佛尊，然而显灵著称者少。朕览西方送来达赖喇嘛驻锡之布达拉宫图，在宗喀巴顶髻仓内供设一尊宗喀巴佛像。据悉，该佛乃福力著称之佛。将该一尊佛及塔瓶背面所奉高十七寸大福力佛请诸达赖喇嘛，按照规格，选取请来一事，着由呼图克图致书达赖喇嘛，交由京城差派赴藏之扎萨克喇嘛益西扎西却济返回之际，将其佛像恭请带来。等语。钦惟，至尊满珠习礼圣主为利乐众生、弘扬黄教，兹于京城内修建前所未有之大寺院及大佛，各派僧人居住，设立各种寺学等等，弘扬教法之业。又，时常阐扬各类经忏。此外，圣主妙应神智，悟觉经法奥义，实与文殊菩萨无异。弟子在此，仰体至尊满珠习礼圣主至意，尽力奋勉，弘扬黄教。今至尊满珠习礼圣主在所居宫内筑造大佛塔，塔瓶前后供奉佛像，谕命弟子，将在布达拉宫中宗喀巴顶髻仓内所奉佛像及高十七寸佛像一尊按照规格选取一并送来。等语。请尊仰体大德圣主弘扬黄教至意，按照吩咐，交给扎萨克益西扎西却济，恭请前来。其请佛之礼，应由部院遵旨禀呈。此呈。乾隆十三年四月二十八日。

乾隆十三年四月初六，奉上谕：差往西藏之扎萨克喇嘛益西扎西抵藏后，晓谕达赖喇嘛，选取手持大福力念珠、御用 Zagra Sanbhra Dandra、起止经、大福力利玛度母、mirdi caca、loojim、凉林黑石佛像，益西扎西等人返回时恭请带来。其请佛之礼大哈达一方、各色绸缎九匹，着交付益西扎西携往，赏给达赖喇嘛。

【注释】这封信写于乾隆十三年四月二十八日。写信人章嘉呼图克图是二世章嘉呼图克图罗赖毕多尔吉，收信人达赖喇嘛是七世达赖喇嘛格桑嘉措（1708~1757）。

章嘉呼图克图罗布桑巴勒旦丹毕珠美为陈明
未能亲自觐见原委及先遣弟子献礼请安等事
致达赖喇嘛文
10：037~040

呈禀者：钦封灌顶普善广慈大国师章嘉呼图克图罗布桑巴勒旦丹毕珠美谨，于西方福乐世界佛王天下释教恒主识一切瓦赤喇怛喇喇嘛葛根足莲前，恭请万安，拜献圣洁哈达。此间，瓦赤喇怛喇喇嘛法体硬朗否。在此，末小呼图克图罗布桑巴勒旦丹毕珠美仰赖满珠习礼圣主、皇太后恩典及识一切瓦赤喇怛喇喇嘛您慈悲庇佑，安好如故。呈禀金闻之外，圣尊致力发扬教法尽业，不辞辛苦，驾临蒙古地方，满足僧俗广众之愿，大发慈悲，纳众生于庇佑。呼图克图我欣喜感戴不已。本欲一俟喇嘛驾临，即往拜谒，顶礼体受法语甘露，等候京城降旨，陪从差事，以往谒喇嘛。然而等候数月，终因停止派从，反命总管蒙古地方喇嘛班迪印务。虽然愿往拜谒，但圣上不给假。先遣弟子却济副达喇嘛巴彦吉尔嘎勒、涅巴根敦往谒，敬献祝寿供坛：内库哈达为首、身语意三所依、制袈裟所用万字纹黄缎一匹、金丝缎一匹、金丝红缎一匹、金丝青缎一匹、金花灰缎一匹、金银花青缎一匹、金花红缎一匹、龙花青缎一匹，银五百两，合银一千两。祝祷喇嘛法体足下莲台坚固不摧，稳若泰山，利乐众生，禳除一切相违因，慈赐庇护。仍祈自将拜谒尊容，拜受法旨甘露，以求庇护。此呈。光绪三十一年七月十五日。

【注释】写信人章嘉呼图克图是五世章嘉呼图克图，收信人是十三世达赖喇嘛土登嘉措（1876~1933）。

章嘉呼图克图为陈明未能赴藏事致纳玛康管事诸堪布文
10：031~032

章嘉呼图克图向内务管理全体堪布请安献哈达。此间，上至圣尊达赖喇嘛安然无恙，下至堪布等各自安好太平否。在此京城，呼图克图我蒙佛三宝护佑及仰赖众堪布扶持，平安无恙。禀闻此情之外，去年十二月，在河南省朝见圣尊达赖喇嘛时有呈禀之事，也有同堪布等商议之事。只因在我抵达京城之前，奉圣谕为衮楚克之事业已派定其他扎萨克喇嘛，又因印务处无娴熟公务者，所有公务皆由我亲自处理，于是，未能如约赴藏。禀明事由，请转呈圣尊达赖喇嘛。此外，我抵京后，面谒新圣请安，随后祭拜大行太皇太后、皇帝灵柩，循例亲携二十僧人，自力在灵前各诵经三日。以遗恩礼，奉赐各种物品，又奉新主御赐各样物品。禀明此情，请贵堪布等安，献圣洁哈达。速得相聚。

【注释】写信人在信中提到"去年十二月，在河南省朝见圣尊达赖喇嘛时有呈禀之事"。章嘉呼图克图在河南朝见达赖喇嘛，只有在光绪三十四年（1908）十三世达赖喇嘛进京之际才能发生，因此信中提到的去年就是光绪三十四年。这样一来，写信的这年应是宣统元年（1909）。基于年份考察，写信人章嘉呼图克图是五世章嘉呼图克图罗布桑巴勒旦丹毕珠美，收信人达赖喇嘛是十三世达赖喇嘛，信中提到的大行太皇太后、皇帝、新圣分别是慈禧太后、光绪皇帝和宣统皇帝。

章嘉呼图克图印务扎萨克喇嘛为请内外蒙古各处协助过境事给原汇宗寺济咙呼图克图仓堪布喇嘛扎木苏莫洛木路票
10：033~034

署理京城及内扎萨克各盟众寺喇嘛班迪扎萨克达喇嘛灌顶普善广慈大国师章嘉呼图克图印务并管理该呼图克图所属僧俗之众商卓特巴扎萨克喇嘛并多伦诺尔寺堪布达喇嘛之文：为开具路票协助过境事。多伦诺尔汇宗寺属下济咙呼图克图商上堪布喇嘛扎木苏莫洛木，原先受圣尊达赖喇嘛、济咙呼图克图差派，前来我处，照料该济咙呼图克图商上、拉章及僧俗徒众。今由西地济咙呼图克图处另派堪布喇嘛接替堪布扎木苏莫洛木之职，令其返回西地。故此，由我处开具归途通行路票，给堪布喇嘛扎木苏莫洛木以遣。特告知所经内外蒙古各地，给予照料。特此开给路票。乙卯年五月初一。

【注释】信尾落款显示乙卯年，结合后一封信来看，这个乙卯年是1915年。

章嘉呼图克图印务扎萨克喇嘛为报闻时局混乱蒙古地方寺院遭毁人众困苦及奉命送走堪布喇嘛扎木苏莫洛木事致圣尊活佛文
10：035~036

署理京城及内扎萨克各盟众寺喇嘛班迪扎萨克达喇嘛灌顶普善广慈大国师章嘉呼图克图印务管理该呼图克图所属僧俗之众商卓特巴扎萨克喇嘛并多伦诺尔寺堪布达喇嘛为首两寺僧官等谨请圣尊活佛安，敬献哈达。此间，想必瓦赤喇怛喇圣尊法体，推兴教法，慈救众生，寺院众徒安然无恙。我处仰赖三宝及诸圣庇佑，平安无恙。只因近来我处时局动乱，蒙古地区寺院遭毁，众生甚苦。禀告所遇境况，祈求保佑之外，仍禀告者：原先奉差前来之堪布喇嘛扎木苏莫洛木，尽力照料商上及弟子之外，在此地深受敬仰，广济教众善业，理应久住此地，庶几甚得方便。然已由贵处派来他人，何可拘留。为此，禀报圣尊该堪布喇嘛此地善行之外，已拜收所赐粗呢等物。由我

420

处，近乎空手，敬献绸缎一匹。此外，嘱内有关钱粮事宜，由大家已商议妥办，照料商上弟子，一并禀闻。此呈。乙卯年五月初一。

【注释】信尾落款显示乙卯年，结合信中提到"只因近来我处时局动乱，蒙古地区寺院遭毁"等语看，这个乙卯年是1915年。1915年前后内蒙古地区出现毁坏寺院的事情。

总理热河各寺事务堪布喇嘛噶钦纳木扎勒扎勒散为知会照例配备车马传送索本等事致班禅额尔德尼属下卓尼喇嘛文

10：055~060

总理热河各寺事务堪布喇嘛噶钦纳木扎勒扎勒散为致班禅额尔德尼属下尊贵卓尼喇嘛咨行事由。准卓索图盟盟长喀喇沁扎萨克多罗杜棱郡王旗协理塔布囊布图格穆济来文内开，准昭乌达盟协理盟长翁牛特左旗扎萨克多罗达尔罕戴青贝勒旗来文内开，我盟盟长巴林王札付印文内称：奉班禅额尔德尼差派，索本索诺木等人传送内外诸盟长扎萨克邮包，令各旗供给畜车，配派顶戴吏员，穿行各扎萨克。现经我旗接待，照数配备遣行之外，俟其行抵贝勒等处，仍照配备用具遣行。等语。寄到。我旗配备马九匹、车十三辆，配派顶戴二员、骑马驿卒三员，照数备办，拟送邻近各旗。然而，索本索诺木等人请求径直送达喀喇沁盟长王爷处。故此传送前往。俟其行抵，请贵处接应，并具印文知复为盼。等语。我处为班禅额尔德尼所派索本索诺木等人先后配备坐骑六匹、五套铁轮马车一辆、贡车二辆、顶戴二员、骑马驿卒一员，送往总理喇嘛印务处。此例由乌拉车马传送蒙古盟旗。故兹陈情，出具印文咨行等语。顶戴一员、骑马驿卒一员送到热河。本处照例配备仪仗车一辆、贡车一辆，转遣前行。咸丰三年二月十七日。

【注释】喀喇沁扎萨克多罗杜棱郡王旗是喀喇沁右翼旗，当时的杜棱郡王是色伯克多尔济。翁牛特左旗扎萨克多罗达尔罕戴青贝勒名为宝拜。巴林王指的是巴林扎萨克多罗郡王，领有巴林右翼。这时的巴林郡王为那木济勒旺楚克。

汇宗寺默尔根诺门罕噶勒桑土布丹楚勒第穆
为献礼祈福事致济咙呼图克图文
10：013

封面：汇宗寺默尔根诺门罕末小噶勒桑土布丹楚勒第穆谨在瓦赤喇怛喇圣尊济咙呼图克图足莲前跪请万安，呈圣洁哈达。

汇宗寺默尔根诺门罕末小噶勒桑土布丹楚勒第穆谨在一切众生怙主顶饰瓦赤喇怛喇圣尊济咙呼图克图足莲前跪请万安，交付堪布喇嘛圣洁哈达、衣表紫绸一匹以献。万吉。

封底：谨封。

甘珠尔瓦额尔德尼绰尔济呼必尔罕桑斋喇什
为献礼祈福事致噶勒丹锡呼图文
10：151~152

甘珠尔瓦额尔德尼绰尔济呼必尔罕末小桑斋喇什，十指合于胸前，在噶勒丹锡呼图吉祥额尔德尼诺门罕活佛足下，献无垢圣洁哈达，请安。乞求保佑今生来世，献两庹红色 kadi 缎。此次寄来 shasar 一匹、红色哗叽一匹暨加持护结。月初吉日。

汇宗寺副达喇嘛格勒克扎木苏为献礼事致圣尊葛根文
10：011

汇宗寺副达喇嘛格勒克扎木苏谨于瓦赤喇怛喇圣尊葛根足莲前请万安，献圣洁哈达。此时想必圣尊法体硬朗，所执教法事业广兴，陪侍众徒尽皆安好。在此，我等蒙圣尊遥佑，尽皆安然奉教。圣尊所寄书函收悉，遵谕时常用心关照所属庙仓众徒。且说，至于寺院二份钱粮，寺里所呈文里业已陈禀，一并禀闻之外，一同献法衣一袭。吉日。

汇宗寺德穆齐喇什朋楚克为献礼事致圣尊葛根文
10：012

汇宗寺德穆齐喇什朋楚克谨于瓦赤喇怛喇圣尊葛根足莲前奏请万安，献拜礼圣洁哈达。此时想必圣尊法体硬朗，所执教法事业广兴。在此，仰赖圣尊遥佑，我等尽皆安然奉教。祷祝法缘，一并敬献银灯一盏及哈达。善缘吉日。

章嘉拉章属下却林沁为谢恩请安事致商卓特巴阿海文
10：193~194

章嘉拉章弟子闲散喇嘛却林沁，向以佛陀荫护、预言慈悲具备之商卓特巴喇嘛阿海请安。现在想必您身体安康，所掌二道善业自成，经常大喜快乐。恩爱凡夫俗子我而惠赐之信函哈达及万物之尊柔软斑斓布匹已收到，甚感欣喜。在此我们托三宝护佑安康。敬献请安礼圣洁哈达一方、缎一匹、带辫子的佛冠一、鼻烟一等。月初吉日。吉祥。

济咙呼图克图商上涅巴占巴土布丹为报所用物品事致掌印喇嘛文
10：015~016

济咙商上涅巴末小占巴土布丹谨呈掌印喇嘛等处。所禀者，今呈报商上所用物品：红粗呢十四匹，上等毯子垫子十方，勒勒车十辆俱带新装饰，车辋七十条，车轴十个，两尺宽五尺长生皮十五块，三尺直径黄铜锅一口，两尺直径黄铜锅二口，黄铜茶壶四把，洋司壶一把，马鞍四副，前挂后鞯五副，笼头嚼子十一副，黄缎表羊羔皮裘二袭，黄绉绸表羊羔皮裘一袭，七两银碗一口，六两银碗一口，西地铜勺二柄，黄铜水桶六口，黄铜盘子十口，黄铜饰链盘子二口，破旧羊皮被子一袭，泰山绸裇子一袭，马甲一袭，羽纱单裇二袭，砖茶二十五块，熟皮靴子二双，木柴十车，草柴三百（按：原文无单位），七尺木板七十片，五寸松梁四根，驼绒杀绳十根，丝绸哈达二百方，一两银灯四尊，一两二银灯三尊，镀金手柄神手一根，老花镜一副，挂钟一座，黄宫绸一匹，紫色英绸衣表一袭，毡房二座俱带木架围毡，三寸佛像三尊，毯质马褥子一块，鞍鞯一副，泰山宁绸袍子，泰山宁绸甲坎肩一匹，棕色绉绸甲袍子一袭，黄缎坎肩，玛瑙鼻烟壶二口，银蹬，鼗鼓，银金刚二尊，现钞十五千，黄绉绸表长毛羊皮袍子一袭，黄缎坎肩二袭，灰色【】褂子一袭，银【】，灰色粗呢袍子一袭，黄宁绸布一匹，纱帽二顶，灰色褡裢儿，破旧羊皮一件。

北京黄寺呼图克图敏珠尔为请照料新任札尔固齐事致扎勒察布诺门罕文

10：041~042

萨玛第巴克什敏珠尔由北京黄寺呈禀黄教巨主扎勒察布诺门罕请安。此间，想必贵体硬朗安康，利济教众，弘扬善业。所呈禀者，此去新札尔固齐乃本人数世亲近施主。俟其抵达彼处，务请照料，凡事恻隐教导。再三呈求。仍报此处平安，请安敬献。四月吉日。由北京黄寺。

【注释】写信人萨玛第巴克什敏珠尔是清朝驻京活佛敏珠尔呼图克图。查历世敏珠尔呼图克图的生平，四世敏珠尔呼图克图降白曲吉丹增赤列（1789~1838）曾经驻锡北京的黄寺。这封信落款处说"由北京黄寺"，可知这位敏珠尔呼图克图就是四世敏珠尔呼图克图。四世敏珠尔呼图克图驻锡北京黄寺是嘉庆、道光年间的事情，所以这封信必写于这一时期。收信人扎勒察布诺门罕指的是西藏摄政。嘉庆九年（1804）八世达赖喇嘛圆寂，由第八世济咙呼图克图（达察诺门罕）益西罗桑丹贝贡布出任摄政。济咙呼图克图在嘉庆十六年初圆寂，继由第七世第穆呼图克图洛桑图旦晋迈嘉措继任摄政。第穆呼图克图在嘉庆二十四年圆寂，继由二世策墨林活佛阿旺降白楚臣嘉措继任摄政，道光二十四年（1844）因事罢黜。这表明在嘉庆、道光年间，济咙呼图克图、第穆呼图克图和二世策墨林活佛都曾出任摄政。敏珠尔呼图克图的这封信必写给该三位活佛中的某一位。信中提到的札尔固齐是理藩院派驻拉萨的理事司员的蒙古语称谓，职掌词讼。派驻地方的理事司员一般三年一换。这里提到的新札尔固齐应该是准备到西藏换班的理事司员。

北京东黄寺敏珠尔呼图克图商上为请安献礼事致达赖喇嘛文
10：043~044

北京东黄寺敏珠尔呼图克图商上谨跪，在多善悲悯达赖喇嘛足下，万般请安。径禀者：所赐粗呢、藏香等物，业已拜收。兹献喇嘛绸缎一匹。为此请安呈函。吉日。

【注释】北京东黄寺敏珠尔呼图克图是四世敏珠尔呼图克图降白曲吉丹增赤列（1789~1838）。

察罕喇嘛为请安事致诺门罕文
10:104

察罕喇嘛请诺门罕活佛万般安康。从惠赐的礼物和书信，得知贵体依然安康，不胜欣喜。在这里，我等仰赖喇嘛三宝之保佑安在。为请安，近乎空手，敬献洋烟一罐。月初吉日。

察罕喇嘛为请安事致扎萨克喇嘛文
10：104~105

察罕喇嘛请安扎萨克喇嘛。从惠赐的礼物和书信，得知喇嘛您贵体依然安康，不胜欣喜。如今，我等仰赖喇嘛三宝之保佑安在。为请安喇嘛您，敬献圣洁的哈达、一罐鼻烟等。月初吉日。

察罕喇嘛达尔罕绰尔济为请安事致策墨林扎萨克喇嘛文
9：152

察罕喇嘛达尔罕绰尔济呼毕勒罕请策墨林扎萨克喇嘛安。从惠赐的礼物和书信，得知喇嘛您贵体依然安康，不胜欣喜。如今，我等仰赖喇嘛三宝之保佑安在。为请安扎萨克喇嘛您，敬献圣洁的哈达、袍缎等。月初吉日。

【注释】《西藏自治区档案馆馆藏蒙满文档案精选》第 9 卷中称"库伦旗察罕喇嘛达尔罕绰尔济",可能有误。

察罕喇嘛呼毕勒罕阿旺衮楚克为请安祈福献礼事致诺门罕文
10：107~109

察罕喇嘛呼毕勒罕阿旺衮楚克致函。无数贤劫以来,积累有征善福资粮,高举如来语盖金顶,不分日夜造就教众利益不倦,贵诺门罕率同众弟子,安康如故乎。我在途中,蒙三宝护佑,行抵北京。我及众弟子,由此仰拜喇嘛,恭祈朝夕眷佑不弃。祝愿安好相见,献礼无垢圣洁哈达、刀等。京城吉日献寄。

察罕达尔罕呼图克图商上商卓特巴等为献礼事致达赖喇嘛文
9：014

察罕达尔罕呼图克图商上商卓特巴等管事人员谨请瓦赤喇怛喇达赖喇嘛圣尊万安祈呈。二十六年上尊喇嘛所赐粗呢二匹、加持物、护结等物,我等商上管事人员悉已拜收。此外,商上诸弟子祈祷敬献洁白哈达一方、玉台花纹碗四对、青茶四斤。拜献。二十九年二月十六吉日。

热河普陀宗乘之寺涅巴素勒其穆为亡师祈愿事致圣尊喇嘛文
10：047

热河普陀宗乘之寺奴婢弟子涅巴素勒其穆谨向怙主圣尊喇嘛额尔德尼无垢金足莲花下跪拜呈祈,为给圆寂师傅达喇嘛阿旺达尔斋祈愿,献内库哈达一方。

热河普陀宗乘之寺居巴扎仓阿然巴喇克瓦丹巴 为献礼祈福事致圣尊活佛文
10：063~064

向免染污垢白色体相、顶戴胜佛法冠、慈眼环视一切生灵、拥有现证之眼者，顶礼皈依。下域热河普陀宗乘之寺居巴扎仓属下失于嗔痴贪、困于十恶障碍、迷于三界之域、徒有守戒之名者末小弟子阿然巴喇克瓦丹巴，以身心语三门，在圣尊喇嘛活佛足莲前，拜献无垢圣洁哈达及鼗鼓饰物等物。拜托今生来世之业，祝愿世世得到暇满，承逢佛教，尤其祝愿无碍遇见圣尊喇嘛，师从哲蚌寺，尽享法语甘露，敬习三教，荷负圣戒，以教证灌满根本，利济他者不息。祈大悲之钩，鉴照施救。

贡楚克仁钦为请安事致圣尊活佛文
10：048~050

封面：卑徒贡楚克仁钦谨呈圣尊请安敬献圣洁哈达。

封底：热河驻京寺卑徒贡楚克仁钦恭拜。

径求者：小人调制养生药品所需数种草药，北京虽有，但只是充名使用，得不到实物。今列书药名呈上，请圣尊葛根嘱托医师扎仓，拿到实物，如请惠赐，当作加持拜收。

热河青寺信徒为禀告收悉所赐事致达赖喇嘛文
10：051

热河青寺末小众徒谨跪，在瓦赤喇怛喇圣尊呼图克图达赖喇嘛珍宝金床足莲前，顶礼拜献圣洁哈达等物。末小众徒启禀者：圣尊以净供堪布喇嘛赏寄物品，业已拜收，禀报贵处。末小众徒仰祈呈禀。

热河扎什伦布寺闲散喇嘛噶勒丹为献礼祈福事致瓦赤喇怛喇文
10：053~055

扎什伦布寺闲散喇嘛末徒噶勒丹，在大悲仁造教众利益怙主顶饰瓦赤喇怛喇活佛金足莲花前谨跪，双手合于胸前祈祷请安。此间，上尊寿命延固，安康无恙乎。末徒仰赖活佛善佑，在此安好无恙。敬献薄礼：天物无垢圣洁一等哈达一方、有色哈达五方。虔诚仰戴，祈愿拜呈。鉴纳所献，佑导上趣。再拜乞求者，乞赐加持宝丸各一。

热河殊像寺沙喇赛诺门罕商卓特巴丹津
为献礼事致济咙呼图克图文
10：061

热河殊像寺沙喇赛诺门罕弟子商卓特巴格隆丹津，在圣尊济咙额尔德尼活佛金足莲花前，礼献四庹绸缎一匹、有色哈达一方。献于圣尊济咙额尔德尼活佛金足莲花前。

热河殊像寺副达喇嘛格隆罗布桑扎勒三
为献礼祈福事致达赖喇嘛文
10：062

热河殊像寺副达喇嘛格隆罗布桑扎勒三，五十六岁，属猪。愿今生来世寿命延长，速得佛道，钦仰拜于圣尊达赖喇嘛金足莲花前，举顶敬献无垢圣洁一等哈达。

雍和宫住持喇嘛乌利基布延等为开列禀报本寺
一年各项法事致瓦赤喇怛喇文
10：081~086

径奏者。雍和宫住持喇嘛乌利基布延，四扎仓署理堪布丹碧敖德斯尔、丹碧扎勒三、纳木扎勒、精奇尼堪布……（原档省略）十位法事指导，经堂师巴匝尔、噶勒桑垂喇克，四扎仓喇什本巴、喇什苏瑞、丕尔莱札木苏、却恩阔尔洛，六位德穆齐云丹奥斯尔、林沉札木苏、罗布桑巴勒丹、噶定旺布、扎勒瓦札巴、土布丹噶勒桑等合众，虔仰跪拜祈祷，于一切教众顶饰大悲瓦赤喇怛喇圣尊金足前，呈奏之由：末小弟子我等为祝圣主万寿永固，佛教十方弘传，一切业障寂灭，国家朝政太平，举行各项法事。

经堂正月初一日 lhamu sikdar；二十二日开始举行十天拉萨祈愿大法会，每年参与两位噶布珠、阿然巴、萨然巴、曼然巴讲经，三年一次参加祈愿法会兰占巴 dubaci。

二月十一日开始，举办三十天辩经大会，晨午圣主祝寿、礼赞、三怙主，torpil，晚会 rugayoba。

三月二十一日开始，举办二十天辩经大会，晨午圣主祝寿、礼赞、三怙主，晚会 torpil、三怙主、rugayoba。

四月十五日，samjid chodba；十六日开始举办十五天的辩经法会，诵经如上。

五月十三日，圣尊大供。

六月初六日讲解大乘仪轨；十五日开始举办四十五天夏令安居仪轨，naidan juruge、naidanchuga jamchud 参与；六月二十四日，圣尊大供；二十四日开始造就十天万寿祝礼。

七月十四日开始举办三天 irgel；二十日开始三天 kongsok。

八月除夕抑或初一日 jongjuur；十七日开始二十天 soglam 辩经法会，念诵如上。

九月十六日开始举办十五天辩经法会，念诵如上。

十月初六日开始造就十天的万寿祝礼；十七日开始举办三十天辩经法会，念诵如上；二十三日开始十天念诵 kongsok；二十五日，念诵祈愿。

十一月初二日，为班禅圣尊 toibsang 念诵上师礼赞、祈愿 choijid；二十六日开始十五天辩经法会，念诵如上。

十二月初八日，naidan juruge；二十三日开始三天念诵三怙主、jigjid chorajil，并跳察木。

每月十五日、二十九日，subajung、namdgsang；间隙期的晨夕两次法会念诵三怙主、torpil、圣主祝礼 rugajoba。

每月初二日供奉关帝。

每月二十八日，作圣主万寿礼。

每月初八、十五、二十九日，念诵愤怒尊松。

雍和宫堪布阿旺罗布藏等为谢恩献礼事致达赖喇嘛文
10：088

雍和宫扎仓鄙徒堪布阿旺罗布藏、格司桂嘎然巴登及全体弟子以信仰之门谨跪于十方大善永世普济教众顶饰皈依处圣尊达赖喇嘛无垢金足莲花前，祈祷呈禀：请圣尊葛根由慈悲法界庇佑我等今生与来世。惠赐我等愚昧贪婪弟子之贵礼，袈裟、护身结、藏红花、粗呢、宝丸、Kukul 等物，已悉数顶礼拜收。兹全体弟子仰祈保佑今生与来世。在圣尊葛根金足莲花前祈祷，由信仰之门敬献天物圣洁白色内库哈达一方、黄色蟒缎等物件。道光四年三月初吉日。

【注释】这封信写于道光四年（1824），收信人为达赖喇嘛。当时在世的是十世达赖喇嘛楚臣嘉措（1816~1837）。

北京雍和宫东科尔呼图克图商上商卓特巴扎木扬洛垒为祈福事致达赖喇嘛文
10：067~068

北京雍和宫东科尔呼图克图商上弟子商卓特巴扎木扬洛垒及各执事者谨跪合掌祈祷，面朝西方，在佛王教众之主三界顶饰怙主识一切至尊喇嘛足下莲台前，诚心祈祷禀告：令使者堪布带来之法旨妙语、仙丹、神索等物，现已拜收。今仰赖唯一怙主大悲福力，身体安康，奋力恭办所司职务。所禀者：趁使者堪布返回之际，向弘广释教一切，尤其如日弘广黄教于雪域者圣尊喇嘛，以三门钦仰，敬献绸缎等物。请纳于至上心界，保佑我辈愚人之善恶，永勿捐弃。鉴之，鉴之。特此拜呈。

雍和宫曼巴扎仓住持喇嘛罗布藏吹木丕勒等为谢恩及请安事致达赖喇嘛文
10：071~074

以雍和宫曼巴扎仓住持喇嘛罗布藏吹木丕勒、教习喇嘛济克默特阿喇布坦、格司奎喇嘛伊希栋罗布等为首全体弟子谨在天等众生怙主至尊胜者王识一切瓦赤喇怛喇达赖喇嘛足莲前拜祷禀告：如今一切具得圆满之际，想必尊胜千手千眼观世音真化身佛宝贵体硬朗，引导众生趋向福乐世界，善业之光普照宇宙。去年敬献礼品，托与使者堪布，以示祈佑。今年所赐克什米尔红花十两、加持吉祥结及如宝言教等礼物，经由使者堪布送到，业已拜收，享尽甘露，崇奉之心益增，喜不自胜。我等弟子在此祝祷怙主至尊圣尊达赖喇嘛足下莲台永固不摇，利济教众善业宛如新月满盈，蒸蒸日上，发扬光大。曼巴扎仓住持喇嘛为首末小众徒祈求至上圣尊永远保佑众徒，祛除教法障难、病疫、魔障、障碍一切相违因，心意允协，戒律净严，教务成就，财务丰增，相和因缘宛如新月日益圆满，直到修成菩提道为止，仍蒙眷佑，永不分离，今后也以圣谕天书降赐无知众徒。再三祈祷，祈求明鉴。雍和宫曼巴扎仓住持为首全体弟子诚心请安，献天物内库哈达、彩色蟒缎。月初吉日呈。

雍和宫曼巴扎仓住持喇嘛罗布藏吹木丕勒等为请安并祈愿祈福等事致达赖喇嘛文

10：093~094

呈禀：雍和宫曼巴扎仓住持喇嘛罗布藏吹木丕勒、教习喇嘛济克默特喇布坦、格司奎喇嘛伊希栋罗布为首全体弟子谨跪，在天等一切众生之怙主殊胜自在识一切瓦赤喇怛喇达赖喇嘛足莲前拜祷奉函，想必在此吉祥圆满之际，殊胜千手千眼观世音本性之宝身安康如故，仍在引导众生于利乐之土，善业普照宇宙。去年交与 Gurub ba 之请安礼及祈福书函，今年由 Gurub ba 领受所赐克什米尔红花十两、神索一根、加持吉祥结等物，享尽甘露，崇奉之心大有倍增，喜不自胜。无知众徒祈祷怙主圣尊达赖喇嘛足莲永固不摇，教众利益、善业教务宛如新月日益满盈。祈求圣尊永远保佑曼巴扎仓住持为首众徒，寂止一切教法魔障、障难等相违因，心意允协，戒律净严，教务成就，财务增益，一切相和因缘如同新月蒸蒸日满，直至获得菩提道为止，永远眷佑，纳于金刚法界，庇佑不弃，以后也降赐圣谕天书于末小愚徒顶上。祈求明鉴，敬献天物内库哈达、优质黄绸。雍和宫曼巴扎仓首席喇嘛等全体弟子，由虔诚信仰之门，于月初吉日请安敬献。

雍和宫众喇嘛为献礼请安事致达赖喇嘛文
10：095~096

雍和宫曼巴扎仓管事全体跪祷，为天人所奉至尊教主达赖喇嘛，造就祝寿法会，奉请万安，敬献圣洁白色内库哈达。所赐加持礼物等已拜收。戊申年十二月二十五日。

【注释】这封信写于戊申年。乾隆九年（1744），雍和宫由皇宫改为喇嘛庙。自那以后的戊申年分别是乾隆五十三年、道光二十八年（1848）、光绪三十四年（1908）。因此这封信写于这三个年份中的某一年。

雍和宫法相扎仓札木杨什喇布为祈福事致圣尊喇嘛文
10：075~076

法相扎仓末徒喇嘛札木杨什喇布谨在瓦赤喇怛喇圣尊活佛金足莲花前奉书，仰戴敬献无垢圣洁一等哈达。末徒本人及所有弟子，祈愿法业厄缘寂息，直至得到无上菩提道为止，世世遇见佛教，尤其遇见圣尊宗喀巴教法，常在圣尊活佛金足前，不离不弃。祈求圣尊活佛眷佑。明鉴，其明鉴。

雍和宫时轮扎仓堪布等为开列禀报本扎仓一年各项法事致瓦赤喇怛喇文
10：077~080

径奏者。雍和宫时轮扎仓堪布、rigan 喇嘛、时轮喇嘛、jooshi 喇嘛、经堂师等，于教众顶饰大悲瓦赤喇怛喇圣尊喇嘛金足前呈奏事由：

正月初八日，为众生利益念诵 tododba；十天辩经法会念诵 jambalsangjud、三怙主、sarning、shambala 祈愿、torampal。

每月二十五日 doingkur；二十六日，doijid；二十九日供神。

二月三十天 jidchimbu 辩经法会，念诵如上。二月二十五日到三月初七日，九人出去学习时轮。

三月初七日到十四日，doingkur 喇嘛为首十人打 dulsum；十四日到十六日，造就 rumchid；三月初八日，药师 choijid；三月内二十天辩经法会，念诵如上。

四月内十五天辩经法会，念诵如上；十五日，toibsang、choijid chasum。

五月，只有三次法会。

六月，只有三次法会。

七月十五日，念诵 doingkur lhorgai。

八月十七日开始，举办二十天辩经法会，念诵如上。

九月二十二日，toibsang choijid 礼赞；十六日开始举办十五天辩经法会，念诵如上。

十月十七日开始举办三十天辩经法会，念诵如上；二十日，举办 sarmaba dongwa，新做年历 sarmaba；二十九日，为怙主仁波切、班禅仁波切、济咙仁波切祝寿，念诵 toibsang rabnai。

十一月十五日，choijid chasum molam namsum；二十六日开始举办十五天辩经法会，念诵如上。

此外，每年四季念诵 tododba、manrlasiwa。冬至日举办冬至礼。

有钱粮喇嘛五十，闲散僧人二十一……

雍和宫喇嘛居巴扎仓喇嘛却札木苏为请安布施事致诺门罕文
10：097~098

在天等众生顶饰瓦赤喇圣尊诺门罕足莲前，雍和宫居巴扎仓弟子格隆却札木苏谨，由远方请万安，塔寺跟前五体叩地，顶上敬献圣洁无垢哈达。鄙徒禀闻者，所赐加持、药丸等已收到。万吉祥日。

雍和宫二喇嘛拉为请取来鼓等事致占巴喇嘛函
10：241~242

二喇嘛拉请占巴喇嘛安奉函。此间贵体硬朗否。在此本人安好无恙。兹特禀者：今本人住在北京，在雍和宫，招来工匠修造我仓房屋庭院，今已接近完工。告知此情之外，特札复者：你等返京时，请由多伦诺尔地方取来诵经所鼓一个。陈情告知，寄呈简函。月初吉日。

雍和宫格隆衮堆为来世祈祷事致达赖喇嘛文
10：069~070

在胜者王识一切日光普照具德圆满足莲前，以三门钦仰拜祈：京师雍和宫格隆名曰衮堆者，祈愿今生来世，尤其祈愿在香巴拉之域弘传佛教时首先修得上乘教法，向胜者王识一切者三宝护佑圆满慈悲视一切众生同仁者至尊圣尊达赖喇嘛祈求庇佑，诚心敬献圣洁白哈达。仰赖此所献之福力，祈愿速得菩提道，请予庇佑。特此呈祈。

格隆林沁为请安事致萨玛第巴克什文
10：065~066

愚徒格隆林沁由雍和宫，在瓦赤喇怛喇萨玛第巴克什呼毕勒罕金足前谨请万安，献哈达称贺。

察哈尔阿然巴林沁为献哈达事致圣尊活佛文
9：379

由雍和宫，察哈尔阿然巴林沁在圣尊活佛金足前拜献哈达。圣尊去年所赐书函、加持护结等件，已拜收。请保佑。明鉴。

雍和宫某僧人为噶布珠萨木楚克多尔济超度事致圣尊文
10：087

雍和宫弟子为已故噶布珠格隆萨木楚克多尔济事，在瓦赤喇怛喇圣尊葛根足下金轮前，敬献无垢有色哈达。仰赖因此所得福力，祝其免遭其三恶趣厄难，来世得到自由人趣，修成菩提道。祈求将此接纳庇佑。鉴之，鉴之。

京都达赖喇嘛寺格司桂阿旺舍拉
为请安献礼祈福事致第穆呼图克图文
（汉文）
10：111~112

封面：呈迪密佛爷安禀。

京都达赖喇嘛寺格司桂阿旺舍拉叩禀迪密佛爷台前金安。敬禀者，未聆法训，时切依依，瞻仰之诚注旋五内。恭维佛爷道意微蜜，暄然如春，德业西垂，功遗东土，阐宗风于华夏，扬妙谛于诸藩。弟子等钦仰弥殷，不胜忭颂之至。今由贡班喇嘛寄来所赏特立马一匹、红花二两，业经收领。弟子等仰蒙道荫，诸获吉祥，洵堪告慰。慈仅谨修哈达一方、黄布一对，稍尽寸诚，伏乞慈鉴。肃此谨叩，佛爷金安临禀，不胜瞻仰之至。达赖寺格司桂阿旺舍拉百叩。咸丰三年五月二十五日。

[图纹]

又禀者，呈寄佛像模图，依此精密造成，即赐惠寄。再拜乞鉴。

字叩教主佛爷台前，万福金安。众弟子仗吾佛光普照，群生无不朗矣。今佛赐来佛衣、佛法护结、红花哈达一个、特拉麻一个，众弟子叩领。今递去月哈达十个、花哈达一个、黄布一匹、鼻烟壶一个。扎仕论伯常处弟子在佛前敬献。

【注释】 京都达赖喇嘛寺指的是北京黄寺，是五世达赖喇嘛到北京时驻锡的地方。写信人是黄寺的管理者。收信人迪密佛爷是西藏第穆呼图克图。咸丰三年（1853）时的第穆呼图克图是八世第穆呼图克图阿旺洛桑赤列绕杰（1855~1899）。

尊胜寺管事为布施请安事致驻色拉寺达尔忠弟子文
10：045~046

尊胜寺驻色拉寺达尔忠众弟子，噶布珠领诵伊西、兰占巴襄双呼、旦达尔、公桑、希喇布敦多布，所寄礼物、书信，业已悉收。我在此安好如故。所嘱者，今年献给西召之礼：达赖喇嘛，元宝六十；班禅，元宝二十；拉萨祈愿法会公积，元宝二十；甘丹寺夏安居，元宝二十；色拉寺九瓦扎仓，元宝二十。所有元宝都刻上"十"字样。吐蕃特汗萨玛第巴克什，碎银一千两。此一切已给堪布囊素。致贵等请安礼，寄四庹红绸。

【注释】 尊胜寺应该是五台山的尊胜寺。信中提到的吐蕃特汗萨玛第巴克什，是西藏摄政。

白塔寺朱喇嘛为请安祈福事致圣尊活佛文
10：110

白塔寺鄙徒朱喇嘛请圣尊活佛万安祈奏。此间，圣尊利乐教众，甚为感仰。所赐氆氇、加持等物悉收。今虔诚敬献黄色内库哈达。道光八年二月初吉日。

西安府达喇嘛阿旺为请安事致达赖喇嘛文
10：219~220

西安府达喇嘛阿旺谨，在圣尊达赖喇嘛金足前叩拜，敬献圣洁哈达、八两白银。直至得到菩提道为止，明鉴保佑末小信徒。明鉴。吉缘。

清朝官吏个人书信

和硕肃亲王为请安事致达赖喇嘛文
6：003~005

和硕肃亲王，拜请额尔德尼达赖喇嘛安。此时，达赖喇嘛贵体想必安然座驾于狮子坛。自去年夏季以来，达赖喇嘛屡致赐书礼，得知额尔德尼喇嘛安康，心甚释然。这里，仰赖保佑，依然安在。陈禀此情外，为额尔德尼喇嘛之事，已经务实操心。日后，额尔德尼喇嘛若有事情，请不当外人，致函嘱咐，我将尽力而为，以厚深谊。为此，堪布返回之际，潦草为函，呈寄请安。吉日。

封面：呈额尔德尼达赖喇嘛请安。

封底：谨封。

【注释】写信人肃亲王是清末肃亲王善耆，收信人达赖喇嘛是十三世达赖喇嘛。

兵部尚书玉（或裕）为问好送礼事致诺门罕呼图克图文
6：007~008

兵部尚书玉（或裕）问好书信。此间，呼图克图安好否。去年囊素来京，带来书信，知悉呼图克图安康，甚为欣悦。又寄佛像、粗呢等物于我，收悉致谢。今囊素等人返回召地之际，为文问好之外，令寄刀一口、鼻烟一瓶、茶壶二口、小荷包一口。请笑纳薄礼。

【注释】写信人自称Ioi，是名字的第一个汉字的音译，相当于汉语yu音。查清代兵部尚书表，姓名首字为yu的共三人四任：玉麟，道光三年（1823）四月甲辰至道光九年六月甲戌为兵部尚书；裕诚，道光十八年十一月乙丑至道光二十五年二月癸丑为兵部尚书，道光三十年七月丙辰至咸丰元年（1851）正月戊子复为兵部尚书；裕德，光绪二十六年（1900）八月甲申至光绪三十年四月癸亥为兵部尚书。这封信的写信人必是这三人中的一位，只是限于史料暂时无法确定是哪一位。

兵部尚书玉（或裕）为问候送礼事致强巴喇嘛文
6：006

兵部尚书玉（或裕）文，问候强巴喇嘛。此间，喇嘛身体好否。去年囊素等人来京城，带来所寄书信，知悉喇嘛安好，我甚为高兴。又寄哈达、粗呢等物于我等，收悉致谢。今囊素等人返回之际，为文存问之外，捎去茶壶一口、小荷包一口，请笑纳此等薄物。此为呈函。

【注释】参见上文注释。

留保柱为请安事致活佛文
6：013~018

呈文。末小弟子留保柱谨呈恩仁活佛。活佛安否，绥本、卓尼、涅巴等安否。弟子仰蒙大仁活佛福荫，安康。自从活佛驾临桑耶寺以来，这里安好无事。另外，奉活佛之命，格隆等人停止入值哲蚌寺。方才四川总督来称，金川之地悉平，大将军、大臣等班师，擒获贼首索诺木等解京，禀闻仁公活佛之外，今后如有需报之时，到时再报。今因弟子请仁公活佛之安，不能亲赴叩拜，遣小子及通事，请活佛安，献膳，献哈达。为此祈祷，吉日呈函。

【注释】据书信内容可知，写信人当时是驻藏大臣。查驻藏大臣表，留保柱在乾隆四十年至四十四年间（1775~1779）出任驻藏大臣。信中又称金川之地悉平，擒获索诺木等解京，是指第二次金川之役结束，时间是乾隆四十一年。据此可以推断写信时间为乾隆四十一年。收信人活佛应该是时任西藏摄政的第穆呼图克图。

松筠为请安事致萨玛第巴克什额尔德尼诺门罕文
6：019~020

松大臣文。向萨玛第巴克什额尔德尼诺门罕请安，献哈达。此间，呼图克图安否。本人在这里安好之外，活佛所寄信礼及给阿哥之信礼，都由商卓特巴收悉，甚为欣悦。为此，祝愿见面，为文呈寄。月初吉日。

【注释】写信人松大臣即乾隆后期驻藏大臣松筠。松筠是乾隆晚期、嘉庆初年的重臣，历任西藏、伊犁、库伦、科布多、盛京等地。《清史稿》有传。收信人萨玛第巴克什额尔德尼诺门罕应该是西藏一世策墨林活佛。

西宁办事大臣伍弥泰为复来函并请代为请安等事
致格隆公班第达函
6：009~012

信函。钦差办理青海番子事务内大臣伯伍弥泰函，致格隆公班第达。汝身安否。我在京城时，蒙你垂念，屡奉寄函，得知汝身安好，欣慰如同亲见。理应向你复函问候，只因身边没有藏蒙笔帖式，未能致复。现在，我来西宁将近一年，身体很好。你们所派第巴等人来言，并据来文，获悉你身体安好，不胜欣慰。你们若时常感戴圣主，钦奉达赖喇嘛慈训，则召地僧俗众人可享盛世鸿禧。捎寄哈达二方，以奉达赖喇嘛、第穆呼图克图，俟其送达，请替我请安。为此致函。

【注释】写信人伍弥泰是清朝大臣，乾隆时期历任驻藏大臣、伊犁将军、西宁办事大臣等职。乾隆二十年（1755），以将军衔驻西藏办事，二十四年召回北京。在藏驻四年，同时与任西藏格隆的班第达共事。乾隆三十五年，出任西宁办事大臣。伍弥泰信称到西宁将近一年，表明这封信写于乾隆三十六年。信末提到的达赖喇嘛是八世达赖喇嘛强白嘉措（1758~1804），第穆呼图克图是六世第穆呼图克图阿旺绛白德勒嘉措（1724~1777）。

驻库伦办事副都统勒保为请安谢恩事致达赖喇嘛文
7：273~276

驻库伦办事大臣副都统勒保，在众佛王、慈视众生造化善福、观音菩萨化身、遍知一切瓦赤喇怛喇达赖喇嘛足下无垢莲花前请安谨呈。哲布尊丹巴喇嘛所遣使臣多尼尔等自西召返回，达赖喇嘛所赐俐玛佛、加持吉祥结、哈达及书信等至，已叩拜接收。今有人前往贵处之际，寄信请安外，敬献荷包袋、哈达等，向达赖喇嘛葛根请安。月吉日书写。愿黄教发扬光大！愿黄教发扬光大！

【注释】勒保是满洲人，爱新觉罗氏，乾隆后期出任库伦办事大臣。

理藩院张笔帖式为请安事致达赖喇嘛文
6：032

理藩院张（音译）笔帖式恭请达赖喇嘛葛根万安，献圣洁的哈达、一匹绸缎。道光三年三月初吉日。

理藩院张笔帖式为请安事致萨玛第巴克什诺门罕呼图克图文
6：034

请安。理藩院笔帖式张（音译）谨向萨玛第巴克什诺门罕呼图克图请安。此间，想必葛根贵体安康。此处我等身体安好如故。您惠赐礼物及书信已收悉，非常高兴。敬献请安礼圣洁哈达、红缎。月初吉日。

理藩院笔帖式张为请安事致萨玛第巴克什文
6：039~040

理藩院笔帖式张（音译）向萨玛第巴克什诺门罕呼图克图请安，敬献哈达一方、缎一匹。此间想必葛根非常安康。我们在此处也安好。惠赐礼物如数收齐，甚感欣喜。回请安礼于月初吉日奉上。

理藩院张笔帖式为请安事致扎萨克喇嘛文
6：033

请安。理藩院笔帖式张（音译）向扎萨克喇嘛请安。此间，贵体安否。此处我身体安好如故。所赐礼物已收悉，非常高兴。兹献请安礼圣洁哈达、红缎。月初吉日。

理藩院笔帖式张为请安事致扎萨克喇嘛文
6：041~042

理藩院笔帖式张（音译）向扎萨克喇嘛请安，敬献哈达一方、缎一匹。此间贵体安康？我们在此处也安好。今奉上回请安礼。惠赐礼物如数收齐。月初吉日。

理藩院青儿先生为请安事致济咙呼图克图文
6：035~036

理藩院青儿先生向济咙呼图克图请安。惠赐礼物哈达、氆氇等已至，拜收。此处我等亦安好。请安之礼有黄缎一匹。春三月初一日。

理藩院浩笔帖式为请安事致济咙呼图克图文
6：037~038

理藩院笔帖式浩（音译）谨向济咙葛根请安。惠赐礼物氆氇、哈达、加持物、护身符等至，如同面谒，甚感欣喜。此处我身体安康。为立刻喜见，敬献天物圣洁哈达、红缎等。春三月初一日。

441

弩勒玛津巴为请安事致圣尊活佛文
9：010

末小信徒弩勒玛津巴谨，在怙主大德圣尊葛根金足莲花前，虔诚叩拜，敬献哈达。此间，圣尊贵体安康，广作教法，利益众生。信徒仰赖圣尊保佑，效劳大臣公务，安好如故。再呈祈，由北京商卓特巴手里，拜收惠赐礼物、书信等，不胜欣喜。给大臣之礼物、书信及给石大爷之礼物，一并交与，呈禀明事由。为此，末小信徒祷祝圣尊请安，于月初吉日敬献。为与圣尊喜见，虔诚祈祷。吉缘。

【注释】写信人弩勒玛津巴说"效劳大臣公务，安好如故"，其中大臣应该是原任驻藏大臣。弩勒玛津巴应该是北京的八旗蒙古人，曾经随某位驻藏大臣赴藏办公，因而跟西藏高僧结识，结为福田信徒关系。后来，他的上司大臣和他本人回到北京任职，但仍跟西藏高僧保持着密切往来。

色勒布、英麟为请安烦请代为索还借款事致诺门罕呼图克图文
6：029~030

封面红纸贴签（蒙古文）：奉函仁师呼图克图诺门罕。
封面两边汉字：色勒布拜托求将此信带至西藏掌印诺门罕查收为盼。
背面（蒙古文）：恭封。

愚笨末徒色勒布、英麟谨函慈师诺门罕呼图克图。此间，慈师金体安否。我等礼别以来，不觉已有三年。每当忆及，不胜依舍，想必慈师亦有此意。今借理事司员托述老爷前往西召之际，特呈书函，禀请金安之外，另有烦求慈师之事。我等二人回京之际，借给巴依堪布之跟役露珠穆沁、罗布藏、喇嘛衷什、通事强衷奎白银二百二十四两。此项银两，原议到京还款，然究未见还。去年函称还款，后又函称不还。伊等居住西召，今特呈函请安之外，烦请代为召令伊等还款。我等二人，福分浅薄，家计贫穷，必令还此项银。若此项银得蒙归还，实赖慈师呼图克图加恩所致，感激不尽。为此恭禀。四月吉日。

【注释】写信人说"礼别以来，不觉已有三年"，又说"我等二人回京之际"，可知写信人在西藏住过，写信时在北京任职。考虑到清廷派大臣、理事司员和笔帖式等官吏驻扎西藏的事实，色勒布、英麟等人应该是在西藏驻扎过的笔帖式人员。

赛尔乌苏随关防笔帖式王瑞为献礼请安事致达赖喇嘛文
6：043~044

赛尔乌苏随关防笔帖式王瑞谨，请教主至上瓦赤喇怛喇达赖喇嘛万安。末小笔帖式，以虔诚信仰，献薄礼蒙地所得公黄羊一只、全羊一只，以为除夕之膳。请允微意，收纳赏给众徒。

封面：请教主至上瓦赤喇怛喇达赖喇嘛安奉函。

封底：谨封。

【注释】赛尔乌苏是北京到乌里雅苏台的驿路系统阿尔泰军台的一个站点。兵部连同理藩院在赛尔乌苏派驻驿丞（郎中、主事级别的官员），以管理赛尔乌苏到乌里雅苏台的喀尔喀各站。驿丞三年一换，授关防，部下有随关防的笔帖式一员。这封信的写信人应该是当时驻扎在赛尔乌苏的笔帖式。信中称向达赖喇嘛献黄羊和全羊，作为除夕之膳，显然，收信人达赖喇嘛是十三世达赖喇嘛。十三世达赖喇嘛在光绪三十年（1904）出走喀尔喀，逗留一年多。

寄信人待考的书信和其他文献

王爷用马匹清单
10：311

本王所骑马1，领队所骑马1，随从所骑马16，骑用马匹7，驮载行李的13；甲喇所骑马3，骑用马2，驮载行李的15；达喇嘛所骑马2，骑用马4，驮载行李的16；梅林琛布勒所骑马1，骑用马3，驮载行李的马7。

多罗贝勒夫人索特纳木丕勒为献礼祈福事致噶勒丹锡呼图文
8：307

施主多罗贝勒夫人索特纳木丕勒呈请噶勒丹锡呼图额尔德尼诺门罕活佛安。圣尊活佛硬朗乎。主仆大小承蒙圣尊慈悲，尽皆安好。贵处惠寄加持护结、书函及细布帐幔一匹等件，业经顶礼受收，感仰欣慰。今再请安，礼献天物哈达、刀、书函等物。今生来世，鉴照保佑。

【注释】根据"多罗贝勒"字样看，该信件的作者应该是一位外藩蒙古贵族夫人。

某蒙古贝子书信
8：329~330

贝子本人叔父克其云贵·卓哩克图·珲台吉衮布多尔济奏准圣尊延请之我

旗 Tingcinkangsarling 寺额尔德尼·默尔根·诺木齐·堪布·班第达·罗布桑多尔济所遣弟子绰尔济根敦垂喇克、兰占巴纳旺尼克喇克等……（残）

大公爷妻格格沙扎桑姆为谢恩献礼事致圣尊文
9：015

大公爷之格格沙扎桑姆谨向圣尊活佛请安。想必圣尊活佛身体安康。托圣尊活佛之福，末小弟子本人及全家都安好。圣尊所赐佛像、加持物、哈达、神索、kuku 已顶礼拜收。我将在蛇年年底来北京，马年春返回。为祈谒见圣尊，献片金一、圣洁哈达一等。

四额驸闲妃札勒姆为献礼请安祈福事致达赖喇嘛文
8：322

四额驸闲妃末小妇人札勒姆，在今生来世唯一怙主胜佛王圣尊达赖喇嘛额尔德尼足下金轮前，由三门虔仰祷告：今生疾病厄缘寂息，长寿等一切相和因具备，将来世世在圣尊足莲前随生，蒙荫不离，品享法旨甘露。尤其祈愿直到转生净土，在大悲怙主身边转生，分享法露，修成地上德福。请予保佑。献礼哈达一方、手鼓首饰。

【注释】这是某位蒙古王公的蒙古夫人写的祈愿信。与满洲联姻的蒙古王公是道光皇帝四额附土默特贝勒玛呢巴达喇。

台吉喇布杰养子洛兑札木参为请安献礼祈福事致噶勒丹锡哷图文
8：309

台吉喇布杰养子末小信徒洛兑札木参呈函，请噶勒丹锡哷图诺门罕活佛安。贵处所赐 shanam 一匹暨加持护结，寄到悉收。今再请安，献礼圣洁哈达一方、银五两等物。鉴照眷佑，明鉴，其明鉴。

【注释】根据"台吉"等字，这封信的作者是外藩蒙古人。

445

台吉那孙布彦为亡父亡兄超度事致济咙呼图克图文
8：083~084

愿吉祥！末小施主台吉那孙布彦谨在圣尊济咙额尔德尼活佛金轮前跪奏：我父亲色扎布于兔年二月十一日仙逝，还有我哥台吉托克扎布于本年三月二十三日去世，为作古之人超度，敬献十两银子，并因他们之事，为两尊召仁波切及观世音菩萨献五百佛灯而敬献十五两银子，共二十五两银子。请保佑。明鉴，明鉴。

台吉敦多布等为请安献礼祈福事致噶勒丹锡哗图文
8：310~313

末小信徒台吉敦多布、达瓦钦等于今生来世唯一怙主噶勒丹锡哗图额尔德尼诺门罕足莲前，请安呈函。此次圣尊慈赐加持护结、红花等件，业经收领外，敬献请贵安礼哈达、一两银。月初吉日。

【注释】根据"台吉"等字，这封信的作者是外藩蒙古人。

台吉车凌婆勒楚克为谢恩及请安事致噶勒丹锡哗图文
8：293~294

末小台吉车凌婆勒楚克谨，在护持处至尊圣尊噶勒丹锡哗图吉祥额尔德尼诺门罕足下请安呈禀：弟子已拜收所赐礼物、如同甘露之圣谕，心满意足，犹如面谒尊容，体受摸顶。在此，弟子我等平安无恙。为祈朝拜护持处圣尊，近乎空手，由京城敬献礼物有色哈达一方、长四庹黄缎。吉日。

迪瓦兰咱、格格为请安及请示新房屋朝向事致圣尊活佛文
8：351~356

末小弟子迪瓦兰咱、格格谨向圣尊请安。想必圣尊贵体为教法与众生之利益安然无恙。在此，小弟子等大家都……（缺页）

此礼物是否到达西藏不知。我敬献圣尊活佛的礼品有 gong pio 一盒、蟒纱一匹、酸奶奶豆腐一盒。圣尊活佛保佑开示：末小弟子我所住房屋朝向应朝向蛇方好还是朝狗方好？如是空阔地方，应朝向蛇方；如靠山而居，则应朝狗方。末小弟子盖大房子，朝向狗方，诵经烧火……（缺页）

不知什么动物弄死令耗子。末小弟子属鼠，所以房屋朝向与大房子里死耗子都可疑，因此奏闻，但未回复。兔年的礼物也交给令我王爷的人。

【注释】 写信人除迪瓦兰咱之外，还有格格，可知写信人是一对额驸和格格。蛇方、狗方，蒙古人将自然方向分为十二向，与十二时辰相对应，以十二属相各代表一向。

敦珠布多尔济为谢恩祈福事致活佛文
9：048~050

弟子敦珠布多尔济祈祷谨在大德仁慈奇妙活佛金足下拜呈。大德仁慈奇妙活佛无恙乎？再者，弟子敦珠布多尔济我于羊年受到大德仁慈活佛的加持，安然度过四年时光。弟子敦珠布多尔济时刻铭记活佛加持之奇妙鸿恩，每天为您万寿无疆诚心向三宝祈祷着。去年，活佛通过使者堪布惠赐之佛像、加持物等顶礼拜收，如见活佛金颜，不胜欣喜。此后，巴依尔堪布来，弟子敦珠布多尔济再次顶礼拜收惠赐佛像、加持物等。如今巴依尔堪布返回之际，弟子敦珠布多尔济跪请大安，将来执勤堪布返回时将奉书活佛。弟子敦珠布多尔济因大德活佛福力，受圣主满珠习礼皇帝厚恩，虽已七十五岁，仍每日祈祷为满珠习礼皇帝效力。今拜求大德活佛，洞察旧病，予以关照，明鉴。为此谨跪向大德仁慈奇妙活佛请安，于吉日敬献无垢吉祥哈达、kadi 缎二匹、金线、大荷包一对、小荷包二对、套荷包鼻烟壶一以及印阿字山楂糕一盒。以上为小弟子敦珠布多尔济所奉献者。春二月二十五日。

【注释】 写信人敦珠布多尔济说自己受圣主满珠习礼皇帝厚恩，虽已七十五岁，仍每日祈祷为满珠习礼皇帝效力，可知他是一位具有非凡身份的人物。一般情况下，蒙古王公才有资格自称受满珠习礼皇帝厚恩。写信人又说羊年受到加持以来安然度过四年，表明写信的这年是狗年。狗年七十五岁的人属猴。

德勒克扎布为请安事致喇嘛文
9：047

末小施主德勒克扎布谨，跪在喇嘛足前请安。此间，喇嘛贵体金颜安康否。众徒及商上畜群安好无恙。又，令前往西藏的土尔扈特、和硕特人，顺便捎献一些礼物，以示微意，请笑纳。敬献礼物有圣洁哈达一方、香炉一尊、槟榔盒一个、系带牙签一根。乾隆五十七年五月二十日奉函。

某蒙古王公为请安事致达赖喇嘛文
8：299~300

末小施主世受满珠习礼圣主无疆鸿恩，无以回报。今蒙圣尊达赖喇嘛额尔德尼无比慈悲，叩拜呈祈，现有逆贼猖獗，扰乱地方。如蒙俞允，请圣尊达赖喇嘛额尔德尼以法力灭绝逆贼，稳定地方，绥靖百姓。金刚法界，鉴纳保佑。

【注释】写信人说自己世受满珠习礼圣主无疆鸿恩，可知他是一位蒙古王公，一般情况下，蒙古王公才有资格自称受满珠习礼皇帝厚恩。信中所称"逆贼猖獗，扰乱地方"很可能指的是陕甘回民起事。

二太太为献礼祈福事致圣尊文
8：315

信徒二太太请圣尊葛根安。圣尊想必硬朗无恙。弟子今年七十三岁，讲究何事为好，请圣尊活佛垂佑赐示。敬献圣尊圣洁哈达、蟒缎一匹等件。月初吉日。明鉴，明鉴。

管旗章京桑济扎布为谢恩及祈福事致噶勒丹锡哷图文
8：340

末小弟子管旗章京桑济扎布于瓦赤喇怛喇喇嘛额尔德尼噶勒丹锡哷图吉祥额尔德尼诺门罕足莲前呈祈：喇嘛大慈大悲，赐给礼物加持护结、福力神物、粗呢、藏香及书信，以示时常保佑末小弟子我等，也知蒙上三宝慈护，喇嘛安康如故，为政教事务操劳，喜不自胜，崇意大增。遵奉喇嘛嘱咐，将为善业教务及罗布桑凯木齐克事务效力。为祈速得相见，面奉甘露法旨，由京城敬献微薄之礼红缎一匹。祈求时刻赐予保佑。月初吉日。

管旗章京策凌旺济勒之母等为首众人为请安事致圣尊活佛文
8：367~368

在怙主圣尊活佛金足前，末小信徒策凌旺济勒之母喇木扎布、管旗章京策凌旺济勒、妻子巴拉姆、儿子博彦德勒格尔、女儿奇巴嘎喇锡等虔心叩拜请安。圣尊活佛利益教众之业，如同阳光般照耀，贵体硬朗否。在此，我等末小信徒仰赖圣尊保佑，安好无恙。我等末小信徒拜收所赐信函、加持吉祥结、二庹粗呢等物。念及大慈时常保佑，不胜欣喜，虔诚叩拜。直到亲受圣尊灌顶为止，请保佑我等信徒健康，寂止魔障，心想事成。本人策凌旺济勒生得一子，祈保佑寿命延长、身体无恙。为请求降赐有益经忏，敬献一包外库哈达。

【**注释**】写信人策凌旺济勒自称 Amba Janggin，即大章京。大章京指的是察哈尔八旗的总管一职。满洲八旗早期旗制，一旗首席军政长官叫 Amba Janggin，汉文音译昂邦章京，意译大章京，后改为满语 Gusai Ejen，后又改为 Gusa be Kadalara Amban，汉译都统。察哈尔八旗的旗制跟满洲八旗一样，一旗长官 Amba Janggin，蒙古语 Jarγuci，后改为满语 Uheri Da，蒙古语 Bügüde-yi Jakiruγci。但是，由于历史习惯，察哈尔八旗的当地文书里一般混用新旧、满蒙官名。这封信里的 Amba Janggin 就是用了旧的满语官名。

骁骑校车凌塞穆丕勒为请安献礼祈福事致噶勒丹锡哷图文
8: 295~296

末小施主骁骑校车凌塞穆丕勒在噶勒丹锡哷图额尔德尼诺门罕金足前跪拜祈祷请安。瓦赤喇怛喇圣尊贵体硬朗否，众徒尽皆安否。仰蒙圣尊活佛护佑，在此我及子女全家尽皆安好。瓦赤喇怛喇圣尊活佛爱赐加持护结、哔叽等物，业经拜收。兹献无量佛像哈达连同五两银，以请瓦赤喇怛喇圣尊活佛安。慈赐保佑。月初吉日。

佐领车凌塞穆丕勒为请安事致商卓特巴善巴多布丹文
8: 297~298

佐领车凌塞穆丕勒为请安商卓特巴善巴多布丹喇嘛呈祈。此次，喇嘛身体硬朗否。这里我也安好。商卓特巴喇嘛所赐加持吉祥结、日历等物业已收到。为祈我们喇嘛施主全体速在瓦赤喇怛喇萨玛第巴克什面前相见，献圣洁哈达、五钱白银。月初吉日。

【注释】收信人商卓特巴善巴多布丹是阿巴噶人，乾隆后期至嘉庆初期在西藏出任商卓特巴。阿巴噶、苏尼特、察哈尔等地很多信徒写信给他，通过他的门路得见西藏各大活佛。

佐领衮楚克扎布为献礼祈福事致噶勒丹锡哷图文
8: 305~306

佐领衮楚克扎布祷拜，在噶勒丹锡哷图瓦赤喇怛喇圣尊活佛金足前，呈请万安。往年收领圣尊活佛恩赐加持护结、日历、仪轨文书等物。敝体病障消解，愚衷不胜欢喜。佐领衮楚克扎布，属羊，现年三十六岁。蒙圣尊活佛慈悲，在此安好无恙。且请鉴照今生来世业果，虔仰敬献圣尊午膳之银三两、请安圣洁哈达。圣尊活佛鉴照护佑。

【注释】写信人衮楚克扎布自称属羊，现年三十六岁，那么写信年应是马年。

骁骑校济克默特为请安事致商卓特巴善巴多布丹文
8：321

骁骑校济克默特呈请商卓特巴善巴多布丹安。此时，想必商卓特巴喇嘛贵体硬朗。这里，我等皆安好。所赐仙丹、护结、书信，业已收到，犹如见到金颜，不胜欣喜。为请安，献圣洁哈达。月初吉日。

【注释】收信人商卓特巴善巴多布丹是阿巴噶人，乾隆后期至嘉庆初期在西藏出任商卓特巴。阿巴噶、苏尼特、察哈尔等地很多信徒写信给他，通过他的门路得见西藏各大活佛。

笔帖式达尔济为请安事致商卓特巴善巴多布丹文
8：317~318

末小笔帖式，自万里之外，向精通政教二道者商卓特巴善巴多布丹请安。商卓特巴贵体安康。所赐加持护结、舍利子、xinam 等礼物已拜收。祈以后不弃保佑，及速得喜见，献圣洁哈达、彩色哈达和槟榔等。吉日。

【注释】收信人商卓特巴善巴多布丹是阿巴噶人，乾隆后期至嘉庆初期在西藏出任商卓特巴。阿巴噶、苏尼特、察哈尔等地很多信徒写信给他，通过他的门路得见西藏各大活佛。

衮布敦扎布为请安祈福布施事致圣尊文
8：341~342

末小弟子衮布敦扎布谨请圣尊安文。经由所赐礼物吉祥结、仙丹、护结、画像、书信，获知圣尊贵体硬朗无恙。此外，我旗王爷来京之际，顶礼拜收所赐礼物，大为欣喜。末小弟子全家仰赖圣尊保佑，安好无恙。禀告者：前经数番呈函祈福，至今未得明确馈复。如今再三祈佑者：今年我四十八岁，来年便是我四十九岁本命年，祈求今后保佑一切善益之事之外，仍请赐给大黑天像、Gangsai 等物。请明鉴，鉴之。由京城献请安礼圣洁白哈达、片金一匹、荷包一对。吉祥祝愿。

【注释】写信人衮布敦扎布说"我旗王爷来京之际"，表明衮布敦扎布是某位王爷旗的人。

衮布敦扎布为谢恩请安事致圣尊活佛文
9：016

末小弟子衮布敦扎布谨向圣尊活佛请安。想必此间圣尊活佛贵体安康。在此，弟子等托圣尊活佛之护持都安好。呈奏者：圣尊活佛惠赐之礼物加持物、吉祥结、神索、鼗鼓、铃铛等顶礼拜收，从中得知圣尊活佛贵体安康，祈求往后经常保佑。请安礼圣洁哈达一方、红缎一匹、荷包一对、盒子一双，从喀喇沁地方敬献。再祈求赐给圣尊活佛亲手绘制自画像，想供养，合十跪求呈奏。祝愿速得见面。

索纳木巴勒丹等为谢恩及祈福事致达赖喇嘛文
8：343

末小施主索纳木巴勒丹、索纳木多剌玛，向护持处瓦赤喇怛喇圣尊请安。想必圣尊贵体安康如故。在此，我等仰赖护佑，平安无恙。拜收所赐礼物、书信、chagza、护结、神索，如同亲受摸顶。由京城献请安礼天物哈达、俸禄先享银五两。月初吉日。

【注释】写信人索纳木巴勒丹等人自称施主。能自称施主的人肯定是有身份的上层人物，因此写信人应该是外藩蒙古的上层人士。

拉木扎布为请安事致商卓特巴善巴多布丹文
9：031~032

末小施主拉木扎布，于羊年十二月二十日收到商卓特巴善巴多布丹所赐二庹氇氇、加持护结等物，犹如面见叩首，不胜欣喜。又为请安，敬献五十三年猴年礼物圣洁哈达、一块绸缎。月初吉日。

【注释】五十三年猴年是乾隆五十三年。收信人商卓特巴善巴多布丹是阿巴噶人，乾隆后期至嘉庆初期在西藏出任商卓特巴。阿巴噶、苏尼特、察哈尔等地很多信徒写信给他，通过他的门路得见西藏各大活佛。

关于多布丹多尔济选址一事
9：055~056

本人多布丹多尔济，自父辈世居之地为巴音和硕、古尔班噶逊、扎达盖图、赛因哈尔驼罗盖、么勒黑图等地。现在是否依然原地，或向西、向西北方向移居古尔班芒达尔山脉，或移居其山阳之地那布达斯台阔阔乌苏之地，请指明。由巴音和硕移向何方，则人畜皆益，请指明。

翼长索特纳木为请安献礼祈福事致噶勒丹锡哷图文
8：281~282

噶勒丹锡哷图额尔德尼诺门罕活佛足莲前，末小信徒翼长索特纳木、子赛因乌尤图二人顶上祈祷，请圣体贵安。圣尊造作众生利益，想必硬朗如故。在此末小信徒我辈安好如故。何日能够体受圣尊金手摸顶，日夜祈祷不已。乞求赐给一切善护。献无量佛相哈达二方暨十两银，五两银献给达赖喇嘛。共献十五两银。吉日敬献。

【注释】写信人索特纳木自报官职为翼长。清制，察哈尔地方的牧厂各设翼长一职，因此写信人应该是某一牧厂的官员。

诺尔布丕勒杰为祈求护佑事致瓦赤喇怛喇巴克什文
9：043~044

末小弟子诺尔布丕勒杰向瓦赤喇怛喇巴克什启禀护佑。我属狗，二十七岁，老婆属狗，儿子旺库尔属鸡，三岁；弟弟属鼠，他儿子两岁，女儿属牛；妹妹属猴，十七岁；我老母亲属蛇，五十六岁。愿我们所有人生命无孽障，牲畜财产无损害，叩请瓦赤喇怛喇巴克什明示如何是好。吉祥圆满的二十五日。

【注释】写信人自称属狗，二十七岁，可知写信年是鼠年。

笔帖式伊西扎木苏为请安事致达赖喇嘛文
8：316

笔帖式伊西扎木苏书，奉达赖喇嘛，请安。谨思，喇嘛不断仁爱我等，每年来信赐物。去年也（原件残）。乾隆五十六年春三月初十日。

巴图蒙克为献礼事致达赖喇嘛文
8：370

末小信徒巴图蒙克在圣尊达赖喇嘛案前，以三门虔仰，献银五钱、圣洁哈达。吉善。

噶尔毕为献礼祈福事致瓦赤喇怛喇圣尊活佛文
9：023~024

末小弟子噶尔毕，子松鲁布、喇布衷、托郭齐、丹巴林沁奉函，请怙主瓦赤喇怛喇圣尊活佛安。我等末小弟子众人，乞求顶礼怙主圣尊活佛金足光辉之福，献三等哈达一束。明鉴保佑，明鉴。

扎兰达喇为祈福事致圣尊活佛文
9：045

末小信徒扎兰达喇恭请圣尊活佛安。圣尊活佛惠赐佛像、加持护结、神索等件，业经拜收。仰圣护佑，冀望速见，献礼圣洁哈达、蟒缎等物。

斡罗思向喇嘛额尔德尼活佛献哈达记录
9：046

斡罗思向喇嘛额尔德尼活佛敬献吉祥哈达一方。

某信徒为亡父亡母超度请诵经事致函
8：345

为祈已故父亲棍布扎布，母亲阿旺确音丕勒、噶勒藏车林等转生安之土，请求诵经。明鉴，明鉴！

关于确认转世灵童一事致活佛文
10：249~250

刚刚示寂的转世灵童，在什么地方、与寺院的远近、父母的年龄和姓名是什么、在什么家族里转世等（事情），请明确无疑、毫无隐瞒地赐教。还有，从大慈大悲处，保佑明示从速确认转世灵童的方法、法式的法旨等。为祈愿保佑，敬献曼荼罗、哈达、五十两白银等。

笔帖式多布丹为请安事致商卓特巴善巴多布丹文
8：319~320

末小笔帖式多布丹，呈请商卓特巴善巴多布丹安。此次，想必商卓特巴贵体依然安康。这里，我等安好。收到商卓特巴所赐仙丹、护结等物和书信，犹如拜见尊容，不胜欣喜。然而，至今未能拜见贵容，心酸沮丧。仰赖前世因缘之福，曾与圣尊葛根像命里注定兄弟般相伴。今我等之意，即便仅为一年时间，回来一趟，满足大家心愿。为请安，近乎空手，敬献无量寿佛哈达一方。月初吉日。

沙布隆占布拉丹津丕凌列与罗布藏罗拉玛
为献礼事致圣尊瓦赤喇怛喇诺门罕文
10：210~212

弟子沙布隆占布拉丹津丕凌列向圣尊瓦赤喇怛喇诺门罕敬献叩拜哈达一，弟子罗布藏罗拉玛敬献手绢一。奉上。

驻北京雍和宫之咱雅普瓦寺达喇嘛扎木扬锡喇布
为请安事致达赖喇嘛文
10：091~092

驻北京雍和宫咱雅普瓦寺达喇嘛末小愚徒扎木扬锡喇布谨于瓦赤喇怛喇达赖喇嘛金轮莲台前拜祷，近乎空手，诚心拜呈微薄之礼天物无垢圣洁白色内库哈达一方。

径祈者：愚者我祈祷今生一切相违因及修成菩提道之孽障得以寂息，世世辈辈享受圣尊法旨甘露，永远随生于圣尊足尘，寂息今生与来世一切相违因。祈求怙主之首圣尊发慈悲悯，明鉴保佑。吉祥。

【注释】写信人扎木扬锡喇布是某盟旗咱雅普瓦寺的喇嘛，当时驻雍和宫。

关于达喇嘛赴后藏所需乌拉一事的一份档案
10：312

达喇嘛赴后藏所需乌拉数目：乘骑马匹十一匹，驮马七匹。此外，厨役、马夫、柴火、草料等用品，都需备齐。

托音绰尔济为请安事致圣尊活佛文
10：153

今生来世皈依怙主至上圣尊活佛足前，鄙徒托音绰尔济奉函。闻知活佛宛如日光普照教众利益，鄙徒托音绰尔济祈祷祝愿。本人无恙。愿健在，直至拜见。祈求鉴照，眷佑不弃。请安献礼，哈达、蟒缎一匹。

默尔根固什罗布桑达什为请安献礼祈福事致瓦赤喇怛喇活佛文
10：213~214

自海水般众劫以来，一直成为众佛之王，诸种善业圆满具备，慈爱大德气力广兴，由于昔时善缘所致，遇此不净生灵之域，乐以无比红黄之舞，身心语殊胜奥秘，普世一切生灵之如意宝石，以无垢五真道法，硬朗长寿，常以政教二道白伞，笼盖三千世界无遗，不分你我，满足众望，尽显无垢青壮之容，令人得遇安乐金日喜宴，无比智慈之尊瓦赤喇怛喇活佛，奉函存问贵安。末徒默尔根固什罗布桑达什，祝愿早日拜见，献礼二两银、圣洁哈达。此外，给拉萨祈愿法会献一百两白银。弟子信仰具备，由此虔诚膜拜，伏乞鉴照眷佑。月初吉日。

喇卜占巴贡楚克喇克巴为请安事致扎萨克喇嘛文
10：133~134

末小喇卜占巴贡楚克喇克巴谨向至贵扎萨克喇嘛请安奉上。贵扎萨克为商上事业更加勤勉之余所赐礼物帽子、加持吉祥结等已拜收，如同亲见，不胜欣喜。想必您如前管理圣尊活佛商上诸弟子，勤于诸业，身体健康。在此，仰仗圣人护持仁慈，我身体安康。敬献请安礼圣洁外库哈达。吉祥圆满。

喇卜占巴贡楚克喇克巴为请安事致圣尊诺门罕文
10：135

末小弟子喇卜占巴贡楚克喇克巴，在精通佛教教法，尤其是精通宗喀巴之黄教教法之圣尊诺门罕足莲前，叩拜请安。此间，无上瓦赤喇怛喇圣尊，满足福气十足之藏地众生所求，想必依然安康。拜收惠赐末小弟子之礼物和书信，犹如体受法旨甘露，不胜欣喜。在此，为请安圣尊葛根，敬献圣洁的哈达等。月初吉日。

喇卜占巴贡楚克喇克巴为请安事致扎萨克喇嘛文
10：136

末小喇卜占巴贡楚克喇克巴谨，为请安尊敬的扎萨克喇嘛奉函。此间，想必贵体依然硬朗。小人仰赖三宝护佑及圣尊慈悲，安好无恙。今呈禀事：末小我返回时，从拉卜楞寺（拉章）借了五十两银子，至今未还，并已呈禀。由喇嘛惠赐书信得知，您有所生气。今本想还（银子），然而直至收到虎年二月的信件未能（还银子）。因此，依照您的指令，请求今年五月一定向北京商卓特巴交清。即便别无他事，再次请求今年一定交清于商卓特巴。自故乡，为请安敬献圣洁的哈达、鼗鼓首饰、念珠等。

喇卜占巴贡楚克喇克巴为还债事致扎萨克达喇嘛文
10：137~139

鄙人小弟子格隆贡楚克喇克巴谨向尊贵扎萨克达喇嘛请安奉书。得知贵体安康，并收到惠赐书信、礼物等，不胜欣喜。此间，想必您贵体安然如故。我也仰赖三宝保佑与慈悲之力安在。再呈报者，自从我回来后六年间，好父好兄及雅尔达克巴喇嘛都已作古。我自己的财务已不如以前，而且借我钱的人穷困潦倒，未能还债。向尊贵扎萨克喇嘛祈求者，虽然我自己没东西，但去化缘，明年务必归还。如果不能还，因为圣尊葛根之事业分布多处，我将在那里亲自效力完结此事。特此向喇嘛和商卓特巴处提出祈求。再有，去年去了乌珠穆沁，未能捎上猪年书信与礼物之回礼，此事一并奉告。故此，敬献请安礼圣洁外库哈达两方。

月初吉日。

又一事：因沙布隆达喇嘛所借款项之信件在我哥书中，故将此报给了达喇嘛，（达喇嘛）似年内放还。

喇卜占巴贡楚克喇克巴为谢恩及献礼事致圣尊活佛文
10：140~141

喇卜占巴贡楚克喇克巴在胜佛法尤其是宗喀巴黄教之太阳、现证正觉、圣尊呼必尔罕足莲前请安。此间，瓦赤喇怛喇圣尊葛根比以往更加弘扬西藏政教，身体安康。收到活佛惠赐礼物、书信及加持吉祥结等，犹如面见护持圣尊葛根金面，受亲手灌顶与佛法甘露，深感欣喜。在此，愚弟子托三宝及恩德圣尊葛根之慈悲，安然无恙。敬献请安之礼天物圣洁长寿哈达。吉祥圆满之吉日。

喇卜占巴贡楚克僧格为请安及祈福事致噶勒丹锡哷图文
10：142~143

噶勒丹锡哷图额尔德尼诺门罕萨玛第巴克什摄政金足下，末小弟子喇卜占巴贡楚克僧格合掌请万安。此间，想必活佛贵体健康。小弟子等在此处仰赖圣尊护持安好。请安之礼有圣洁外库哈达、金黄色丝绸带子、五钱银子等。祈求之事：我本人四十九岁，属鼠，祈愿赐我今生违缘与灾难寂止、寿命延长之有益教诲于我头顶上。明鉴，明鉴！月初吉日。

【注释】 写信人说自己四十九岁，属鼠，表明这封信写于鼠年。

喇卜占巴贡楚克僧格为请安及为拉萨祈愿法会熬茶等献礼事致扎萨克喇嘛、商卓特巴等文
10：144

喇卜占巴贡楚克僧格为向扎萨克喇嘛、商卓特巴等请安，敬献圣洁哈达、三钱银子。再有，为拉萨祈愿法会熬茶，捐赠茶叶、油和药物费一两白银，一并敬献。吉祥圆满。

喇卜占巴贡楚克僧格为请安事致圣尊扎尔扎布诺门罕活佛文
10：145

喇卜占巴贡楚克僧格，在圣尊扎尔扎布诺门罕金足前合掌请安。为祈愿敬献圣洁的哈达、十相自在哈达和五钱白银。

僧人格力克为请安事致萨玛第巴克什文
10：149~150

末小弟子囊素格力克，在瓦赤喇怛喇圣尊萨玛第巴克什诺门罕金轮前叩拜请安。已拜收亲赐加持护结、sinam 等礼物，犹如亲受灌顶，不胜欣喜。

请时常保佑，不离不弃。为请安祷祝敬献寻常的礼物圣洁的哈达、内库哈达等。明鉴，明鉴。万般吉缘。

【注释】 收信人瓦赤喇怛喇圣尊萨玛第巴克什诺门罕应为某位西藏摄政。据后文，这里的西藏摄政应该是噶勒丹锡呼图（一世策墨林活佛）。

僧人格力克为请安事致商卓特巴喇嘛文
10：146~148

弟子格隆格力克为请安商卓特巴喇嘛禀呈。去年冬天得到喇嘛惠赐末小弟子我的加持吉祥结和一个哔叽，犹如见面，不胜欣喜。托瓦赤喇怛喇圣尊保佑，为即将见面，于戊申年正月吉日，近乎空手，献圣洁的哈达、四钱白银和花线等。再有，蛇年敬献的礼物，商卓特巴喇嘛已得到与否，末小弟子至今还不知道。

【注释】 这封信写于戊申年。清代的戊申年中乾隆五十三年（1788）、道光二十八年（1848）、光绪三十四年（1908）可能跟这封信有关。据后文，这里的收信人商卓特巴应该是善巴多布丹。善巴多布丹是阿巴噶人，18世纪末期在拉萨担任噶勒丹锡呼图呼图克图的商卓特巴。以此推之，信中提到的戊申年应该是乾隆五十三年。

僧人格力克为谢恩献礼事致商卓特巴喇嘛善巴多布丹文
8：365

末小僧人格力克在商卓特巴喇嘛善巴多布丹足前奉函。贵体硬朗之际所赐红色哔叽一匹、加持护结等件，业经收悉，宛如亲见，不胜欣喜。仰蒙圣尊护佑，鄙人在此安好。今为请贵安，献礼仅免空手，三等哈达一束。月初吉日。

【注释】 收信人商卓特巴应该是善巴多布丹。善巴多布丹是阿巴噶人，18世纪末期在拉萨担任噶勒丹锡呼图的商卓特巴。

德木齐罗布桑雅喇木丕勒为请安献礼祈福事致噶勒丹锡哷图文
10：122

今生来世唯一怙主噶勒丹锡哷图额尔德尼诺门罕活佛足下金轮前，信徒末小德木齐罗布桑雅喇木丕勒三门虔诚奏告：圣尊贵体光坛殊胜硬朗，利济教众光芒洒满方域。爱赐加持护结、粗呢一庹等物，降到顶上，恩爱莫大。末小弟子仰赖圣尊慈悲之力，安好无恙。今所祈者：体受圣尊金手摸顶，品享圣语甘露。虔仰敬献天物圣洁哈达、一两银。鉴纳眷佑。

德木齐罗布桑雅喇木丕勒为请安事致商卓特巴善巴多布丹文
10：123~124

末小弟弟德木齐罗布桑雅喇木丕勒，向政教二道大智者、挚友商卓特巴善巴多布丹请安。此间，想必富足至福光坛硬朗，为圣尊葛根政教事务奋勉，白善之业四向兴隆。这里，末小我等也仰赖圣尊保佑，安好如故。今有祈求一事，我老母亲现已故，仅为提名，求让喇嘛葛根、圣尊葛根、堪钦葛根等三位圣尊诵经祈福，敬献一两白银、哈达等物。由于从小仁爱，念此信任呈送。再有，愿早日拜见圣尊葛根，献请安礼无垢天物、二两白银等礼物。永远坚固吉缘。

【注释】商卓特巴善巴多布丹是阿巴噶人，乾隆末年在拉萨担任噶勒丹锡哷图活佛（一世策墨林活佛）商上商卓特巴。信中提到的喇嘛葛根应该是八世达赖喇嘛，圣尊葛根应该是噶勒丹锡哷图，堪钦葛根应该是达赖喇嘛的经师。

德木齐绰达喇为请安事致商卓特巴善巴多布丹文
10：155~156

末小弟子罗瓦德木齐绰达喇，为请安无上商卓特巴善巴多布丹大人呈禀。从所赐书信、哈达、糌粑等得知,贵体安康,不胜欣喜。怙主活佛为首弟子我等安好无恙。活佛委任末小弟子为管印德木齐,末小弟子没有过人慧能,这也是忧虑之事。遵从活佛意愿,业已接受,不知能否胜任。此后还请商卓特巴大人慈悲,不吝教诲弟子。为祈喜见,由花园献圣洁外库哈达、葫芦状玛瑙鼻烟壶、带玻璃盖檀香木盒子等礼物。吉日。

【注释】 收信人商卓特巴应该是善巴多布丹。善巴多布丹是阿巴噶人,18世纪末期在拉萨担任噶勒丹锡呼图呼克图的商卓特巴。

托音噶勒藏尼玛师傅致圣尊活佛文
9∶009

……(残)请圣尊活佛安。据所赐加持的仙丹、吉祥结、粗呢、书信等得知贵体安康,不胜欣喜。想必如今也依然安康。我等仰赖圣尊活佛保佑,皆安好。听托音噶勒藏尼玛说,倍加关爱照料,不胜欣喜。(托音噶勒藏尼玛)在贵处未能待久,并未能受到法旨甘露,都在于他无福气之故,并非圣尊您没有关爱所致。今难以回报大恩。即便如此,近乎空手,为请安敬献四庹绸缎、刺绣的鼗鼓垂珠一个、软绵天物白色哈达等小礼物。嘉庆三年二月初吉日。

【注释】 这封信首部残缺,无法得知写信人姓名,落款显示嘉庆三年二月。信中提到托音噶勒藏尼玛,这为确定噶勒藏尼玛的信件年代提供了根据。

托音噶勒藏尼玛为祈福事致圣尊活佛文
10∶131

末小弟子托音噶勒藏尼玛在圣尊活佛金足下请安。想必圣尊活佛金身安康如故。鄙人也托圣尊活佛之福,身语意全然安康回到家。如今也仰赖活佛赐给我们诺颜、图什墨尔的谕令安好。

再祈求者：请明白指点对我性命有无内外相违因以及寂止它的法事与方便门。祈求明白开示为心想事成应做何等善事。从今往后，直到修得佛果，祈求时刻不忘，永远保佑。明鉴，明鉴！为此敬献四庹绣字上乘红缎及哈达。吉祥圆满。

【注释】 考虑到写信人噶勒藏尼玛写给商卓特巴喇嘛的信提到济咙呼图克图，我们认为这封信的收信人圣尊应该是济咙呼图克图。另外，据上一封残缺信件可知，写信人噶勒藏尼玛是嘉庆初年的人物。

托音噶勒藏尼玛为请安和报平安事致商卓特巴喇嘛文
10：132

愿吉祥。末小托音噶勒藏尼玛向商卓特巴喇嘛请安。想必商卓特巴喇嘛一如既往从事西藏雪域与圣尊济咙活佛事业，贵体安康！我也托商卓特巴您的福，一路平安，现已回到故里。现在也托您的福安好。为请安敬献近乎空手之薄礼哈达一、玛诺瓶一、荷包一。吉祥圆满。

【注释】 据上两封信可知，写信人噶勒藏尼玛在嘉庆三年（1798）之前赴藏习经，不久回乡。因此信中提到济咙呼图克图应该是嘉庆九年至十六年出任西藏摄政的八世济咙呼图克图。

居巴扎仓之格布奎喇嘛等为请安事致圣尊活佛文
10：099~100

居巴扎仓格布奎喇嘛为首众徒谨叩，在普世之主瓦赤喇怛喇圣尊足莲前，自此远方之地敬献请安之礼天物内库哈达、水果一盒。请明鉴永予慈佑。喜缘。

封面：居巴扎仓格布奎喇嘛为首众徒谨在普世之主瓦赤喇怛喇圣尊足莲前敬献请安天物内库哈达。

封底：吉日。

居巴扎仓东岳特致格西扎木苏函
10：101~102

居巴扎仓东岳特致函格西扎木苏。致函事由：你出什喇木仁，途中无恙，召地安康以居乎。禀闻者：你老家里作为法资所寄一支枪，原拟依嘱寄往召地。然而此间时局颇乱，带此枪支虑有闪失，原拟留给津巴，然而津巴前往多伦诺尔，未能相见，无奈将此枪支留我藏之。此次令堪布活佛捎带书函、少量银物，俟其到达，请即接收。若有往来者务必函复。视尔函复，给予银两。为此致函。吉日十一月初六日。

【注释】写信人东岳特自称居巴扎仓人，但不知是哪一寺院的居巴扎仓。收信人扎木苏应该是鄂尔多斯人。正如鄂尔多斯人《根敦绰凌为请安事致哥哥扎木苏书信》里所述，根敦绰凌为首诸兄弟曾给出家的兄弟扎木苏寄礼物，其中有一把"三十年"牌好枪，作为运费送给堪布使者。巧合的是，这里又提到"你老家里作为法资所寄一支枪，原拟依嘱寄往召地。然而此间时局颇乱，带此枪支虑有闪失，原拟留给津巴，然而津巴前往多伦诺尔，未能相见，无奈将此枪支留我藏之"。这把枪就是扎木苏的俗家兄弟作为运费给堪布使者的。然而，据此信可知，堪布使者没有把这把枪带到西藏，而是中途留给写信人东岳特。我们在《根敦绰凌为请安事致哥哥扎木苏书信》的考论中推断，《根敦绰凌为请安事致哥哥扎木苏书信》写于光绪二十九年（己卯，兔年，1903），那么这封信也应该写于兔年或其次年。

衮布扎布为请安事致圣尊活佛文
8：344

末小愚顽弟子衮布扎布，在众生顶饰慈悲之仓圣尊活佛坚固金轮前，以一心信仰跪拜。至上怙主金轮坚固硬朗，造就众生利乐。惠赐末小弟子加持仙丹、吉祥护结、粗呢、书信等物，业已顶礼拜收，犹如亲叩金轮，欣喜感仰。为祈保佑今生来世，由唯一信仰之门，顶上敬献天物圣洁哈达、药珠等物之外，惶恐启禀者，虽有末小事情，卑等何敢径禀。虽然前年令使者囊素捎赐谕函内，命卑等为商上事务，尽力辅佐商卓特巴等语。如今，商卓特巴囊素患痼疾，又不听卑等对错一切建议。如今，虽有不少谬误之处，但卑等不能举报。请询诸使者囊素了解。月初吉日。

【注释】写信人衮布扎布，应该是西藏高僧在北京、内蒙古等地属寺的僧职人员。此类属寺有北京黄寺，属于达赖喇嘛；察哈尔正蓝旗古尔班塔拉寺，属于噶勒丹锡呼图；阿巴噶什喇塔拉寺，属于噶勒丹锡呼图。

衮布扎布为请安事致商卓特巴文
10：121

末小弟子僧人衮布扎布，在慈悲广智、广作政教事业、依经广作圣佛事业者商卓特巴金足前请安。贵处作为礼物惠赐哔叽、哈达、仙丹、药丸等，已拜收。在此，末小我等仰赖圣尊保佑及贵喇嘛功德，安好。为请安，近乎空手，敬献天物圣洁的哈达、一对荷包等。月初吉日。圆满结缘。

旺扎勒为请安布施事致商卓特巴文
8：346

弟子旺扎勒向商卓特巴喇嘛请安。想必此间商卓特巴喇嘛安康吧。此处弟子安好。喇嘛所赐礼物已拜收。为速见，献圣洁哈达请安。月初吉日。

旺扎勒为请安献礼祈福事致噶勒丹锡呼图文
8：347~348

末小弟子旺扎勒，在噶勒丹锡呼图额尔德尼诺门罕金足前，跪拜祈祷请安。瓦赤喇怛喇圣尊活佛贵体硬朗否。仰蒙圣尊护佑，弟子在此安好。瓦赤喇怛喇爱赐加持护结、shashar 帽等物，业已收悉。今献一等哈达并一两银，以请圣尊活佛之安。明鉴保佑。月初吉日。

旺扎勒为亡师超度事致济咙呼图克图文
8：349~350

奴婢弟子旺扎勒谨在圣尊济咙额尔德尼金足莲花前叩拜祈禀：我师傅索德纳木达尔斋已去世，请保佑指给他天和人等善趣。明鉴，明鉴！敬献哈达一方。吉日。

却扎木苏为谢恩祈福事致济咙呼图克图文
10：125

末小弟子格隆却扎木苏谨在齐天众生顶饰圣尊济咙额尔德尼活佛无垢金足莲花盛开之处叩首敬献哈达。愿寂止今生与来世各种相违因，从善资粮之德护佑我们，一刻不弃。明鉴。

却扎木苏为请安事致萨玛第额尔德尼诺门罕文
10：126~129

在天等众生之顶饰、瓦赤喇怛喇萨玛第额尔德尼诺门罕圣尊足莲前，末小弟子格隆却扎木苏谨，万般请安，五体投地，顶礼敬献无垢圣洁白色哈达。念瓦赤喇怛喇圣尊慈悲末小沙毕当人纳入弟子之列，不胜感戴。仰赖瓦赤喇怛喇圣尊保佑，不分昼夜，诵经六字真言，已到七十七岁。念此毫无灾难和病魔，显然在于瓦赤喇怛喇圣尊喇嘛保佑，念念不忘。请将今生来世，引向菩提道。明鉴，明鉴。万般吉日敬献。使格隆索颜。

却扎木苏谨为谢恩献礼事致瓦赤喇怛喇喇嘛文
10：130

末小格隆却扎木苏谨向瓦赤喇怛喇活佛金莲下敬奉叩拜之哈达。圣尊葛根所赐礼物及书信，已顶礼拜收。我已八十五岁。受到求之不得之护持。叩请圣尊葛根保佑这个愚弟子。为此敬献请安圣洁哈达及两串木鬘。吉日。

466

温布等为请安献礼祈福事致噶勒丹锡哷图文
10：159~160

末小信徒温布、罗布桑、扎木禅等，在普世之主瓦赤喇怛喇噶勒丹锡哷图额尔德尼诺门罕足下金轮前，奉书请安。此间，圣尊贵体光坛殊胜硬朗，在集贤雪山中，宛如须弥山英健壮丽，蔚为教众怙主。所赐礼物神主一尊、加持护结、粗呢二匹及圣语书函，降临弟子顶上，纾解缘者信仰之渴，盛恩鸿大。我等弟子在此仰蒙怙主慈光，安好无恙。弟子我等祈祷在圣尊活佛足莲永固金座前，亲谒圣颜，品享圣语甘露，拜献近乎空手之请安礼天物哈达、十两银。

【注释】据温布、罗布桑、扎木禅等人写给善巴多布丹的书信，这里的噶勒丹锡哷图很可能是一世策墨林活佛。

温布、扎木禅等为请安事致商卓特巴善巴多布丹文
10：157~158

温布、扎木禅等谨，请师友之首商卓特巴善巴多布丹贵体之安。此次，贵体安康否。在此，末小我等仰赖圣尊慈悲明光，安好无恙，正在尽力勤勉喇嘛之业。再有，为祈喜情拜见，近乎空手，敬献天物、十两白银等。吉缘。

【注释】收信人商卓特巴应该是善巴多布丹。善巴多布丹是阿巴噶人，18世纪末期在拉萨担任噶勒丹锡哷图呼图克图的商卓特巴。

莫伦扎布为谢恩献礼事致圣尊活佛文
8：366

鄙弟子莫伦扎布顶礼拜收圣尊活佛所赐两个cam加持吉祥结等，并从信仰之门奉献五方内库哈达。

托音衮楚克达克巴等为祈福及给亡者超度事致瓦赤喇怛喇圣尊喇嘛文
10：161~162

　　天等一切众生之顶饰无比佛祖瓦赤喇怛喇圣尊喇嘛足下莲花金轮前，自远地以虔诚信仰叩拜。我托音沙弥衮楚克达克巴、班第萨木坦、其慕德旺布、喇布朱克、图瓦克、济格米德旺扎勒、玛拉塔尔、阿玉什、图古思伯彦、阿玛噶、济尔噶拉、德里克等以天物圣洁哈达和银子十两为曼荼罗敬献，愿保佑我们今生与来世，为放牧与防盗贼事消灾。另外，我们还为已故恩父喀兰紫达克、恩母巴勒伊克及哥哥格隆扎西达克巴、米济德、德济德、米丹、占展、额尔德尼……（残）

丹巴达尔扎为献礼事致达赖喇嘛文
8：369

　　达赖喇嘛明鉴。从边远地方徒步辛苦前来的班第丹巴达尔扎敬献绫子一匹、扎西哈达二方，大使者（残）。

囊素罗布藏尼玛为求常诵经文与叩拜佛名事致达赖喇嘛文
10：163

　　末小比丘囊素罗布藏尼玛，在瓦赤喇怛喇达赖喇嘛金足莲花下呈祈。祈求分别开示鄙人为今生与来世之利益应经常念诵之经文与应拜叩之佛名。简言之，愿从现在开始到修得菩提道为止，不受轮回之苦，尤其是不受三恶趣之苦，连其名字都不曾听到，最终修得佛果，请保佑。明鉴，明鉴！祷祝之礼银子五两。

为请达赖喇嘛惠赐经文全集事致达赖喇嘛文
10：243

　　极想得到并供奉达赖喇嘛全集，然而我们这里无法得到。慈悲末小我等，惠赐胜者五十达赖喇嘛全集三十五卷，配有夹板，请让牛年来京堪布带来。虔诚祈愿，慈悲明鉴。敬献自在十相哈达一方、绸缎一匹。明鉴，明鉴，明鉴保佑。

尼姑央济德、僧人索诺木、恩古鼐、白拉祜等
为献礼事致达赖喇嘛文
10：164

愿吉祥！

尼姑央济德，僧人索诺木、恩古鼐、白拉祜等施主向达赖喇嘛敬献银子五两。明年回复此礼。吉祥！

达木林扎布为亡父超度事致达赖喇嘛文
8：371

奴婢弟子达木林扎布谨从诚心信仰之门，向瓦赤喇怛喇圣尊达赖喇嘛足下莲花前祷告跪拜，献圣洁哈达请安。呈祈事：我父亲特古思本羊年十一月二十日去世。为父亲灵魂事，敬献瓦赤喇怛喇圣尊葛根诵经曼荼罗三两银子，为召仁波切鎏金的十两银子。万次祷告，敬献叩首。愿以仁慈之钩引导我恩父之灵往生极乐世界，世世……（残）

根敦扎木苏、伊西扎木苏二人为谢恩献礼事致达赖喇嘛文
8：372~374

根敦扎木苏、伊西扎木苏之书呈达赖喇嘛。去年，使者们到来之际，惠赐问安书信、香、粗呢、加持物、kuku、吉祥结等带到，真不在小弟子等之分内。小的我们向西方叩首拜收，感激得无以言表。如今使者们返回时，交给他们一份九件玻璃器皿进献，请明鉴。乾隆五十七年。

致诺门罕噶勒丹锡哷图萨玛第巴克什文
8：301

封面：请诺门罕噶勒丹锡哷图萨玛第巴克什。

且请者：今由我处将托音耶西喇布斋盘费银五百两交与使者堪布。为

469

此，……（残）

封底：密封。

德穆齐罗布桑垂达克为请安献礼祈福事致噶勒丹锡哷图文
10：167~168

今生来世唯一怙主噶勒丹锡哷图额尔德尼诺门罕无垢足莲前，末小信徒德穆齐罗布桑垂达克三门虔诚禀告：广智不死之天道上，无上圣体日坛胜明，普照一切待化之域之际，时常不弃仁赐礼物、加持物包、护结、一庹粗呢暨书函，一并爱颁于末流我顶上，恩爱鸿隆。所祈祷者：祈愿安居拜受圣尊金手摸顶，品享圣语甘露。天物哈达、一两银，虔仰敬献。月初吉日。

绰尔济托音罗布藏丹津为谢恩及祈福事致噶勒丹锡哷图文
10：169~170

卑徒绰尔济托音罗布藏丹津向噶勒丹锡哷图额尔德尼诺门罕请安奉函。圣尊在无比法殿造作众生利益，硬朗安逸否。仰赖圣尊慈悲，末小卑徒安好。且说，贵处慈赐整匹呢绒、加持护结及书函等件寄到收悉，祈受欣慰。祝尽早见瓦赤喇怛喇之礼，敬献天物圣洁哈达一方、四饰黄缎四庹一匹及书函等件。祈求明鉴眷护今后各世。明鉴。

比丘林沁为谢恩请安事致萨玛第巴克什文
10：171

末小弟子比丘林沁在瓦赤喇怛喇萨玛第巴克什圣尊金足莲花前叩拜请万安。现在，末小弟子我仰赖圣尊护持，安好。今敬献求得圣尊护持并请安之礼圣洁自在哈达及薄礼铃垫。祈求保佑，明鉴，明鉴。

寄信人待考的书信和其他文献

达尔罕囊素噶勒桑为请安事致噶勒丹锡哷图文
10：172~174

末小弟子达尔罕囊素噶勒桑，在今生来世怙主噶勒丹锡哷图额尔德尼诺门罕金足前，以虔诚信仰请安呈禀。贵体安康。赐末小弟子之仙丹、吉祥结、神索一庹等物，业已受领，不胜欣喜。在此，蒙圣尊慈悲，末小弟子安好。为请安敬献哈达、五钱白银等。

囊素格布奎罗布桑楚勒第穆为祈福事致噶勒丹锡哷图文
9：387~388

囊素格布奎罗布桑楚勒第穆谨于普世之主瓦赤喇怛喇噶勒丹锡哷图额尔德尼诺门罕足下金轮前，奉函请安。特禀者：圣尊活佛贵体在聚贤雪山之中硬朗蔚然，宛如金色须弥。发慈赐降加持护结、粗呢一庹及书函于我顶上，恩爱莫大。仰赖唯一怙主慈悲，末小弟子在此安好。祈于怙主足莲永固金座前，我等幸运之徒拜谒尊容，品尝圣语甘露。请以慈悲照鉴护持。礼物仅示不空，天物无垢有色哈达、银一两。仰拜敬献。

格隆阿旺喇布坦等为献礼祈福事致噶勒丹锡哷图文
10：175

天等众生导师瓦赤喇怛喇圣尊噶勒丹锡哷图活佛足莲前，末小弟子格隆阿旺喇布坦、施主总管阿喇布坦等，双手合掌，拜请怙主圣尊万安。我兄弟二人，乃信徒之末。乞求庇护者：去除余生之障，永远慈佑护持。我等末徒虔仰敬献有色哈达二方。永远保佑。明鉴，明鉴，其明鉴。

【注释】根据"总管"和"噶勒丹锡哷图"等字样看，这份信件的作者应该是察哈尔八旗的人。

巴勒桑为其兄鼐丹涅巴超度事致噶勒丹锡哷图文
9：001

向圣尊噶勒丹锡哷图葛根呈禀：末小格布奎我巴勒桑之兄鼐丹涅巴去世，为念诵超度，献近乎空手之礼一哈达、银子一两五钱。

格隆阿旺巴勒桑为请安献礼祈福事致噶勒丹锡哷图文
10：176

今生来世唯一怙主圣尊噶勒丹锡哷图额尔德尼诺门罕足莲前奉函。硬朗贵体之光发于十方。所赐加持护结、一庹粗呢等，降临末徒格隆阿旺巴勒桑顶上。禀报收领之事外，祈求保佑今生来世寂灭厄缘之礼，仅示不空，敬献哈达、银五钱。月初吉日。

达姆林为请安献礼祈福事致噶勒丹锡哷图文
9：003~004

末小达姆林于噶勒丹锡哷图额尔德尼诺门罕活佛金足前，跪拜祈祷呈禀。瓦赤喇怛喇圣尊贵体硬朗否。蒙圣尊护佑，鄙人在此安好。今献三等哈达连同二两银，以请圣尊活佛万安。鉴赐保佑。月初吉日。

格隆巴勒丹为献礼祈福事致噶勒丹锡哷图文
10：177

三世诸佛之集三藏教证上法所自出三乘福主僧众之尊三恩毕聚噶勒丹锡哷图额尔德尼诺门罕御前奉函。末小弟子格隆巴勒丹，三门仰祷，呈请上安，祈求眷佑，敬献圣洁十相自在哈达、十两银。鉴照保佑今生来世。明鉴。

格隆阿旺索多纳穆为请安事致噶勒丹锡哷图文
10：178

在今生来世唯一怙主圣尊噶勒丹锡哷图额尔德尼诺门罕足莲前，末小格隆阿旺索多纳穆谨呈。圣尊所赐加持护结、礼物、书信，降临末小信徒顶上。为祈保佑今生来世，近乎空手，敬献哈达、一两白银等。吉日。

禅师噶布珠罗布桑忠鼐等为请安献礼祈福事
致噶勒丹锡呼图文
10：179~180

禅师噶布珠罗布桑忠鼐，在至上怙主顶饰普照圣尊噶勒丹锡呼图额尔德尼诺门罕活佛莲花金轮前，三门虔仰，胸前合掌，跪拜禀请万安奉函。奉函之礼，仅示不空，十相自在哈达一方、十两碎银之外，祈求保佑本人时常安好。且为崇尚佛教，为给拉萨祈愿法会熬茶，禅师本人及格隆罗布桑沙喇布等献施一百两银。今后我本人也会每年不断献施。请保佑本人相违因尽皆寂息之外，本人建造一座寺院，四时不断造作密宗法会。缘此，请赐我寺名及噶舒克文，并祈保佑寂灭天人八部厄缘。请圣尊鉴照，鉴照。广善毕聚吉日。

噶布珠达喇嘛阿旺占巴为请安献礼祈福事致噶勒丹锡呼图文
10：181~182

怙主之尊瓦赤喇怛喇噶勒丹锡呼图额尔德尼诺门罕活佛足下金轮前，信徒末小弟子噶布珠达喇嘛阿旺占巴，三门虔诚祷告：三时胜佛、在化域慈悲为一体、至智之娱、饰以相好之网、贵体发光洒满虚空、妙应利乐之至、生为教众。所赐御作护结、加持物包、佛像一尊、红粗呢、圣语书函，发放红石光芒，降于胜安法轮之饰，恩爱莫大。在此末徒仰赖圣尊慈悲，安好无恙，善心仍未委弃。所祈者：安居以受圣尊金手摸顶，品享圣语甘露。虔仰敬献请贵安礼无垢天物暨三两银。

伊希栋罗布为请安事致瓦赤喇怛喇圣尊文
9：005~006

末小信徒伊希栋罗布，在毕俱佛三宝本性、天等众生顶饰、三界唯一怙主、无比瓦赤喇怛喇圣尊足莲前，祷祝请安。此间，瓦赤喇怛喇圣尊葛根想必在宫中仍旧安好无恙。末小信徒仰赖圣尊保佑，安好无恙。再有，圣尊猪年令使者惠赐末小信徒我之书信、仙丹等物，业已拜收，犹如亲见圣尊，不胜欣喜，祷祝叩拜。为祈速受瓦赤喇怛喇圣尊亲手灌顶，敬献礼物圣洁哈达。明鉴保佑，明鉴。圆满吉日。

为请安献礼祈福事致温布喇嘛文
9：013~014

呈请三恩毕聚上师温布喇嘛贵安，敬献三等哈达一方。蒙圣尊及众人恩爱，末小弟子安好无恙。月初吉日。

堪布巴勒丹多尔济为谢恩及祈福事致圣尊活佛文
10：183

在圣尊活佛金轮前末小弟子堪布巴勒丹多尔济从远方以三门信仰叩奏：活佛硬朗法身利益教法与众生，稳坐金刚座，惠赐谕令、吉祥结、灵丹、一对法螺、两个护法神护身结、氆氇、哈达等至，已顶礼拜收，不胜欣喜。末小奴婢弟子托圣尊之慈悲，诵读保佑经典后，比以往更加健康。奴婢弟子为首众僧为祝愿圣尊足莲万劫永存，利益众生，从三敬祝寿之方向，敬献外库哈达及银子三两。再者，奴婢弟子从远方以虔诚信仰叩拜，敬献祈求保佑之礼外库哈达及银子十两。请护佑。明鉴，明鉴！

德穆齐纳旺丹巴为请安事致圣尊文
10：184~187

德穆齐纳旺丹巴于圣尊活佛足前请安。蒙葛根护佑，本人为首末小众徒尽皆安好。前令囊素捎赐加持物包、shasar 哔叽、书函，业已收悉，不胜欣喜。在此安好。愿喇嘛弟子早日相聚，敬献圣洁哈达、银五两。月初吉日敬献。

西藏僧人善巴罗布藏为请安献礼事致瓦赤喇怛喇圣尊活佛文
10：188

西藏鄙奴婢弟子善巴罗布藏叩拜护持处瓦赤喇怛喇圣尊活佛金足光下，祷祝请安，敬献圣洁哈达及平绒边缎子铃垫，请保佑。鄙奴婢弟子善巴罗布藏我遵奉圣尊活佛教诲，尽我所能，勤勉于业，并托圣尊福，身体安康。为此呈禀并祈护佑。二月初七日。

阿旺延丕勒等为献礼祈福事致圣尊活佛文
9：017~018

末小阿旺延丕勒、苏特纳木多布斋等向圣尊活佛金足莲花叩拜请万安。祈求保佑，敬献圣洁哈达及二两碎银子。明鉴，明鉴。

为请安及报闻举办丹书克会事致圣尊活佛文
9：019~020

今生来世真正唯一护持处圣尊活佛足莲金轮前，自远方以三门诚挚信仰呈奏。尊者贵体安康，广作利益众生事。惠赐加持吉祥结、粗呢、shasar等已拜收，不胜欣喜。末小弟子仰赖圣尊活佛护持，身体安康。今敬献请安礼外库哈达一方、蟒缎一匹。为祷祝圣尊金足莲花为教法与众生如金刚不破万世永存，举行了七天丹书克会。会上诵读经文有四度红色片金。祈求仁慈保佑奴婢弟子，本尊、经忏哪个必需，敬请降下开示甘露。愿时刻不弃保佑，明鉴，明鉴。吉祥圆满。月初吉日。

为献银祈福等事呈圣尊活佛文
9：021~022

仰赖圣尊活佛护佑，安好无恙。且奏圣尊活佛者，虎年馈礼未曾收领。虎年之春，礼物交与王爷使者，令转贵处使者。伏乞字寄圣尊活佛诞日，使末徒知悉。此先曾禀乞。祝愿早日谒见圣尊活佛，献礼银五两一钱。二月十五吉日。

【注释】写信人说"礼物交与王爷使者"，可知写信人是某个蒙古王爷旗的人。

格隆罗布藏仲磊兄弟三人为已故父母超度事致瓦赤喇怛喇圣尊活佛文
10：189~190

天与一切众生之顶饰瓦赤喇怛喇圣尊活佛足下莲花金轮前，末小弟子格隆罗布藏仲磊、班第罗布藏粗勒尔和穆、俗弟子伊西旺济勒等诚心祷告叩奏：小的我们的父母都已去世，今向瓦赤喇怛喇圣尊活佛敬献圣洁哈达三方、银子六两三钱，以求（为他们）诵经。祈求使我们已故的父母从三恶趣的痛苦中超度，往生平安世界。此事只信托瓦赤喇怛喇圣尊活佛，向您祷告叩拜。请发慈悲，明鉴，明鉴。

我们父亲罗布藏扎勒森，辛巳年二月二十二日去世，为他献银子三两；我罗布藏仲磊之母巴勒穆济德，甲子年五月初四日去世，为她献三钱；小母德穆楚克今年正月二十二日去世，为她献三两。

为请安事致圣尊活佛文
9：026

这箱子里的礼物，有一个是为原先是圣尊活佛的笔帖式，现已成为商卓特巴的人准备之礼物，其余的均献圣尊活佛。

沃逊为请安献礼祈福事致商卓特巴文
9：027

呈请广智若空商卓特巴之安。所禀者：贵体硬朗。惠赐御作护结、香十包，业已收悉，不胜欣喜，宛如亲谒。在此沃逊安好，祝愿早日喜聚，献礼圣洁二等哈达一束。月初九日敬献。吉祥。

沃逊固什为谢恩祈函等事致商卓特巴文
10：261~262

沃逊固什奉函福主商卓特巴请安。所禀者：无暇操持圣尊事业、敬事纳阑陀罗堪布等及圣尊大经堂教习经义诸项利我利他事务之际，惠赐圣尊手作护结一封、香五包等物，业已照函收悉。念特赐函，不由欣喜。且说一事，若蒙商卓特巴赐谕召我归来，欲即遵旨回去。本人病已痊愈，因此去意甚急。然而，自来手头拮据，如今愈加紧艰。此不曾禀告贵处，更告于何人。蒙来函时，即往拉萨，仰赖上恩谋生，并望弃骸彼处。直至彼时，祝愿活佛长寿，每日念经以居。敬献供品三等哈达一束。月初吉日呈寄。吉祥。

德木齐罗布桑格勒克为请安事致商卓特巴文
10：191~192

愚兄德木齐罗布桑格勒克谨，请尊弟商卓特巴安。想必贤弟身体硬朗。在此，仰赖圣尊葛根保佑，我也安好。贤弟所赐仙丹、吉祥结、佛像、神索、哔叽、书信等礼物已拜收。愚兄曾想，圣尊葛根驾临此地时，贤弟一定能随从前来，因而等候。未料你身体欠佳，未能随行。为此，愚兄我每日郁闷。托弟之福，圣尊活佛非常慈悲仁爱。愚兄请求贵弟，给克什米尔刀一把及克什米尔红花。克什米尔刀是为有人求索，请务必惠赐。仰赖圣尊之福，祈速喜见贤弟，献圣洁的哈达、一斤洋烟、两个千里眼和一个rigui。吉日。

【注释】收信人商卓特巴应该是阿巴噶人善巴多布丹，写信人罗布桑格勒克称其为弟弟，可能二人为同族兄弟。

达什为请安布施事致商卓特巴文
9：028

末小信徒达什，请商卓特巴诺颜喇嘛安。此时，商卓特巴诺颜喇嘛身体硬朗。这里，信徒我等皆安。已拜收护结、日历等物。为请安，敬献圣洁的哈达。吉日。

噶布珠叶锡达尔济为请安事致商卓特巴善巴多布丹文
10：196~198

末小噶布珠叶锡达尔济，为请商卓特巴善巴多布丹安，敬献礼物中库哈达。禀告之事，闻您仰赖葛根保佑，在彼安好无恙，不胜欣喜。在这里，我们蒙三宝保佑，安好无恙。所赐帽子、仙丹、吉祥结等物皆已收到。吉缘。

商卓特巴拉布占巴为请安事致商卓特巴文
10：199

愿吉祥！末小商卓特巴拉布占巴向遍知大德商卓特巴贵人以书请安。想必您贵体安康如故。托您的福鄙人一路顺风，安全返回。现在也安好。祈求不忘鄙人，永远护佑。明鉴，明鉴。再敬献近乎空手之薄礼四庹黄缎及彩色哈达。吉日奉献。

德木齐扎喇桑为请安事致商卓特巴善巴多布丹文
10：200

德木齐扎喇桑为请安商卓特巴善巴多布丹，敬献新年礼物白银二钱。

罗桑东洛布为请安事致商卓特巴喇嘛善巴多布丹文
9：029~030

夏安居经堂师罗桑东洛布，请商卓特巴喇嘛善巴多布丹安。在这里我也安好。收到所赐加持护结、shinam 等物，得知贵体安康，不胜欣喜。仰赖三宝保佑，祈速得平安见面，近乎空手，献圣洁的哈达。

格隆索诺木为请安事致商卓特巴善巴多布丹文
10：201~202

末小格隆索诺木谨，呈请商卓特巴善巴多布丹贵安。此次，想必贵体依然硬朗。我等仰赖喇嘛三宝之力，安好。今希望喜见，并为请安，于月初吉日献天物、一两白银和鼻烟壶等物。吉缘。

小喇嘛囊素为请安事致商卓特巴善巴多布丹文
10：203

小喇嘛囊素呈请商卓特巴善巴多布丹喇嘛安。去年所赐加持护结、shanam 等已收到。今戊申年礼物，敬献圣洁哈达、二尺黄色纺丝等，祈速得见。

群则那顺巴雅尔为请安事致兰占巴乌尔棍巴雅尔书信
10：256~258

群则那顺巴雅尔书函。请哲蚌寺兰占巴乌尔棍巴雅尔安。此时，贵体安康否。我于春季四月初三，平安回到家乡。我以葛根所赏一元、占巴苏木楚克所给二元和我自己一些钱，做成百贡，交给商卓特巴捎去。不收捎去百贡之费。又让商卓特巴给囊素捎去二百两生银。听说你家大哥已去世。即便这样，你也虔诚祈祷，修炼教法，无盼回家。如果倾听我言，我为你努力。葛根诸事，可从商卓特巴探听。为此，寄自远方。四月初一。

阿然巴伊西云端为请安事致商卓特巴善巴多布丹文
10：204~206

阿然巴伊西云端呈请商卓特巴额尔德尼喇嘛善巴多布丹安。想必贵体安康。末小我等也仰赖葛根保佑，安好如故。拜收圣尊所赐仙丹、吉祥结、药丸和哔叽一匹等。在此，祈平安喜见，敬献哈达、五尺黄色 kadi、十小包洋烟等礼物。月初吉日。

格隆为已故阿旺云敦念经祈福事致噶勒丹锡呼图文
10：207~208

今生来世唯一怙主噶勒丹锡呼图额尔德尼诺门罕足下金轮前，末小弟子

479

格隆为已故阿旺云敦祈愿。愿自降生所造罪孽、障碍与脾气一并消失，经自在善本尊，直到地上德化之极，早日获取无与伦比之圣菩提。祈祷怙佑慈悲中心永远恩赐保佑。鉴之，鉴之！为此将圣洁天物十相自在哈达、一庹 jui 等礼品虔诚叩拜敬献。

钟其为谢恩及请安事致活佛文
9：039~040

弟子钟其谨向葛根请安。活佛可安好？诸弟子全体健康吧？弟子钟其我在藏三年，一无建树，然而葛根亲自施恩，赐给恩惠，大爱无限，恩德甚重！弟子再三叩拜，特此书写，向葛根请安，敬献白色哈达。扎萨克喇嘛也问安。

特古勒德尔为献礼事致识一切喇嘛额尔德尼文
9：069~070；10：264

向识一切喇嘛额尔德尼，沙弥特古勒德尔献（金）线。

【注释】《西藏自治区档案馆馆藏蒙满文档案精选》第 9 卷和第 10 卷重复影印同一份文书。

布哩图寺某僧为请安事致萨玛第巴克什文
10：265

从布哩图寺，为请安一切怙主之集、恩主之根本萨玛第巴克什，献圣洁哈达、供坛所需白银一两、祈愿大法会公积基金三两等。

佐领努图勒齐为报平安事致圣尊活佛文
10：255

末小奴婢佐领努图勒齐谨叩首呈上。在尊贵大德圣尊足下叩首禀告者：末小奴婢章扎努图勒齐我等于三月十九日离开拉萨，二十七日到那曲衮布。

尊贵圣尊所派一位诺颜为首十一人把我们护送过了集通布里（音译）。我们途中安全。还有，士兵十一人于三月二十二日安全返回。为此书写几个字，跪奉于尊贵大德博格多足下。三月二十二日。

格隆敦都布那木济勒为请安事致安多喇嘛文
10：209

末小格隆敦都布那木济勒谨请贵安多喇嘛安。此间，从卓尼阿旺索累获悉喇嘛贵体依然安康，不胜欣喜。小人仰赖圣尊葛根保佑及喇嘛关照，猴年七月离任拉章职务，独自安好。此外，所求者：小人诵六字真言及礼赞时，请怙主圣尊葛根额尔德尼保佑，消除魔障。再三祈求，近乎空手，献圣洁哈达、鼻烟。二月十三日。

然占巴根敦巴勒桑为报寄礼事致然占巴林沁札木苏呈函
10：119~120

吉祥。师友然占巴根敦巴勒桑、然占巴陆鲁巴札木苏、达喇嘛毛班第三人，由北京呈函，请贵友然占巴林沁札木苏、然占巴札木杨栋罗布、然占巴札木杨噶勒桑、然占巴德钦喇克瓦等安。且所报者：作为尔等法资，林沁札木苏二包，札木杨噶勒桑五包，德钦喇克瓦四包。其中有一小包，系唐古特喀尔喀伊希沃斯尔礼物。此十一包交给堪布，提醒尔等三人索要。此外，札木杨栋罗布之礼，交给森本噶勒桑栋罗布，提醒索要。固什巴勒桑之拉萨法会熬茶银，亦交给堪布。熬茶之期，拟订初八日中午，正函已经呈明，仍兹在在禀请该日熬茶散放。呈请然占巴札木杨栋罗布，躬行洒祭。然占巴什喇布朋素克，尔之礼物，科尔沁伊希巴勒丹连同伊之礼物，忘于北京，故此未将礼物给与家人。祝愿蛇儿年速得相见。圆满吉祥。

致蒙古贞伊希达尔札三件亲函，致那木斯莱三件，致土默特喇什喇布斋三件书函，请索要。

闻我们垂姆丕勒之函龙儿年将到。

为送交购置甘珠尔经费事致堪布喇嘛罗卜藏锡喇布文
10：244

报闻尊贵堪布喇嘛罗卜藏锡喇布事。将甘珠尔价钱包在牛皮里，为一捆，今次交与来使堪布罗布藏丕尔赖。到达后，核准此章后上交。二月十日。

巴彦济鲁和寺大小众僧布施清单及布施者名册
10：113~118

奏报巴彦济鲁和寺大小众僧布施清单及布施者名册：

达喇嘛阿旺云丹二钱

达尔罕喇嘛根敦索诺木三钱

格隆根敦喇布斋四钱

格隆格拉桑根敦五钱

格隆诺尔布扎勒森五钱

格隆格拉桑诺尔布一钱七分

格隆阿旺济格默特三钱

格隆衮楚克济格默特三钱

格隆衮楚克忠鼐三钱

格隆衮楚克罗垒一钱

格隆罗布桑根敦三钱

格隆噶勒桑那木济尔三钱

格隆栋罗布罗布桑二钱

格隆益西衮沁二钱

格隆噶勒桑格力克二钱

格隆占巴郎炯一钱

格隆喇什五分

格隆阿喇布坦五分

格隆栋罗布阿喇布坦一钱

格隆衮楚克丹津二钱

格隆噶勒桑达尔吉三钱

格隆衮楚克札木苏一钱

格隆罗布桑忠肃一钱

格隆格力克尼玛二钱

格隆丹巴三钱

格隆喇布吉一钱七分

格隆格力克达尔吉一钱七分

格隆占巴那木囊一钱

格隆云丹桑布九分

格隆噶勒桑达瓦一钱七分

格隆栋罗布尼玛一钱七分

沙弥格力克鄂齐尔一钱

沙弥丹吉喇什四钱

沙弥巴勒丹桑布一钱

沙弥格力克鄂齐尔一钱

沙弥益西衮沁一钱七分

沙弥妥克木德一钱

沙弥占巴米济德一钱

沙弥根丕勒一钱六分

沙弥巴勒丹罗垒一钱六分

沙弥索特那木旺济勒五分

沙弥占巴鄂齐尔一钱

沙弥宝音特古斯一钱四分

班迪噶勒桑丹达尔三钱三分

班迪僧格习礼二钱

班迪朋楚克多布旦一钱

班迪多尔济那木济勒五分

班迪拉扎布二钱

班迪索特那木朋楚克二钱

格隆格力克桑珠布二钱七分

格隆衮楚克云丹二钱七分

已故阿穆尔济呼、喇特那什迪等四钱

以上银子合计十两。

咸丰八年二月二十八日

官员名单
8：330

噶锡巴那木济勒色布腾，班第达，策凌旺济勒，赛义德色布腾，布鲁克匝，尼玛扎勒散，贡嘎丹津，珠尔默特车布登，珠尔默特旺扎勒，诺颜和硕齐，策旺多尔济，旺堆，索那木达尔吉，罗布桑达尔吉，达尔吉达西，萨勒诺恩多尔济，巴勒桑策凌，章洛津巴，索那木敦多布，巴克扎鼐，达西达尔吉，朋楚克那木济勒，达延台吉，阿然巴喇布坦，衮布达尔吉，朔冈奈，寨朔木巴，布剌克巴噶勒桑，济多奈。前一人的实名为朋素克苏德纳木。

为已故伊都、巴伊斯呼楞等人念经祈福事所拟文
9：051~052

为已故伊都、巴伊斯呼楞、巴德玛喇什、巴图赉、门都、根敦、甘珠尔、丹扎布、那彦图门、班第、色旺扎布、巴颜呼图克、宝颜扎布、赛罕斋、阿勒坛斋、斡勤拜、喇布坦、喇特纳桑布、济克默特达穆却、巴勒姆、桑济特玛、阿穆尔灵贵、色旺多尔济、根丕勒、色仁扎布、赛因章图、呼达古拉、努恩达古勒岱、尹哲扎布、旺钦、色尔济密多格、萨仁格日勒、巴颜、讷尔贵、纳颜泰、鄂坛伯喇、堪布、双喜、额尔和毕力格、色布腾、诺尔济德、尹扎那、诺木齐、色伯克、乌蓝塔娜、翁霍尔、索诺木巴拉、根柱、海棠花、颜萨纳、伊伯格勒图、毕瞬达喇、旺济勒、喇嘛呼、达布呼尔力格、赛因章

图、喇特纳、尤木扎布、钦达嘎、锡都日古、松济德、德勒克、阿力雅哈喇、拉玛扎布、秀斋、诺亥、明安图、托诺勒济、赛罕斋、贲柱、亚亚、旺丹、色勒姆、沙克沙巴德、森扎布、毛忒讷克、达鲁尔、赛因章图、孟衮桑、阿勒坦桑、宝音阿尔毕德呼、三巴噶、劳喇嘛、旺丹、明安图、托诺勒济、浩济果尔、赛因章图等众人念经祈福。并向祈愿大会熬茶，祈愿众僧人作法念经，自生至死保佑。慈悲恩赐，永远保佑！请将复文交付使臣！

根敦拉什仁钦尼玛等人为拉萨祈愿法会布施及祈福事所拟呈文

10：253~254

愿吉祥。多然巴根敦喇什、那逊纳特固勒德尔甲喇、斡朗其、桑萨尔、仁钦尼玛、巴勒济德、弩勒玛扎布、乌勒济巴图、拉玛扎布、色楞班珠尔、旺镦班巴尔、特尹查衮、乌特根、诺莫汗章图、庆毕锡呀图、衮布扎布、色伯克扎布、乌尔图乃、诺扪珠拉、伊勒玛、图尔艮、尤尼、德勒黑、乌勒济、桃花、茂敦呼、杏花、格瓦巴勒、达旺、那木海宁布、敦布、达兰泰、莫鲁图古尔、哈鼎、满桑、莽贵、色勒呼、特克什、锡特格勒、赛因乌尤图、阿民扎布、额都锡济穆、苏克都尔扎布、图谢业图、巴雅尔、固穆达、扎什、五十六、南冲、图和格、衮楚格、卡尔姆、特古斯、噶尔玛扎布、乌尼敖斯尔、阿哩雅艮第、额尔巴尔、特木尔都什、阿勒塔、松镦扎布、桑济德玛、苏克济玛、乔木松果娃、赛济喇呼、锡尔门都什、乌勒济木仁、达姆哲德、赛因乌查拉图、杨济德、阿尔达锡第、齐都尔、特布贺、巴颜哈喇、呼楚图、阿萨喇图、乌查喇图、桑都、阿萨喇、噶噜迪、阿勒玛斯、德古斯、噶拉桑喇布坦、布和、岗噶、松岱、栋呼尔、特布济特、色扎布、阿敏扎布、额勒德布、善第布、纳钦、伊如勒图、博浑岱、特古斯宝音图、乔恩丕勒、霍卜喇克、阿尔宾桑、布颜图、僧格、弩勒莫扎布、敖尔都格、乔参扎布、阿尤尔扎布、龚噶尔扎布、霍毕图、乌尔拉汗、卓希盎贵、毕锡呀图、霍毕图、阿尔达锡第、桑噶席哩、恩和、阿木尔济呼、乌恩乌古勒格齐、巴图敖其尔、沙克沙巴特、赛音章图、色尔济密都格、旺济德玛、巴颜

485

特古斯、喇特纳扎布、达瓦宁布、桑济德玛、都福、色旺栋鲁布、贡衮玛、霍济果尔、陶诺勒济、诺尔布岱、杨济玛、呼齐图、达姆扎布、英色勒、维勒布图格其、诺姆额尔克图、带小儿、晶子等人及众生利益，向祈愿法会熬茶敬献元宝。祈请保佑！

佐领等布施情况登记簿
8：327~328

佐领五钱

巴楞三钱

赛音博颜两钱

毕喇密德两钱

贡楚克根登两钱

噶勒桑两钱

赛音乌力吉两钱

齐木德朝格叶勒两钱

朝克图两钱

吉格木德道尔吉两钱

赛音浩必图两钱

额齐尔一钱

策凌如勒玛一钱

贡楚克巴喇巴日一钱

护军贡楚克扎布两钱

东如布一钱

噶勒桑扎布一钱

护军德勤一钱

索诺木策凌一钱

贺喜格达来一钱

齐布敦道尔吉一钱

策登道尔吉一钱

雅布达喇一钱

巴扎尔锡迪一钱

罗亦如布一钱

喇锡巴喇巴日一钱

罗若一钱

共计（）钱。

布施清单
8：331~332

苏达木林扎布五百两的

一个碟子

马倌尼玛二百

侍卫玉木苏隆一钱散拜（哈达）

侍卫扎丹巴一钱散拜（哈达）

德木齐喇嘛五百

津巴栋罗布二百

保管确达尔二百、一钱的散拜（哈达）

保管格拉桑喇克巴哈达一

朱克杜尔一钱的散拜（哈达）

额尔德尼胡一钱的散拜（哈达）

铁匠德穆楚克一钱的散拜（哈达）

格拉桑确音丕勒三方散拜（哈达）

囊素当达尔一只绵羊

马倌西喇布朱尔一只绵羊

格隆贡达一只绵羊

固始衮楚克一只绵羊

察罕沙弥一只绵羊

孟克扎尔噶拉一只山羊

其当达利克一只山羊

尼姑善巴一只山羊

图门一只绵羊

芒拉一只绵羊

其中得疥疮的绵羊和山羊死了四只，剩下七只绵羊、山羊。

布施清单段片
8：333~336

红色花纹玻璃鼻烟壶两个、红色花纹玻璃钵一个、三色玻璃花鼻烟壶两个、三色玻璃不知名之物一个、无量寿佛龛九尊、曼荼罗一尊、一本书、珊瑚如意三个、琥珀如意三个、水晶如意三个、锡盒九个、珐琅盘两个、珐琅盆两个、一尊琉璃塔、香囊一个、五色鼻烟壶两个、五色圆鼻烟壶两个、黄色方鼻烟壶两个、红瓷鼻烟壶两个、绿瓷鼻烟壶两个、蓝色方鼻烟壶两个、蒜形鼻烟壶两个、金丝背垫一个、包经布三百五十二条、哈达十八匹、黄缎十匹、红缎十匹、黄色宁绸一匹、黄色妆缎四匹、黄色蟒缎四匹、红色闪缎两匹、黄色片金五匹、红色片金五匹、黄色绸缎三十匹。

蒙古弟子某为禀告在内扎萨克僧俗弟子所作所为事
致商卓特巴文
10：263

今生与来世之护持处尊上商卓特巴明鉴。奴婢末小蒙古弟子战战兢兢禀告：您的内扎萨克弟子们和您自己的僧俗弟子沙毕纳尔全体，仰仗您金子般的名声，对内外贵贱僧俗大众以大权、强势与管权欺人，只顾自己吃喝与取用，这令僧俗贵贱大众不满，引起了怨恨，将来说不定会出什么事。因此，如您不给弟子们降下好的指令，因为您弟子中无一人顾及您金子般的名声，所以末小蒙古担心，将来说不定发生什么事情。以战战兢兢之心从虔诚信仰之门禀告，叩百次头奉上。吉祥圆满。

寄存物品清单
8：325~326

（首尾残件）……留于车林处：旧毯褥一袭、斜领坎肩暨禅裙十一件、长褂一件、sinam 二袭、春绸一匹、腰带六条、俄罗斯 sama gelin 十三个、chabira 一个。置于默沁根敦房内：破老羊皮十八张、山羊皮二十五张、大桶一口、一袋粗盐。赐给尼姑物品：六壁架蒙古包一顶、chong 度母佛像一尊、鹏鸟背座雕塑一尊、木盖廓尔喀文殊师利佛像一尊、带哈达夹板陀罗尼集一部、嘛呢轮一个、水瓢一把、灯一盏、碗沙一、坐垫一方、茧绸一匹、生丝一匹、大布一匹、厚茶两块、薄茶一块、sinam 一个、腰带一根、钵盂一口、新生丝五十一匹、新靴一双、熟羊羔皮……

分配牲畜情况登记表
8：323~324

分配给门吏隆都布达喜的有，种绵羊一只、成年羯绵羊五只（已用）、小羯绵羊六只（已用）、三岁公牛八头（已用一头）、母绵羊四十五只、公绵羊羔九只、母绵羊羔十三只。共计八十七（已用十二）。

分配给僧人敖斯尔的有，种绵羊一只、成年羯绵羊十只（已用两只）、小羯绵羊六只、三岁公牛四头、母绵羊六十九只、公绵羊羔二十九只、母绵羊羔十只。共计一百二十九（已用二只）。

分配给官吏齐木德策凌与家乡的格隆达喜的有，种绵羊一只、成年羯绵羊二十一只、小羯绵羊二十只、三岁公牛七头、母绵羊三十九只、公绵羊羔五只、母绵羊羔十只。共计一百零三。

仓里发给驻藏徒弟们的工资、赐品、信函的记录
10：221

从仓里发给驻藏徒弟工资十五两、赐品九，包在红绸包里，和放在专门信封里的信函一起发送。

赞多堪布等所用口粮费及脚费
10：307~310

赞多堪布罗桑达尔吉、喇锡喇布丹堪布阿旺罗布藏服饰、驮马、口粮费用，共计一百七十八两九钱三分五厘。他们弟子十六人，每人驮马、口粮费用为二十两九钱三分五厘，共计三百三十四两九钱六分。喇嘛四人，每人七十八两九钱三分五厘。温都苏喇嘛弟子共七人，每人二十两九钱三分五厘，共计一百四十六两五钱四分五厘。其他三个喇嘛弟子五人，每人二十两九钱三分五厘，共计一百零四两六钱七分五厘。赞多堪布及其弟子十六人，共计（费用）五百一十三两八钱九分五厘。喇锡喇布丹堪布及其弟子十六人，共计（费用）五百一十三两八钱九分五厘。温都苏喇嘛及其弟子七人，共计（费用）二百二十五两四钱八分。翁匦特弟子五人，共计（费用）一百八十三两六钱一分。数士弟子五人，共计（费用）一百八十三两六钱一分。医师弟子五人，共计（费用）一百八十三两六钱一分。

西藏方面给蒙古、满洲个人的文书

为将因公殉职索大臣在藏借贷金银免还事致其子知会
6：049~050

笔帖式，你父亲索大臣年迈来藏，身体不适。但奉圣主之命，务必前往处理三岩事件，而归途中逝世。索大臣因藏事入藏时，向商上之商卓特巴前后借贷金银若干。此次大臣虽生病，但因三岩之事必须前往，因而谢世，故我将你父所借金银当作为其举办超度法事之赠礼（免还）。请知之。礼物吉祥结等。于吉日赠。

【注释】索大臣，应该是驻藏大臣索琳。索琳，满洲正蓝旗人，历任库伦办事大臣、驻藏大臣等，乾隆四十四年（1779）第二次出任驻藏大臣，翌年卒于任上。《八旗通志》有传。这封信是西藏方面为了告知索琳的死讯和有关免除债务等事写给索琳儿子的，应写于1780年。

堪布绥本、西召纳旺达什等为催促扎萨克王推音固尔扎布归还所欠银两事致赛音诺颜部郡王格勒克扎木楚、协理官员等文
10：245

堪布绥本、西召纳旺达什谨遵下跪，向赛音诺颜部郡王格勒克扎木楚、协理官员等呈文。呈奏事：今贵处（来文）称，扎萨克王推音固尔扎布以盖有扎萨克印之保证书称，归还自达赖喇嘛雄所借一千两银之本钱，实无处再出利息之银两。等语。我等实属不敢做主是否收回本钱和利息。加之，雄执事托堪布囊素捎来书信，令我等将该笔银两之本钱、利息须一并收齐送回。为此，（我）等（札文）嘱咐：王推音固尔扎布所借银两之本钱、利息，务于三月内照数送交。为此，将此呈报郡王格勒克扎木楚、协理官员等。一经接收书信，请盖好推音固尔扎布扎萨克印章，将所保借之银两本钱、利息于三月内照数送交（我等），以便送往雄储存。我等已准备返回故土，若拖延耽搁，诸事将会更复杂难办，将此一并呈报。为此呈文。九年二月十九日。

【注释】堪布绥本纳旺达什是奉达赖喇嘛之命，前往蒙古募捐的西藏使者。

赛音诺颜部郡王格勒克扎木楚是喀尔喀赛音诺颜部的王公，其职爵初由托多额尔德尼始。托多额尔德尼是善巴的再从弟，康熙三十年（1691）封扎萨克镇国公。托多额尔德尼；乌巴达（托多额尔德尼兄）→巴穆；策旺诺尔布（托多额尔德尼嗣子）。策旺诺尔布在康熙五十一年袭扎萨克镇国公，雍正二年（1724）晋固山贝子。策旺诺尔布→车木楚克扎布。车木楚克扎布在雍正十年袭扎萨克镇国公，乾隆三年（1738）晋封固山贝子，十九年授贝勒品级，二十一年封多罗贝勒，不久晋封多罗郡王。车木楚克扎布→贡楚克扎布；德穆楚克扎布（贡楚克扎布之弟）→图克济扎布→推音固尔扎布；格勒克扎木楚（推音固尔扎布从父）→吹苏隆扎布→扎密多尔济。格勒克扎木楚在咸丰七年（1857）袭爵，光绪四年（1878）出缺。据后文落款所示，这里的九年是咸丰九年。

达赖喇嘛侍从堪布等为嘱妥善安排达赖喇嘛回程所需廪饩事致阿拉善王文

5: 389~392

封面：内一种。四月。

封底：达赖喇嘛近侍堪布等书信，致阿拉善王。

请安者：达赖喇嘛侍从堪布等人向尊贵的阿拉善王爷请安。特禀告者：前者，达赖喇嘛驾临下地时，圣主下谕，所到之处妥善提供一切物品及驿畜，等语。各地均已明确记录在案。目今，达赖喇嘛计划返回西藏，前已行文乌里雅苏台将军、大臣，商议驿畜等项。此间想已到达贵处。然而，仰念地界相邻，谊情深远，特意嘱咐。达赖喇嘛拟于今年五月下旬或六月上旬移驾启程，将由原路，经行贵处。伏冀准备驿畜、住宿、用品等项停当，以期无碍于佛教事务及圣尊喇嘛事务。此外，额济纳河土尔扈特历来人少，还请贵王施援，于六月二十日前后在喀尔喀扎萨克巴喇丹旗界外备齐一切。为此请安。四月初八吉日。

【注释】 这是十三世达赖喇嘛光绪三十二年（1906）自喀尔喀启程到塔尔寺时的文书。

达赖喇嘛侍从堪布等为嘱妥善安排达赖喇嘛返回路途中诸事致额济纳河贝勒文

5：393~394

封面：内一种。四月。

封底：达赖喇嘛近侍堪布等书信，致额济纳河贝勒。

请安者：达赖喇嘛侍从堪布等，向尊贵的额济纳河贝勒请安。特禀告者：前者，达赖喇嘛驾临下地时，圣主下谕，所到之处妥善提供一切物品及驿畜，等语。各地均已明确记录在案。目今，达赖喇嘛计划返回西藏，前已行文乌里雅苏台将军、大臣，商议驿畜等项。此间想已到达贵处。然而，仰念地界相邻，谊情深远，特意嘱咐。达赖喇嘛拟于今年五月下旬或六月上旬移驾启程，将由原路，经行贵处。伏冀准备驿畜、住宿、用品等项停当，以期无碍于佛教事务及圣尊喇嘛事务之外，请于六月二十日前后在喀尔喀扎萨克巴喇丹旗界外备齐一切。为此请安。

吉日。

【注释】 这是十三世达赖喇嘛光绪三十二年（1906）自喀尔喀启程到塔尔寺时的文书。

图书在版编目(CIP)数据

花雨丹书：西藏档案馆所藏蒙古文书信档案研究与译注 / 乌云毕力格, 乌兰巴根著. --北京：社会科学文献出版社，2024.4
（古代中国与丝路文明研究丛书）
ISBN 978-7-5228-2504-5

Ⅰ.①花… Ⅱ.①乌… ②乌… Ⅲ.①文书档案-档案研究-西藏 Ⅳ.①G279.277.5

中国国家版本馆 CIP 数据核字（2023）第 179966 号

古代中国与丝路文明研究丛书
花雨丹书
——西藏档案馆所藏蒙古文书信档案研究与译注

著　　者 / 乌云毕力格　乌兰巴根
出 版 人 / 冀祥德
责任编辑 / 陈肖寒
文稿编辑 / 徐　花
责任印制 / 王京美

出　　版 / 社会科学文献出版社·历史学分社（010）59367256
地址：北京市北三环中路甲 29 号院华龙大厦　邮编：100029
网址：www.ssap.com.cn
发　　行 / 社会科学文献出版社（010）59367028
印　　装 / 北京联兴盛业印刷股份有限公司
规　　格 / 开本：787mm×1092mm 1/16
印 张：31　字 数：473 千字
版　　次 / 2024 年 4 月第 1 版　2024 年 4 月第 1 次印刷
书　　号 / ISBN 978-7-5228-2504-5
定　　价 / 128.00 元

读者服务电话：4008918866

▲ 版权所有 翻印必究